知的財産法入門

INTRODUCTION TO
INTELLECTUAL PROPERTY LAW
THEORY AND PRACTICE

第16版

土肥一史［著］
Dohi Kazufumi

中央経済社

第16版はしがき

　第15版の刊行から3年，この間，大きな改正法が成立している。まず，平成28年の第192回臨時国会で成立したTPP12協定（環太平洋パートナーシップ協定）締結に伴う整備法は，名称こそ「環太平洋パートナーシップ協定の締結及び環太平洋パートナーシップに関する包括的及び先進的な協定の締結に伴う関係法律の整備に関する法律」（平成30年法律第70号）と改められたものの，著作権法，特許法及び商標法の改正内容はそのままにTPP11協定の発効を待っていた。また，昨年の第196回通常国会では，著作権法の一部を改正する法律（平成30年法律第30号）と，特許法，意匠法及び商標法の改正を含む不正競争防止法等の一部を改正する法律（平成30年法律第33号）も成立している。

　上記3つの改正法の内容は多岐に渡り，当然に施行期日も異なる。平成30年法律第70号は，TPP11協定がわが国に効力を生ずる日である第6番目の加盟国の国内手続完了通告から60日後であったし，平成30年法律第30号では，教育の情報化の推進関係規定を除き，今年1月1日が施行日とされていた。また，平成30年法律第33号では，公布の日から1年6月を超えない政令で定める日を原則としている。

　以上の次第であるから，本書改訂の過程においてはこれらの法改正の全てを反映したものにするかどうか若干悩ましいところもあった。しかし，TPP11協定は昨年12月30日に発効し，上記整備法も施行された。また，不正競争防止法の改正についても，一部の規定を除き，今年7月1日に施行される。このような状況に鑑み，第16版ではこれらの改正部分は全て本文に盛り込むことにし，必要に応じて経緯等を注で触れることにした。

　そうした結果，限定提供データ（ビッグデータ）に関する不正競争規定の新設や，著作権の柔軟な権利制限規定の導入などこれまでにない部分もあり，ページ数が若干増加するところとなったが，中央経済社編集部の木村寿香氏のさまざまなご尽力もあり，滞りなく刊行をすることができた。厚く御礼を申し上げるとと

もに，氏の今後益々のご活躍をお祈りしたい。

平成31年1月20日

土肥　一史

はしがき

　本書は，主として福岡大学法学部での平成4（1992）年以降の「知的財産法」の講義をまとめたものである。

　昭和45（1970）年，本学部に経営法学科が設置された折に「工業所有権法」の名称で，本講義は設置され，その後「無体財産権法」に名称変更され，平成7年から現在の名称で通年4単位で講義されている。講義内容としては，工業所有権法4法の他に，不正競争防止法及び著作権法が含まれる。したがって，講義で扱うべき情報量は極めて多いのであるが，講義時間は限られている。さらに，これらの法律は近年の産業構造の変化や先端技術の発展を受けて，毎年どれかの法律が改正されている現状もある。講義において最新の状況を説明するために，使用するテキストを何冊も指定できればよいが，学生諸君の経済的負担を考えるとなかなかそうもいかない。そこで，ワープロで，その日のレジュメを作って講義ごとに配布していたが，それも毎週となると面倒であるから，あらかじめ全部を印刷・配布したものを基礎に，書き足しまとめたものが，本書ということになる。

　知的財産法は，市場の秩序維持に関する法域，産業上の創作保護に関する法域及び学術文化的な創作保護に関する法域から構成される。知的財産法全般を説明するテキストは，一般に，産業上の創作保護に関する法域とくに特許法の説明から始まるようであるが，本書では，市場の秩序維持に関する法域に属する不正競争防止法から説明を始めている。その後で商標法を説明し，産業上の創作保護に関する法域では意匠法を特許・実用新案法より先に説明している。これは，いきなり特許法の出願手続や補正の話から講義を始めるよりも，不正競争防止法の実体的な話から始めるほうが，昨今の身近な紛争事案等を紹介することもでき，学生諸君には入りやすいのではないか，と考えたことによる。また，特許法よりも意匠法を先においた理由は，意匠法が一部に有する競争法的な性質を考慮したことによる。また，最後に，知的財産法をめぐる国際状況を説明する章を設けた。知的財産法制度は国際的な調和を一層進めつつあり，わが国の知的財産制度を理解するためにも，こうした潮流を理解することが不可欠となっているためである。

ここでは，技術の南北問題をめぐる戦後の議論の流れを軸に，パリ条約から知的財産権の貿易関連側面に関するTRIPS協定さらには生物多様性条約までの問題を扱っている。

　本書においては，知的財産法制度とそれをとり囲む問題状況全般をできるだけ漏らさないようにしつつ，しかも学生諸君にわかりやすいように平易に叙述した。テキストとしての性格から，過大な紙数を費やすことはできないので，審査・審判手続等共通する部分については，重ねての説明を省略して，コンパクトな体裁をとりつつ，最新の判例や学説にも配慮したつもりである。とはいっても，当然に論及すべきところを扱っていなかったり，言葉の足らないところや内容的な不備もあるのではないかとおそれている。こうした点があれば，後の機会において，十全を期すことでお許しをいただければ幸いである。

　本書の出版を決心できたのは，中央経済社の露本敦氏のお勧めによるところが大きかった。もう少し時間をかけることも考えたが，氏のお勧めに従うことにした。また，福岡大学大学院法学研究科に在籍されている水谷正子さんには，本書の校正や資料の整理そのほかの点で多大なご協力をいただいた。ここに記して，心からの感謝の意を表したい。

平成10年3月1日

土肥　一史

目　次

序　論　知的財産法の概要　　1

Ⅰ　市場の秩序維持法

第1章　不正競争防止法　　7

第1節　不正競争防止法の歴史――――――――――――――7
第2節　不正競争防止法の目的――――――――――――――8
第3節　不正競争行為の種類―――――――――――――――9
　　　1　商品・営業主体混同行為　9／2　著名商品等表示の無断使用行為　14／3　商品形態の隷属的模倣行為　15／4　営業秘密に関する不正競争行為　18／5　限定提供データに関する不正競争行為　23／6　技術的制限手段無効化装置の提供等に関する不正競争行為　24／7　ドメイン名に関する不正競争行為　26／8　不当顧客誘引行為　27／9　営業誹謗行為　29／10　代理人等の商標無断使用行為　30
第4節　不正競争行為に対する救済――――――――――――31
　　　1　侵害行為の立証　31／2　秘密保持命令　33／3　裁判の公開停止　34／4　差止請求権　35／5　損害賠償請求権　36／6　信用回復措置請求権　38／7　時　効　38
第5節　外国・政府間国際機関の紋章等の使用制限――――――39
第6節　外国公務員等に対する不正利益供与等の禁止―――――39
第7節　適用除外――――――――――――――――――――40
　　　1　普通名称と慣用表示　40／2　自己氏名の善意使用　41／3

旧来表示の善意使用　41／4　隷属的模倣商品の善意取得者保護　42／5　正当取得秘密の善意取得者保護　42／6　不正使用行為による生産品の譲渡等行為　43／7　限定提供データの善意取得者保護　43／8　技術的制限手段の試験又は研究のための提供　44／9　混同防止表示付加請求権　44

第8節　罰　　則―――――――――――――――――――――――44
1　刑事罰　44／2　犯罪収益の没収　47／3　両罰規定　47／4　刑事訴訟手続の特例　48

第9節　工業所有権の権利行使行為の適用除外――――――――48

第10節　参考判例―――――――――――――――――――――49

第2章　商標法　53

第1節　商標の沿革――――――――――――――――――――53

第2節　商標の意義と機能――――――――――――――――――54
1　商標の意義　54／2　商標の経済的機能　55／3　商標権　56

第3節　商品と役務――――――――――――――――――――56
1　商　品　57／2　役　務　59

第4節　商　　標―――――――――――――――――――――61
1　商標と標章　61／2　商標の同一性　62／3　商標の類似性　63

第5節　商標法における使用概念――――――――――――――64
1　標章の使用と商標の使用　64／2　商標の使用態様　65

第6節　商標の登録要件――――――――――――――――――67
1　商標の使用意思　68／2　商標の積極的登録要件　69／3　商標の消極的登録要件　72／4　商標登録出願と審査　78

第7節　団体商標制度と地域団体商標制度――――――――――79
1　団体商標制度及び地域団体商標制度の意義　79／2　登録要

	件 80／3 登録の効果 81	
第8節	地理的表示	83
第9節	防護標章制度	84
	1 防護標章の意義 84／2 登録要件 84／3 効　果 85	
第10節	商　標　権	86

　　　1　商標権の効力　86／2　商標権の効力の一般的制限　88／3　商標権の更新登録申請制度　93／4　商標権の回復　95／5　契約による制限　95／6　公益的理由及び機能的理由による制限　98／7　他人の特許権・意匠権・著作権との関係における制限　99／8　先使用権による制限　101／9　中用権による制限　103／10　再審により回復した商標権の効力に対する制限　104／11　特許権等の存続期間満了後の商標を使用する権利　105

第11節	商標権の譲渡・分割・質入れ	106

　　　1　商標権の譲渡と分割　106／2　商標権の譲渡の制限　106／3　商標権の質入れ　108

第12節	商標権に伴う義務	108

　　　1　商標権者の義務　108／2　商標の使用義務　109／3　商標登録の取消の制度　110／4　登録商標の濫用的使用の禁止　113／5　商標権の移転による出所の混同に伴う商標登録の取消　115／6　商標使用権者の正当使用義務と商標権者の監督義務　116

Ⅱ　産業上の創作保護法

第3章　意　匠　法　　　　　　　　　　　　　　121

第1節	意匠法の沿革	121
	1 意匠法の沿革 119／2 意匠法の課題 120	
第2節	意　匠　権	123

1　意　　匠　123／2　物　　　品　124／3　物品の部分と部品　125／4　文字とアイコン　126／5　画像デザイン　126／6　視覚を通じて美感を起こさせるもの　127／7　これに類似する意匠　128／8　意匠権の効力の制限　130

第3節　意匠法に特有な問題 ———————————————131
1　積極的登録要件　131／2　消極的登録要件　134／3　出願審査手続　135／4　権利の存続期間　138／5　権利者の義務　138／6　審判制度　138／7　秘密意匠　139／8　組物の意匠　140／9　関連意匠　140

第4章　特　許　法　　143

第1節　特許制度の沿革と基礎 ———————————————143
1　特許制度の沿革　143／2　わが国の特許制度の沿革　144／3　特許制度の基礎　145

第2節　特許法の保護対象 ———————————————146
1　自然法則　146／2　利　　用　149／3　技術的思想　150／4　創作性　153／5　高度性　153／6　発明のカテゴリー　153

第3節　特許に関する手続 ———————————————154
1　総　　論　154／2　特許を受ける権利　154／3　職務発明　155／4　特許出願の意義　160／5　出願の効果　166／6　先願主義と先発明主義　167／7　先願範囲の拡大　169／8　出願の取下げと放棄　171／9　出願の単一性　172／10　出願の分割と変更　174／11　冒認出願と特許権移転請求権　176／12　優先権主張を伴う特許出願　177／13　国内優先権制度　178／14　国際特許出願　180

第4節　審査手続 ———————————————183
1　審査主義と無審査主義　183／2　審査請求制度・出願公開

制度・優先審査制度　184

第5節　特許の登録要件 ―――――――――――――――186
　　　1　序　　論 186／2　積極的登録要件 186／3　消極的登録要件 191

第6節　補　　正 ――――――――――――――――――192
　　　1　補正の存在理由 192／2　補正の可能な時期と範囲 193／3　明細書と図面の補正 195／4　特許請求の範囲の補正 196／5　要約書の補正 197／6　優先権主張書面の補正 198／7　不適法な補正の効果 198

第7節　査　　定 ――――――――――――――――――199
　　　1　特許査定と拒絶査定 199／2　特許異議の申立て 200

第8節　特　許　権 ―――――――――――――――――202
　　　1　序　　論 202／2　特許権の積極的効力 202／3　特許発明の技術的範囲 205／4　判　　定 209

第9節　特許権の譲渡と利用 ――――――――――――――210
　　　1　特許権の譲渡 210／2　特許権の利用 210／3　専用実施権 210／4　通常実施権 211／5　仮専用実施権と仮通常実施権 213／6　特許権の質入れ 214

第10節　特許権の効力の制限 ――――――――――――――214
　　　1　時間的・場所的制限 214／2　一般的制限 215／3　個別的制限の概要 217／4　権利の利用抵触関係による制限 218／5　先使用権による制限 218／6　特許権の移転登録前の実施による通常実施権 221／7　中用権による制限 221／8　意匠権の存続期間満了後の通常実施権 222／9　特許権の回復による制限 222／10　再審で回復した特許権に対する善意の実施者の実施権 223／11　裁定実施権者との関係における制限 223／12　不実施による裁定実施権 224／13　自己の特許発明を実施するための裁定実施権 225／14　公共の利益のための裁定実施権 226

第11節 特許権の侵害と救済 ———————————— 226
 1 侵害行為と警告 226／2 間接侵害 227／3 特許権の侵害に対する救済 230

第12節 審　　判 ———————————————————— 237
 1 審判の意義 237／2 審判手続 239／3 拒絶査定不服審判 242／4 訂正審判 243／5 特許無効審判 246／6 延長登録無効審判 249

第13節 審決取消訴訟 ————————————————— 251
 1 概　　要 251／2 当事者 251／3 判　　決 252／4 審決取消訴訟の審理範囲 253

第14節 刑　事　罰 —————————————————— 253

第5章 実用新案法 　255

第1節 実用新案法の沿革 ———————————————— 255

第2節 実用新案制度の概要 ——————————————— 256
 1 保護対象 256／2 登録要件 256／3 出願手続 257

第3節 実用新案権 ——————————————————— 258
 1 実用新案権の効力 258／2 実用新案権の侵害 258

第4節 実用新案技術評価 ———————————————— 259
 1 実用新案技術評価書の意義 259／2 実用新案技術評価書の請求・作成 259

第5節 実用新案権の行使と権利者の注意義務 ———————— 260

第6節 侵害訴訟と審判 ————————————————— 261

Ⅲ 学術文化的な創作保護制度

第6章 著作権法　　265

第1節　著作権法の目的————————————265
第2節　著作権法の沿革————————————265
第3節　著作権法と条約————————————269
　　　　1　ベルヌ条約　270／2　万国著作権条約　270
第4節　保護対象————————————271
　　　　1　著作物　271／2　プログラムの著作物　273／3　美術工芸品と応用美術　274／4　著作権と商品化権　276／5　二次的著作物　276／6　編集著作物　277／7　データベースの著作物　277／8　共同著作物　279
第5節　著　作　者————————————280
第6節　著作者の権利————————————281
　　　　1　著作者人格権　282／2　著　作　権　284
第7節　保護期間————————————293
第8節　著作権の制限————————————294
　　　　1　私的使用による制限　295／2　図書館等における複製　297／3　教育目的による制限　299／4　非営利の無形的再生　300／5　引　用　301／6　美術の著作物等及び美術館等に関する権利制限の特則　302／7　権利者の利益を通常害しないと考えられる権利制限規定　303／8　電子計算機やネットワークにおいて必然的に生ずる著作物の付随的利用　304／9　権利者に及ぶ不利益が軽微であることを理由とする権利制限規定　305
第9節　著作権の消滅————————————306
　　　　1　消滅事由　306／2　時　効　306

第10節 出　　版 ―――――――――――――――――――――――307
　　　1　出版の形態　307／2　出版権設定契約　308
第11節 著作隣接権 ――――――――――――――――――――――311
　　　1　著作隣接権の意義　311／2　実演家の権利　313／3　レコード製作者の権利　319／4　放送・有線放送事業者の権利　321
第12節 保護期間 ―――――――――――――――――――――――323
第13節 利用許諾 ―――――――――――――――――――――――324
　　　1　許諾による利用　324／2　裁定による利用　325
第14節 集中的権利処理機関 ―――――――――――――――――――326
第15節 権利侵害 ―――――――――――――――――――――――327
　　　1　民事上の救済　329／2　刑　事　罰　330

Ⅳ　知的財産法をめぐる国際的状況

第7章　国際的知的財産法　335

第1節 工業所有権の保護に関する1883年のパリ条約 ―――――――335
　　　1　沿　革　335／2　同盟の形成　336／3　主要実体規定の内容　336
第2節 特許協力条約 ――――――――――――――――――――――341
　　　1　特許協力条約の沿革　341／2　条約の趣旨　342／3　組織　342／4　主要実体規定の内容　343
第3節 特許法条約 ―――――――――――――――――――――――349
第4節 商標に関する国際条約 ―――――――――――――――――――350
　　　1　パリ条約における主要な商標規制　350／2　標章の国際登録に関するマドリッド協定　351／3　標章の国際登録に関するマドリッド協定についての議定書　352／4　欧州共同体商標制度　354／5　商標法条約　354

第 5 節　意匠の国際寄託に関するハーグ協定────────356
　　　　1　ハーグ協定の概要　356／2　ハーグ協定の内容　357
第 6 節　植物の新品種の保護に関する国際条約────────359
　　　　1　成立の経緯　359／2　本条約の主要な内容　359
第 7 節　発展途上国への技術移転問題────────────360
　　　　1　技術移転と特許制度　360／2　米国の新通商政策　363／3　1988年包括通商・競争力法　364
第 8 節　GATT から WTO へ─────────────367
　　　　1　ガットの趣旨　367／2　ガットと知的財産権問題　368／3　TRIPS 協定　370
第 9 節　技術移転問題の現状──────────────375
　　　　1　国連貿易開発会議　375／2　環境と開発に関する国連会議　377／3　生物多様性条約　379／4　WTO 発足後の新たな問題　381
第10節　著作権に関する国際条約────────────383
　　　　1　文学的及び美術的著作物の保護に関するベルヌ条約　383／2　WIPO 著作権条約　385／3　万国著作権条約　386／4　実演家，レコード製作者及び放送機関の保護に関する国際条約　387／5　WIPO 実演・レコード条約　388／6　視聴覚実演に関する WIPO 北京条約　389／7　許諾を得ないレコードの複製からのレコード製作者の保護に関する条約　390／8　衛星により送信される番組伝送信号の伝達に関する条約　391

事項索引────────────────────────393
判例索引────────────────────────401

《知的財産法関連参考文献》

1 知的財産法（工業所有権法）全般
豊崎光衛「工業所有権法〔新版・増補〕」〔法律学全集〕有斐閣，1980年
紋谷暢男・崇俊「知的財産権法概論」発明推進協会，2017年
盛岡一夫「知的財産法概説〔第5版〕」法学書院，2009年
角田政芳・辰巳直彦「知的財産法〔第8版〕」有斐閣，2017年
特許庁編「工業所有権法（産業財産権法）逐条解説〔第20版〕」（特許庁逐条解説，で引用）発明推進協会，2017年
渋谷達紀「知的財産法講義Ⅰ〔第2版〕，Ⅱ〔第2版〕，Ⅲ〔第2版〕」有斐閣，2006～8年

2 特許法
中山信弘「特許法〔第3版〕」弘文堂，2016年
高林龍「標準特許法〔第6版〕」有斐閣，2017年
外川英明「企業実務家のための実践特許法〔第6版〕」中央経済社，2016年

3 意匠法
峯唯夫「ゼミナール意匠法〔第2版〕」法学書院，2009年
茶園成樹「意匠法」有斐閣，2012年

4 商標法
網野誠「商標〔第6版〕」有斐閣，2002年
小野昌延・三山峻司編「新注解商標法〔上・下〕」青林書院，2016年

5 著作権法
中山信弘「著作権法〔第2版〕」有斐閣，2014年
斉藤博「著作権法〔第3版〕」有斐閣，2007年
半田正夫「著作権法概説〔第16版〕」法学書院，2015年
作花文雄「詳解著作権法〔第5版〕」ぎょうせい，2018年
島並良・上野達弘・横山久芳「著作権法入門〔第2版〕」有斐閣，2016年
加戸守行「著作権法逐条講義〔6訂新版〕」（加戸守行逐条講義，で引用）著作権情報センター，2013年

6 その他の特別法
農林水産省生産局知的財産課編「最新逐条解説種苗法」ぎょうせい，2008年
経済産業省知的財産政策室編「逐条解説不正競争防止法」商事法務，2016年

7 国際的知的財産法
尾島明「逐条解説TRIPS協定」日本機械輸出組合，1999年
下道晶久・淺見節子「PCTの活用と実務」発明推進協会，2018年
高倉成男「知的財産法制と国際政策」有斐閣，2001年

序論
知的財産法の概要

　知的財産法とは，知的成果物の保護と利用の促進を目的とする法規の総称である。知的成果物にはさまざまなものがあり，昭和42（1967）年世界知的所有権機関（WIPO）設立条約2条（viii）によれば，「文芸，美術及び学術の著作物，実演家の実演，レコード及び放送，人間の活動の全ての分野における発明，科学的発見，意匠」といった創作成果物といえるものから，「商標，サービス・マーク及び商号その他の商業上の表示」のような創作成果物といえそうにない識別のためのマークまで含まれている。知的財産を無体財産ということがあるように，知的財産法の保護対象は無体物である。ただ，発明のように技術思想は無体物の面だけ考えて問題を処理し易いが，著作物のような無体物については有体物についての所有権が優先することもあるので注意が必要である。

　これら知的財産に共通する性質は，所有権の客体である有体物と比較すると理解し易い。所有権は，Proprietàs, Eigentum, Property, Propriété, というように，物を所有する者に固有な（propriè, eigen, proper, propre）支配権であり，所有者が支配すれば同時に他者が同じ内容の支配を行えない[注1]。有体物は物理的空間的に存在するから，ある者によるその100％の支配は同時に他者による支配を不可能ならしめるからである。これに対し，上にあげたような知的成果物としての知的財産では，ある者による100％の支配と同時に，他者による100％の支配も可能となる。知的成果物の種類に応じて程度の差こそあれ，このことは，模倣が容易になされ得るということを意味する。

　このような模倣の問題は有体物を客体とする所有権については起りようのない問題である。しかし，無体物を客体とする知的財産権にあっては，コンピュータ・プログラムのような著作物の複製を考えると分かり易いが，模倣は極めて簡単にできるし，同時に深刻な問題も発生する。模倣に要する限界生産費用も，フロッピィディスク1枚分でしかない。模倣によって開発コストが回収できなけれ

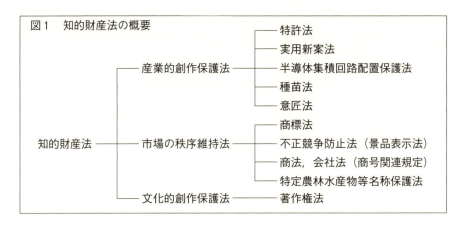

ば,苦労して成果物を創作しても報われないことになってしまう。そのため,創作しようとする意欲も減殺されてしまう。創作意欲が減殺すると,文明の進展や産業の発達はおぼつかないことになり,社会全体に多大な損害がもたらされる。創作者も,創作成果を公開しないで,できる限り秘密にしておこうと努めるであろう。そうすると,先人による無数の成果物の集積の上に成立する文明や産業の進展は期待できないことにもなる。そこで,こうした悪循環を断つために,模倣を人為的に一定期間禁止し,創作意欲を萎縮させないようにするのが知的財産法の目的の1つである[注2]。特許法等の産業的創作保護法や著作権法を中心とする文化的創作保護法は,このような文脈の中で理解する必要がある。

さらに知的財産法の中には,図1に示すように,市場の秩序維持に関する法規の一群がある。これらは創作成果の保護というよりも,自由競争市場における競争行為のうち,表示行為を中心に自由競争の限界を画し市場の透明性を促進する法の一群である。これらの法規制を通じて,自由競争が促進され,表示に接する需要者の利益が守られると同時に,表示に蓄積された営業や商品及び役務の信用なり名声も保護されることになる。商標法や不正競争防止法はこれらの表示保護を目的とする法域であり,知的財産法の重要な一翼を担うものである。

注1) 民法206条「所有者は,法令の制限内において,自由にその所有物の使用,収益及び処分をする権利を有する」
「所有権は,人がある特定の物を他人を排して直接的・全面的に支配しうる権利である。物の全面的支配性が所有権の特徴である」北川善太郎「民法講要Ⅱ物権」94頁。

2) 知的財産法の目的としての模倣の禁止にも，著作権法や半導体集積回路配置保護法のように，そこでの権利の効力は他人の成果物にアクセスして実質的に同じものを作ることに限定される法域から，特許法や意匠法のようにそのような行為に限らず独自創作行為にも及ぶ法域もある（下表参照）。

表●知的財産法の比較

	特許法	意匠法	著作権法	商標法
法の目的	発明の保護と利用の促進，産業経済の発達に寄与（特許1条）	意匠の保護と利用の促進，産業経済の発達に寄与（意匠1条）	著作者等の権利保護と文化的所産の公正な利用，文化の発展に寄与（著作1条）	業務上の信用維持と産業の発達に寄与，需要者の利益を保護（商標1条）
保護客体	発明＝自然法則を利用した技術的思想の創作のうち高度のもの（→実用新案）	デザイン＝視覚を通じて美感を起こさせる物品（その部分を含む）の形状・模様・色彩又はこれらの結合	著作物＝思想又は感情を創作的に表現したもので，文芸，学術，美術又は音楽の範囲に入るもの	商標＝文字，図形，記号，立体的形状若しくは色彩又はこれらの結合，音その他政令で定めるもの
権利内容	発明を実施する（生産，使用，譲渡等，譲渡等の申出，輸入，輸出する行為）独占権。均等の範囲も	意匠を実施する（生産，使用，譲渡，貸渡し，展示，輸入，輸出する行為）独占権。類似の範囲も	著作者人格権，著作権（複製権，演奏権，公衆送信権，展示権，送信可能化権，翻案権，譲渡権，貸与権等）	指定商品・役務について商標を使用する（商標2条3項）独占権
権利の効力	業として，特許発明の実施の独占間接侵害	業として，登録意匠及び類似意匠の実施の独占	模倣に対する相対的独占権擬制侵害	業として，登録商標の使用の独占類似は擬制侵害
権利の発生	設定登録	設定登録	創作	設定登録
権利期間	出願から20年。医薬品等については期間延長制度	登録から20年	著作者の死後70年。団体名義，映画の著作物公表後70年	登録から10年。更新登録
独自創作の取扱い	先願主義	先願主義	独自創作の抗弁	先願主義
審査	実体審査により，特許要件を満たすものを登録。審査請求制度，出願公開制度を採用	実体審査により意匠登録要件を満たすものを登録。模倣を防ぐため登録まで公開しない	審査なし。実名等の登録は推定効。移転登録は第三者対抗要件	実体審査により商標登録要件を満たすものを登録。付与後異議の制度がある
法人への権利の帰属	職務発明。特許権は原則法人も可，従業者には相当な利益を受ける権利	同左	職務著作の要件に該当するものは，法人に原始帰属する	規定なし

I

市場の秩序維持法

第1章
不正競争防止法

第1節　不正競争防止法の歴史

　わが国の法制上不正競争の概念が登場したのは明治32（1899）年の商法20条，22条においてであるが，行為としての不正競争の取締りが議論されたのは，1909年ドイツ不正競争防止法（Gesetz gegen den unlauteren Wettbewerb）の制定を契機としてであった。これにより，当時の殖産興業体制下，明治44年不正競争防止法草案が取りまとめられたが，時期尚早論が大勢を占め，結局廃案となった。

　ところで，わが国は不平等条約撤廃のためのいくつかの条件を列強から突き付けられていたが，その1つが「工業所有権の保護に関する1883年3月20日のパリ条約（以下，パリ条約という）」への加盟であった。1899年，わが国はパリ条約に加盟したが，大正14（1925）年，パリ条約ヘーグ改正会議で同条約10条の2[注1]が導入されたことにより，不正競争規制に新たに対応する必要性が加盟国に生まれた。わが国のように，不正競争防止に関する制定法を有しない国は次の改正会議までに内国法レベルでその対応が求められた。不正競争防止法は，昭和9（1934）年パリ条約ロンドン改正会議への参加のため，このような経緯で急遽最低限度の不正競争禁圧を目的として制定された法律にほかならない。

　当初は，条文数も6ヶ条と少なく，規制される不正競争も3種類に限定されていたが，主として外圧に基づくその後の数次の改正により，次第に不正競争防止法として整備されるに至り，平成5年に全面改正がなされた（本書では，以下，平成5年改正前不正競争防止法を旧不正競争防止法，という）。不正競争防止法は，その制定のときから現在まで，一般条項をおかず，また消費者保護制度としての働きにも欠けている。本法制定当時判例が見当たらなかった状況からすると，不正競争を理由とする紛争は確実に増加している[注2]。

注1） パリ条約10条の2⑴　各同盟国は，同盟国の国民を不正競争から有効に保護する。
　　⑵　工業上又は商業上の公正な慣行に反する全ての競争行為は，不正競争行為を構成する。
　　⑶　特に，次の行為は禁止される（略）。
　　　1　いかなる方法によるかを問わず，競争者の産品等と混同を生じさせるような全ての行為
　　　2　競争者の産品等の信用を害するような取引上の虚偽の主張
　　　3　産品の性質等について公衆を誤認させるような取引上の表示
2）　全国地方裁判所知的財産権関係民事事件の新受理件数の推移は次のとおり。

	総数	特許	実用新案	商標	不競法	意匠	著作権	その他
平成 2 年	379	140	58	43	52	27	47	12
平成 4 年	413	98	51	45	119	24	66	10
平成 6 年	497	106	98	53	134	26	72	8
平成 8 年	590	157	77	80	132	28	85	31
平成10年	559	156	58	77	130	22	113	3
平成12年	610	176	59	89	143	38	97	8
平成14年	607	165	38	99	141	27	113	24
平成16年	654	217	35	80	178	25	107	12
平成18年	589	139	16	93	146	18	156	21
平成20年	497	147	3	88	92	29	119	19
平成22年	631	122	9	96	127	15	253	9
平成24年	567	155	3	92	136	29	128	24
平成26年	552	182	5	77	129	17	112	30
平成28年	504	142	3	78	117	21	139	4

（該当年度の法曹時報掲載データによる）

第 2 節　不正競争防止法の目的

　本法の目的は，事業者間の公正な競争及びこれに関する国際約束の的確な実施を確保するため，不正競争の防止及び不正競争に係る損害賠償に関する措置等を講じ，もって国民経済の健全な発展に寄与することにある（不正競争 1 条）。ここにいう国際約束とは，パリ条約（**第 7 章第 1 節**参照），標章の国際登録に関するマドリッド協定についての議定書（**第 7 章第 4 節 3** 参照），TRIPS 協定（**第 7 章第 8 節 3** 参照），国際商取引における外国公務員に対する贈賄の防止に関する条約（**本章第 6 節**参照）等を指している。

第3節　不正競争行為の種類

　わが国の不正競争防止法は，不正競争行為について伝統的に限定列挙主義を採用している。限定列挙主義は自由競争原則の例外を明確にすることにより，市場の黎明期には一定の機能を果たしたが，市場成熟期においては多様かつ巧妙化する不正競争に対応できないという難点がある。このため，市場が成熟した先進国のいくつかの国には，いわゆる一般条項規定[注1]がおかれており，新手の競争秩序違反行為への対応がなされている。このような規定を欠くわが国では，不正競争に的確に対応できない状況もあり，わが国も加盟するパリ条約規定を自己執行規定とみて，同条約10条の2の規定をわが国に適用して処理する考え方も主張されている[注2]。他方，判例は，旧不正競争防止法1条1項1号，2号の混同の概念を広く解することにより対応してきた。立法的には平成5年改正の現行不正競争防止法が成立し，従前の裁判所の解釈上の苦心を軽減する内容となっている。

1　商品・営業主体混同行為

　他人の，需要者の間に広く認識されている（周知の）商品等表示（人の業務に係る氏名，商号，商標，標章，商品の容器若しくは包装その他の商品又は営業の表示をいう）と同一若しくは類似の商品等表示を使用したり，あるいは商品等表示を使用した商品の譲渡等をして，他人の商品又は営業と混同を生じさせる行為は，古典的な不正競争である（不正競争2条1項1号）。英法でいう Passing off の行為（自分の物を他人の物とみせかける，出所に関する不実表示行為）に相当する。この行為が禁止されることにより，模倣自由の原則の限界を画し，未登録の商品等表示のもつ信用が保護されている。

(1)　**成立要件**

① 　周　知　性

　周知性の地域的範囲は，従前「本法施行ノ地域内ニ於テ広ク認識セラルル」として国内周知が求められていたが，判例では極めて限定された地域でもかまわないとして運用されており，現行法では地域的限定をおかず，弾力的な取扱いができるようになっている。もっとも，周知性の存在は限定された地域でも肯定され

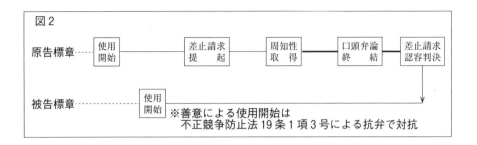

るが，周知表示の所有者とその相手方の営業活動が行われている地域において認められなければならない。周知性の認識主体は需要者（取引者を含む）である。

　周知性はいつまでに備えている必要があるかについては，被告の商品等表示の使用開始時においてこれを判断する事例が圧倒的に多かったが，最高裁はこの点に関し，「差止請求では事実審口頭弁論終決時，損害賠償請求では損害賠償請求の対象となる類似の商品表示の使用をした時点」（アースベルト事件，最判昭和63年7月19日民集42巻6号489頁）と解している。このように解しても，周知性を具備する時点以前から，善意で同一若しくは類似の商品等表示を使用する者は旧来表示の善意使用（不正競争19条1項3号，**本章第7節3参照**）で保護されるし，さらに損害賠償請求については行為者の故意・過失を要件とするので不当な結果ともならない。図2でいえば，被告の標章の使用開始時の不正な意図（原告の進出阻止等，不正競争19条1項3号）をおりこんで，差止請求の可否を決することができるので具体的妥当性をより確保できることになる。

　周知性は，これを有する表示の使用主体が使用した結果，取得される必要はない。マスコミなど第三者の使用の結果，特定の商品あるいは営業主体の表示として周知性を取得した場合も保護される（アメックス事件，最判平成5年12月16日判時1480号146頁）。混同の発生は，周知性を取得するに至った事情とは関係がないからである。

　なお，パリ条約10条の2では周知性を必要としていない[注3]。本号の規定の趣旨は周知な商品等表示という保護に値する事実状態にあるのでなくして，混同の発生を排除することにあるから，周知性の要件は混同の発生を認定する以上に要求することは妥当ではない。

② 商品等表示

　不正競争防止法2条1項1号に定める商品等表示とは，「人の業務に係る氏名，商号，商標，標章，商品の容器若しくは包装その他の商品又は営業を表示するもの」に及ぶ広い概念である。商標のように，他人の業務と区別される自己の業務との関係において，商品又は役務の出所を表示する機能を果たすものから，標章や商品の容器若しくは包装のように，当然にはかかる機能を果たさず，使用の結果，出所を識別する機能を果たし，商品等表示性を取得するものまで含まれている。問題となるのは，商品形態が「その他の商品を表示するもの」として，商品表示性を取得するか否かである。この点について，ほぼ確立した判例は，「当該形態が他の商品と識別し得る独特の特徴を有し，かつ，当該形態が，長期間継続的かつ独占的に使用されるか，又は，短期間であっても当該形態について強力な宣伝等が伴って使用される」（三宅一生プリーツ婦人服事件，東京地判平成11年6月29日判時1693号139頁）ことにより，商品表示性を獲得することがあり得るとしている（たまごっち事件，東京地判平成10年2月25日判タ973号238頁）。この結果，従来，商品等表示の混同惹起行為を禁止するこの行為類型の下で，他人の商品形態の模倣行為を規制する機能を，刑事罰の適用を留保しつつ（不正競争21条2項1号），果たしてきた。

③ 同一・類似性

　類似とは，一般的には2つのものの間に共通性があることをいうが，商標法と異なり不正競争防止法では混同の概念と類似の概念をいずれも同じ行為の中に入れているので，類似の概念を詰めて定義する必要性が少ない。商品・営業主体混同行為が不正競争とされる理由は，需要者に混同をもたらす行為の悪性を禁止することにあるから，類似の概念も，取引の実状の下で，需要者が「両者を全体的に類似のものとして受け取るおそれがあるか否か」を基準に判断される（マン・パワー事件，最判昭和58年10月7日民集37巻8号1082頁）。実際の判定方法は，表示中の要部を決め，両表示の外観，称呼又は観念に基づく印象，記憶，連想等に基づいて，類否を決定している。

④ 混　　同

　混同とは，商品等の出所が同一であると誤認することをいう（定説）。また，ここでいう混同は具体的に混同したことのみではなく，広くそのおそれがあれば

よいと解されている（定説）。混同には，狭義の混同と広義の混同とがある。

狭義の混同とは，商品等の出所の誤認をいい，誤認される表示を付した商品等と誤認を導く表示を付された商品等との間に競争関係が存在する。周知表示の所有者と，周知表示と同一又は類似の表示を使用した相手方との間に，人的・組織的・財政的その他の関係が存在するとの需要者ないしは取引者が誤認する混同を広義の混同（スナック・シャネル事件，最判平成10年9月10日判時1655号160頁）という。広義の混同には，表示の使用を許諾（ライセンス）しているという関係を含む，とする裁判例（高知東急事件，東京地判平成10年3月13日判時1639号115頁）もあるが，このライセンスの混同は，表示の保有者が商品等の品質に一定の品質管理権限を行使している，と誤った認識を生ずる場合に限るべきであろう。

狭義の混同では，通常，競争関係の存在を前提とする。例えばカメラで知られた表示と同一又は類似の表示を他人が無断で化粧品に使用したり，ディズニーランドで知られる外国企業の表示と同一又は類似の表示をパチンコ店の表示に使用する場合，必ずしも混同が生じるとは限らない。だからといって，この行為を放置すると，著名な商品等表示が多数生まれている現在，これら著名な商品等表示の差別的優位性に便乗し，その信用・名声に不正にただ乗り（Free Ride）する行為を放任することになり，これにより著名商品等表示の顧客吸引力の稀釈化（Dilution）を防止できないことになる。従来は，この行為を規制する特別法ないし特別規定を設けることなく，旧不正競争防止法1条1項1号，2号の混同概念で，ことに広義の混同概念の拡大解釈で対応していた。このため，混同のない公然の寄生行為への対応にはかなり無理があったが[注4]，平成5年改正不正競争防止法が，次の著名商品等表示の無断使用行為を新たに不正競争としたことで，これまでの判例理論の整理が期待されているところである。

⑤ 譲渡等

不正競争に該当する行為類型は，他人の商品等表示を法律上あるいは事実上（看板や宣伝ビラ等に）使用する行為のみならず，商品等表示の付された商品を譲渡し，引き渡し，譲渡若しくは引渡しのために展示し，輸出し，輸入し，若しくは電気通信回線を通じて提供する行為である。輸出行為が規制の対象となっているのは，外国での不正競争行為の発生を防止し国際取引におけるわが国の信用を高める必要があったためである。また，他人の商品等表示を不正に使用したコン

テンツを電気通信回線を通じて提供する行為をも本号の行為に含め，経済社会のネットワーク化に対応させている。

⑥　商品の技術的機能によって規定される商品形態と商品等表示性

商品形態は，二次的に出所表示機能を有するに至ったとき，商品主体混同行為の規制対象として保護される（定説）。問題となるのは，商品の形態が技術的機能からの必然的な結果である場合に，それでもなお商品表示性を肯定し不正競争防止法の保護を与えるのか，公有に属するものとして扱うかである。

技術的機能についても商品表示として不正競争防止法の保護対象になるとすれば，本来の保護制度としての特許法等の保護期間が満了した後においても，不正競争からの保護を受けることを意味し，知的成果物について存続期間を設けている趣旨が失われるとする立場がある（組立式押入タンス事件，東京地判昭和41年11月22日判時476号45頁；会計用伝票事件，東京地判昭和52年12月23日無体集9巻2号769頁）。他方，不正競争防止法と知的成果物保護制度とはその趣旨や保護要件を異にしており，機能によって導かれた形態を保護しても，商品表示としての周知性を獲得しかつ維持するためには企業努力も必要であり，機能に永久権を設定することにはならないとする立場もある（会計用伝票〔控訴審〕事件，東京高判昭和58年11月15日無体集15巻3号720頁）。学説としても両説があるが，商品主体混同行為の保護対象としての商品表示性を否定するとともに[注5]，機能によって導かれた形態は，3号の適用除外であると同時に，商品主体混同行為の規制対象からも除かれると考えるべきではなかろうか。

注1）　例えば，2004年ドイツ不正競争防止法（UWG）3条〔一般条項〕は「競業者，消費者及びその他の市場参加者の利益に反して，競争を瑣末でなく歪曲するおそれのある不正な競業行為は許されない」と規定し，その救済として，差止請求，損害賠償及び不正な利益の没収を定めている。
2）　仙元隆一郎「不正競争防止法の現状」学会年報8号88頁以下。
3）　周知性の要件を維持したことには学説上異論もあるが，改正法立案者は保護に値する一定の事実状態を形成している場合に初めて保護することが適当であるとの立場から，この要件を存続させることにしたと述べている（経済産業省知的財産政策室「逐条解説不正競争防止法」61頁）。
4）　肯定事例として，ヤシカ事件，東京地判昭和41年8月30日下民集17巻7・8号729頁。否定事例として，ヤンマーラーメン事件，神戸地姫路支判昭和43年2月8日判タ219号130頁。いずれも，**本章第10節参考判例参照**。
5）　折りたたみコンテナ事件（東京地判平成6年9月21日判時1512号169頁）では，「商品主体混同行為に対する規制は，同一商品について営業者間に競争が行われる

ことを前提に，他人の商品表示に化体する信用を自己のものと顧客に誤認・混同させて顧客を獲得する行為を不正競争行為とする趣旨であって，商品の実質的機能を達成するための構成に由来する形態を商品表示と認めることは，差止請求権者との関係では競争を排除することを意味し，規制の趣旨を越える結果をもたらすことを考慮すると，実質的機能を達成するための構成に由来する形態は商品表示に該当しない」，と判示されている。

2　著名商品等表示の無断使用行為

他人の著名な商品等表示と同一又は類似のものを自己の商品等表示として使用し，又はその商品等表示を使用した商品の譲渡等をする行為は，平成5年改正不正競争防止法によって不正競争とされた（不正競争2条1項2号）。この行為は商品等主体混同行為と異なり，混同のおそれなしに不正競争となる。適用除外規定（同19条）を整備することなく，著名表示についてこのように強い保護を与えることには異論もある。この不正競争類型を設けることで，商品等主体混同行為における混同概念を極端に広く解して規制する手法を無理に採ることなく，論理的に破綻の少ない理論構成が可能となろう。ただ，この不正競争の成立には主観的要件は必要なく，著名性だけを問題としているだけに，混同を惹起する行為を規制する1号と異なり，著名商品等表示それ自体を広く保護しすぎるおそれがある[注1]。表現の自由や正当な広告上の使用といった全てのフェア・ユースを適用除外とした上で，著名表示の信用や名声の不当な利用又は毀損行為（同21条2項2号参照）やその識別力の稀釈化行為から，さらには図利加害目的を立証できないサイバースクワッティング行為に対する根拠規定[注2]としても，本号を活用することができよう。

(1) 著 名 性

商品等主体混同行為に求められる周知性と比較すると，需要者への浸透度はより高いものが求められることはもちろんである。混同のおそれが求められていないにもかかわらず，他人の表示への接近行為が不正競争とされるのであるから，基本的には誰もが知っているという程度の周知性の高さが必要である。著名性の地域的範囲は，全国著名を要するという見解と一地域でもよいという見解とに分かれるが，立案者の見解では，全国著名が必要とされている[注3]。また，商標法4条1項8号にいう「著名な略称」についても，著名性について，一地方では足

りず，全国的な浸透が求められている（月の友事件，東京高判昭和56年11月5日無体集13巻2号793頁）。しかし，本号の適用にあたっては，需要者への浸透度の高さよりも，表示に認められる信用ないし名声の蓄積量こそが重要と考えなければならない。

(2) **商品等表示としての使用**

本号による保護は，自己の商品等表示としての使用に限定される。このため，批判的比較広告及び寄生的比較広告における使用はもちろん，雑誌広告等でロールス・ロイスのエンブレムを含む車のフロント部分とともに特定の煙草を喫煙するイメージ広告等は，この規定による規制を受けない。ロールス・ロイスの側に規制が必要なほど不利益は発生していないという見解もあるが，疑問も残る。煙草業者の宣伝広告に自社表示に蓄積された信用，名声を理由なく勝手に使用するなという主張は認められるべきであるともいえ，著名な商品等表示の全面的な保護に欠ける部分ともいえる。

注1) 従来のわが国の裁判例で争われた事例は，ほとんどが著名表示の汚染（Polution）行為といえるものであったが，今後は著名表示の稀釈化（Dilution）行為の類型にも保護が拡大していくと思われる。旧法の下での紛争事例でも，営業上の利益の侵害内容を原告営業表示の高級イメージの稀釈化に求めるものがみられる（スナック・シャネル事件，東京高判平成7年3月1日知財集27巻1号171頁）。
2) JACCSドメイン名事件，富山地判平成12年12月6日判時1734号3頁；J-PHONEドメイン名事件，東京地判平成13年4月24日判時1755号43頁。
3) 経済産業省知的財産政策室「逐条解説不正競争防止法」71頁。

3 商品形態の隷属的模倣行為

他人の商品形態の隷属的模倣（Sklavische Nachahmung, Slavish Imitation：いわゆる，デッド・コピー）を禁止する不正競争である（不正競争2条1項3号）[注1]。複製技術が高度に発達した今日，これまでとは全く異なった模倣行為が行われ，模倣自由の原則の枠を越える，ファーストランナーの利益を不当に奪うような不正競争が登場するに至っている。従来は，自由競争原理の下では，特許法や意匠法等の特別法によって保護された成果は格別，それ以外の成果は原則として模倣自由であり，その限りで当該成果の開発に要した費用・労力はいくら高額であっても保護されないと理解されていた。本号を設けた理由は，市場先行者の利益保護であると説明されている[注2]。

しかし，市場先行者の利益保護であるのであれば，デッド・コピー行為に限定する理由はなく，さらに広く模倣する行為一般にまで規制は広がることになる。むしろ，スイス不正競争防止法が定める「市場性の熟した他人の作業の成果を自ら固有の相当な費用を費やすことなく技術的な複製手段を通じてそのまま引き写し，利用する」行為を規制する趣旨に近いと解すべきであろう。元来，模倣は自由であるというのが自由競争原理である。開発に投下したコストは成果の実現に関係なく全て保護されるものではない。基本的な考え方としては，本号は，開発コストの投下を保護するのではなくして，機械的複製手段が高度に発達した現状の下で，機械的に複製する行為の悪性に注目する規定とみるべきではないか。

(1) **規制の対象**

① **模　　倣**

模倣とは，他人の商品形態に依拠して，機械的にこれと実質的に同一の形態の商品を作り出すことをいう（不正競争2条5項）。本号の規定の趣旨からいえば，模倣とは機械的なデッド・コピーを意味することになる。模倣の意義について，判例にも，行為者の認識において他人の商品形態を知り，実質的に同一といえるほどに酷似した形態と客観的に評価される形態の商品を作り出すことを認識していれば足りる[注3]，とするものがある。本号による保護の客体が創作性の乏しいものから高いものまで幅広いことを考慮すると，複製手段の悪性の度合い（a）と創作性の高さ（b）が一定量（k）を超える模倣行為を規制するという考え方（$a \times b \geq k$）が当面妥当ではないかと考える[注4]。この理解の下では，創作性の高い商品形態については模倣の幅を認め，低いがありふれてはいない商品形態についてはデッド・コピーのみに限定する，模倣概念の相対性を前提とする構成がとられることになる。

② **他人[注5]の商品形態**

2条1項3号の規定する商品は，形態を有するものであるから，有体物である。この形態を模倣する行為が，規制対象である[注6]。商品「形態」とは，需要者が通常の用法に従った使用に際して知覚によって認識することができる，商品の外部及び内部の形状並びにその形状に結合した模様，色彩，光沢及び質感をいう（不正競争2条4項）。これまで議論のあった商品の内部の形状も商品形態に当たるものとされたが，通常の使用方法において認識されるものに限定される[注7]。

商品形態が周知となって商品表示としての機能を有する必要はない。

商品は，日本国内において最初に販売された日から起算して3年を経過していないことが必要である（不正競争19条1項5号イ）。3年という絞りがかけられているのは，通常この期間が経過するまでには，保護されるべき商品形態は意匠登録を受けているであろうことに基づく[注8]。立案者の意図としては，この期間経過後でも不法行為による保護はあるとされている[注9]が，自由競争との関係で，行為の悪性の態様が厳しく問われることになる。

なお，最初の販売日から3年の期間の挙証責任は原告にあると解すべきである。原告が最初の販売日と，それから3年を経過していないことを立証すれば，被告がそれ以前に販売されていたことにつき反証をあげ得ない限り，この点についての証明は尽きたものとして扱われてよい。

③ 商品の機能を確保するために不可欠な形態

保護を受ける商品の形態は，その商品の機能を確保するために不可欠と認められる形態であってはならない（不正競争2条1項3号カッコ書）。自由競争を過度に阻害するからである。

商品の機能を確保するために不可欠な形態とは，商品の技術的機能を確保するためや，その相互間のインターフェイスを確保するために，必然的に採らざるを得ない技術によって特定されることとなる形態を意味する。平成17年改正前不正競争防止法の下で，規定されていた「商品が通常有する形態」を，刑事罰導入（不正競争21条2項3号）との関係で明確にする趣旨のものであり，適用除外の範囲に実質的な変更はない。その意味で，平成17年改正前不正競争防止法において明確に適用除外されていた，商品が通常有するありふれた商品形態も，商品の機能を確保するために不可欠な形態に含まれる。

注1) 旧不正競争防止法の下では，他人の商品形態のデッド・コピー行為の規制は，当該商品形態が商品表示として周知になっている場合に，同法1条1項1号によって行われていた。

2) 例えば，経済産業省知的財産政策室「逐条解説不正競争防止法」73頁，田村善之「不正競争法概説〔第2版〕」282～283頁等。

3) ドラゴンソード事件，東京地判平成8年12月25日知財集28巻4号821頁。その控訴審判決（東京高判平成10年2月26日判時1644号153頁）は，実質的同一性について，当該改変の着想の難易，改変の内容・程度，改変による形態的効果等を総合的に判断されるべきもの，と判示する。また，実質的同一性の判断に際しては，通常

有する形態以外の部分の対比によって決すべきであるとの判決もある（ピアス孔用保護具事件，東京地判平成9年3月7日判時1613号134頁）。
4) 拙稿「不正競争防止法による商品形態の保護」F.K バイヤー教授古稀記念412頁。
5) 他人とは商品開発者ではなく，商品化を達成した者をいう。例えば，タイプフェイスを創作した者ではなくして，これをフォントデータ化し，CD 等に収納し商品化した者をいう。
6) タイポス書体事件（東京地判昭和55年3月10日無体集12巻1号47頁）を参考にして，タイプフェイス，データベース等デジタルデータは無形物であり，これら無形物のデッド・コピーは本号によって規制を受けない，とこれまでいわれてきた（産業構造審議会知的財産政策部会中間答申参照）。しかし，デジタル化して FD に記録されている書体について，旧不正競争防止法1条1項1号にいう「商品」に該当すると判示する近時の裁判例もあるので（モリサワタイプフェイス事件，東京高決平成5年12月24日判時1505号136頁），デッド・コピー規制に無体物も含まれる可能性もある。
7) 商品の内部構造は商品形態に該当しないとする平成17年改正前不正競争防止法の下での裁判例として，ドレンホース事件，大阪地判平成8年11月28日知財集28巻4号720頁。
8) この3年の期間については，本号制定時，欧州統一意匠法案が無登録デザイン権の模倣禁止期間を3年としていたことが考慮された（経済産業省知的財産政策室「逐条解説不正競争防止法」205頁）。
9) 旧不正競争防止法の下での判決であるが，民法の不法行為としての評価は残るとする判決として，木目化粧紙〔控訴審〕事件，東京高判平成3年12月17日判時1418号120頁。

4　営業秘密に関する不正競争行為

(1)　営業秘密の保護と不正競争防止法改正の背景

　ガット・ウルグアイ・ラウンドでの知的所有権分野（TRIPS）の交渉により，知的財産分野全般での国際的ハーモナイゼーションが急速に進められたが，営業秘密の保護の在り方もその一分野であった。わが国は，企業秘密を取得した悪意の第三者に対して差止請求ができるか否かで争われたワウケシャ事件（東京高決昭和41年9月5日判時464号34頁）において，裁判所はこれを否定的に解したため，世界から非難を浴びることにもなった。このため，平成2年，産業構造審議会財産的情報部会の建議を受けて，営業秘密は，不正競争防止法の中で急遽保護されることになった。

　この過程で，民法理論との整合性の問題，営業秘密の保護と他の工業所有権制度との関係，さらには職業選択の自由との関係が問題となった。第一の問題は，これまでの産業財産権のように全ての第三者に対して権利主張できる絶対的権利

として構成せず，不正行為からの保護としての債権侵害的構成も可能であるとされ（侵害行為の悪性の度合いを考慮，不正競争2条1項5号，8号参照），第二の問題についても，技術開発の成果保護ではいずれも同一基盤を有し，両者は相互補完的な機能を負担しつつ，技術革新を目的とする正常な努力へのインセンティブを確保する働きをもつと評価された。ただ，第三の問題については，憲法上の基本的人権でもあり慎重な取扱いを必要とし，不正や営業秘密の定義の曖昧性による職業選択の自由への影響を排除するため，客観的秘密管理性の要件や図利加害の意図を入れるなどして慎重な配慮がなされた。また，実務上への影響を考慮して，通商産業省知的財産政策室「具体的な事例についての考え方・営業秘密ガイドライン」が作成・公表された。

(2) **営業秘密の定義**

ここでいう営業秘密とは，ノウ・ハウ，特許を受けられない技術思想，実験データ，顧客リスト，原価表等財産的価値を有するポジティブ情報に限らず，失敗した実験データのようなネガティブ情報を含む。

① 秘密として管理されていること。

営業秘密にアクセスできる者を制限したり，営業秘密である旨を表示したりすることにより，客観的に秘密として管理されていると認められる状態にあることが必要である（かつら顧客名簿事件，大阪地判平成8年4月16日判タ920号232頁）。秘密情報を区分し，人的管理を中心に，文書媒体管理規定及び秘密取扱責任者の設置，さらに定期的な研修の実施等，物的管理及び組織的管理を行うことが望ましいが，要求される情報管理の程度や態様は，秘密として管理される情報の性質，保有形態，企業の規模等に応じて決せられる（アルミダイカスト事件，名古屋地判平成20年3月13日判時2030号107頁）。

秘密保持義務契約や競業避止契約の締結も公序良俗に反しないと認められる範囲で有効である。

② 生産方法，販売方法等の事業活動に有用な技術上，営業上の情報であること。

客観的事業活動利用可能性を意味し，法的保護に値する正当な事業活動であることを必要とする。告発的企業秘密（産業廃棄物等の垂れ流し，スキャンダルの漏洩）は不正競争防止法による保護を受けることができない。

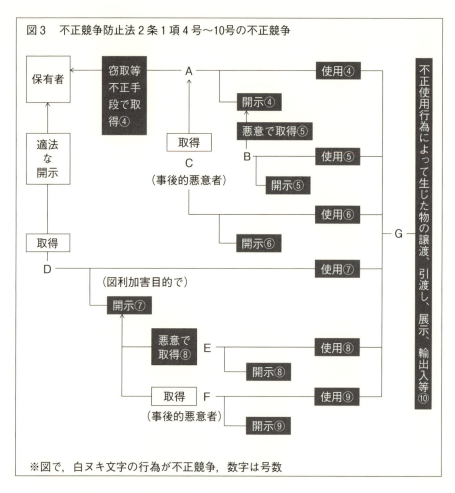

図3 不正競争防止法2条1項4号〜10号の不正競争

③ 公然知られていないこと。

当該営業秘密が，保有者の下以外では一般的に取得できない状態をいう。公然知られていないことを原告側が立証することは困難である。原告は当該情報が客観的に管理され，保有者の許諾なしに当該情報を一般的に入手できないことを立証すれば，この要件の立証はされたものとして扱われる。過去にある刊行物に記載された情報であるなどの事実は被告側の反証事実として機能する。

(3) **規制される行為類型**
① **不正取得者の行為（不正競争2条1項4号）**
　産業スパイやハッカーによる窃取，詐欺，強迫その他の不正な手段により営業秘密を（図3，以下同じ）取得する行為（営業秘密不正取得行為）又は営業秘密不正取得行為により取得した営業秘密を使用し，若しくは開示する者（A）の行為がその典型である。これに対し，リバースエンジニアリング行為や報道機関による取材行為は適法行為と解されている。
② **不正開示者の行為（不正競争2条1項7号）**
　正当な原因に基づいて営業秘密の開示を受けた者（D）が営業秘密保有者の意図した範囲を越えて営業秘密を使用し，開示する場合で，それらの者が不正の利益を得る目的があるときに不正競争とする趣旨である。営業秘密の保護により職業選択の自由が侵されないように配慮された結果である。使用者とその従業員のように，現在なんらかの法律関係があるときは債務不履行による救済も可能である（民414条）。本号の意義は，解釈上契約関係の余後効は認められるとしても（同654条参照），契約関係も秘密保持義務や競業避止義務[注1]もない退職従業員について転職の自由を制限しない態様で，営業秘密を保護することにある。
③ **悪意重過失による転得者の行為（不正競争2条1項5号，8号）**
　営業秘密の不正取得行為あるいは不正開示行為（秘密保持義務に違反して営業秘密を開示する行為を含む）であることを知りながら，あるいは重大な過失によって知らないで，営業秘密を取得した者（B，E）の行為を不正競争とする趣旨である。刑法にいう贓物故買に類する規制類型といえよう。営業秘密をこのような形で提供する行為はそれ自体違法行為であるが，受ける側については取引の安全を考慮して主観的要件を入れている。このため，一般に産業財産権では被告の主観的要件に関係なく侵害事実があれば，差止請求が認められているが，営業秘密保護では不正と評価される行為からの保護，債権侵害における保護に近いものとなっていることが分かる。
　具体的には，秘密保持義務を負う役員や従業員等の引抜き行為，そそのかし行為が典型である。予防法学的には，中途採用者については，前使用者の下での秘密保持義務の存在を確認した証拠を確保しておくことが望ましい。

④ 事後的悪意者の行為（不正競争2条1項6号，9号）

営業秘密の取得行為の時点で，取得者（C，F）が，不正取得行為が介在したことあるいは不正開示行為があったこと若しくはその営業秘密について不正開示行為が介在したことを知って，又は重大な過失により知らないで，その取得した営業秘密を使用し又は開示する行為を不正競争とする趣旨である。この場合の問題は，取得時の善意性によってその後の法律関係に影響させない処理（比較参照，動産の善意取得）をすることは営業秘密保有者の保護との関係で適当でないが，事後的悪意者の取引の安全をも考慮する必要があるということである。このため，不法行為的側面を強調しないで，善意者保護的側面を優先する取扱いを行い，事後的悪意者は営業秘密の取得契約の内容を営業秘密保有者に対抗できることにしている（不正競争19条1項6号）。

営業秘密の保護として差止請求を求める場合，不正競争2条1項5号，8号の適用を主張する（取得時の悪意・重過失の立証）よりも，口頭弁論終決時の悪意・重過失を主張するほうが容易という側面があり，不正競争防止法における営業秘密の実質的な保護はこの規定によって達成されよう。

⑤ 不正使用行為による生産品等の譲渡者の行為（不正競争2条1項10号）

平成27年不正競争防止法改正により追加された不正競争である。技術に関する営業秘密を侵害する使用行為（不正使用行為）によって生産された物であることを知りながら取得した者（G）が，当該物をさらに転売する行為を新たに不正競争としたものである。当該物は市場を流通する商品であることが一般であろうが，それに限定されない。不正競争となるのは，当該物の譲渡，引渡し，譲渡若しくは引渡しのための展示，輸出，輸入そして電気通信回線を通じて提供する行為にまで及ぶ。

当該物を転売する者が当該物を譲り受けている場合は，その譲り受けたときに当該物が不正使用行為によって生じた物であることを知らず，かつ，知らないことにつき重大な過失がなければ，不正競争とはならない。

注1） フォセコ・ジャパン競業避止特約事件（奈良地判昭和45年10月23日判時624号78頁）では，会社の研究開発部門担当者と営業部門担当者に対する，在職中の秘密漏洩禁止，退社後2年間の競業避止義務契約が有効と判断されている。このケースでは，退社後の制限に対する手当はないものの，在職期間中秘密保持義務手当が支給されていた。

5　限定提供データに関する不正競争行為

(1)　限定提供データ

　消費者動向や乗車客動向等のビッグ・データや気象データ，車載センサーから得られる情報は，営業秘密のように保有者の内部において利活用され外部者への提供は例外とされる情報とは異なり，産業分野横断的に特定の事業者に提供されることを予定される情報である。かかる情報が予定された特定の者以外の第三者に渡った場合，当該情報の差止等の法的保護手段はない。データ駆動型社会が叫ばれる中，これらの情報は企業競争力の源泉としての価値が認められており[注1]，これらのデータ情報を安全に取引し，利活用できる事業環境を整えるため，新たに情報の不正取得，不正使用及び不正提供の各行為が，平成30年不正競争防止法改正で不正競争とされた[注2]。

　限定提供データとは，業として特定の者に提供する情報として電磁的方法により相当量蓄積され，かつ管理されている技術上又は営業上の情報であって，秘密管理性のないものをいう（不正競争2条7項）。業として特定の者に提供される情報でなければならないので，その特定の者に限定する技術的な管理措置がなされた情報でなければならない。相当量の蓄積とは，それ自体極めて曖昧な概念であるが，事業的価値が認められる程度の情報の集合であれば相当量の蓄積ということになろう。もっとも，秘密管理性のあるものは営業秘密として保護されるので，限定提供データからは除かれている。

(2)　規制行為類型

　新たに不正競争とされた行為は，営業秘密に関する不正競争に準ずるものとなっているので，営業秘密で述べたところを参考にして欲しい。ただ，以下で述べるような差異もある。

　不正な手段により限定提供データを取得する行為（限定提供データ不正取得行為）又は当該データを使用する行為若しくはそれを開示する行為（11号）：4号の営業秘密の不正取得行為に関する規制と変わらない。

　限定提供データ不正取得行為が介在したことを知って限定提供データを取得する行為又は当該データを使用する行為若しくはこれを開示する行為（12号）：5号の営業秘密の不正競争と異なり，重過失のある取得者の行為は除かれている。

　12号所定の限定提供データを取得した後に，限定提供データ不正取得行為が介

在したことを知ってその取得した限定提供データを開示する行為（13号）：事後的悪意者の行為を不正競争とするものであるが，6号の営業秘密の場合と異なり，重過失の場合が除かれている。

　限定提供データを保有する事業者から限定提供データを示された場合において，図利加害目的で，当該データを使用し又は開示する行為（14号）：7号の営業秘密の場合と異なり，法律上の義務に反して開示する場合が除かれ，管理に関する任務に違反して行う場合に限られている。

　14号所定の限定提供データの不正競争について，不正開示行為があったこと又は不正開示行為が介在したことを知ってその取得した限定提供データを開示する行為（15号）：8号の営業秘密の場合と異なり，重過失により知らないで取得した行為については除かれている。

　不正開示行為により限定提供データを取得した後に，その限定提供データの不正開示行為があったこと又はその限定提供データについて不正開示行為が介在したことを知ってその取得した限定提供データを開示する行為（16号）：9号の営業秘密の場合と異なり，たとえ不正開示行為のあることを知っていたとしても常に使用する行為は除かれる。加えて，重大な過失により知らない場合の開示行為も除かれる。

　なお，限定提供データに関する不正競争には刑事罰は科されていない。

　　注1）　例えば，自動車に関する検索エンジンデータは自動車の生産の方向性を，また夏の天候に関する気象データはビールの製造規模を決する可能性が高い。
　　　2）　行為規制とはいえ，ビッグ・データの保護は世界的に例のない立法であるが，改正法自体が唐突だった印象もあり（相良由里子「平成30年不正競争防止法改正によるビッグ・データの保護」L&T別冊4号99頁），参議院で3年をめどに再検討を行うことが求められている。

6　技術的制限手段無効化装置の提供等に関する不正競争行為

(1)　改正の背景

　ペイテレビや，ビデオあるいはDVDでは，番組や音楽あるいは映画等のコンテンツがデジタル化され，放送衛星やケーブルあるいはパッケージ型媒体を通じて，需要者に提示されている。提示されたコンテンツは，ペイテレビでは放送信号にスクランブルが掛けられ，暗号化され，契約者に対してはデコーダーとそれ

を機能させるキーを渡すことで，契約者以外の者には鑑賞させない仕組みになっている。ところがこのようなデジタルコンテンツに施されたアクセス管理技術や，ビデオやDVDで施されているコピー管理技術の効果を妨げ無効化する機器やプログラムの提供がなされており，コンテンツ事業の存立基盤さえも揺るがしかねない状況が生じていた。このような状況が放任されると，アクセス管理技術やコピー管理技術を常に新しいものにするための開発コストを投入することが必要となり，国民経済全体への多大な損失も懸念される結果となる。そこで，当初の法規制はアクセス管理技術やコピー管理技術を妨げ無効化する機能「のみ」を有する装置，機器及びプログラムの譲渡等の行為を不正競争としていた[注1]。

ところが，例えばであるが，マジコン（R4）とよばれる装置をニンテンドーDSに装着すると，ニンテンドーDSの違法アップロードソフトをダウンロードして実行することができるという実態があった[注2]。その意味で，この装置は正規ソフトの技術的制限手段の効果を妨げ無効化する機能を有するが，同時にユーザーが適法に取得していたファミリーコンピュータソフトを吸い出したものを，あるいはユーザー自身が開発したソフトのテストをニンテンドーDS上で実行するという機能も認められた。この場合にマジコンは技術的制限手段を妨げ無効化する機能「のみ」を有するのではないという余地も生じていた。しかし，比較法的には，機能にのみ着目するのではなくて，社会的実態的にどのような使われ方をしているのかということで技術的制限手段の回避の違法性の有無が判断されていた。このため，わが国も，当該装置又はプログラムが当該機能以外の機能を併せて有する場合にあっては，影像の視聴等を当該技術的制限手段の効果を妨げることにより可能とする用途に供するために行うものに限るとして，機能のみから判断することを改めるに至った。

本号の不正競争は，当初刑事罰が科されていなかったが，関税法による水際規制の対象となったことから（関税69条の2，69条の11），現在では刑事罰の対象にもなっている（不正競争21条2項4号）。

(2) **規制される行為**

営業上用いられている技術的制限手段（不正競争2条8項）により制限されている影像若しくは音の視聴，プログラムの実行若しくは情報の処理又は影像，音，プログラムその他の情報の記録を，当該技術的制限手段の効果を妨げることによ

り可能とする機能を有する装置，当該機能を有するプログラム若しくは指令符号を記録した記録媒体若しくは記憶した機器を譲渡等する行為，若しくは当該機能を有するプログラム若しくは指令符号を電気通信回線を通じて提供する行為が規制される。また，影像の視聴等を当該技術的制限手段の効果を妨げることにより可能とするサービスの提供行為も同様に規制される（同2条1項17号）。契約者等の特定の者にはこれらの影像等の視聴，実行又は記録が許されている場合，その特定の者以外の者にこのような機能を有する装置やプログラムを記録した記録媒体等の譲渡等をして技術的制限手段の効果を妨げ無効化することも同様に規制される（同2条1項18号）。また，技術的制限手段の効果を妨げ無効化することを可能にするようなサービスの提供行為も同様に規制される。例をあげれば，前者の17号の行為としては，映画ビデオに施されたマクロビジョン方式のコピーガードを解除するマクロビジョンキャンセラーを譲渡等する行為であり，後者の18号の行為としては有料テレビのスクランブル解除装置を譲渡等する行為である。

注1） 著作権法の定める技術的保護手段・技術的利用制限手段の無効化装置及びプログラムの複製物にあっては，公衆への譲渡等の行為以外に，譲渡の目的で製造する行為も規制の対象となっている（著作120条の2第1号参照）。

2） 「ニンテンドーDS」ソフトをコピーしたデータを「ニンテンドーDS」本体で利用できる装置「マジコン」の販売差止を任天堂とゲームソフトメーカー47社が求めた訴訟で，東京地裁は平成21年2月27日，平成27年改正前不正競争防止法2条1項10号を根拠に業者に対し当該装置の輸入販売禁止と在庫廃棄を命じている。

7　ドメイン名に関する不正競争行為

経済社会の情報化の進展に伴い，不正の利益を得る目的又は他人に損害を加える目的で著名人の名称や有名企業の商号・商標と同一又は類似のドメイン名（不正競争2条10項）を登録機関に登録し，使用する行為が散見される。このため，インターネットを統治するための頂点組織であるICANN（Internet Corporation for Assigned Names and Numbers）は，1999年，ドメイン名紛争を解決するための統一ドメイン名紛争処理方針（UDRP））を立ち上げた。わが国でも，JP属性型ドメイン名の登録機関であるJPNICが，2000年，UDRPとほとんど同内容のJPドメイン名紛争処理方針（JPDRP）を策定し，知的財産仲裁センターを通じて紛争解決サービスを開始した。登録機関とドメイン名登録者の契約をベースとした紛争解決手続に，商標権等を有する申立人がさらに合意により加わっていくとい

う構造を，JPDRPは採用している。この手続において，申立人は，登録されているドメイン名に正当な利益を有することなどを証明するとともに，当該ドメイン名が不正な目的で登録又は使用されていることを主張することが求められる（JPDRP 4条a，b）。JPDRPの特徴の1つとして当事者を拘束しない点があり，裁定に不服を有する当事者は裁判所に訴えることができることになっている。ところが，JPDRPの裁定理由に対応する裁判規範はこれまでなかった。この不正競争の設定はJPDRPの裁定と裁判をリエゾンする意味を有する[注1]。

　不正の利益を得る目的で，又は他人に損害を加える目的で，他人の特定商品等表示と同一若しくは類似のドメイン名を使用する権利を取得し，若しくは保有し，又はそのドメイン名を使用する行為，いわゆるサイバースクワッティング行為を不正競争としている（不正競争2条1項19号）。保護対象は，特定商品等表示とし，1号の商品等表示をここで使用しなかったのは，ICANNのUDRPに内容をそろえたためである[注2]。しかし，すでに，裁判所は1号，2号に規定する商品等表示にドメイン名が該当することを判示しているので，図利加害目的がなくても，ドメイン名と周知又は著名商品等表示の抵触関係を，1号又は2号の下で争う可能性は十分残されている[注3]。

注1）　法改正の経緯については，鈴木將文「ドメイン名紛争に関する不正競争防止法の改正」佐藤恵太・松尾和子「ドメインネーム紛争」144頁以下参照。
　2）　本法の規整とJPDRPとの比較で，最も顕著な差違は，サイバースクワッティング行為に対する救済として，移転請求が認められていない点である（JPDRP 4条ⅰと不正競争3条を比較参照）。サイバースクワッティング行為者の行為を準事務管理行為と理解し，民法646条2項に定める「自己の名で取得した権利」として，ドメイン名を使用する権利の移転を求める構成が考えられるのではないか。
　3）　JACCSドメイン名事件，富山地判平成12年12月6日判時1734号3頁；J-PHONEドメイン名事件，東京地判平成13年4月24日判時1755号43頁他。

8　不当顧客誘引行為

　現行不正競争防止法2条1項20号は，商品原産地・出所地の虚偽を表示し，誤認を惹起する行為さらに商品の品質等の誤認を惹起する行為をまとめ，これに役務に対する同様の規制を加えた規定となっている。役務についても規制の対象としたのは，従来の判例上の問題点を解決するものであり，当然の改正であった[注1]。

現行法の下では，原産地についてだけ規定され，出所地については規定から削除されたが，従来からこれらは同意義に解されており，現行法によって変わるところはない。また，従来は原産地については虚偽表示のみが不正競争とされていたが，現行法では誤認的表示についても規制の対象となった。

また，虚偽広告・誇大広告による商品品質等の誤認を惹起する行為も本号により規制の対象となる。不正競争防止法上の訴権を有する者は，営業上の利益を害されるおそれのある者に限られている。消費者や消費者団体[注2]に訴権が認められていない点は，消費者保護・適正な競争秩序維持の観点からも検討が求められていたが（ラナム法43条 a，ドイツ及びスイス不正競争防止法は消費者団体又は消費者に訴権を認めている），独禁法上，不公正な取引方法に関しては私人による差止請求（独禁24条）と損害賠償請求（同25条，民709条）が認められている。これにより，例えばぎまん的顧客誘引行為については，消費者に差止請求権が与えられたことを意味し，実質的には本項の規制する行為に消費者訴権が認められることに他ならない[注3]。

近時の判例のなかには，本号の不正競争がなされた場合，特段の事情がない限り，同業者は当然に営業上の利益を侵害されるおそれがあると認定し，営業上の利益の侵害について事実上挙証責任を転換するものがある[注4]。

　　注1）　ちらし広告事件（大阪地判昭和58年10月14日判タ514号272頁）は，建物の修理や器材の取り付けに関する広告表示について，サービスは本号に規定する「商品」ではないとして不正競争行為としての救済を認めていなかった。
　　　2）　事業者団体については，結果として訴権を認めた事例がある（個人タクシー表示灯事件，新潟地判昭和63年5月31日判タ683号185頁）。
　　　3）　さらに，消費者契約法の下で認定された適格消費者団体が事業者に差止請求をすることができ（景表30条1項），損害賠償請求については，特定適格消費者団体が共通義務確認の訴えを提起できる（消費者裁判手続特例3条1項，65条）ことになっている。
　　　4）　京の柿茶事件，東京地判平成6年11月30日判時1521号139頁。本件は，被告の商品表示「京の柿茶」が，京都で製造，加工されたとか，京都で採取された柿の葉を原材料として製造されたものであると誤認するおそれがある不正競争行為に該当すると認められる以上，特段の事情のない限り，同業者である原告は営業上の利益を侵害されるおそれがある，と認められた事案。ただし，本判決はその後取り消されている（京の柿茶〔控訴審〕事件，東京高判平成8年1月18日判時1562号116頁）。

9 営業誹謗行為

競争関係にある他人の営業上の信用を害する虚偽の事実を告知し又は流布する行為であり，典型的な不正競争である（不正競争2条1項21号）。営業誹謗行為が成立する場合，一般には，不法行為も成立するであろうが，故意・過失という主観的要件を問わない点で相違する。また，民法709条の文言からは差止請求は認められないが，本条ではこれが可能な点が異なる。

例えば，得意先に対する権利侵害警告が理由のない場合，不法行為が成立するとしても損害賠償は格別，相手方の侵害警告を停止させるには理由づけに苦慮することになるが，本条の営業誹謗行為に該当すれば，これに基づく差止請求権の存否を本案として仮処分を求めることが考えられる。実際にも，昭和40年代後半から，本号の適用事例が目立つようになったが，その多くは権利侵害警告事例におけるこのような必要性に基づくものである。

得意先に対する権利侵害警告が理由のない場合，不正競争防止法2条1項21号が適用されるのは，行為規制されるべき競争法上の悪性が認められるためである。すなわち，得意先は知的財産権侵害紛争から回避しようとする性向を有するが，権利者が侵害者との紛争を裁判外で自力救済的に解決するために，得意先のこの性向を不正に誘導する警告について，営業上の信用を害する虚偽の事実の問題として，本号の下で理解すべきものと考える[注1]。

① 競争関係の存在：潜在的な競争関係の存在で足りる。自らは実施していない特許権者による得意先に対する侵害警告の事例では，顕在化した競争関係は認められないからである。

② 他人の営業上の信用を害する事実：告知・流布する相手方以外の他人（第三者）の営業上の信用に関する事実が対象となる。比較広告も，その比較対象が営業上の信用に関する事実であれば，本号の規制対象となり得る（加圧式ニーダー事件，大阪地判昭和58年4月27日判タ499号181頁）。

③ 虚偽の事実：競争関係にある他人についての虚偽の事実であることが必要である。ただし，虚偽であるかどうかは，告知・流布の相手方が，当該告知等された事実について真実と反するような誤解をするかどうか，によって判断される。単なる主観的な評価や感想のようなものから，具体的事実まで多様な誹謗行為があるが，本号の規制対象は価値判断を含まず，事実のみである。ただし，個人的

な意見の表明であっても，「模造品」，「粗悪品」といった広告上の表現も虚偽の事実に当たるとされている（チャコピー事件，大阪地判昭和49年9月10日無体集6巻2号217頁）。

注1）　近時の裁判例は，侵害警告が得意先に対する知的財産権の「正当な権利行使の一環としてなされたものであると認められる場合には，理由のない侵害警告の違法性が阻却される」と理解し，「正当な権利行使の一環」であるか否かは，「当該警告に至るまでの競業者との交渉の経緯，警告文書等の配布時期・期間，配布先の数・範囲，警告文書等の配布先である取引先の業種・事業内容，事業規模，競業者との関係・取引態様，当該侵害被疑製品への関与の態様，特許侵害争訟への対応能力，警告文書等の配布への当該取引先の対応，その後の特許権者及び当該取引先の行動等の，諸般の事情を総合して判断するのが相当である」，と判示している（さんご砂事件，東京高判平成14年8月29日判時1807号133頁）。

10　代理人等の商標無断使用行為

　この類型の不正競争は，1958年のパリ条約リスボン改正会議により，新設された同条約6条の7を受け，1965年法改正により新設されたものである（不正競争2条1項22号）。すなわち，パリ条約の同盟国において，商標権者の代理人若しくは代表者である者又は過去1年間以内に代理人・代表者であった者が正当な事由なしに，本人の承諾を得ないで，同一ないし類似の商標を，同一若しくは類似の商品に使用し，又はこれを使用した同一若しくは類似の商品を販売・拡布・輸出等する行為がこれである。なお，平成5年改正法では役務に同一・類似商標を使用する行為についても規制された。さらに，その後，世界貿易機関（WTO）加盟と商標法条約加盟に伴う国内法の整備に関連する改正で，これらの条約加盟国の商標の無断使用についても不正競争とするよう，無断使用行為の保護対象が拡大された。

　企業活動のグローバリゼーションに伴い，企業は国境を越えた活動を展開しようとする。この場合，進出先において特約店・代理店をおき，これらとの間に商品・役務の独占的取扱契約を結ぶ形態の営業活動がよくみられる。しかし，登録主義を採用している法制度の下では，国外で使用・登録されているという事実のみで，その商標と同一又は類似の商標の出願を拒絶できないし，国内での使用を禁止できない。このため，これら外国企業の日本進出を妨害しあるいは日本の代理店契約強制のためになされた商標登録・使用行為への規制が求められた（パリ

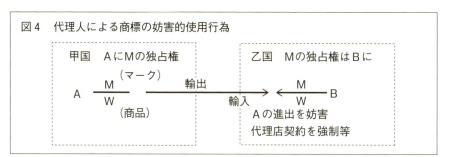

条約6条の7；図4参照)。

　なお，立法論としては，無断登録をされた者に登録商標権の移転請求権を認めることも考えられるが，わが国はこれを導入していない（比較参照，パリ条約6条の7(1))。

第4節　不正競争行為に対する救済

1　侵害行為の立証

　不正競争を理由として差止請求あるいは損害賠償請求を求めるためには，まず不正競争の存在が立証されなければならない。不正競争の中には，商品・営業主体混同行為，著名商品等表示無断使用行為あるいは商品形態の隷属的模倣行為のように，商品又はサービス市場において，不正競争が容易に捕捉できる場合もあるが，営業秘密に関する不正競争のように，捕捉が困難な場合もある。顧客リストにせよ，製造技術に関する営業秘密にせよ，自己の営業秘密が相手方の領域内で使用されているかどうかの判断は容易ではないからである。このため，技術上の営業秘密を取得した者の秘密を使用する行為等の推定規定が設けられている。すなわち，2条1項4号及び5号の不正取得行為又は8号の不正開示行為によって取得する行為があった場合，その取得行為者がその取得によって得た技術上の営業秘密を使用して生産等したときは，その生産物はそれぞれ4号，5号又は8号の営業秘密の使用として生産等したものと推定されている（不正競争5条の2)。さらに，不正競争の特定に相手方にも積極的に関与させるために，特許法104条の2の規定と同様に，具体的態様の明示義務（積極否認の特則，民事訴訟規則79条3項参照）がおかれている。

しかし，先にも述べたように，不正競争防止法2条1項1号～3号の不正競争行為の特定は市場を通じて通常捕捉できるので，このような特則を設ける必要性に乏しいし，明示が求められている相手方の具体的態様が自己の営業秘密に関する場合は，「相当の理由」に該当するものとしてこの明示義務は及ばないと解されているから，営業秘密に関する不正競争においても秘密保持命令の導入までは実益に乏しいといわざるを得なかった[注1]。

　具体的態様の明示義務が訴訟の序盤で問題になるのに対し，中盤で問題となるのが文書提出命令である。損害額の計算のためだけでなく，侵害行為の立証のためにも，裁判所は必要な書類の提出を命じることが可能とされた（不正競争7条）。この点も，特許法105条の規定と同じ趣旨である。

　裁判所の文書提出命令に対しても，当該文書を所持する者に提出を拒む「正当な理由」があるときは，提出を拒むことが認められている（不正競争7条1項但書）。この「正当な理由」が存在するのかどうか，またそもそも申立てに係る書類が7条1項本文の書類に該当するものなのかどうかについて，判断するために必要があるときは，裁判所は書類の所持者にその提示を求めることができる（同7条2項）。もっとも，「正当な理由」が裁判官だけで判断されるため，営業秘密に関する不正競争行為が争われているときは，インカメラ（in camera，裁判官室であるいは非公開での意）で営業秘密を含む被告文書を裁判官だけが閲覧することにより，営業秘密が侵害されているか否かの心証が形成されてしまうおそれがある。これにより，紛争当事者の攻撃防御の機会が失われるおそれも懸念されることから，秘密保持命令制度による刑事罰の担保の下に，インカメラ手続の中で，当事者等，訴訟代理人又は補佐人に対しても，営業秘密を含む当該文書を開示できる（同7条3項）。さらに必要があるときは，当事者の同意を得て，裁判所は当該書類を開示して専門委員（民訴92条の2以下参照）に説明を求めることもできる（不正競争7条4項）。

　なお，検証物の提示義務についても，「相当な理由」の観点から同様に判断される（不正競争7条5項）。

　　　注1）　不正競争防止法2条1項1号～3号の不正競争では，不正競争を構成する商品が未だ市場に置かれていない段階において，営業秘密に関する不正競争でも，営業秘密の周辺情報を開示させることで具体的態様を特定し得る可能性があるという意味

で，本規定は立証の容易化に資すると説明されている（経済産業省知的財産政策室「逐条解説不正競争防止法」153頁）。

2 秘密保持命令

不正競争関係訴訟において，準備書面や証拠の内容に訴訟当事者の保有する営業秘密が含まれていると，当事者の事業活動に支障が生ずることが想定される。このため，当該営業秘密の使用又は開示を制限する必要のあることが疎明された場合，裁判所は，不正競争による営業上の利益の侵害に係る訴訟[注1]において，当事者の申立てにより，決定で，当事者等，訴訟代理人又は補佐人に対し，当該営業秘密を訴訟追行の目的以外の目的で使用し，又は当該営業秘密に関する秘密保持命令を受けた者以外の者に開示してはならない旨を命ずることができる（不正競争10条）。平成16年裁判所法等の一部を改正する法律により，米国の保護命令（protective order）を参考に導入された秘密保持命令制度であり，他の知的財産法（特許105条の4，実用30条，意匠41条，商標39条及び著作114条の6）にも設けられている。秘密保持命令がなされると，その決定書が，秘密保持命令を受けた者に送達され（不正競争10条3項），秘密保持義務命令はその時から効力を生ずる（同10条4項）。これに違反すると刑事罰が科される（**本章第8節1参照**）。秘密保持命令を却下する裁判所の決定には即時抗告できるが（同10条5項），これを認容する決定には即時抗告は許されず，秘密保持命令の取消の申立てをしなければならない（同11条1項）。

秘密保持命令が発せられた訴訟に関する記録は，民事訴訟法92条1項に定める閲覧等の制限が加えられていることもあり得る。この規定による制限は，当事者の閲覧等には及ばず第三者を排除することを目的とするので，秘密保持命令を受けていない第三者（例えば，当事者が法人である場合のその従業員）が，当事者の使者として閲覧等を請求してきた場合，閲覧等を制限できない。これによって，営業秘密が外部に漏れるおそれがある。そのため，秘密保持命令を受けていない第三者から閲覧等の請求があった場合には，閲覧等の請求があった旨を当事者に通知し，当事者は当該第三者に秘密保持命令を申し立てることができることにされている（不正競争12条，特許105条の6，実用30条，意匠41条，商標39条，著作114条の8）。

注1）　特許法105条の4に規定する「訴訟」には仮処分手続を含む，とする最高裁判決（液晶テレビ輸入差止仮処分命令事件，最判平成21年1月27日判時2035号127頁）があり，不正競争防止法10条に規定する「訴訟」についても同様に解されよう。

3　裁判の公開停止

　日本国憲法は裁判の対審の公開を原則（憲82条1項）とする。裁判官の全員一致で，「公の秩序又は善良の風俗を害する虞がある」と決せられた場合，対審は公開しないこともできる（同82条2項，裁判70条）とされているが，一部の「私生活上の重大な秘密に係る尋問を受ける場合（人訴22条）」を除き，対審を実際に非公開とすることは困難と理解されてきた。しかし，営業秘密もいったん公開されるとその価値は失われてしまう。このため，営業秘密に関する訴訟において侵害行為の立証が困難になることもあった（電解分解用銅フォイル事件，東京地判平成3年9月24日判時1429号80頁）。このような事態を解消するため，営業秘密との関係で裁判の公開を制限する真に止むを得ない事情があり，かつ裁判を公開することでかえって適正な裁判が行われなくなる場合は，「公の秩序又は善良の風俗を害する虞がある」場合に該当するものとし，訴訟の公開停止が認められた（不正競争13条，特許105条の7，実用30条）。

　訴訟の公開停止は，訴訟の当事者等が公開の法廷で当該事項について陳述することにより当該営業秘密に基づく当事者の事業活動に著しい支障を生ずることが明らかであることから，当該事項について十分な陳述をすることができず，かつ，その陳述を欠くことにより他の証拠のみによっては当該事項を判断の基礎とすべき不正競争による営業上の利益の侵害の有無についての適正な裁判をすることができない，と認められる場合に，裁判官の全員一致によりなされる（不正競争13条1項）。この公開停止の決定は当事者等の意見を聞かなければならず（同13条2項），必要があるときは，当事者等に陳述すべき事項の要領を記載した書面を提出させることができる（同13条3項）。公開停止の下で，尋問等がなされるときは，営業秘密を知ることとなる当事者等に対し，秘密保持命令が発せられることになる。

4 差止請求権
(1) 当事者

不正競争防止法3条1項に基づき差止請求をなし得る者は,不正競争によって,営業上の利益を害されるおそれある者である。ここでいう営業とは,商法4条にいう「業とする」よりも広いといわれている。広く収支計算の上にたって行われる事業(京橋中央病院事件,東京地判昭和37年11月28日不正競業判例集511頁;都山流尺八事件,大阪高決昭和54年8月29日判タ396号138頁)も営業に該当する。害される利益とは,営業を遂行する上で営業者が享受する利益をさす。具体的には,得意先の喪失,門弟の喪失,売上の減少,営業活動の平穏への妨害,さらには営業上の信用・名声,著名商標の品質保証機能,表示の持つ顧客吸引力や高級イメージ等に対する毀損(いずれも判例から)をいう。

営業上の利益を害されるおそれある者とは,商品・営業主体混同行為等では,周知表示ないし著名表示を有する「他人」であることを原則とするが,不当顧客誘引行為では,「他人」性が具体的ではないため,広く「将来利益を侵害される確定的関係ないしは利益侵害の発生につき相当な可能性を有する者」(ライナービヤー事件,東京地判昭和36年6月30日下民集12巻6号1508頁),あるいは「公正な条件の下で営業活動を行う利益を侵害されるおそれがある」者(外国国旗シールヘアピン事件,大阪地判平成8年9月26日判時1604号129頁)であればよい,と解されている。2条1項3号の不正競争につき差止を請求できる者は,形態模倣の対象とされた商品を,自ら開発・商品化して市場に置いた者に限られ,輸入業者やライセンシーはその主体たり得ない,とされている(ゴルフバッグ事件,東京地判平成11年1月28日判時1677号127頁;反対,ヌーブラ事件,大阪地判平成16年9月13日判時1899号142頁)が,当否は疑わしい。専ら,営業上の利益を害されるおそれのある者に該当するか否かで判断すべきである[注1)]。

さらに,不正競争が成立する場合,特段の事情がない限り,同業者は営業上の利益を侵害されるおそれがある者と認められるとして,この利益の侵害のおそれの立証責任を実質上転換する判決もある(京の柿茶事件,東京地判平成6年11月30日判時1521号139頁)。

また,このような利益を害される者とは,商品・営業主体であるのが一般であろうが,ライセンス事業におけるライセンサーも,管理統制の及ばない者が登場

すると「管理が乱れ，内部のサブライセンシーに対する統制が崩されるおそれがあるとともに，厳重な品質管理に服さない粗悪品が出回り，ひいては表示の品質保証機能が害されるおそれがある」として，営業上の利益を害されるおそれある者に当たると判示されている[注2]。

差止の相手方としては不正競争をなす者である。法人も，理事等が職務を行うにつきなした，あるいは被用者が事業の執行につきなした不正競争について，行為主体として差止請求を受ける。これに対し，法人代表者や被用者については，営業誹謗行為の類型で行為主体として差止請求が認められている[注3]。

(2) 差止対象の特定と請求の内容

差止請求においては，「被告はその営業上の施設又は活動に『○△□』の表示を使用してはならない」，「被告は別紙目録記載の物品を製造し，譲渡し，引き渡し譲渡若しくは引渡しのために展示し，輸出し，輸入し又は電気通信回線を通じて提供してはならない」として，請求が具体的に特定されることが必要とされる。対象の特定は，判決に基づいてこれを執行することが可能と認められる程度になされなければならない。営業秘密の侵害訴訟では，差止請求の対象を特定することで自己の営業秘密を開示してしまうおそれがある。秘密性を必須とする営業秘密の訴訟手続においては，その特定は，「○月×日提出予定の準備書面の△頁に記載する営業秘密」という形式で行うことになる。

注1) 拙稿「不正競争防止法2条1項3号に規定する商品形態模倣行為」特許研究35号5頁。
 2) プロフットボールシンボルマーク事件，大阪地判昭和55年7月15日無体集12巻2号321頁，他にセリーヌ事件等参照。同業者が真正な営業活動を行う利益ないし享有すべき競業上の地位を営業上の利益とする。
 3) チャコピー事件，大阪地判昭和49年9月10日無体集6巻2号217頁。階段滑り止め事件，大阪地判昭和54年6月29日判例工業所有権法2585の245頁，5231号1頁。いずれも14号の権利侵害警告事件である。

5 損害賠償請求権

損害賠償請求権を行使するためには，不正競争に関する行為者の故意・過失を立証することが必要となる。さらに不正競争によって営業上の利益を実際に侵害されたことの立証が必要である。損害賠償の範囲は，不正競争と相当因果関係にある一切の損害である。現行法は，不正競争による損害額の立証の難しさを考慮

し，損害額についての推定規定を設けている（不正競争 5 条 1 項）。

　まず，商品・営業主体混同行為，著名商品等表示無断使用行為及び商品形態の隷属的模倣行為等の不正競争により営業上の利益を侵害される者の逸失利益の推定がなされている（不正競争 5 条 1 項）。不正競争を行う者が譲渡したいわゆる侵害品の数量に，当該不正競争がなければ，被侵害者が販売できた物[注1]の単位数量当たりの利益額を乗じて得た額を，被侵害者の販売その他の行為を行う能力に応じた額を超えない限度において，被侵害者が失った利益の額とするものであり，特許法102条1項の規定と同趣旨である。もっとも，例えば商品主体混同行為により市場に商品が提供されることとなっても，混同を惹起するおそれのある商品相互間に，特許発明の実施品と侵害品の場合のように，いわゆる侵害品を購入しなかったなら他方の商品を購入したであろうという相互的な関係は当然には認められないので，この推定規定の適用は極めて限定的になろう。同様の理由から，営業秘密に関する不正競争についても，技術上の営業秘密に関する不正競争に限定されている（同 5 条 1 項カッコ書）。

　次に，不正競争によって利益を得た者の利益をもって，被侵害者の損害額と推定される（不正競争 5 条 2 項）。侵害者にやり得を許さない趣旨である。この関係において，不当顧客誘引行為により損害を被る者は消費者又は需要者であり，営業上の利益を有する他の事業者の損害は二次的に発生する。このため，他の事業者がこの不正競争を理由に損害賠償を請求することは立証上難しさもあったが，当該行為による利益のうち，他の事業者の市場占有率に応じた部分については，その損害と推定するという画期的な判断が示されている[注2]。

　第 3 に，これらの利益の額を立証できないときでも，不正競争の区分に応じそれらの行為につき受けるべき金銭の額（ライセンス料等）[注3]を損害額として請求できることになっている（不正競争 5 条 3 項）[注4]。もっとも，損害額がこれらの額を超えるものであることを立証できれば，その立証できる額を損害賠償として請求できることはもちろんである（同 5 条 4 項）。さらに，損害額の計算のために，計算鑑定人が設けられているとともに（同 8 条），損害額の立証のために必要な事実を立証することが当該事実の性質上極めて困難であると認められるときは，口頭弁論の全趣旨及び証拠調べの結果に基づき，裁判所は相当な損害額を認定できることとされている（同 9 条，民訴248条参照）。

注 1) この「物」には，コンピュータ・プログラムやデータベースなどの無体物が含まれる（不正競争 2 条10項）。
　 2) 氷見うどん〔控訴審〕事件，名古屋高金沢支判平成19年10月24日判時1992号117頁。
　 3) プロフットボールシンボルマーク事件，大阪地判昭和55年 7 月15日無体集12巻 2 号321頁「原告は現在本件表示のライセンシーとして一定の条件のもとに一定の許諾料を得てサブライセンシーに本件表示の使用許諾することをその殆ど主たる業務としているものであり，……このような場合には，原告が……本件表示を使用することを他に許諾（サブライセンス）した場合に得べかりし許諾料相当額をこそその蒙った損害額と解するのが相当である」。
　 4) 不正競争防止法 5 条の解釈については，**第 4 章特許法第11節 3 「特許権の侵害に対する救済」**も参照。

6　信用回復措置請求権

　故意又は過失により不正競争を行い他人の営業上の信用を害した者は，その信用の回復に必要な措置を命じられる（不正競争14条，特許106条や商標39条等と同趣旨）。損害賠償に代え，あるいは損害賠償とともに，謝罪広告・取消広告が求められる。従来は，商品・営業主体混同行為，営業誹謗行為，代理人等商標無断使用行為及び営業秘密に関する不正競争にのみこの措置が認められていたが，他の不正競争によっても信用を毀損されるところから，全ての不正競争に拡大された。

7　時　　効

　営業秘密に関する不正競争のうち，営業秘密の使用行為についての差止請求権は，知った時から 3 年，継続的使用行為が開始された時から20年を経過するまでに行使されなければ時効により消滅する（不正競争15条 1 項）。差止請求に消滅時効を設けることは，わが国では初めての立法例である。営業秘密の利用行為が長期間なされている場合に，そこで生成された事実状態を保護する必要があるためである。
　なお，差止請求は予防請求と停止請求とからなると考えられるが，時効にかかるのは当然に停止請求のみである。取得や開示といった一回的に完了する行為は予防請求になじむ行為であり，時効の問題は生じない。また，停止請求であっても，反復的に繰り返される不法行為（例，盗聴に基づく使用行為）はその都度時効を計算し，全体を一個の行為とはみない。すなわち，20年間違法盗聴され続けて

も，その後は差止請求をできなくなるわけではない。

同じことは限定提供データを不正に使用する行為に対する侵害の停止又は予防を請求する差止請求について妥当する（不正競争15条2項）。

差止請求権の消滅後の損害賠償請求権についても同様に時効により消滅する（不正競争4条但書）。もっとも，不法行為が継続する場合には，新たに損害が生ずることになるので，損害賠償請求権の消滅時効もその都度計算していくことになる。

第5節　外国・政府間国際機関の紋章等の使用制限

いずれもパリ条約6条の3(1)(a), (b)の規定に基づく加盟国の義務として定められたものである。同盟国の王室の尊厳，国家の威信あるいは政府間国際機関の信用を守るためである（不正競争16条，17条）。国や王室の紋章は，王室の血統等の関係でユリ，熊，ライオン等限られたありふれた図形が使用されているので特別な取扱いが求められている。関係機関の許諾がある場合，使用できることはもちろんである。

第6節　外国公務員等に対する不正利益供与等の禁止

国際的な商取引や外国での免許を取得するため，外国公務員に対する贈賄等，不正利益の供与を犯罪と認定し，こうした行為を防止することを目的とする「国際商取引における外国公務員に対する贈賄の防止に関する条約」の批准・発効に備え，平成10 (1998) 年，不正競争防止法が改正された。本条約が，収賄側の処分を対象としていないこと，「国際商取引の公正な競争確保」を目的とする条約であることから，刑法改正ではなく，不正競争防止法改正で対応したものである。

すなわち，何人も，外国公務員等に対し，国際的な商取引に関して営業上の不正の利益を得るために，その外国公務員等に，その職務に関する行為をさせ若しくはさせないこと，又はその地位を利用して他の外国公務員等にその職務に関する行為をさせ若しくはさせないようにあっせんをさせることを目的として，金銭その他の利益を供与し，又はその申込み若しくは約束をしてはならない（不正競

争18条1項)。この行為に対する罰則は,本法21条2項7号の刑罰と,法人に対しては3億円以下の罰金が科される(同22条1項3号)。国外犯についても同様である(同18条1項, 21条8項)。ここでいう外国公務員等とは,外国の政府や地方自治体の公務に従事する者,国際機関の委任事務を担当する職員,特殊法人や国有企業の事務従事者等をさす(同18条2項)。

第7節　適用除外

不正競争防止法2条1項1号〜22号に定める各行為に形式的には該当する場合であっても,以下19条1項各号に該当する場合には,差止請求,損害賠償請求及び刑罰の対象とならない。

1　普通名称と慣用表示

商品・営業主体混同行為,著名商品等表示の無断使用行為,不当顧客誘引行為及び代理人等の商標無断使用行為については,商品又は営業の普通名称・慣用表示を普通に用いられる方法で使用・表示したり,それらが使用・表示された商品(役務も含む)を譲渡し,展示し又は輸出・輸入するなどの行為(不正競争19条1項1号)は不正競争としない。

ただし,ぶどう生産物の原産地の地方的名称にして普通名称となったものは除かれ,不正競争になる。この除外は,不正商品の水際規制を目的とする,原産地表示の虚偽誤認防止に関する1891年マドリッド協定4条(各国の裁判所は,いかなる名称がその通用性のためにこの協定の規定の適用を除外されるかを決定しなければならない。ただし,ぶどう生産物の原産地の地方的名称は,この条に明記する留保には含まれない)に基づく。

商品・営業主体混同行為との関係で,被告の使用する表示が普通名称に当たるか否かで争われた事例に次のものがある。

当事者及び使用開始の経過等を総合的に判断して,被告表示「サンビシつゆの素」の使用に関し,「つゆの素」が普通名称と認定されている(つゆの素事件,名古屋地判昭和40年8月6日判時423号45頁)。被告の使用する「(カネヨ)トイレットクレンザー」に関し,トイレットクレンザーは商品の品質・用途を示す普通名

称であることが認定されている（トイレットクレンザー事件，東京地判昭和33年9月19日不正競業判例集269頁）。同様に，営業表示についても，被告表示「株式会社赤木屋プレイガイド」に関し，一般的認識，辞書での使用により，プレイガイドを営業に関する普通名称と認定しているが（プレイガイド事件，東京地判昭和28年10月20日下民集4巻10号1503頁），被告表示「キャンナムスリックカー」に関し，スリックカーについては英語の普及度等から普通名称であることが否定されている（スリックカー事件，大阪地判昭和63年7月28日無体集20巻2号360頁）。

なお，商品表示の一類型である商標については，商標法で普通名称・慣用表示の他に，品質表示・原産地表示等についても商標権の効力の適用除外が定められている（商標26条1項2号）。しかし，不正競争防止法はこのような対応をせず，普通名称・慣用表示だけを適用除外としている。また，本号でいう「普通に用いられる方法」とは，取引秩序に反しない態様をいう。

2 自己氏名の善意使用

商品・営業主体混同行為，著名商品等表示の無断使用行為及び代理人等の商標無断使用行為については，不正の目的なしに，自己の氏名を商品等表示として使用するなどの行為は，不正競争としない（不正競争19条1項2号）。平成5（1993）年改正前は，「善意」の使用となっていたが，不正の利益を得る目的，他人に損害を加える目的その他不正の目的と，より具体的に規定された。改正前も，善意とは事実の認識ではなくして不正競争の意思のないことと解されていたので（花柳流事件，大阪高決昭和56年6月26日無体集13巻1号503頁），改正法によって基本的に変わることにはならない。

自己氏名の善意使用が許される結果生ずるおそれのある混同については，これにより営業上の利益を害されるおそれのある者は，混同防止に適当な付加表示を請求できる（**本節9**参照）。

3 旧来表示の善意使用

商品・営業主体混同行為について，他人の当該表示が周知となる前から，これと同一又は類似の表示を使用していた者の表示使用行為は不正競争とならない（商標32条1項参照）。他人の表示が周知性を取得する前から，不正の目的でなく

これと同一又は類似の表示を使用する者の信用を保護する制度である（不正競争19条1項3号）。

要件としては，他人の表示が周知となる前から使用していることと，不正の目的なく使用を継続していることが必要である。したがって，他人の表示が周知性を取得した後は，不正の目的なく使用していてもこの抗弁は認められない（ミスター三愛事件，東京地判昭和37年6月30日下民集13巻6号1354頁）。

営業とともに，当該表示の承継が認められている（不正競争19条1項3号参照）。既存の信用状態を保護する趣旨である。したがって，当該表示に関して差止請求権の不行使の特約を合意するときは，先使用の抗弁を有する者からではなく，周知性を取得した表示の所有者との間で合意する必要がある。また，平成5年改正不正競争防止法により，著名商品等表示の無断使用行為が不正競争となったので，著名性取得前の善意使用行為についても，同様に不正競争にならないものとした（不正競争19条1項4号）。著名性の段階以前に周知性の段階があるのが通常であるが，周知表示については混同の存在が要件であるから，混同をもたらさない商品・役務についての使用行為について実益がある。

4 隷属的模倣商品の善意取得者保護

日本国内において最初に販売された日から起算して3年を経過した商品について，その形態を模倣した商品を譲渡等しても，不正競争にはならない（不正競争19条1項5号イ）。刑事罰の導入に際して，商品の形態模倣行為が不正競争となる期間の終期を明確にした趣旨である。

形態模倣商品の譲受人が，デッド・コピーされたことを善意でかつ重過失なしに譲り受けた場合，取引の安全の見地から，当該商品の再譲渡行為等について不正競争にしないことにされている（不正競争19条1項5号ロ）。意匠権その他の産業財産権による保護と異なり，本法による保護が登録という公示方法を伴わないものであることに基づく。

5 正当取得秘密の善意取得者保護

営業秘密についての事後的悪意者の使用・開示行為は不正競争となる（不正競争2条1項6号，9号）。この結果，営業秘密をめぐる取引の安全を害し，ノウ・

```
┌─────────────────────────────────────────────────────────────┐
│ 図5  営業秘密の善意の取得者保護                                  │
│                                        営業秘密を              │
│      X ←――――不正に窃取―― Y ←―――ライセンス契約―――→ Z      │
│    (保有者)              (窃取者)                              │
│                                        窃取につき（転得者）      │
│                                        契約時善意無重過失       │
│  Xは，Zが悪意に転じた後，契約に反し契約期間を超えて使用し，あ     │
│  るいは第三者に開示しようとするとき，不正競争行為となり差止請求   │
│  ができる。Zが善意・無重過失の間は，債務不履行の問題が生じるこ   │
│  とがあっても，不正競争行為にはならない。                        │
└─────────────────────────────────────────────────────────────┘
```

ハウ取引に冷水を浴びせるおそれがある。このため，善意でかつ重過失なしに営業秘密を取引により取得した者は，事後的悪意者に転じた後も，その得た権限の範囲内で営業秘密を使用・開示できることにした（同19条1項6号；図5参照）。この取引には有償無償の限定は付されていないが，取引者は「取引により取得した」ことを立証する必要があり，対価の支払その他の権原を確実に取得したと認められる事情が求められる。

6 不正使用行為による生産品の譲渡等行為

不正競争に基づく差止請求権は，営業秘密の不正使用のあったこと及びその行為を行う者を知った時から3年の消滅時効又はその行為開始の時から20年の除斥期間が完成すると，消滅する（不正競争15条）。このこととの関係で，不正使用行為による生産品の譲渡等行為は，15条の規定により差止請求権が消滅した後にその営業秘密を使用する行為により生じた物の譲渡等行為を適用除外としている（同19条1項7号）。一般に，時効あるいは除斥期間が経過した後に生産された物かどうかは判定しにくいが，シリアルナンバー等で生産日の管理をすることで対応は可能であろう。

7 限定提供データの善意取得者保護

限定提供データについても，事後的悪意者の開示行為が不正競争となるが，営業秘密の場合と異なり，不正開示行為が介在したことを知らないで取得したことで足り，知らないことに重大な過失がないことまでは求められない。また，事後的悪意者の使用行為は適用除外とならない（不正競争19条1項8号イ）。

また，取得した限定提供データが，相手を特定・限定せずに無償で広く提供されているデータと同一である場合，その取得行為，使用行為及び開示行為は適用除外となり，不正競争とはならない（不正競争19条1項8号ロ）。

8　技術的制限手段の試験又は研究のための提供

コンテンツ提供事業者にとっては，技術的制限手段の実効性がその事業を確保する担保ともなるのであるから，技術的制限手段の実効性を高める試験又は研究を行うことが必要となる。しかし，当該コンテンツ事業者には，提供するデジタルコンテンツについては格別，規制対象となっている技術的制限手段の効果を無効化する装置又はプログラムを独自に開発する能力が必ずしも備わっていない。これらの装置又はプログラムは第三者に提供してもらう他ないことが考えられる。そこで，コンテンツ提供事業者が試験又は研究を行うため，第三者がこれらの無効化する装置，プログラム若しくは指令符号を記録した記録媒体の譲渡等をする行為と，試験又は研究のために行われる役務を提供する行為を適用除外にしている（不正競争19条1項9号）。

9　混同防止表示付加請求権

自己氏名の善意使用及び旧来表示の善意使用によって適用除外が成立することにより，営業上の利益を害される者は，適用除外を受ける者に対して，需要者が自己の商品・営業と混同しないように，適当な混同防止表示を付加するよう求めることができる（不正競争19条2項）。

商標法32条2項と同趣旨の規定であるが，不正競争防止法では，中間業者の利益を考慮し，例えば19条2項1号では自己の氏名を使用する者に対してのみ付加請求ができ，この者から譲渡を受けさらに転売する中間業者には付加請求できないことになっている。

第8節　罰　　則

1　刑　事　罰

不正競争防止法は，市場における公正な競争秩序の維持という公益と事業者の

営業上の利益とを保護法益としている。保護法益の侵害については，当事者間における民事的救済措置が設けられているが，保護法益の侵害が著しいと認められる行為類型については刑事罰も科される。

具体的には，不正の目的をもって商品・営業主体混同行為又は品質等誤認惹起行為を行った者（不正競争21条2項1号），信用・名声を利用して不正の利益を得る目的又は信用・名声を害する目的で著名商品等表示の無断使用行為を行った者（同21条2項2号），不正の利益を得る目的で商品形態の隷属的模倣行為を行った者（同21条2項3号），図利加害目的で営業上技術的制限手段無効化装置又は役務提供行為を行った者（同21条2項4号）及び商品若しくは役務に関して品質等について誤認させるような虚偽の表示をして不当顧客誘引行為を行った者（同21条2項5号）の行為である。また，外国の紋章等・政府間国際機関の紋章等の商業上の使用禁止行為をした者並びに外国公務員等に対する不正利益供与等の禁止行為を行った者（同21条2項7号）の行為についても同様に，刑事罰の対象としている。

平成15年以降累次にわたる不正競争防止法の改正により，営業秘密に関する以下の9つの行為をした者と，裁判所の秘密保持命令に違反して営業秘密を使用し又は開示した者（不正競争21条2項6号）について刑事罰を科すとともに，秘密保持命令に日本国外で違反した者（同21条7項）及び日本国内で管理されている営業秘密について，日本国外で使用し又は開示した者（同21条6項）を同様に刑事罰の対象としている。

営業秘密に関する9つの不正競争の1つめは，不正の利益を得る目的で，又は営業秘密保有者に損害を加える目的（図利加害目的）で，人を欺き，人に暴行を加え又は人を脅迫する行為（詐欺等行為）あるいは財物の窃取や不正アクセス等により営業秘密保有者の管理を害する行為（管理侵害行為）により，営業秘密を取得する行為である（不正競争21条1項1号）。この「図利加害目的」は，顧客情報を売り飛ばし不正な利益を得ようとする行為がかつては可罰されなかったことを受け，平成21年改正不正競争防止法により，「不正の競争の目的」に代わる加重的要件である。2つめは，詐欺等行為又は管理侵害行為により取得した営業秘密を図利加害目的で，使用し又は開示する行為である（同21条1項2号）。3つめは，営業秘密をその保有者から示された者が図利加害目的でその営業秘密の管理

に係る任務に反して，営業秘密記録媒体等を横領又は複製するなどして営業秘密を領得する行為である（同21条1項3号イ・ロ）。営業秘密記録媒体等の記録を消去すべき義務を負う者が記録を消去したように仮装する行為も同じく可罰される（同21条1項3号ハ）。先にいう「領得」とは，営業秘密保有者の管理支配を排して当該情報を自己の情報として欲しいままに処分する意思と，この情報を経済的効用に従い欲しいままに利用する意思の発現行為をいう。4つめは，営業秘密保有者から示された者が，3つめで述べた方法により領得した営業秘密を，図利加害目的でその営業秘密の管理に係る任務に背いて使用し又は開示する行為である（同21条1項4号）。5つめは，営業秘密をその保有者から示された役員や従業員が図利加害目的で任務に背いて使用し又は開示する行為である（同21条1項5号）。6つめは，退職後の図利加害目的による営業秘密の使用又は開示の行為であっても，在職中に営業秘密の管理に係る任務に反して営業秘密の開示の申込みをし又は営業秘密の使用若しくは開示について請託を受けた役員又は従業者であった者の行為が可罰される（同21条1項6号）。7つめは，不正競争の目的で，営業秘密侵害罪に当たる開示行為によって営業秘密を取得して，それを使用又は開示をした者も罰せられる（同21条1項7号）。営業秘密侵害行為を行わしめているであろう背後の実体を罰する趣旨である。8つめは，図利加害目的で，営業秘密を取得した者から開示を受けて営業秘密を取得して，その営業秘密を使用し開示する行為である（同21条1項8号）。この罪の処罰範囲は，営業秘密を不正に取得した者から直接に開示を受けた者の使用又は開示に限定されない。

最後は，図利加害目的で，技術上の秘密を使用する行為によって生じた物を譲渡等する行為である（同21条1項9号）。不正競争防止法2条1項10号の不正競争について刑事罰を科す趣旨である。したがって，当該物が違法使用行為によって生じた物であることの情を知らないで譲り受けた者の行為は罰せられない。

不正競争防止法21条所定の不正競争のうち，営業秘密に関する行為については，10年以下の懲役若しくは2,000万円以下の罰金に処し，又はこれらが併科される（不正競争21条1項）。特許権侵害罪や商標権侵害罪よりも重い罪となっている。その他の不正競争については，5年以下の懲役若しくは500万円以下の罰金又はこれらが併科される（同21条2項）。なお，9つの営業秘密に関する不正競争についての罪は，営業秘密の重大性を考慮して非親告罪とされるとともに，（同21条

5項）営業秘密保有者から示された営業秘密の領得行為を除いて，未遂行為も処罰対象とされている（同21条4項）。

さらに，わが国の企業の営業秘密を海外で使用し，又はそれを目的として営業秘密を取得し，開示し若しくは使用する行為を犯した者は，10年以下の懲役若しくは3,000万円以下の罰金に処せられ又はこれらが併科される（不正競争21条3項各号）。国内経済への悪影響に着目した重課である。

2　犯罪収益の没収

営業秘密に関する9つの犯罪行為（不正競争21条1項1号～9号），不正競争防止法21条3項所定の営業秘密を国外で使用する目的でのその取得若しくは領得，開示又は使用の各犯罪行為あるいはこれらの犯罪行為の一定の未遂行為により生じ，若しくは当該犯罪行為により得た財産又は当該犯罪行為の報酬として得た財産，並びに，かかる財産の果実として得た財産等は没収することができることとされている（同21条10項）。基幹産業の収益の根源となるような重大な技術情報の不正取得及び使用によって得られた利益を，犯罪収益として没収することで，わが国の健全な経済活動に重大な悪影響を与える犯罪の反復を防止しようとしたものである。この没収に関する手続の特例（同32条以下），保全手続（同35条以下）並びに裁判の執行及び保全についての国際共助手続（同37条以下）がそれぞれ設けられている。

3　両罰規定

法人の代表者又は法人若しくは個人の代理人，使用人，その他の従業者が，法人又は個人の業務に関し不正競争（不正競争21条3項1号，2号若しくは3号又は4項2号及び3号所定の違反行為）を行った場合には，その行為者を罰するほか，さらにその法人に対しても，10億円以下の罰金刑が科される（同22条1項1号）など，両罰規定の罰金額が引き上げられている。また，秘密保持命令に違反した者の罪の告訴は，その法人等に対しても効力を生じ，その法人等に対してした告訴は，当該行為者に対しても効力を生ずる（同22条2項）。

4 刑事訴訟手続の特例

　全ての刑事被告人には公平な裁判所の迅速な公開裁判を受ける権利が認められている（憲37条1項）。このため，営業秘密侵害事件においても審理手続の過程で営業秘密の内容が明らかになることは当然に予想される。このことを恐れ被害企業としては告訴を躊躇せざるを得ないことが指摘されていた。こうした事情を受け，刑事訴訟審理においても営業秘密の保護を図るための措置が講じられている。

　まず，裁判所により営業秘密の内容を特定させることとなる事項を公開の法廷で明らかにしない旨の決定（秘匿決定，不正競争23条1項，3項）がある。刑事訴訟手続の当事者でない被害企業が申出を行う場合，検察官を通じて行わなければならない（同23条2項）。裁判所は，秘匿決定後，営業秘密構成情報特定事項に係る名称等に代わる呼称を定める（呼称等の決定，同23条4項）。この後，尋問，陳述，朗読等はこの決定された呼称等に従って行われる（同25条1項）。

　また，証人尋問や被告人質問での供述等が営業秘密構成情報特定事項にわたりこれが公開の法廷で明らかにされることにより，被害者等の事業活動に著しい支障を生ずるおそれがあり，これを防止するためにやむを得ないと認められる場合，期日外手続を実施することが認められている（不正競争26条1項）。

第9節　工業所有権の権利行使行為の適用除外

　改正前不正競争防止法には，工業所有権の行使と認められる行為は当該権利の範囲内の行為である限り，たとえそれによって商品主体あるいは営業主体を混同させることになっても適法と認めて，工業所有権の権利行使行為の適用除外規定がおかれていた。しかし，過去の紛争事例では，権利行使行為が権利の濫用と評価されるものが多かったし（天の川事件〔**本章第10節参考判例**参照〕，三国鉄工事件，大阪地判昭和32年8月31日下民集8巻8号1628頁，ヤシカ事件〔**本章第10節参考判例**参照〕等。判例も旧6条による適用除外を肯定したものは極めて少ない[注1]），比較法的にもこのような規定をおく例はないとして，学説はこの規定を削除すべきであるとしていた[注2]）。権利の濫用に該当する場合は権利の行使と認められないのは当然であるが，19条が限定的な適用除外を定めるなかで，適正な権利の行使については不正競争としない理由はありそうであり，削除の影響を検討する必要がある。

注1）　マリンゴールド事件，静岡地判昭和63年9月30日判例工業所有権法8112頁があるのみである（詳細については，拙稿「商標法，意匠法その他の知的財産権に基づく商品等表示の使用と不正競争行為」裁判実務体系（27）知的財産関係訴訟法600頁以下を参照）。
2）　豊崎光衛・松尾和子・渋谷達紀「不正競争防止法」361頁〔渋谷執筆〕等。

第10節　参考判例

(1)　**天の川事件**（東京高判昭和30年6月28日高民集8巻5号371頁）

未登録商標「天の川」の名声の利用を企て，自己の商品に天の川の商標を付したところ当時の不正競争防止法1条1項1号により差止を受けたので，これを商標登録出願したところ先願商標「銀河」に類似するとの理由で拒絶されたため，「銀河」の商標権を譲り受け，これに基づき差止をした事例。「他人の商標の使用の禁圧のみを目的としてこれと類似の商標権の譲渡を受け，これによって他人の商標の使用の禁止を求めることは権利の濫用として許されない」。

(2)　**ヤシカ事件**（東京地判昭和41年8月30日下民集17巻7・8号729頁）

「被告の右表示の使用は，被告に原告の著名商標にただ乗りする明確な意思があると否とにかかわりなく，客観的には，登録出願当時既に著名であった原告の表示のイメージを借用し，その信用力，顧客吸引力を無償で利用する結果を招来するものであるが，このような事情の下における右表示の使用は，不正競争防止法6条における商標法の権利の行使とはいえないものと断じざるをえない」。

(3)　**ワウケシャ事件**（東京高決昭和41年9月5日判時464号34頁）

ノウ・ハウ・ライセンス契約債務者より，契約に反して開示を受けた者がノウ・ハウを使用する場合，「これが差止をすることは，現行法上，特段の規定がないので，できないものと解するを相当とする。けだし，ノウ・ハウは財産的価値あるものであるが，権利的なものとして第三者にも強制的にこれを認めさせるだけの効力を法律が許容しているとまでは現在のところ，解し得ないからである。ノウ・ハウの擁護はこれを保持する者が産業上の秘密として他に漏洩することを事実上防止する他はないといわざるを得ない」。

(4)　**ヤンマーラーメン事件**（神戸地姫路支判昭和43年2月8日判タ219号130頁）

「混同とは混同のおそれある場合も含み，しかも混同を生ずるについては必ずしも双

方の商品又は営業が同種であるなど競争関係にあることを要せず，一般需要者をして資本的な結びつき等の何らかの特殊関係があるものと誤信させる状況にあれば足りる」。「現実の問題として混同ないし混同のおそれの存否を判断するについては，もとより他の自由な営業活動を不当に制限することがないように，右誤認を生ずべき状況にあるかどうかを，当該表示の使用方法，態様等諸般の事情に照らし，かつ，取引の実状並びに一般需要者の判断を基準として具体的に決すべきである」。「被申請会社はこれらの商品の包装紙に被申請会社の住所及び商号を明記し，かつ，右商品名に『伊藤の』あるいは『イトーの』と付記し，右商品が被申請会社の製造にかかるものであることを明らかにするとともに，右商品を前記の通り新聞で広告し，あるいは『イトーの』と名付けるなど，他と混同を生ずることのないように配慮していることからすると，(中略) 混同を生ぜしめるおそれがあるとたやすく認めることはできない」。

(5) **木目化粧紙事件**（東京地判平成 2 年 7 月20日判時1371号131頁）
「本件原画は，産業用に量産される実用品の模様であって，専ら鑑賞の対象として美を表現しようとするいわゆる純粋美術ではなく，産業用に利用されるものとして製作され，現にそのように利用されているというのであるから，文芸，学術，美術又は音楽の範囲に属しないものといわざるをえない。そうすると，本件原画は著作物性を有しないものというべきである」原告の請求棄却。

(6) **木目化粧紙〔控訴審〕事件**（東京高判平成 3 年12月17日判時1418号120頁）
「民法709条にいう不法行為の成立要件としての権利侵害は，必ずしも厳密な法律上の具体的権利の侵害であることを要せず，法的保護に値する利益の侵害をもって足りる。そして，人が物品に創作的な模様を施しその創作的要素によって商品としての価値を高め，この物品を製造販売することによって営業活動を行なっている場合において，該物品と同一の物品に実質的に同一の模様を付し，その者の販売地域と競合する地域においてこれを廉価で販売することによってその営業活動を妨害する行為は，公正かつ自由な競争原理によって成り立つ取引社会において，著しく不公正な手段を用いて他人の法的保護に値する営業活動上の利益を侵害するものとして，不法行為を構成するというべきである」。

(7) **モリサワタイプフェイス事件**（東京高決平成 5 年12月24日判時1505号136頁）
「書体メーカによって開発された特定の書体は，正に経済的価値を有するものとして，独立した取引の対象とされていることは明らかであるというべきである。そうすると，かかる性格を有する書体を単に無体物であるという理由のみで不正競争防止法 1 条 1 項

1号の「商品」に該当しないとすることは相当でない」。

(8) **三宅一生プリーツ婦人服事件**（東京地判平成11年6月29日判時1693号139頁）
「商品の形態は，本来的には商品の機能・効用の発揮や美観の向上等のために選択されるものであり，商品の出所を表示することを目的として選択されるものではないが，特定の商品形態が同種の商品と識別し得る独自の特徴を有し，かつ，右商品形態が，長期間継続的かつ独占的に使用されるか，又は短期間でも強力な宣伝等が伴って使用されたような場合には，結果として，商品の形態が商品の出所表示の機能を有するに至り，かつ，商品表示としての形態が需用者の間で周知になることがあり得るというべきである。そして，このような場合には，右商品形態が，当該商品の技術的機能に由来する必然的，不可避的なものでない限り，不正競争防止法2条1項1号に規定する『他人の商品等表示として需用者の間に広く認識されているもの』に該当するものといえる」。

(9) **JACCSドメイン名事件**（富山地判平成12年12月6日判時1734号3頁）
「ドメイン名の登録者がその開設するホームページにおいて商品の販売や役務の提供をするときには，ドメイン名が，当該ホームページにおいて表れる商品や役務の出所を識別する機能をも具備する場合があると解するのが相当であり，ドメイン名の使用が商品や役務の出所を識別する機能を有するか否か，すなわち不正競争防止法2条1項1号，2号所定の『商品等表示』の『使用』に当たるか否かは，当該ドメイン名の文字列が有する意味（一般のインターネット利用者が通常そこから読みとるであろう意味）と当該ドメイン名により到達するホームページの表示内容を総合して判断するのが相当である」。

(10) **エルメス事件**（東京地判平成13年8月31日判時1760号138頁）
「法2条1項3号は，他人の商品の形態を模倣した商品を譲渡，貸し渡し，輸入する行為等につき不正競争行為とする旨規定する。同規定が設けられた趣旨は，費用，労力を投下して，商品を開発して市場に置いた者が，費用，労力を回収するに必要な期間（最初に販売された日から3年），投下した費用の回収を容易にし，商品化への誘因を高めるためには，費用，労力を投下することなく商品の形態を模倣する行為を規制するのが相当であるとされたからである。したがって，法2条1項3号所定の不正競争行為について同法4条により損害賠償を請求することができる者は，自ら費用，労力を投下して，当該商品を開発して市場に置いた者に限られるというべきである。」

⑾　**アルミダイカスト事件**（名古屋地判平成20年3月13日判時2030号107頁）

「不正競争防止法が事業活動に有用な情報につき営業秘密として保護されるための要件として「秘密として管理されている」ことを挙げている（2条6項）のは，当該情報が営業秘密として客観的に認識できるように管理されているのでなければ，当該情報の取得，使用又は開示行為が不正競争行為に当たるか否かが明らかでなくなり，経済活動の安定性が阻害されることを理由とするものと解される。このことからすれば，「秘密として管理されている」とは，当該営業秘密について，従業者及び外部者から認識可能な程度に客観的に秘密としての管理状態を維持していることをいい，具体的には，当該情報にアクセスできる者が制限されていること，当該情報にアクセスした者が当該情報が営業秘密であることを客観的に認識できるようにしていることなどが必要と解され，要求される情報管理の程度や態様は，秘密として管理される情報の性質，保有形態，企業の規模等に応じて決せられるものというべきである」。

第2章
商 標 法

第1節　商標の沿革

　古代中国や，中近東さらにはギリシャ・ローマ時代の陶器，装飾品あるいは彫刻等の創作物に，今日みられる商標に類するような標識が付されていることが知られている注1)。これに基づいて，商標制度の歴史は知的創作成果物の保護制度より以前から存在したと考えるのはむろん早計である。

　歴史上，製品に標識が使用されたのは，陶器等に工芸家あるいは手工業生産者がその製造した陶器等を他の物と区別するために使用したものが最初のようである。しかし，これらの標識は，生産者の無形の信用・名声を保護する目的で使用されるものではなく，生産者の自尊心を満たし有体物としての創作物の財産権を明確にする目的で使用されたともいわれる注2)。

　この種の標識は，中世において，商人がその家屋，家畜，器具等の財産の保管若しくは輸送中の商品を管理するための標識（signa mercatorum）として使用された注3)。さらに，同業者組合（ギルド・ツンフト）の隆盛とともに，その組織内部に産業警察的統制がしかれ，構成員はギルド自体の標識を，あるいはさらに各自の標識をその商品に付すことが義務づけられた。このような商品は，織物，メリヤス，貴金属，鉄，紙，陶器から，パンやバターの日常品にまで及んだといわれ，当時すでに，需要者はこれらの標識に商品の品質観念を結合させていたとされている注4)。さらに，1766年にはドイツの同業者組合内部に標章登録制度が存在したことも確認されている。しかし，当時の標識はいわば商号標識であり，1事業者に1標識の使用しか認められず，自他商品識別標識としての機能を果たしていなかったことに留意しなければならない。自己の意思に基づいて自由に選定できる商品標識の登場は，ドイツでは，1874年の商標保護に関する法律の成立ま

で待たなければならない。

わが国でも，ドイツの1874年法を参考に，明治17（1884）年に商標条例が欧米にさほど遅れることなく制定された。同法は先願登録主義を採用し，存続期間を15年とし，更新登録制度を採用している。

注1） Kohler.J, Warenzeichenrecht, 1910, SS.12f.
　2） Roubier.P, Le droit de la propriété industrielle, 1952, p.78.
　3） シェヒター「商標に関する法律の史的基礎」司法資料第249号24頁以下。エドワード3世時代には，難船貨物は原則として国王に帰属するが，品物に標章を付しこれによって所有を明らかならしめた場合にはこの限りではないとの慣習が存在した。
　4） Nirk, Gewerblicher Rechtsschutz, 1981, S.479.

第2節　商標の意義と機能

1　商標の意義

商標は商品の自他識別標識（自他商品識別標識）であるから，その前提として複数の商品（以下，特に断らない限り役務を含む）が市場に存在することが必要である。市場が十分発展していない社会，例えば初期の手工業生産社会においては，商標制度が必要とされないのはこのためである。さらに商品の自他識別標識としての商標は，複数の同種の商品が工場的生産方式により市場に流通していることを前提とする。商品の生産者と消費者とが直接取引する社会においては，商品に商標を付す理由がない。生産者と消費者との間に流通業者が存在し，複雑な流通機構が構成されるにつれて，商品の出所を識別する利益を消費者が持つに至った。

換言すれば，今日のように工場的大量生産方式により商品が市場に提供される場合，商品の選択はそれに付された標識によって行われざるを得ない。現在のような複雑な商品流通経路は，かつてのような生産者から消費者が直接購入するケースを極めて制限している。消費者の商品選択の際の目印として機能する標識は生産者と消費者を繋ぐチャネルとして機能する。標識のこのようなチャネル化を通じて，商品への信頼あるいは製作者の名声が標識に蓄積され，標識が目的とする商品の差別化のためのマークとしての役割だけでなく，標識自体が取引価値を有する財貨としての役割を果たし，譲渡・使用許諾の対象ともなっている[注1]。

注1） 商標の価値ないしブランドパワーに関して，次のようなデータがある。ブランド（商標）価値のランキング：2018 Ranking of the Top 100 Brands, Interbrand

1位 Apple 2,144.8億ドル　2位 Google 1,555.1億ドル　3位 amazon 1,007.6億ドル　4位 Microsoft 927.2億ドル　5位 Coca-Cola 663.4億ドル　6位 SAMSUNG 598.9億ドル　7位 TOYOTA 534億ドル　8位 Mercedes-Benz 486億ドル　9位 Facebook 451.7億ドル　10位 McDonald's 434.2億ドル

2　商標の経済的機能

　商標の本来的な機能は，需要者に商品選択を可能にする，換言すれば市場において商品の差別化を可能とすることにある。これを可能にするのは，商標が自他商品識別機能を有するからである。商標の本質的機能としての自他商品識別機能は，市場における需要者への浸透度の程度により，以下の3つの機能をもたらす。

　出所表示機能は具体的な出所を需要者が認識している必要はなく，需要者が商標を手がかりに出所を探索できるという，抽象的な出所認識で足りる。むろん，商号商標のように需要者が具体的に出所を認識し易いものほど，グッドウイルが商標に短期間に付着し，出所表示機能が高まり易いという傾向は否定し難い。

　需要者がある商標の付された商品を選択し，商品の品質・性能等に満足すると，需要者が次の商品購買時に，その商標が付された先の商品を選択しようとする。このような需要者の購買時の行動を受けて，商品生産者もこのような需要者の期待に添う行動をしようとする。かかる需要者と商品生産者の行動を通じて，商標は商品の品質を保証する機能を果たす。このような機能を品質保証機能とよんでいる。今日のように，工場的な大量生産による商品が市場に大量に投入される社会においては，この機能が保証されることが消費者にとっても利益となることは疑いない。ただ，需要者が商品購買時にこのような商標の機能に着目して行動することは合理的に想定できるが，商品生産者は提供した商品の品質の同一性を変更できないわけではないし，ライセンスやOEMによる商品には一方の商標しか付されていないことも多い。この意味での品質保証機能は需要者の期待感に過ぎない。法的な意味での商標の品質保証機能は，同一の商標が付された商品は商標権者の品質管理権が及んでいるということへの需要者の信頼にある[注1)]。

　商標の市場への浸透度が極めて高くなると，商品の単なるマークではなくて，商標そのものから商品自体を連想させるようになる。例えば，CHANELという6文字のアルファベットから香水をイメージするようになる。商標のこのような機能を広告機能というが，商標法がこの機能をどの程度保護しようとしているか

は疑問もあり，出所表示機能及び品質保証機能についての保護はいわれるが，広告機能の保護が具体的な解釈の場で持ち出されることは比較的少ない。

商品生産者と需要者の間のコミュニケーション・チャネルとしての商標の手段性に着目して，商標の出所表示機能，品質保証機能及び広告機能は，いずれも商標のコミュニケーション機能の1側面に過ぎない，とする理解もある[注2)]。企業のブランド戦略からも，この機能の法的な整理が求められる。

しかし，いずれにせよ，商標のこれらの機能は長年の企業努力によって獲得されるものであり，造語性の高い商標の選定と，選定後の識別力の低下の防止（商標と商品との1対1の対応関係の確保等）に努めなければならない。

注1) フレッド・ペリー事件，最判平成15年2月27日判時1817号33頁。商標の品質保証機能を厳格にとらえる裁判例として，マグアンプK事件，東京地判平成6年2月24日判時1522号139頁を参照。品質保証機能を求めない見解として，田村善之「商標法概説〔第2版〕」4頁もある。
 2) Frank I.Schechter, The Rational Basis Of Trademark Protection, 40 Harvard Law Review 813-833 (1927), Karl H.Fezer, Markenrecht, 1997, SS.68-71.

3 商標権

商標権とは，指定商品（指定役務を含む，以下同じ）につき登録商標を独占的に使用し得る排他的権利である（商標25条）。

商標登録後は指定商品又は指定役務について登録商標の専用権（商標25条）と，これと類似する商品又は役務の範囲にわたって登録商標の禁止権（同37条）が発生する。専用権と禁止権の効力が及ばない非類似の商品・役務に著名商標が使用されることによって，その信用に寄生されるという問題（フリーライド）が生ずることになる。もっとも，この問題は平成5年改正不正競争防止法2条1項2号により相当程度解決されることになったが，同法による著名商標の保護は商品等表示としての標章の使用行為についてのみであり，著名商標への接近行為の全てが規制されるものではない点に留意する必要がある。

第3節　商品と役務

1957年のニース協定に基づく国際分類に則し，商標法施行規則6条別表で商品と役務区分が列挙されている。

商品や役務の分類が国によって相違していると，複数の国に商標登録出願するとき，調査や手続をする上で煩雑である。この煩雑を解消すべく，1957年，「標章の登録のための商品及びサービスの国際分類に関するニース協定」が成立した。わが国は，平成2年2月20日同協定に加入し，平成4年4月1日から商品の主たる国内体系（商品34区分，役務11区分，計45区分）として採用している。

なお，明治17（1884）年の商標条例から現在に至るまで，明治32（1899）年法に基づく商品区分以降も4度の改正の結果，従来からのものを5種類併存させ，サーチを難しくするなど支障もあり，以前の商品区分を国際区分に従って書き換える制度が平成8年改正商標法で導入されている。すなわち，平成4年3月31日までになされた商標登録出願に基づく商標権を有する者は，その商標権の存続期間の満了日の6カ月前から満了後1年までの間に，その商標権の指定商品について書換登録の申請を義務づけられている（附則2条，3条）。この書換によって，それまでの指定商品（例えば，木製机）の範囲を実質的に超えてしまう（例えば，事務机）おそれもあるが，それでは第三者の利益に反することも予想されるから，審査を行い，それに対しては拒絶査定がなされる（附則5条，6条）。

1 商　品

　商標法における商品とは，「商取引の目的たりうべき物，特に動産をいう」というのが特許庁の理解[注1]であり，不動産や無体物を排除するものではない。過去の裁判例を見ても，「それ自体交換価値を有し，独立の商取引の目的物」[注2]，あるいは「一般市場で交換されることを目的として生産される有体動産等」[注3]をいうとして，ノベルティをさらには店内で消費される物を商品概念から排除するのが目立つ程度である。

　不動産の商品性については，建売住宅や分譲マンションでは同等の条件を備えた互いに競合する「商品」が多数市場に提供されている現実から，市場において取引される不動産も商標法によって保護される商品に該当するという判決（ヴィラージュ事件，東京地判平成11年10月21日判時1701号152頁）がある。

　また，無体物については，不正競争防止法に関する事案において消極的な判決[注4]もあったが，「その経済的価値が社会的に承認され，独立して取引の対象とされている場合」，商品該当性を肯定する判決も示されている[注5]。もっとも，

これらはリアルワールドにおける取引市場を前提にした判断であり，インターネットにおけるコンテンツ取引を想定してのものとは言い難い。しかし，ブロードバンド化を迎え大量のコンテンツがネットワークを通じて取引されることもさほど遠くないものと想像される今日，こうした状況の変化を受け，2000年10月には世界知的所有権機関（WIPO）において，商品・役務の国際分類を定めるニース協定の改定により，新たに「ダウンロード可能な電子出版物」及び「ダウンロード可能なプログラム」が商品分類第9類（電子応用機械器具）の商品の例示として追加されている。わが国でも，平成14年商標法改正の検討段階において，商品概念の拡大のための法的手当の必要性が検討された模様であるが，無体物を含むという方向での解釈に委ねる選択がされている（参照，モリサワタイプフェイス事件，東京高決平成5年12月24日判時1505号136頁）。

(1) 商品の同一性

かつては，商標の登録拒絶事由及び商標権の効力の関係で，商品の類似性の概念が法律上規定されていなかったため，商品の同一性を極めて広く解釈してこれに対応させていた。現行法では，こうした問題の多くは解消されているが，例えば商標法50条では，「その指定商品」とのみ規定するので，商品の同一性の範囲が問題となる。基本的には商品名から判断することになろうが，これのみに拘泥されてはならないとしても，不使用取消審判での使用商標との関係における商品の同一性の範囲は厳格に解されるべきであろう。

(2) 商品の類似性

商品の類似性についても，商標法上規定はない。しかし，商品の類似性は商標権の権利範囲を画するため，侵害の成否を決する（商標37条1号）とともに，さらに商標登録の無効（同46条），濫用的使用による取消（同51条）等の各法条において，それらの適用を画する重要な概念ともなっている。

商品の類似性を判断する基準は，商品の属性による商品自体の類否ではなく，取引上の混同・誤認のおそれの有無，つまり一般購買者の出所の混同の有無に求められている[注6]。なお，この混同・誤認のおそれの有無の判定は，商標との関連において，すなわち対比される商品に商標を付した状態において行われる[注7]。

商品の類似は，商標法施行令で34類に分類された商品区分とは関係がないが（商標6条3項），特許庁実務に資するため，類似商品審査基準が設けられている。

この審査基準は，平成4年4月，ニース協定の国際分類に即して見直されたが，わが国独自の商品区分も残したため，互いに類似の関係にある商品が異なる複数の区分に分散するところも生じている。このため，全く異なる業種の商標権者の登録商標を引用する拒絶理由が示される結果となっており，見直しの要望が強い。

出願人は，1出願において，商品区分を超えて類似商品であると否とを問わず複数の商品を指定することができる（1出願多区分制）^{注8)}。手続の簡素化を目的とする商標法条約への加盟に伴い，平成8年商標法改正により導入された。

注1) 特許庁逐条解説1390頁。
2) BOSS事件，大阪地判昭和62年8月26日無体集19巻2号268頁　本件販売促進用「Tシャツ等は，それ自体が独立の商取引の目的物たる商品ではなく，商品たる電子楽器の単なる広告媒体にすぎないものと認めるのが相当であるところ，本件商標の指定商品が第17類，被服，布製見回品，寝具類であり，電子楽器が右指定商品又はこれに類似する商品といえないことは明らかである」。
3) 天一事件，東京地判昭和62年4月27日判時1229号138頁では，顧客の注文により持帰り用に有償で提供される折詰は市場において交換することを目的として生産されるものではないとして，商品でないと判示する。
4) タイポス書体事件，東京地判昭55年3月10日無体集12巻1号47頁。
5) モリサワタイプフェイス事件，東京高決平成5年12月24日判時1505号136頁。ただし，本件は，書体を記録した媒体の製造販売の禁止を求めた事案である。
6) 三国一事件，最判昭和43年11月15日民集22巻12号2559頁「商品自体が取引上互いに誤認混同を生ずるおそれがないものであっても，それらの商品に同一又は類似の商標を使用するときは，同一の営業主の製造又は販売にかかる商品と誤認混同されるおそれがある場合には，これらの商品は……類似の商品にあたると解すべきこと，……両商品は互いに品質・形状・用途を異にするものであっても，それに同一又は類似の商標を使用すれば同一営業主の製造又は販売にかかる商品と誤認混同されるおそれがある場合にはこれらの商品は類似の商品と解すべきことは既に当裁判所の判例とするところである」。参考同旨，橘正宗事件，最判昭和36年6月27日民集15巻6号1730頁。
7) 渋谷達紀「商標法の理論」328頁等。
8) 1出願により多区分にまたがり複数の商品を指定商品とすることができるが，願書への指定商品の記載は商品区分に従いなされなければならない（商標6条2項）。

2　役　　務

商標法にいう役務とは，他人のために行う労務又は便益であって，独立して商取引の目的足りうべきものをいう。輸送，加工，金融・保険，電気通信，飲食・宿泊，放送等々の役務は，業務としてかつ反復，継続して行われるから，商標法上認められる役務であることに異論はない（平成4年4月1日のサービスマーク保

護制度の導入)。問題は小売にあった。商品の譲渡及びそれに伴い付随的に行われる役務は，商標法にいう役務とは認められていなかった。商品の譲渡行為は，商品商標の対象であるし，またそれに伴う付随的役務は市場における独立した取引の対象となっていない，という理由からである（エスプリ事件，東京高判平成13年1月31日判時1744号120頁；シャディ事件，東京高判平成12年8月29日判時1737号124頁）。

しかし，例えばデパートのような総合小売等役務（衣料品，飲食料品及び生活用品に係る各種商品を一括して取り扱う小売又は卸売の業務において行われる顧客に対する便益の提供）における多様な商品の選別と品揃え，陳列その他の役務は，顧客のために行う便益とみることができる。総合小売が商標法にいう役務と認められていないために，総合小売業者やコンビニエンスストア業者は，その使用する標章を商品商標として，商品区分34類にまたがって商標登録を受け，多大な商標管理コストを負担しているという実態もある。さらに，国際的に目を転ずれば，ニース協定において，小売業の商標を役務商標として扱うこととされており[注1]，欧米各国では，小売業の商標を役務商標としてすでに保護している。こうしたことを受け，平成19年4月1日から小売及び卸売の業務において行われる顧客に対する便益の提供を，商標法所定の役務商標として保護することとなった（商標2条2項)[注2]。

なお，商品と役務はそれぞれ有体物と無体物であるから，これにマークを付した場合，両者を混同する可能性はないようであるが，今日では，同一の事業者から商品と役務が提供されることも多く，商品商標と役務商標を別々のものとして構成すると問題が生じる。このため，商品と役務との間における一般的な出所の混同を防止するため，商品商標と役務商標が類似する関係もありうることを予想し，商品と役務の類似関係を認めている（商標2条6項）。役務相互間の類否判断及び役務商品間の類否判断も，商品相互間の類否判断と同様である（役務相互間につき，キャリアジャパン事件，大阪地判平成16年4月20日最高裁HP；役務商品間につき，ウイルスバスター事件，東京地判平成11年4月28日判タ1006号252頁）。

商標法4条1項11号の先願登録商標と当該商標登録出願に係る商標における商品商標と役務商標間の審査でのクロスサーチについては，小売業に係る役務商標の導入にあたって問題となった。総合小売に係る役務商標と商品商標の間ではク

ロスサーチを行わないが，家電量販店や医薬量販店等の特定分野における総合小売及び単品小売については，具体的な使用状況に応じ商品商標との間でクロスサーチが行われる。

注1）ニース国際分類第9版の35類の注釈には，「他人の便宜のために各種商品を揃え（運搬を除く）顧客がこれらの商品を見，かつ，購入するために便宜を図ること。当該役務は，小売店，卸売店，カタログの郵便による注文，又はウェブサイト若しくはテレビのショッピング番組等の電子メディアによって提供される場合がある」とされ，従前の「主たる業務が商品の販売である企業の活動」を役務から除く旨の注釈は削除された。

2）小売業に係る役務商標登録出願の開始に伴い，役務商標制度導入時と同様の経過措置がとられた。平成19年4月1日から3月を経過する日までの特例小売商標登録出願は，先後願関係においては同日にしたものと看做された（附則17条）。また，改正法施行前から日本国内において不正競争の目的でなく小売役務について商標を使用している者には継続使用権が認められた（同6条）。

第4節　商　　標

1　商標と標章

商標とは「人の知覚によつて認識することができるもののうち，文字，図形，記号，立体的形状若しくは色彩又はこれらの結合，音その他政令で定めるもの（以下『標章』という。）であつて」，業として商品を生産等する者がその商品（又は役務）について使用するものをいう（商標2条1項）。この定義から，①人の知覚によって認識できる標章でなければならないこと，②色彩[注1]と音も単独で標章適合性が認められること，③音と政令で定められる標章は文字，図形，立体的形状または色彩との結合が認められないことが導かれる。

2条1項に限定列挙される標章として，「動き」，「ホログラム」及び「位置」はあげられていないが，これらは「文字」や「図形」等の標章が経時的に動くことで認識されたり，あるいは特定の位置に継続的に使用されることで認識されたりする識別的な特徴であるため[注2]，この規定には例示しないで審査基準等で対応することとされている。「文字」，「図形」及び「記号」の標章からなる商標を伝統的商標，「立体的形状」[注3]，「音」，「動き」，「ホログラム」及び「位置」からなる標章は非伝統的商標というが，これまで商標法条約の加盟に伴い立体的形状のみが先行して標章適合性を認められていたが，平成26年，シンガポール条約

の加盟を睨み非伝統的商標についても標章適合性を認めることとなった[注4]。

このような標章を，①業として[注5]商品を生産し，証明し又は譲渡する者がその商品について使用するものと，②業として役務を提供し又は証明する者がその役務について使用するものが商標である。商標法上の商品又は役務と認められないものについて標章が使用されても商標ではない。また，識別性は商標適合性の要件ではなく，登録要件となっているが，商標の本質からすると疑問である。

注1) 色彩標章には，輪郭のあるものとないものがあるが，現行法では輪郭のない単一の色彩標章も認められる。
2)「動き」や「位置」標章では，文字や図形が特徴的に動いたり，商品等の特定の位置に使用されることで，その「動き」や「位置」が識別的特徴として保護されるものであり，文字や図形が保護対象ではない。
3) 立体商標は，それらの形状が極めて簡単で，かつ，ありふれた形状そのものである場合には，商標登録を受けることができない。商標法3条2項の適用を受けるためには，その形状がその指定商品の用途又は機能からみて特異な特徴を有しており，使用の結果，需要者が何人かの業務に係る商標であることを認識することができるものになっていなければならない。
4) 非伝統的商標を商標法の保護対象とするにあたり，すでにこれらの商標を使用している者に，一定の条件の下に，改正法の施行後もその商標を継続的に使用できる権利が認められている（商標附則5条3項～7項）。
5)「業として」とは，営利の目的に限らず，業務として一定の目的の下に反復継続して行う行為として，の意味である。

2 商標の同一性

商標法は，同一性を有する商標の範囲についてさまざまに規定している。現行法の規定の例としては，登録商標につき，「他人の登録商標又はこれに類似する商標であつて……」（商標4条1項11号），「登録商標の使用」（同50条）あるいは，「他人の登録防護標章と同一の商標であつて……」（同4条1項12号）等をあげ得る。

ここでの「登録商標」と「同一の商標」とが同じ幅のものといえるであろうか。例えば，商標法4条1項12号の場合は，「同一の商標」の概念をできるだけ厳格に解することが登録商標の保護になることを意味し，また50条の商標の不使用取消審判の場合には，そこでいう「登録商標の使用」の意味を厳格に解することは登録商標の保護にならないことを意味する。したがって，形式的，画一的に理解することはできず，制度の趣旨・目的に照らし判断するほかないが，基本的には，

商標の構成部分に変更を加えても，その識別性に影響がないと認められる範囲で同一性を認めるべきである。ただ，平成8（1996）年改正商標法は50条に定める登録商標の範囲について，「書体のみに変更を加えた同一の文字からなる商標，平仮名，片仮名及びローマ字の文字の表示を相互に変更するものであって同一の称呼及び観念を生ずる商標，外観において同視される図形からなる商標その他の当該登録商標と社会通念上同一と認められる商標」を含むものとし，この問題の一端を明確にしている。

3 商標の類似性

商標の類似とは，一般的には，2つの商標が完全に同一でなくかつ取引通念上も同一性があるとは認識されない場合（いわゆる商標の同一性が認められない場合）であって，両商標が外観，称呼又は観念[注1]のうちいずれか1つ以上において同一又は酷似する関係にあることをいい，商品の出所につき誤認混同を生ずるおそれがあるか否かによって判断すべきものである，と説明されている。この場合，標章自体の属性によってこの類否を判定する理解は少なく，商標の類否は，同一又は類似の商品に使用された両商標が「その外観，称呼，観念等によって取引者に与える印象，記憶，連想等を総合して全体的に考察すべく，しかもその商品の取引の実情を明らかにし得るかぎり，その具体的な取引状況に基づいて判断すべき」[注2]ものであって，外観，称呼又は観念のいずれか1つにおいて類似するものであっても，取引の実情に照らし商品の出所に誤認混同をきたすおそれの認めがたいものについては，商標の類似性は認められない。ただ，ここでいう商標の類似判断にあたり考慮することのできる取引の実情とは，出願審査段階では，個別具体的なものをいうのではなく，一般的，恒常的なそれをいうものとされている[注3]。したがって，出願商標の著名性，周知性等の当該出願商標に特有な事情は考慮されない。

これに対し，侵害訴訟における商標の類否判断では，登録商標と被告の使用商標との1対1の対比の中で，外観，称呼又は観念のいずれか1つでも類似していない場合でも，具体的な取引の実情を含む総合的な判断により類似性が認められることがある[注4]。したがって，反対に，称呼が一致する場合であっても，被告の使用商標に高い識別力のあることを理由に，商標の類似性が否定されることも

あり得る[注5]。

　商標の類否判断では全体観察を原則とする。この理は結合商標でも変わらない。もっとも，商標の構成部分の一部を抽出し，この部分だけを他人の商標と比較して商標そのものの類否を判断することも可能であるが，それは当該「部分が取引者，需要者に対し商品又は役務の出所識別標識として強く支配的な印象を与えるものと認められる場合や，それ以外の部分から出所識別標識としての称呼，観念が生じないと認められる場合」に限られている（つつみのおひなっこや事件，最判平成20年9月8日判タ1280号114頁）。

 注1）　商標の類似判定基準　外観類似：2つの商標の外見が似ていること。称呼類似：商標の称呼は，その文字，図形，記号，色彩等の構成からして，その商標が使用される取引者層によりどのように呼ばれるかによって決定される。したがって，称呼は商標の構成自体と取引者層の両面から判断され，決定されねばならない。観念類似：2つの商標の持つ意味が同一であるか，紛らわしいために，これらの商標を付した商品が同じ製造業者，販売業者の製造・販売する商品であるかのように需要者が誤認するおそれのあること。
 2）　氷山事件，最判昭和43年2月27日民集22巻2号399頁。
 3）　保土谷化学事件，最判昭和49年4月25日審決取消訴訟判決集昭和49年433頁。
 4）　木林森事件，最判平成4年9月22日判時1437号139頁。大森林と木林森という商標の類似性が肯定された事例。
 5）　小僧寿し事件，最判平成9年3月11日民集51巻3号1055頁。

第5節　商標法における使用概念

1　標章の使用と商標の使用

　商標は，標章であって，事業者がこれを「商品（又は役務）について使用」するものであり（商標2条1項1号，2号），商標権は商標としての「使用」を専有する権利であるから，そこでの使用の意味内容が重要となる[注1]。前者の商品についての使用とは，自他商品を識別する標章の使用という意味において，商標法2条3項が具体的に定めている。後者としての使用については，営業関係において，商品又は役務に関して，当該分野の平均的需要者が，その商品又は役務と同一又は類似の他の商品又は役務と識別するために，当該商標が使用されていると認め又は認め得べき態様での使用と解される[注2]。

　「商標の使用」の概念は，商標権の効力を画することになるから，商標権の侵

害の成否を決する場面においても議論される。この意味での商標の使用は，商標権侵害が成立するための入口要件であるが，現行法は商標権侵害に対する抗弁として裏から限界を画している（商標26条1項1号〜6号）。

　商品や商品の包装に標章を付す行為が，商標権者の排他的使用権に属するといっても，それは商品について出所等を表示する機能を持つ態様での標章の使用行為をいうのであって，巨峰パッケージ事件[注3]のように，そもそも指定商品に関しての使用とはいえない場合については，商標的使用でないという理由で侵害の成立を認めない。同様な理由で，商標といえない場合として，案内板でのメッセージとして使用される場合も侵害の問題とはみない。意匠やデザインとして使用される場合もあるが，意匠やデザインが出所表示機能を果たしていると認められる場合には，侵害が肯定される。

　　　注1）　特許庁逐条解説1385頁によれば，この点に関し，「標章は商標を含む広い概念であり，逆に言えば商標は標章の中で一定の者が商品又は役務について使用をするという特殊な要件が加わったものなのである。したがって，標章というときは，商品又は役務とは全く関係のない文字，図形又は記号等も含まれるのである。標章と商標とがこのような関係にたつ結果『標章の使用』というときは当然に『商標の使用』もその一態様としてその中に含まれるのであり，3項はその意味で商標についての使用の定義を与えている」と説明されている。
　　　　　2）　商標としての使用について，「自己商品の識別標識としての機能を果する態様での使用」とするもの（テレビまんが一休さん事件，東京地判昭和55年7月11日判時977号92頁），「出所表示機能を有する態様での使用」とするもの（POS事件，東京地判昭和63年9月16日判時1292号142頁），「自他商品識別機能ないし出所表示機能を有する態様での使用」とするもの（ブラザー事件，東京地判平成16年6月23日判時1872号109頁）など，裁判所の判断は一様ではない。
　　　　　3）　巨峰パッケージ事件，福岡地飯塚支判昭和46年9月17日無体集3巻2号317頁，ぶどうのパッケージに「巨峰」の文字が物理的に付されていても，それは商品たるパッケージの商品表示として使用された標章ではなく，内容物としてのぶどうについての標章の使用であるとしてパッケージを指定商品として登録商標「巨峰」を有する者の仮処分申請が退けられた事例。

2　商標の使用態様

　商標法2条3項で商標の使用といわず，標章の使用という文言を用いているのは，同条1項との整合性を付ける単なる技術的理由からである。3項各号に定める使用の態様について，説明する。

　1号　「商品又は商品の包装に標章を付する行為」とは，商品自体に刻印を

付し，ラベルを付したりする基本的な使用行為をいう。外部から見えない部分に商標を付しても，商品の購買時，使用時の状況から，使用に該当するか否かを判断すべきである。

　この「商品又は商品の包装に標章を付する行為」は，商標の「使用」にむろん当たるが，商品形態そのものを立体商標とする場合，商品に「付する」という行為の意味と正確につながらないおそれがある。このため，平成8（1996）年改正商標法では，商品その他の物に標章を付することには，商品若しくは商品の包装，役務の提供の用に供する物又は商品若しくは役務に関する広告を標章の形状とすることも含まれることにして，立体商標についての使用の意義を明確にしている（商標2条4項1号）。さらに，音の標章についても，商品その他の物に標章を付する使用に，商品等又は商品等の広告に記録媒体が取り付けられている場合，その記録媒体に標章を記録することが含まれる（同2条4項2号）として，使用の概念を明確にしている。

　2号　　刻印・ラベルを付した商品を譲渡，引き渡し，展示，輸出，輸入又は電気通信回線を通じて提供する行為である。不正商品を所持する者に対し商標権侵害の責任を追及する場合，譲渡行為のみならず展示行為をも使用行為とすることが有効と考えられた。

　3号　　役務の提供にあたりその提供を受ける者の利用に供する物に標章を付す行為である。具体的には，喫茶店のナプキン，カップ，スプーン，あるいはタクシーの車両に標章を付す行為として現れる。

　4号　　3号の物を用いてサービスを提供する行為である。例えば，実際に標章のついたタクシーを用いて乗客を輸送する行為がこれに当たる。

　5号　　役務の提供の用に供する物（役務の提供にあたりその提供を受ける者の利用に供する物を含む）に標章を付したものを役務の提供のために展示する行為である。喫茶店のサイフォン，ポットに標章を付す行為がその例である。

　6号　　役務の提供にあたりその提供を受ける者の当該役務の提供に係る物に標章を付す行為である。クリーニングのタグや車両6カ月点検証に標章を付す行為がこれに当たる。

　2号〜6号の使用態様は役務に関するものであるが，役務は有体物ではないから，物を媒介させることで視覚的に認識できるようにしたものである。

7号　電磁的方法により行う映像面を介した役務の提供にあたり，その映像面に標章を表示して役務を提供する行為である。放送やネットワークを通じたサービス提供行為がなされ，モニターに商標が表示される場合に，当該商標を商標の使用と認めるためである。

8号　商品又は役務に関する広告，価格表又は取引書類に標章を付して展示若しくは頒布し，又はこれらを内容とする情報に標章を付して電磁的方法により提供する行為である。広告等において商品・役務を示してなすことが必要であり，企業のイメージ広告はここでいう「商標の使用」と認められないことになる。看板での使用は，役務商標では本号の使用として認められるが，商品商標の事案でもここでいう使用となるとする事例（十五屋事件，名古屋地判昭和58年1月31日無体集15巻1号15頁等）が少なからずみられる。

9号　音の標章にあっては，8号までに掲げるもののほか，商品の譲渡若しくは引渡し又は役務の提供のために音の標章を発する行為である。例えば，米国映画制作会社MGMの映画DVDの冒頭にライオンの咆哮を電磁的に記録したりあるいは上映の際にその咆哮を再生する行為が音の標章の使用に当たる。

10号　1号から9号に掲げる行為のほか，政令で定められる行為も使用となる。今後，政令により新たな標章（例えば，香り）が追加されることも考えられるが，そうした標章に必要な使用を設けるためである。

第6節　商標の登録要件

商標登録を受けるための要件として，一般に，積極的登録要件と消極的登録要件とがあげられるが，広義においては出願人の権利適格性（商標7条の2第1項，51条2項，53条2項，77条3項⇒特許25条，パリ条約2条，3条参照），使用意思（同3条1項柱書），出願の方式適格性（同6条1項，2項），先願性（同8条2項，5項）を備えることも含む。特許庁は，これらの要件の有無を審査官に審査させ（商標14条），出願日から18カ月（商標施令2条1項）内に拒絶事由を発見できないときは，商標登録すべき旨の査定がなされる（商標16条）。

以下では，商標法に特有な問題として，使用意思のほか，積極的登録要件と消極的登録要件とを説明し，その後に商標登録出願と審査について簡単に言及する。

1 商標の使用意思

　自ら使用する意思のない商標の登録は認められない。自己の業務に係る商品又は役務について使用しているか，又は少なくとも使用の意思を有する商標でなければならない（商標3条1項柱書，団体商標にあっては「自己の」は「自己又はその構成員の」と読み替えられる［同7条2項，7条の2第3項］）。自己の業務に係る商品について使用する商標であるか否かは，これまで願書に記載された出願人の業務で判断されていた。ところが，商標法条約は手続の簡素化の観点から，業務記載を出願人に求めてはならないものとしているので，平成8年改正商標法は願書への業務記載を廃止した。

　現行法の下でも，「自己の業務に係る商品又は役務について使用」する商標でなければならない。したがって，個人が総合小売等役務を指定役務として指定している場合や，いわゆる全類指定のように，1区分内での商品又は役務の指定が広範（8以上の類似群コードにわたる商品又は役務の範囲）に及んでいる場合等，使用意思に疑義が生ずる場合には，実態が総合小売であることを証明する資料や，指定商品又は指定役務に係る業務を出願後3年以内に出願人が行う予定のあることを，事業計画書等で証明することが求められている（特許庁商標課「小売等役務商標制度の導入等に伴う商標審査基準の改正案」）。

　このように商標の登録要件として，商標の使用の事実まで求めることなく，将来の使用意思で足りるという考え方が採用されているが，このような考え方を登録主義といい，使用の事実を必要とする考え方を使用主義ということがある[注1]。使用主義では，保護すべき対象は使用によって商標に蓄積された信用・名声であるから，使用されている商標を登録すべきことになる。これに対し，登録主義では，使用の結果，信用・名声が商標に蓄積され登録のため出願されたとしても，登録阻害事由があれば，使用が無駄になることになるので，あらかじめ将来の使用による信用の蓄積を見越して登録が認められねばならないことになる。

　現行法は登録主義にたちながらも，使用主義的要素を一切排しているというわけではない。未登録周知商標は，登録段階でも（商標4条1項10号），侵害段階でも（同32条，32条の2）保護されており，さらに不使用取消審判制度（同50条）をおき，使用主義的要素も加味している。

　　注1）　特許庁逐条解説1396〜1397頁参照。また，権利の発生について，使用主義と登録

主義といわれることがある。ここでは，使用主義とは商標権の発生を使用の事実に基づいて認める考え方であり，登録主義とは商標権の発生を登録の事実に係らしめる考え方である（例，網野誠「商標〔第6版〕」119頁以下等）。

2　商標の積極的登録要件

　積極的登録要件とは，商標（商標2条1項）が自他商品識別力を有することである。商標の構成に特別顕著なところがなくとも，商標を使用した結果，自他商品識別力を有する場合，商標登録が認められる。この自他商品識別力とは，自己のある商品と他の商品との識別であって，特定の事業者として具体的に誰であるかを認識せしめる必要はない。

　商標は自他商品を識別するために本来使用されるはずであるから，自他商品を識別できない標識は商標とはいえないことになる。ところが，現行法では，商標概念を規定する要件中に自他商品識別力を入れておらず（需要者が何人かの業務に係る商品であることを認識することができない商標，商標3条1項6号参照），登録要件として位置づけている。

　これは旧法上，「登録ヲ受クルコトヲ得ヘキ商標ハ標章ニシテ特別顕著ナルモノナルコトヲ要ス」（旧商標1条2項）という趣旨の規定の下で，特別顕著性という概念をめぐる議論があり，これを外観構成上特別顕著という意味に解する理解と自他商品識別力を意味するという理解に分かれていたことに由来する。現行法では，特別顕著性の語を使わずに，自他商品識別力が商標登録要件であることを明らかにするとともに，その代わり旧法で特別顕著性なしとされた内容を具体的に列挙する形をとり，商標法3条1項1号～5号までにおいてその具体的内容を列挙し，6号において総括的にその一般的な意味を明らかにしている[注1]。

　以下各号の登録要件の存在の有無の判断基準時は，登録処分時（査定・審決時）である。

　①　その商品・役務の普通名称を普通に用いられる方法で表示する標章のみからなる商標（1号）：普通に用いられる方法とは，商標的に使用されているものについて，それが外観上品質表示なり普通名称として普通に使用されている状態をいう。鰻を図案化して使用したり，鵜名義のように当字を使用したときはこれに該当しない。商品の普通名称には，その商品の略称，俗称等も含まれる。

　②　その商品・役務について慣用されている商標（2号）：慣用されている商

標とは，その商標が不特定多数の同業者において，特定の商品・役務につき長年使用されている商標をいう。普通名称の場合，特定商品・役務についての一般的な名称として承認され，その意味で浸透度が高いが，慣用商標の場合，一般的承認がないという意味において浸透度が低い。しかし，同業者間においてであるにせよ自他商品識別力は認められないので，普通名称と同じ取扱いがされている。

例えば，団子にわらびだんご（普通名称），清酒に正宗（慣用商標），観光ホテル（宿泊施設の提供），プレイガイド（興業場の座席の手配）などがそうした例である。

③ その商品の産地，販売地，品質，原材料，効能，用途，形状（包装の形状を含む），生産若しくは使用の方法若しくは時期その他の特徴，数量若しくは価格等を普通に用いられる方法で表示する標章のみからなる商標（3号）：これらは同業者であれば誰でも使用できる必要があり，独占させることになじまない。国家名，国内外の著名な地理的名称及び繁華街の名称は，原則として，本号にいう産地又は販売地とされる。ここでいう「産地，販売地」とは，その産地において現実に特定の商品が生産されている場合に，その特定の商品に当該地名を使用した場合のみをいうとのかつての審決もあったが，産地を普通に用いられる方法で表示する標章のみからなる商標とは，「必ずしも当該指定商品が当該商標の表示する土地において現実に生産され又は販売されていることを要せず，需要者又は取引者によって，当該指定商品が当該商標の表示する土地において生産され又は販売されているであろうと一般に認識されることを以て足りる」と解されている[注2]。妥当な判断である。

産地・販売地表示と品質等を結合させた商標（例：博多めんたいこ，博多スーパー）にも，本号が適用される。

④ ありふれた氏又は名称を普通に用いられる方法で表示する標章のみからなる商標（4号）：ありふれた氏又は名称とは，同種のものが多数存在するものをいうが，実務的にはNTTの電話帳においてかなりの数を発見できるものを，ありふれた氏又は名称として扱っている。ありふれた氏（山本），業種名（鈴木食品），国内外の行政区画等の著名な地理的名称に会社の形態等を結合する商標（株式会社福岡音楽）は，本号に該当するとされている。ただし，他に同一のものが実在しないと認められるときは商標登録を認めているようである[注3]。

⑤　きわめて簡単でかつありふれた標章のみからなる商標（5号）：審査基準によれば，仮名文字1字，1本の直線，破線あるいは△，○あるいは月桂樹や盾の図形は本号の規定に該当する，とされている。数字も原則として本号に該当する。ちなみに，インテル社の「Pentium」のPENTAは5番目という意味であるが，従来のMPUの商品名「386」「486」は数字のため商標登録できず，競争事業者が類似の商品名を使用して競合製品を販売してきたという事情があり，このためインテル社は商標登録が可能な「Pentium」としたといわれている。

⑥　1号から5号以外のもので識別力のない商標（6号）：地模様，連続模様さらに平成の元号は本号に該当する取扱いがなされている。また，標語（キャッチフレーズ）も本号に該当するというのが，特許庁実務である。

⑦　③，④及び⑤に該当する商標であっても，使用の結果需要者が何人かの業務に係る商品であるかを認識できるものについては，商標登録を受けられる（商標3条2項）：オートバイのホンダ（技研工業），スズキはその典型的な例である。

3条2項の適用にとって重要なことは，当該標章の使用によって，出願された商品又は役務に関係する取引者及び需要者の重要な部分において，出願商標がある事業者に観念付けられていて，その他の事業者には関係付けられていないこと，そして当該標章を付された商品又は役務がこのある事業者から出所していると認識されているということである[注4]。特許庁の審査基準もこの原則を採るが，「出願された商標及び指定商品又は指定役務と，使用されている商標及び役務とが同一の場合」にのみ商標法3条2項の適用が認められていた[注5]。商標法3条2項は，出願商標が指定商品又は指定役務に使用された結果，需要者が何人かの業務に係る商品又は役務であることを認識することができるようになった場合とまでは求めていない。3条2項の適用で究極に重要なことは，出願商標が指定商品役務について識別力を獲得しているのかどうか，という点である。その証明責任は出願人にあるものの，審査官庁はこの点に留意した審査を行うよう求められる。

注1）　特許庁逐条解説1402頁参照。
　2）　ジョージア判決，最判昭和61年1月23日判時1186号131頁。
　3）　特許庁商標課「商標審査基準〔改訂第11版〕」29頁。同「商標審査基準〔改訂第13版〕」35頁も同旨。
　4）　3条2項の獲得された識別力は，通常のそれであって，特別高度な識別力を求め

5） 商標審査基準〔改訂第11版〕第3条第2項2．(1)参照。もっとも，商標審査基準〔改訂第13版〕3-2の1．(1)では，出願商標と使用商標とが外観上厳密には一致しない場合であっても，外観上の差異の程度や取引の実情を考慮して商標の同一性を損なわないものと認められるときは出願商標を使用しているものと認める，と改めている。

3　商標の消極的登録要件

(1)　意　　義

現行法は，3条において商標（商標2条1項）中識別力を有するものであって法律上保護に値する標識を定め，同4条でそのような標識であっても公益上その他の観点から独占的排他権として保護するに値しないものについて登録しないこととし，その具体的条件を定めている。本条に定める不登録事由には，公益的事由によるものと私益的事由によるものとがある。

私益保護による不登録事由の場合（商標4条1項8号，10号〜15号及び17号），商標登録がされた日から5年を経過したときは，原則として，登録無効の審判の請求ができない（同47条，除斥期間）。これらの拒絶事由が存在するか否かの判断時は査定時を原則とするが，8，10，15，17及び19の各号については，出願時にこれらの事由が存在しない限り，出願を拒絶しないものとしている（同4条3項）。

(2)　具体的な消極的登録要件

①　国旗，菊花紋章，勲章，褒章又は外国の国旗と同一又は類似の商標（商標4条1項1号）：一私人が，自己の商品の識別標識として，これらの標識等を使用するときは，使用される国家の威信，皇室の尊厳を害するおそれがある。

②　パリ条約の同盟国，世界貿易機関加盟国又は商標法条約の締約国の国の紋章その他の記章で，経済産業大臣が指定するものと同一又は類似の商標（商標4条1項2号）：パリ条約6条の3(1)(a)及びTRIPS協定2条1の規定に基づく義務である。

③　国際連合その他の国際機関を表示する標章であって経済産業大臣が指定するものと同一又は類似の商標（商標4条1項3号）：例えば，United Nations, IOC, WTO, WIPOなどである。ただし，このような標章（例えば，国際交通フォーラムの略称とされる「ITF」ないし「FIT」）であっても④自己の業務に係る商品（自動車）を表示するものとして需要者の間に広く認識されている商標（FIT）であっ

て，その商品について使用するものや，㋺その国際機関と誤認を生ずるおそれがない商品又は役務について使用するものは除かれる。もっとも，㋺については，6号の商標に該当する可能性は残る。

　④　赤十字の標章及び名称等の使用の制限に関する法律（昭和22年法律第159号）1条の標章若しくは名称又は武力攻撃事態等における国民の保護のための措置に関する法律（平成16年法律第112号）158条1項の特殊標章と同一又は類似の商標（商標4条1項4号）：赤十字社の権威等を守るため，白地に赤十字の図形標章や赤十字及びジュネーブ十字の名称からなる商標や，オレンジ色地に青色の正三角形の標章と同一又は類似の商標及びこれらを商標の一部に顕著に有している場合が本号に当たる。

　⑤　日本国又はパリ条約の同盟国等の政府等の監督・証明用の印章又は記号のうち経済産業大臣が指定するものと同一又は類似の標章を有する商標であって，その印章又は記号が用いられている商品又は役務と同一又は類似の商品又は役務について使用するもの（商標4条1項5号）：パリ条約並びにTRIPS協定に基づく加盟国の義務である（パリ条約6条の3(1)(a), (2), TRIPS2条1）。これらの印章は，品質保証機能が強いので，商品・役務の品質の誤認を防止するためである。したがって，この規定により拒絶されるのは，監督・証明用の印章又は記号に関係する特定商品・役務に限られる。

　⑥　国若しくは地方公共団体若しくはこれらの機関又はその他公益団体等の営利を目的としない事業等を表示する標章であって著名なものと同一又は類似の商標（商標4条1項6号）：ここでの団体等とは，立法・司法・行政に関する機関すなわち各省庁その付属機関，国公立大学等をいう。公益に関する団体であって営利を目的としない事業とは，オリンピックやYMCA, JETRO, NHK等の事業をいう。大学等のマークも，著名になっていれば，この規定によって拒絶される。ただし，大学等は，4条2項により商標登録することができる。

　⑦　公序良俗を害するおそれのある商標（商標4条1項7号）：一般には，文字どおり商標の構成自体が矯激，卑猥その他公序良俗を害するおそれのある商標をいうが（判決例：征露丸事件，大判大正15年6月28日審決公報大審院判決集号外3-187），当該出願商標を指定商品又は指定役務に使用することが社会公共の利益に反しあるいは社会の一般的道徳観念に反する場合にも適用がある（母衣旗事件，

東京高判平成11年11月29日判時1710号141頁；ドゥーセラム事件，東京高判平成11年12月22日判時1710号147頁等）。

⑧　他人の肖像，他人の氏名・名称，他人の著名な雅号・芸名・筆名若しくはこれらの著名な略称を含む商標（商標4条1項8号）：ただし，本人の承諾を得ているものは除く。本号は，人格権保護を目的とする，と解するのが一般的理解（国際自由学園事件，最判平成17年7月22日判時1908号164頁）である。当該他人の承諾があれば登録を認めている。無効審判請求の場合，私益保護を目的とする拒絶事由についてのみ適用がある，と解される除斥期間の定めのあることがその根拠である。本号でいう他人とは外国人を含むが，人格権保護を根拠とするため現存する者だけであり，また著名性については商品との関連で判断されるというのが特許庁の実務である（商標審査基準4－1－8）。

⑨　政府等が開設する博覧会であって特許庁長官の定める基準に適合する博覧会の賞と同一又は類似の標章を有する商標（商標4条1項9号）：誤認防止の趣旨である。ただし，その賞を受けた者がその事実を証明する書面を特許庁に提出すれば，その商標につき登録を受けることができる。

⑩　他人の業務に係る商品若しくは役務を表示するものとして需要者の間に広く認識されている商標（周知商標）又はこれに類似する商標であって，その商品若しくは役務又はこれらに類似する商品若しくは役務に使用される商標（商標4条1項10号）：周知商標，すなわち他人の業務に係る商品若しくは役務を表示するものとして需要者の間に広く認識されている商標とは，全国的にわたって知られている商標をいい，「全国にわたる主要商圏の同種商品取扱業者の間に相当程度認識されているか，あるいは狭くとも1県の単位にとどまらず，その隣接数県の相当範囲の地域にわたって，少なくともその同種商品取扱業者の半ばに達する程度の層に認識されている」商標であることを求める裁判例がある（DCCコーヒー事件，東京高判昭和58年6月16日無体集15巻2号501頁）。同一商標の下で全国展開が不可能となれば，登録商標を取得する意味が失われることを考えると，1県程度での認識で足りると解される。登録主義を採用する商標法の観点からみると，周知商標の保護はあくまで例外であり，その保護は非類似商品・役務にまでは及ばない。ここでいう周知は商標法32条及び不正競争防止法2条1項1号でいう周知よりも浸透度において高く，商標法64条1項のそれよりも低い。

本号は，出所混同防止の趣旨であるとの見解と使用事実を保護する趣旨であるとの見解があるが，このほかに15号がおかれていること，さらに本号違反の無効審判請求には5年の除斥期間の制限がおかれていることからも，本号は後者の私益保護を目的とする趣旨と考えてよい。

　なお，ここでいう周知は関連する公衆において判断され，国内における認識をいい，国外でのものは含まない。したがって，外国で著名ではあるが，国内で知られていない商標の存在は本号の事由に当たらないので，商標ブローカーの跳梁を許すことにもなっていた。このような事態は企業活動のグローバル化傾向にも反し，国際問題ともなっていたが，後述⑱の19号はこれに対応させる趣旨の規定である。

　⑪　他人の先願登録商標又はこれと類似する商標であって，その登録商標に係る指定商品若しくは指定役務又はこれらに類似する商品若しくは役務について使用する商標（商標4条1項11号）：当該商標登録出願の日前の商標登録出願に係る他人の登録商標又はこれに類似する商標であって，その商標登録に係る指定商品若しくは指定役務又はこれらに類似する商品若しくは役務について使用する商標が存在する場合，その商標が不使用であっても，当該商標登録を取り消さない限り，本号によって拒絶される。商標法が商標権の発生につき登録主義を採用する当然の帰結ということができる[注1]。

　ところで，旧法は先願の絞りがなく，他人の登録商標と抵触する商標は登録しない旨の規定になっていたので，先願者といえども後願商標登録を無効審判によって抹消しなければ登録できなかった。現行法は先願者の権利を尊重する文言となっている。この結果，二重登録の状態が一時的にせよ起らざるを得ない[注2]。これを避けるとすれば，最先願のものが最終的に処理されるまで後願のものを処理待ちにしなければならないが，そうすると全体的な審査処理の迅速化が失われる。それは後願の出願人の利益（事業展開の利益等）にも反する。そこで，先願未登録商標に基づく拒絶理由通知に関する措置が設けられた。すなわち，出願に係る商標が先願未登録商標と抵触し，先願商標が登録されると当該出願商標が15条1号に該当する場合には，あらかじめその旨通知（拒絶理由の通知）し，相当な期間を指定して意見書を提出する機会が与えられている（商標15条の3）。

　⑫　他人の登録防護標章と同一の商標であって，その指定商品又は役務につい

て使用する商標（商標4条1項12号）：登録防護標章と同一の商標の登録を認めると，出所の誤認・混同が生じるからである。

⑬　種苗法により品種登録された品種の名称と同一又は類似の商標であって，その品種の種苗又はこれに類似する商品若しくは役務について使用する商標（商標4条1項14号）：種苗法に基づく品種登録がなされると，種苗としての譲渡において，当該登録品種の名称の使用が義務づけられる（種苗22条1項，2項）。これによって当該名称は当該登録品種の普通名称となることが期待されているので，商標登録によりこの期待が妨げられないようにする趣旨である。

⑭　他人の業務に係る商品又は役務と混同を生ずるおそれのある商標（商標4条1項15号）：本号と10～14号とは，いずれも商品・役務出所の混同防止を目的とする点において，目的を共通するので，双方の条項の競合的適用はないが（本号カッコ書），8号は人格権保護を目的とする規定であるので，同号に該当しかつその他人の承諾を得ていた商標でも，商品・役務出所の混同を生ずる商標については，さらに本号によって拒絶される。

出所の誤認を生ずるおそれのある商標のみならず，いわゆる広義の混同を生ずるおそれのある商標の登録を防止する趣旨である（レールデュタン事件，最判平成12年7月11日判時1721号141頁）。これによってフリーライドを目的とした著名商標への接近が，商標法において部分的ながらも防止されている[注3]。

⑮　商品の品質や役務の質について誤認を生ずるおそれがある商標（商標4条1項16号）：一定の商標がその外観・称呼・観念から判断して，その指定商品について，その商品が現実に有する品質と異なるものであるかのように，世人をして誤認させるおそれがあるような場合である。

例：「味醂」に「菊正宗」，「塩」に「味の素」，「しゅうまい」に「イカシューマイ」

地名等を含む商標が，商品等との関係で，商品の産地・販売地等を表すものとして認識されるものについては，当該地以外の地で生産・販売される商品等について使用されるときは，商品の品質等の誤認を生じさせるおそれのあるものとして，本号の適用を受ける運用がされている。TRIPS協定22条への対応のためである。

⑯　ぶどう酒及び蒸留酒の地理的表示と抵触する商標（商標4条1項17号）：

イ）わが国のぶどう酒又は蒸留酒の産地のうち特許庁長官が指定するものを表示する標章及び，ロ）世界貿易機関加盟国のぶどう酒又は蒸留酒の産地を表示する標章のうち当該国で保護されているものであって，それに含まれる地理的表示と原産地が異なるものについては，登録が認められない。

　世界貿易機関加盟による国内法の整備に伴い，本号が設けられた。この要件に反する出願及び登録は，拒絶事由及び無効事由となる。無効の除斥期間は5年である（TRIPS 24条⇒商標47条）。これまで，前号に基づき品質の誤認のおそれのある場合にのみ，ぶどう酒等の地理的表示は保護されていたが，TRIPS協定23条では誤認の有無に関係なく，無断登録から保護することを求めていた。

⑰　商品等が当然に備える特徴のうち政令で定めるもののみからなる商標（商標4条1項18号，商標施令1条）：BSアンテナの円形の皿形の立体的形状，牛乳の白色の色彩あるいは電話機の着信の音は，BSアンテナ，牛乳あるいは電話機が当然に備える特徴であり，これらの特徴のみからなる商標の登録を認めると，商品等の生産，販売又は提供の独占につながるおそれがあるためである。このため，商品等の当該形状，色彩又は音が，使用の結果，たとえ識別力を取得することになったとしても商標登録は許されない。

⑱　他人の業務に係る商品又は役務を表示するものとして国内又は国外で需要者に広く認識されている商標と同一又は類似の商標であって，不正の目的（不正の利益を得る目的，他人に損害を加える目的その他の不正の目的をいう）をもって使用するもの（商標4条1項19号）：商品取引のグローバル化によって，国境を越えて商品が自由に流通するためには，それに付される商標が世界的に保護される必要がある。しかし，商標権は属地主義に基づいて成立しており，当該国で登録がなければ保護を求めることはできない。このため，外国著名商標がわが国で無断で登録されることがあり，外国著名商標所有者の国内市場参入が阻止され，当該商標の持つ信用・名声への不正なフリーライドが放任される結果ともなった。本号はこのような状況を解消する趣旨である。

　不正の目的とは，不正競争の目的にとどまらず，営業上の競争関係はなくても，他人に財産上の損害，信用の失墜，その他の有形無形の損害を加える目的を含む，公正な取引秩序に違反し信義則に反する目的をいう。

　　注1）　現行法の下では，相互に抵触する商標を分離移転できるが（商標24条の2），登

録の段階では，11号にいう「他人」だけしか，かかる商標の登録を受けることができない。このため，コンセント（同意書）制度の導入も検討されたが，審査遅延問題を理由に見送られた（特許庁総務部総務課工業所有権制度改正審議室「平成8年改正工業所有権法の解説」90頁）。商標審査基準改訂第13版4-1-11の11.(4)①を参照。

2) 先願主義（**第4章第3節6参照**）の下では，商標権の発生は登録による。同一商品（役務）・同一商標について出願が競合するときは，先願者に権利を付与する（商標8条）。特許では，この点に関し，特許法39条1項の事由は拒絶事由とされている（特許49条2号）が，商標では商標法8条1項の事由は拒絶事由となっていない（商標15条1項1号参照）。

3) 商標法4条1項15号の商標審査基準改訂第13版4-1-15の2.(1)では，他人の著名な商標と他の文字又は図形等に結合した商標（例えば，被服について「arenoma／アレノマ」，おもちゃについて「パーソニー」あるいは「パー・ソニー」）は，その外観構成がまとまりよく一体に表されているもの又は観念上の繋がりがあるものなどを含め，原則として，商品又は役務の出所の混同を生ずるおそれがあるものとして取り扱われている。ただし，その他人の登録商標の部分（例えば，「POLA」が既成の語，例えば「POLAROID」）の一部となっているもの，又は，指定商品若しくは指定役務との関係において出所の混同のおそれのないことが明白なものは除かれている。

4　商標登録出願と審査

① 商標登録出願は，所定の事項を記載した願書に必要な書面を添付して行われる。所定の記載事項として，出願人の氏名又は名称及び住所又は居所，商標登録を受けようとする商標，指定商品又は指定役務並びに商品又は役務の区分そして出願商標が動く商標，ホログラム商標，立体商標，色彩のみからなる商標，音の商標そして経済産業省令で定める商標（位置商標等）についてはその旨の記載が求められている（商標5条2項各号）。必要な書面としては，例えば，商標法3条2項の適用を受けようとするときの使用による識別力の獲得を証明する書面や，団体商標や地域団体商標の出願主体要件を証明する書面等がある（同7条3項，7条の2第4項）。

出願においては，1商標1出願の原則が採用されており，商標ごとに出願することが求められる（商標6条1項）。指定する商品又は役務は商標法施行令1条別表に定める商品及び役務の区分に従って指定する必要があるが（同6条2項），一度の出願で複数の区分に属する商品及び役務を指定することは許されている（1出願多区分制）。

平成26年改正商標法で認められた新しい商標については、願書の商標登録を受けようとする商標の記載だけではその内容を明確に特定できないことから、出願に際し、商標の詳細な説明を願書に記載し又は経済産業省令で定める物件を願書に添付しなければならない（商標5条4項、5項）。詳細は、商標法施行規則及び商標審査基準で定められているが、例えば、音の商標については、願書には文字と五線譜で登録を受けようとする音を特定し、演奏する楽器の説明に加え、音声ファイルを光ディスクに記録して提出することが求められている（商標施規4条の8第3項）。

② 商標登録出願があると、特許庁長官は先に述べた商標の使用意思、積極的登録要件及び消極的登録要件のほか商標法15条に定める拒絶事由の有無を審査官に判断させる（商標14条）。審査官は、拒絶査定をするときは出願人に対し拒絶理由を通知し、相当な期間を指定して意見書提出の機会を与える（同15条の2）。審査官が拒絶事由を発見しないときは、商標登録すべき旨の査定を行わなければならない（同16条）。

第7節 団体商標制度と地域団体商標制度

1 団体商標制度及び地域団体商標制度の意義

団体商標とは、同業者団体等、事業者を構成員とする団体がその構成員に使用させる商標をいう。この商標は、商品・役務の個別の出所を表示するために使用するというよりも、団体の統制の下に、構成員に係る商品・役務の地理的特徴その他の共通の特徴を表章させるために使用される。団体商標はパリ条約7条の2において、その登録と保護が加盟国に義務づけられている。わが国では、大正10年法で団体標章の制度が設けられていたが、昭和34年法改正のとき、商標の使用許諾制度が導入されるに伴い廃止された（新法に移行する際、団体標章権は通常の商標権とみなされ、団体標章出願は通常の商標登録出願とみなされた）という経緯がある[注1]。

団体商標の特徴は、商標登録を受ける者と登録商標を使用する者とが一致せず、商標登録を受けた者に対して最初からその商標を使用することが求められていない点にある。

団体商標が付される商品は，団体が定めた基準や品質をクリアした構成員の商品である，と証明する機能を確保することが期待された。このような機能を確保する期待は，「夕張メロン」とか「博多めんたいこ」のように地域名と商品名から構成される商標についても同様に求められるが，こうした商標は商標法3条1項3号の，「その商品の産地等を普通に用いられる方法で表示する標章のみからなる商標」に該当するものとして，平成8年改正商標法の下では，同3条2項の周知性を取得した商標でない限り，商標登録を受けることができないものとされていた。

このような地域名と商品（役務）名とから構成される商標を商標登録して，コア・マークとして利用することは，地域経済の活性化を図るうえでも求められる。このため，平成17年改正商標法は，団体商標制度の枠組みの中で，商標法3条2項の周知性には至らないまでも一定程度の周知性を取得したものについて商標登録を認め，保護することとした。これが地域団体商標制度である。これによって，村おこしや町おこしの取組みを側面から支援することが期待されたのである。

2 登録要件

(1) 団体商標の登録要件

団体商標及び地域団体商標の登録についても，通常の商標登録の登録要件が全て適用されるが，特則も設けられている。

団体商標の登録に関する特則を述べる。まず，団体商標登録を受けることのできる主体として，一般社団法人その他の社団（法人格を有しないもの及び会社を除く）若しくは事業協同組合その他の特別法によって設立された法人格を有する組合又はこれらに相当する外国法人であることが必要である（商標7条1項）。このため，団体商標登録出願の際，出願人がここでいう法人格を有する団体であることを証明する書面の提出が求められる（同7条3項）。これらの団体に該当しない株式会社や財団法人は，団体商標登録を受けることができない。次に，団体商標は団体構成員に使用させるものでなければならない（同7条1項）。当該団体自体も使用するものであってもかまわないが，構成員の使用が関係法令によって禁止されているような場合には，団体商標としての出願は拒絶される。

団体商標についても，通常の商標登録と同様，商標法3条及び4条の登録要件

(2) 地域団体商標の登録要件

　地域団体商標の商標登録を受けることのできる主体は，事業協同組合その他の特別の法律によって設立された法人格を有する組合，商工会，商工会議所，特定非営利活動法人（NPO法人）又はこれに相当する外国の法人である（商標7条の2第1項）。事業協同組合その他の特別の法律により設立された組合は，その団体への加入の自由が法的に担保されている団体でなければならない[注2]（同7条の2第1項カッコ書）。

　ここでいう地域団体商標とは，商標法7条の2第1項各号に定めるように，地域の名称[注3]（商標7条の2第2項）と自己又はその構成員の業務に係る商品又は役務の普通名称を普通に用いられる方法で表示する文字のみからなる商標等をいう。そうすると，商標法3条1項3号に定める，その商品の産地や販売地あるいは役務の提供の場所を普通に用いられる方法で表示する標章のみからなる商標に該当し，商標登録を受けることができないこととなるが，地域団体商標制度は，地域経済の振興という産業経済政策から設けられたものであることから，商標法3条2項の周知性の地域的範囲とは異なり，近隣数県程度のもので足りるものと緩和されている（同4条1項10号の規定の文言と同じく「需要者の間に広く認識されている」との文言になっている）。もっとも，この緩和は識別力の程度についてであり，需要者からの当該商標と特定の団体又は構成員の業務に係る商品との結び付きの認識の要件まで緩和したものではない（喜多方ラーメン事件，知財高判平成22年11月15日判時2115号109頁）。

3　登録の効果

(1) 団体構成員の権利とその移転

　団体商標及び地域団体商標について商標登録がなされると，ライセンスの設定のような個別的契約によらず，団体構成員は団体の定めるところにより，指定商品・役務について団体商標に係る登録商標を使用する権利を取得する（商標31条の2第1項）。団体の定めるところによらない，例えば品質基準，規格基準に合致しない商品・役務については，結果として，団体商標の使用が禁止されることになる。この団体構成員の権利は移転できない（同31条の2第2項）。

また，団体構成員は，商標法24条の4（商標権の移転と混同防止表示請求），50条（不使用取消審判）などの適用では通常使用権者とみなされる（商標31条の2第3項）。構成員以外の者の使用を排除する，侵害における禁止権まで認められるのではない。団体商標に係る権利を団体商標に係る権利として移転するためには，その旨を記載した書面と，譲受人が商標法7条1項に規定する法人であることを証明する書面を，移転の登録申請と同時に，特許庁長官に提出しなければならない。この条件が満たされない団体商標に係る権利の移転は，通常の商標権に変更されたものとみなされる（商標24条の3）。

(2) 地域団体商標についての特例

地域団体商標は，地域名と商品（役務）名からなる商標が，商標法3条2項で取得が求められている周知性よりも緩和された周知性を取得することにより，一定の出所を識別している場合に，その商標登録を認めるものである。したがって，地域団体商標についても，それに係る権利の譲渡を認めると，需要者が識別している商品（役務）の出所が異なることになるおそれがあり，権利の譲渡は認められない（商標24条の2第4項）。また，地域団体商標に係る商標権については，専用使用権の設定もできない（同30条）。

地域団体商標は，その出願時において緩和された周知性の取得によって商標登録を認めているものであるから，他人が当該地域団体商標登録出願前から日本国内において不正競争の目的でなくその出願に係る商標の使用をしていたときは，その他人に緩和された条件の下で，継続使用権を認める必要がある。このため，係る場合において，地域団体商標に係る商標の使用している当該他人は，その使用する商標が自己の業務に係る商品又は役務を表示するものとして需要者の間に広く認識されていなくても，その商標を継続使用することができるものとされている（商標32条の2）。

注1） 大正10年法により商標登録された団体商標はもちろん，平成8年改正商標法前においても使用許諾制度を利用して実質的には団体商標といえる商標が存在していた。
2） 商工会，商工会議所及びNPO法人については，各々の設立準拠法（商工会法14条，商工会議所法16条，特定非営利活動促進法2条2項1号イ）で，構成員たり得る者の加入の自由が定められている。
3） 地域団体商標制度における地域とは，当該団体，又はその構成員が商標登録出願前から出願に係る当該地域団体商標の使用をしている商品の産地若しくは役務の提供の場所その他これらに準ずる程度に当該商品又は当該役務と密接な関連性を有す

ると認められる地域の名称又はその略称をいう（商標7条の2第2項）。地域団体商標登録後，商品又は役務と地域の密接な関連性が失われた場合には，無効審判の対象となる（同46条1項6号）。

第8節　地理的表示

　特定農林水産物等の名称の保護に関する法律（平成26年法律第84号）によって，地理的表示の保護制度が設けられた。TRIPSでも，商品の地理的原産地について公衆に誤認させるような行為を防止する法的手段を加盟国に設けるよう求められていた（TRIPS 22条2項）。

　地理的表示とは，農林水産物の名称であって品質，社会的評価その他の確立した特性が産地である特定の場所，地域又は国と結びついている産品の名称をいう（特定農林2条2項，3項）。地理的表示は，生産行程管理業務を行う生産者団体の申請によって農林水産大臣が行う特定農林水産物等登録簿への登録によって保護されるが（同6条），その概要は以下のとおり。

　生産者団体は申請書と明細書等の添付書類を農林水産大臣に提出して地理的表示の登録を申請する。登録の申請があるときは，申請をした生産者団体に一定の拒否事由（特定農林13条1項1号）がある場合を除き，この申請について公示を行う。3月の公示期間が満了すると，登録申請された表示が，品質，社会的評価その他の確立した特性が産地である特定の場所，地域又は国と結びついている産品の名称等（同13条1項2号〜4号）に該当するかどうかについて学識経験者の意見を聴取した上で，登録を拒否すべき事由がなければ，農林水産大臣は当該地理的表示の生産者団体，その生産地やその特性等の登録を行う（同12条）。

　登録が行われると，登録生産者団体の構成員たる生産業者のみが，登録に係る特定農林水産物又はその包装に登録地理的表示を付すことができ[注1]，その他の生産業者は登録地理的表示又はこれに類似する標章を付すことが禁じられる（特定農林4条）。この違反がある場合は農林水産大臣が必要な措置（同5条，21条）を命令する（同35条2項）。

　地域団体商標登録によるような私権が登録によって認められるのではないが，地理的表示の使用が商標権と抵触する可能性があるので，地理的表示の一定の使用行為について商標権の効力が制限されている（商標26条3項各号）。地理的表示

の登録が先行しても，商標登録拒絶事由とはならない（商標4条1項及び15条はこの関係で改正されていない）ので，後続の出願に係る商標登録は認められ，地理的表示と登録商標が併存することになるためである[注2]。

注1）　生産者団体の生産業者が登録地理的表示を使用する場合は，当該地理的表示に農林水産省令で定める標章（いわゆる「GIマーク」）を付さなければならない（特定農林4条1項）。
　2）　反対に，商標登録が先行する場合は，当該商標権者の承諾がなければ地理的表示の登録は認められない（特定農林13条1項4号ロ，2項）が，それでも承諾のある場合は併存することになるためでもある。

第9節　防護標章制度

1　防護標章の意義

　商標の禁止権は非類似の商品・役務にまでは及ばない。しかし，商標が需要者の間に広く認識されてくるようになると，それが非類似商品・役務に使用されたときでも混同のおそれが生じてくる。それは同時に当該著名商標に化体された信用が冒用されるということをも意味する。そこで，一定の要件の下で，著名商標の禁止権の範囲を非類似商品・役務にまで拡大した制度が防護標章（商標64条）であり，昭和34年商標法改正の際イギリス法を参考に導入された。防護標章は後に述べるように使用を前提とする制度ではなく，他人の使用を禁止することを目的とする制度であるから，防護商標といわず，防護標章とよばれている。

2　登録要件

　防護標章の登録要件（商標64条）は次のとおりである。通常の商標登録要件を定める商標法3条及び4条は適用がない。商標法68条2項により，3条及び4条の登録要件は64条と読み替えられている[注1]。その結果，防護標章登録出願に係る指定商品と同一又は類似の商品について，他人の先願に係る同一又は類似の登録商標が存在していても，防護標章登録は認められる。これを認めても，禁止権を拡大するだけで使用する権利を認めるわけではないので，需要者への混乱は生じない。
　①　登録商標が商標権者の業務に係る指定商品・役務を表示するものとして需

要者の間に広く認識されていること。広く認識されているとは，商標法4条1項10号と同様，広知であることをいうとする見解[注2]もあるが，特許庁実務は「商標権者の出所表示として，その商品又は役務の需要者の間で全国的に認識されているもの」をいうとしている[注3]。後者の見解が妥当である。

② その商標登録に係る指定商品・役務及びこれに類似する商品・役務以外のものについて，他人が登録商標の使用をすることにより，その商品・役務と自己の業務に係る指定商品・役務とが混同を生ずるおそれがあること。いわゆる広義の混同のおそれが生ずれば足りる。

③ 登録商標と同一の標章についての出願であること。類似の範囲については，防護標章の登録はできない。ただし，色彩を同一にすれば，登録商標と同一と認められる類似商標は含まれるが（商標70条2項）色彩のみからなる商標については適用はない（同70条4項）。

参議院商工委員会議事録では，図形商標でウサギの右向きと左向きとでは同一でないと説明されており，基本登録商標と防護標章は同一でなければならない。ただし，現実に使用されているものと若干態様の異なる商標を基本商標として，例えば登録商標が「SCOTCH」であるが，「Scotch」で使用し著名となっている場合に，防護標章登録「Scotch」について，「SCOTCH」と同一性を認め，防護標章登録を認めた事例はみられる[注4]。

④ 商標権者の出願に係ること。したがって，商標権者からライセンスを受けた者が当該商標を著名にした場合には，防護標章を利用できない。

注1） また，無効審判との関係でも，商標法8条を同64条と読み替えており，同一の防護商標登録が複数なされ得ることを予想している（商標68条4項）。
　2） 網野誠「商標〔第6版〕」624頁。
　3） 特許庁商標課「商標審査基準〔改訂第13版〕」153頁。小野昌延「商標法概説〔第2版〕」167頁。
　4） Scotch防護標章事件，東京高判平成8年1月30日判時1563号134頁。他に，レインコートで著名なサンヨーの文字標章を，履物・かさに防護標章登録を認容した事例も参照（サンヨー防護標章事件，東京高判昭和45年1月22日判タ246号323頁）。

3　効　果

まず，基本となる商標権の禁止権の範囲が拡大される。したがって，権利侵害が問題になる場合でも，防護標章登録に基づく権利に対する侵害ではなく，基本

となった商標権の侵害の問題となる（商標67条）。

さらに，防護標章登録に係る指定商品又は指定役務について他人による同一商標の登録を防ぐことができる（商標4条1項12号）。もっとも，防護標章登録の前提として，混同のおそれの存在を必要とするので，商標法4条1項15号で登録を防ぐことができるはずであるが，防護標章登録を受けることで，混同のおそれの立証なしに，他人による同一商標の登録の排除が可能となるのである。

防護標章には使用という概念はない。ただ，拡大された禁止権の範囲において事実上使用できるにすぎない（本人がその指定商品について商標登録することは可能である。商標4条1項12号の「他人の」に注意）。このように，防護標章は使用を前提にした制度ではないので，不使用による取消という問題も生じない（商標68条は同50条を準用していない）。

防護標章は，基本となる登録商標の禁止権を拡大する制度であるから，登録商標に付随する。このため，登録商標の商標権が移転されたときは，防護標章登録に基づく権利も移転する（商標66条2項←基本となった商標権の保護の拡大が目的だからである）。ただし，商標権が分割（同24条）されたときは，防護標章登録に基づく権利は消滅する（同66条1項，図6参照）。

第10節　商　標　権

1　商標権の効力

商標権は登録商標を指定商品について独占的に使用する権利（商標25条）であり，設定登録によって発生する（同18条1項）。商標権の保護客体は，市場における競争上の信用ないし地位であり，設定登録によって指定された商品又は役務[注1)]と登録商標とによってその保護範囲が決定される。登録商標の範囲は願書

に記載した商標に基づいて定められるが（同27条1項），新商標については商標の詳細な説明と経済産業省令で定める物件を考慮して願書記載の商標の意義が解釈される（同27条3項）[注2]。

　商標権者は指定した商品について登録商標の使用を専有できるが，商標権者のこの権利を専用権（商標権の積極的効力）とよんでいる。この結果，専用権の範囲内の行為を他人が無断で行うことは商標権の侵害となる。しかし，商標権の効力をこの範囲に限定し，これ以外の行為は他人の自由に属するとすると，商標権者の商標に蓄積された信用・名声を保護できず，需要者に誤認混同をもたらすおそれもあるところから，商品・商標の類似範囲についても他人が侵入できないものとし（商標権の擬制侵害，商標37条1号），いわゆる禁止権（商標権の消極的効力）を認めている。

　近年の経済環境の変化の中で，企業の広告活動等によって，商標権の設定登録前においても顧客吸引力を獲得している商標が存在する。加えて，標章の国際登録に関するマドリッド協定についての議定書（**第7章第4節3参照**）によれば，国際登録出願に対し，国際登録日（わが国への出願日）から商標登録されているのと同一の保護を与えなければならない（マドプロ4条1項）という同条約からの制約もあり，商標の早期保護制度が導入されている。商標登録前の金銭的請求権制度（商標13条の2）の創設と，そのための前提としての出願公開制度（同12条の2）の導入である。特許法65条に定める出願公開制度の効果としての補償金請求権や意匠法60条の12に定める国際公表の効果としての補償金請求権と異なり（**第7章第5節**参照），商標登録出願から設定登録までの使用によって生じた業務上の損失に相当する額の金銭の支払を請求することができる。この金銭的請求権は，書面による警告を要件とし，商標権の設定登録後において行使することができる。

　　注1）　専用権の範囲は同一商品・役務に同一商標を使用することである。商標と商品・役務の同一性の範囲は，願書に添付した商標見本，願書に記載した商品・役務に基づいて定められる（商標27条2項）。
　　　2）　商標法25条の登録商標には，色彩を登録商標と同一にするものとすれば登録商標と同一の商標であると認められるものが含まれる（同70条1項）。ただし，この規定は色彩のみからなる登録商標には適用されない（同70条4項）。

2　商標権の効力の一般的制限

　商標権の効力は時間的，場所的に制限される。この点において，有体物を客体とする所有権と異なる。すなわち，商標権は登録より10年間存続し，属地主義の結果わが国の中でのみその効力が認められる。

　属地主義とは，国際私法上の一原則であるが，法の適用や効力範囲をそれが制定された国家領域内においてのみ認める考え方であり，知的財産法の枠内でいえば，権利の成立，移転，消滅及び効力等を権利が成立した国の法律によって決定し，認める考え方をいう。この考え方は有体物を客体とする所有権についても妥当するが，有体物についても，侵害行為地とその結果発生地が異なる場合にはいずれの国の法律を適用するか，という問題が生ずる（適用通則17条）。属地主義との関係で，さらに知的財産権独立の原則[注1]との関係で議論する必要があるのは，真正商品の並行輸入問題である。

　知的財産権は産業上の創作成果物を保護する有限の権利であり，有体物を客体とする所有権のように物が物理的に滅失しない限り永久に存続することはない。しかし，商標の保護客体は市場における競争上の信用であるから，信用が存在する限り保護することになじむものである。このため，商標法は存続期間の更新登録申請制度（商標20条）を設けている。

> 注1）　パリ条約上の原則であり，特許独立の原則についていえば（パリ条約4条の2），特許権の成立，効力，消滅等は全て各国ごとに独立しており，自国の特許権に対して，他国における特許権の変動が何らの影響を与えるものでないという原則である（BBS〔控訴審〕事件，東京高判平成7年3月23日判時1524号3頁参照）。

(1)　真正商品の並行輸入

　知的財産権独立の原則の結果，各国の知的財産権はそれぞれ別個独立に存在し，一国の権利の消滅が他国の権利の存在に影響を与えないと考えられている（パリ条約4条の2(1)，6条(3)）。特許権にせよ商標権にせよ，権利者が当該権利に係る商品を市場においた場合，譲渡等に係る権利は用い尽くされたものとして，消尽（用尽）すると考えられている。これらの考え方を前提に，ある国で登録商標を使用した商品がその国境を越えて他の国に輸出される場合，ある国の商標権の譲渡に係る権利は消尽したにしても，他の国の商標権は別個独立のものとして消滅せず存在しているはずであるから，他の国の商標権に基づいて商品の輸入を禁止

できるのか，あるいは両国の商標権者が同一であるなどなんらかの条件を満たすときは，他の国の商標権の譲渡に係る権利も消滅し，第三者が輸入することを禁止できなくなるのか，という問題がある。この問題が，真正商品の並行輸入の可否の問題である。

ところで，知的財産権侵害物品の規制は一般に水際で行うことが効果的であるから，内国の知的財産権が侵害される場合，監督官庁は内国への侵害物品の輸入を禁止できることになっている。そのため，関税法69条の11第1項は，輸入禁制品として，麻薬，偽札，公序良俗を害する物品と並んで，同9号に「特許権，実用新案権，意匠権，商標権，著作権，著作隣接権，回路配置利用権又は育成者権を侵害する物品」をあげるとともに，同10号に「不正競争防止法第2条第1項第1号から第3号まで又は第10号から第12号（定義）までに掲げる行為を組成する物品（一部略）」をあげている。このような物品に対しては，税関長は没収して廃棄し，又は輸入者に積戻しを命令できることになっている（関税69条の11第2項）。

かつて真正商品の並行輸入の問題は内国の商標権を侵害するとして運用されており，昭和41年5月31日蔵関第522号「無体財産権侵害物品に対する輸入差止申立ての手続きについて」では，明白に侵害を断定できる場合を除いて，輸入差止申立てを受理した物品についてのみ重点審査を行い判断されていた。

しかし，パーカー事件判決（図7を参照）[注1]は，一定の条件の下では，真正商品の並行輸入によっても内国商標権の侵害は生じないとの判断を示し，この判決を契機として大蔵省関税通達（昭和47年8月25日蔵関第1443号）も次のように改正された。

「申立てに係る商標と同一の標章を付した物品が当該申立者以外の者によって輸入される場合において，当該物品が当該標章を適法に付されて拡布されたものであって，真正商品と認められるときは，商標権を侵害しないものとして取り扱うことにする。

この場合において，商標権を侵害しないものとして並行輸入を認める真正商品の範囲は，当該標章を適法に付して拡布した者とわが国の商標権者が，同一人である場合または同一人と同視されるような特殊な関係がある場合における当該拡布された物品とする。ただし，当該拡布された物品に付された標章が表示しまた

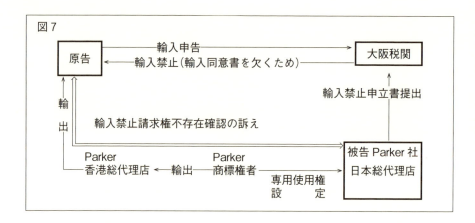

図7

は保証する出所又は品質と申立てに係る標章が表示しまたは保証する出所又は品質とがそれぞれ別個のものである場合等，当該標章の使用がそれぞれ独自のものとして評価される場合における当該物品を除く」。

商標権と真正商品の並行輸入問題については，商標の品質保証機能との関係について[注2]，外国商標権者と内国商標権者の同一性について[注3]，それぞれ限界事例に関する判断が示されたが，最高裁（フレッド・ペリー事件，最判平成15年2月27日判時1817号33頁[注4]）は，製造地域制限条項に違反する商品と実質的違法性について，出所表示機能及び品質保証機能の新しい捉え方を示してはいる。これに伴い，商標機能論との関係で，真正商品の並行輸入問題の適法性を判断すること自体は確定し，関税法基本通達も見直された[注5]。

ガットのウルグアイ・ラウンドにおける TRIPS 交渉の成立に伴い，いわゆるエンフォースメントの充実，知的財産権侵害物品の適正かつ効果的な水際規制を行うため，侵害物品に関する輸入差止申立権制度の導入，侵害物品に関する認定手続及び担保供託金制度が新設された。これにより現在では，従来の職権による取締制度の他に，特許権者，実用新案権者，意匠権者，商標権者，著作権者，著作隣接権者若しくは育成者権者又は不正競争差止請求権者がその有するそれぞれの権利又は営業上の利益を侵害すると認める貨物に関し，侵害事実を疎明する証拠（不正競争差止請求権者については，さらに経済産業大臣の意見が記載された書面）を提出して，輸入差止の申立てを権利として行うことができる（関税69条の13第1項）。税関長は，この申立てを受理した場合に，侵害物品かどうかの認定手続

が終了するまでの間輸入者が被るおそれのある損害を塡補させるため，担保供託金を供託させる（同69条の15）。

(2) 商標権の消尽（用尽）の原則

商標権者は，指定商品について登録商標の使用をする権利を専有する。ここでいう「使用」には，前述したように，「商品又は商品の包装に標章を付したものを譲渡し，引き渡し，譲渡若しくは引渡しのために展示し，輸出し，輸入し，又は電気通信回線を通じて提供する行為」（商標2条3項2号）が含まれている。したがって，商標権者が登録商標を使用した商品を販売し，国内市場においた場合，「転買」者の譲渡行為について商標権の禁止権の効力は，形式的には及ぶ。このような場合商標権は消尽する（erschöpfen, verbrauchen，用尽する，ともいう）という構成を取り，形式的には成立する商標権の侵害を否定している[注6]。譲渡を行うごとに，権利者の許諾を必要とするとすれば，権利者は二重に利得を収め，商品の自由な流通が阻害されることになるからである。もっとも以上は国内関係であり，渉外関係については判例は商標機能論に依っていることは前述した。

(3) 並行輸入と他の知的財産権

真正商品の並行輸入は先のパーカー判決によって許容されるところとなったが，他の知的財産権との関係では，特許権との関係で問題となったボウリング用ピン立装置事件（大阪地判昭和44年6月9日無体集1巻160頁）の判断もあって，消極的に理解されてきた。平成6年7月22日のBBS事件東京地裁判決（東京地判平成6年7月22日判時1501号70頁）も，それまでの理解と平仄を揃えるものであった。しかし，翌年のBBS事件東京高裁判決[注7]は，特許権者がその意思に基づいて特許製品を国内であろうと，国外であろうと市場に置くことで，発明の公開の代償を確保する機会は保障されている（二重利得の禁止），ということを主たる理由として，特許権の国際消尽を認めた。この判断は国内外に大きな波紋をもたらすこととなったが，平成9年7月1日，最高裁[注8]は，特許製品の円滑な流通の確保と二重利得の禁止を理由として，国内消尽を認め，国際消尽については，特許製品の譲渡地において，対応特許権を有するか否かを問わず，当該製品の販売先，使用地域からわが国を除外することを譲受人との間で合意し，かつその旨を当該製品上に明示した場合には，転得者に対して特許権を行使できないことを明らかにした。これは，米国で言う，特許権消尽の例外である「Conditioned Sale

Exception」[注9]の考え方と同質のものであると思われるが，米国のこの例外の下では，ライセンス条項違反については特許権が消尽しないと考えられているので，今後は他の条件との関係が注目される。

  注1） パーカー事件，大阪地判昭和45年2月27日無体集2巻71頁：真正商品の並行輸入は「商標制度の趣旨目的に違背するものとは解されず，被告の内国市場の独占的支配が脅かされるとの一事はこれをもって原告の輸入販売行為を禁止すべき商標法上の実質的理由とはなしがたい。畢竟，原告は形式的には本件登録商標につきなんら使用の権限を有しないものであるが，同人のなす本件真正パーカー製品の輸入販売の行為は，商標保護の本質に照らし実質的には違法性を欠き，権利侵害を構成しない」。
  2） テクノス事件，東京高判昭和56年12月22日無体集13巻2号969頁。
  3） ラコステ事件，東京地判昭和59年12月7日無体集16巻3号760頁。
  4） フレッド・ペリー事件最高裁判決は，真正商品が並行輸入される条件について次のように判示する。「商標権者以外の者が，我が国における商標権の指定商品と同一の商品につき，その登録商標と同一の商標を付したものを輸入する行為は，許諾を受けない限り，商標権を侵害する（商標2条3項，25条）。しかし，そのような商品の輸入であっても，①当該商標が外国における商標権者又は当該商標権者から使用許諾を受けた者により適法に付されたものであり，②当該外国における商標権者と我が国の商標権者とが同一人であるか又は法律的若しくは経済的に同一人と同視し得るような関係があることにより，当該商標が我が国の登録商標と同一の出所を表示するものであって，③我が国の商標権者が直接的に又は間接的に当該商品の品質管理を行い得る立場にあることから，当該商品と我が国の商標権者が登録商標を付した商品とが当該登録商標の保証する品質において実質的に差異がないと評価される場合には，いわゆる真正商品の並行輸入として，商標権侵害としての実質的違法性を欠くものと解するのが相当である」。
  5） 関税法基本通達第6章通関第8節知的財産侵害物品（輸入）69の11-7(1)（商標権等に係る並行輸入品の取扱い）で，商標権侵害とはならない並行輸入品の条件として，前注4）の①，②及び③の条件の全てを満たすものであることを求めている。
  6） Das Warenzeichenrecht wird "verbraucht", sobald der geschützte Gegenstand mit Willen des Rechtsinhabers von ihm selbst oder mit dessen Zustimmung von Dritten in Verkehr gebraucht ist.（商標権は保護目的物が権利者の意思によって自ら又はその同意により第三者によって流通におかれたときは，"用尽"する。）
  7） BBS〔控訴審〕事件，東京高判平成7年3月23日判時1524号3頁「特許権者から一旦適法に当該特許に係る製品の譲渡を受けた後の業としての使用や譲渡が特許権侵害を構成しない理由としては，特許権者が当該特許に係る製品を適法に拡布したことにより，当該製品に関する限り，当該特許権は目的を達成して消尽したものと解するのが正当であると考える。……略……特許権者には，特許に係る製品を拡布する際に，発明公開の代償を確保する機会が保障されている以上，その保護は右機会の保障をもって足りるものとすることが，両者の利益保護の調和点としてもっとも合理的であるとの判断に基づくものと解され，この点にこそ前記の国内消尽論の実質的な根拠が見いだせるものである」。「いわゆる真正商品の並行輸入の場合にも，

輸入及び輸入品の販売行為がわが国において有する同一発明に関する特許権の侵害に当たるとみるべきか否かを検討してみると，特許権者は国外においてではあっても，拡布の際に，発明公開の代償を確保する機会が保障されていたということができるから，前記の国内における消尽の場合とその利益状況は何ら異なるところはない。本件においては，ドイツ連邦共和国内における適法な拡布の事実によって，本件特許権は本件各製品に関して消尽したものと解するのが相当というべきである」。

8) BBS〔上告審〕事件，最判平成9年7月1日判時1612号6頁は，特許権者が国外での特許製品の譲渡にあたってわが国における特許権行使の権利を留保することは許されるというべきであるという前提に立ちつつ，「我が国の特許権者又はこれと同視し得る者が国外において特許製品を譲渡した場合においては，特許権者は，譲受人に対しては，当該製品について販売先ないし使用地域から我が国を除外する旨を譲受人との間で合意した場合を除き，譲受人から特許製品を譲り受けた第三者及びその後の転得者に対しては，譲受人との間で右の旨を合意した上特許製品にこれを明確に表示した場合を除いて，当該製品について我が国において特許権を行使することは許されない」，と判示した。

9) LG ELECTRONICS, INC. v. BIZCOM ELECTRONICS, INC. and Others, 453 F.3d 1364 (2006) では，LGがインテル製品との組合せの態様でのみ実施を許諾したチップセットに関して，その許諾に反したチップセットを購入した取引先に対して特許権侵害を訴求した事案において，連邦巡回区控訴裁判所（CAFC）は，係る条件付許諾に反した特許製品の販売においては特許権は未だ消尽していないと判示した。

3 商標権の更新登録申請制度

商標制度は市場における競争上の信用・名声を保護する制度であるから，保護の対象となる実体が存在する限り，保護の必要性があるといえる。この点で，特許のように一定の期間経過後技術水準に属し成果が公有される産業上の創作保護制度と異なる。このため，商標法には更新登録申請制度がおかれ，保護すべき対象が存在する限り，無限の更新を認めている。この場合，使用されていない商標を整理しないとすれば，市場に多数の使用されていない商標が存在することとなり，競争を減殺するおそれが生じる。そのため，従来は更新時において，その商標が公益的にみて保護すべき理由のない商標に該当していないかどうかをチェックすることになっていた。しかし，わが国も加盟した商標法条約では，更新時における手続の迅速処理のため，公益的な不登録事由の存否及び使用実績調査が禁止されている。このため，平成8年改正商標法は，このチェックをやめ，更新登録申請と料金納付のみによって，更新を自動的に認めることにした。この結果生じることが予想される弊害，すなわち不使用商標の増大に対しては不使用取消審判制度を充実させるとともに，公益的に登録を無効とすべき後発的事由について

は，無効事由を拡大して（商標46条1項6号）商標登録無効審判で対応することにした。

ただし，防護標章登録に基づく権利の存続期間の更新登録については，従来どおり更新時の原登録商標の使用実態調査が維持され，更新登録出願に対する審査が行われる。

(1) **更新登録申請期間**

更新登録申請は，商標権の存続期間の満了前6カ月から満了の日までに行わなければならない（商標20条2項）。この期間内に申請をしない場合であっても，期間の経過後6カ月内であれば，割増登録料（同43条1項）の納付を条件に，理由の如何を問わず更新が認められる（同20条3項）。商標法条約に基づく要請である。この期間内に更新登録申請がない場合，存続期間の満了の時に遡って商標権は消滅したものとみなされる（同20条4項。ただし，**本節4**「**商標権の回復**」を参照）。

(2) **更新登録申請手続**

更新登録を希望する当該商標権者は，(ｱ)申請人の氏名（名称）及び住所（居所），(ｲ)商標登録番号，(ｳ)経済産業省令で定める事由（存続期間の更新に際し，区分の減縮がある場合の「更新される政令で定める商品及び役務の区分」）を記載した申請書を特許庁長官に提出しなければならない（商標20条1項）。

(3) **更新登録料の納付**

更新登録を申請するには，申請と同時に，所定の登録料を納付しなければならない（商標41条3項）。登録料は1件ごとに38,800円に区分の数を乗じて得た額であり（同40条2項），これを一時に全額納付するのを原則とするが，不使用商標の整理の誘導と短期ライフサイクル商品に係る商標に配慮して，登録料の分納制度が採用されている（同41条の2第2項）。すなわち，10年間一括でなしに，前半5年と後半5年に分割納付（1件ごとに16,400円に区分の数を乗じて得た額（同41条の2第1項））できる[注1]。これによって，前半の登録料のみ納付し後半の登録料を納付しなければ，商標権を前半5年で消滅させてしまうことが可能になる（同41条の2第4項）。また，区分の数を乗じさせるのは，1出願多区分制の採用に伴い，多区分に跨る商標登録がなされているためである。

更新登録の申請とともに登録料の納付があったときは，商標権の存続期間を更新した旨の登録がなされ，更新登録の年月日等が商標公報に掲載され，公示され

る（商標23条）。

> 注1) 分割登録料についても，その納付期間内に納付できなかった場合の救済規定が設けられている（商標41条の2第3項〜6項）。

4　商標権の回復

　商標登録の更新登録申請は存続期間の満了後6カ月までに行うことができ，これを経過すると商標権は満了時に遡及して消滅したものとみなされる（商標20条4項）。しかし，天災地変その他の正当な理由により，更新登録申請ができなかったときは，その理由がなくなった日から2月以内で期間経過後6カ月以内に限り，消滅したとみなされている商標権を回復させることができる（同21条1項）。この場合，登録料の他に割増登録料の追納が必要である（同43条1項）。この回復登録申請があると，当該商標権の存続期間はその満了の時に遡って更新されたものとみなされ，商標権は回復することになる（同21条2項）。さらに，後期分割登録料の追納による商標権も同様に回復する（同41条の3）。

　商標権の存続期間満了後6カ月の期間が経過すると商標権が消滅するので，第三者の当該商標の使用が始まる可能性がある。商標権の消滅から回復登録までの間になされた行為が，回復した商標権の侵害を構成するのでは第三者に酷である。そこで，回復した商標権の効力は，存続期間の満了後6カ月の期間経過後から，更新登録申請により更新登録がなされるまでの，当該指定商品又は指定役務についての当該登録商標の使用及び擬制侵害を定める37条各号の行為には及ばないものとしている（商標22条）。再審の場合と異なり，商標権の回復は権利消滅後6カ月と短い期間でしか認められないから，その間の使用による継続的使用を認める法定使用権までは認める必要はない，と考えられている（**本節10参照**）。

5　契約による制限

　契約により第三者に専用使用権を設定したときは，商標権者自身もその範囲内において登録商標を指定商品について使用することができない（商標25条但書）。自分でも使用したいときは，専用使用権者から通常使用権の設定を受ける必要がある。商標権者が，第三者に通常使用権を設定したときは，設定行為で定めた範囲内において，当該第三者に対して商標権の禁止権を行使できない。これにより，

通常使用権の法的性質は，禁止権を行使しないという不作為請求権と説明される。

なお，国・地方公共団体等の登録商標については，使用許諾できない（商標30条1項但書，同31条1項但書）。

ところで，商標について使用許諾を認めるということは，商標権者以外の者がその商標を使用するということであるから，商品・役務の出所が混同されるおそれがあることを法制度上容認していることにほかならない。このようなことを現行法がなぜ容認しているかというと，出所の混同による損害は消費者にではなく，競業者である商標権者に生じると考えることにある。消費者に生じる損害は，出所を誤認して購入した商品・役務の品質が異なっていたときである。商標法は，この場合にのみ規制を加え，**本章第12節6**で述べるように，制裁として商標登録を取り消すことにしている（商標53条）。もっとも，立法的には問題が全くないわけではなく，関連・系列企業に限定するとか，使用許諾を特許庁等公的な機関の許可に係らしめるということも考えられよう。

(1) 専用使用権

専用使用権の発生には，設定行為すなわち商標権者とライセンシーとの間の設定契約の他に，設定登録が必要である。登録が効力発生要件であることに留意しなければならない（商標30条4項⇒特許98条1項2号）。専用使用権の設定は，国若しくは地方公共団体等の商標登録出願に係る商標権と，地域団体商標に係る商標権については認められない（商標30条1項但書）。

商標権が共有の場合，専用使用権の設定には他の共有者の同意が必要である（商標35条⇒特許73条3項）。民法上の一般原則では，持分処分の自由の原則に基づいて他の共有者の同意に関係なく自由に持分を処分できるが，無体物を客体とする知的財産にあってはその処分は制限される。技術力資本力の如何によってあるいは商標の使用の態様の如何によって，他の共有者の持分の経済的価値が変動するおそれがあるからである。

専用使用権の設定により，商標権者は専用使用権の設定の範囲内（地域，数量，使用期間，取引先，指定商品等を限定することが考えられる）において，その専用権が制限される。すなわち，商標権者たる地位は残存しつつ，その内容である独占排他的使用権の全部又は一部が専用使用権者に移転することになる。

専用使用権者は，許諾された使用権の範囲内で，商標権者と同様の権利を保有

する。禁止権も同様に行使でき，権利侵害を受けた場合，差止請求権及び損害賠償請求権を行使できる（商標36条，38条，民709条）。

専用使用権の移転は，商標権者の承諾を得れば，あるいは相続その他の一般承継の場合，可能である（商標30条3項，登録が効力発生要件，同30条4項⇒特許98条）。通常使用権・質権の設定も同様に商標権者の同意を必要とする（商標30条4項⇒特許77条4項）。

(2) 通常使用権

通常使用権は，専用使用権とは異なり，商標権者又は専用使用権者との間の設定契約に基づいて生ずる債権的権利と考えられるので，当事者間においては登録の有無を問わず契約の成立のときにその効力が生ずる。通常使用権者が自己の権利を商標権の譲受人や専用使用権者に対抗するためには登録が必要であり（商標31条4項）[注1] 特許権の通常実施権の場合と異なる（特許99条）。このため通常使用権設定後，商標権者が専用使用権を設定した場合には，通常使用権者はその設定登録がなければ専用使用権者に対抗できなくなる。この場合は，商標権者に対する債務不履行の問題によって処理されることになる。

通常使用権は不作為請求権であるから，商標権者又は専用使用権者は，設定行為で定めた同一内容の通常使用権を複数の者に対し設定することができる（商標権者の許諾が必要，商標30条4項⇒特許77条4項）。また，同じ理由で，無権限での商標使用者（商標権侵害者）に対して，通常使用権者の名において差止及び損害賠償請求を行うことはできない（多数説）。

通常使用権の設定により，商標権者又は専用使用権者は通常使用権者の商標の使用を容認しなければならないが，商標権者は通常使用権設定後も自ら使用でき，専用使用権を設定することもできる。

通常使用権も，専用使用権と同様，商標権者の承諾を得た場合，相続その他の一般承継の場合，その移転が可能である（商標31条3項）。

(3) 独占的通常使用権

特定の通常使用権者以外に商標の使用許諾を行わない義務を商標権者が負う通常使用権を，独占的通常使用権という。

独占的通常使用権者が商標の無断使用者に対して，差止請求（クロラムフェニコール事件，東京地判昭和30年12月24日下民集6巻12号2690頁），損害賠償請求（作

業服ポケット事件，東京地判昭和40年8月31日判タ185号209頁）を行うことができるか否かについては見解が分かれる[注2]。

注1） 通常使用権の登録では対価は記載されないが，通常使用権者の氏名や通常使用権の範囲は記載され，一般開示される。商標ライセンスの実態に基づく取扱いである。
　2） 盛岡一夫，別冊ジュリスト86号170頁に詳しい。

6　公益的理由及び機能的理由による制限

　万人の自由使用を確保するという公益上の理由からそして商品等の機能上の理由から商標権の効力は制限される。商標権の効力が及ばない商標には，⑤を除き，他の商標の一部になっている商標も含まれる（商標26条1項柱書）。

　①　自己の肖像又は氏名若しくは名称等を普通に用いられる方法で表示する商標（商標26条1項1号）：ここでいう名称というのは法人等の名称をいう。雅号，芸名又は筆名は著名なものが本号の対象となる。普通に用いられる方法というのは，自他商品識別機能を果たす使用方法でない方法をいい，記述的な態様はその例である。なお，本号の規定は，商標の使用者に不正競争の目的がある場合には適用されない。不正競争の目的とは，他人の信用を利用して不当な利益を得る目的と説明されている[注1]。

　②　商品役務の普通名称及び産地等表示並びに慣用商標（商標26条1項2号，3号，4号）：商品役務の普通名称，産地，販売地，品質，原材料，効能，用途，形状，生産若しくは使用の方法，時期，その他の特徴，数量，価格等表示並びに慣用商標は全ての事業者にとって自由使用が確保される必要がある。商品の品質や価格等の属性を取引上自由に表示させる必要性に基づく。慣用商標を除き，これらの表示が商標権の効力を制限されるのはこれらの表示が普通に用いられる方法で表示されている場合に限られる。慣用商標は，常に当該商品又は役務について普通に用いられている状態にあり，識別力にも乏しいから特にことわるまでもないからと説明されている[注2]。

　③　商品等が当然に備える特徴のうち政令で定めるもののみからなる商標（商標26条1項5号）：商標法4条1項18号で消極的登録事由とされているので（**本章第6節**3(2)⑰参照），過誤登録に基づく商標権の行使に対する措置として，あるいは登録されるべきでない特徴に他の標章が付されている結合商標に基づく権利行

使に対する措置である。

④　需要者が何人かの業務に係る商品又は役務であることを認識することができる態様により使用されていない商標（商標26条1項6号）：いわゆる商標的使用の概念が権利侵害紛争において抗弁として機能している実態を考慮し，この概念に法律上の根拠を与えるために設けられた。裁判例においても，原告商標「タカラ」を含む「タカラ本みりん入り」という標章を被告が使用した事案において，被告標章は「被告商品に『タカラ本みりん』が原料ないし素材として入っていることを示す記述的表示であって商標として（すなわち自他商品の識別機能を果たす態様で）使用されたものではない。のみならず，右表示態様は原材料を普通に用いられる方法で表示する場合（同26条1項2号）に該当するので，本件商標権の効力は及ばない」と判示している[注3]。

⑤　商品又はその包装に地理的表示を付する行為，商品又は包装に地理的表示を付したものを譲渡等する行為及び商品に関する送り状に地理的表示を付して展示する行為（商標26条3項）：平成27年6月，特定農林水産物名称保護法により地理的表示の保護制度が導入されることとなった。地理的表示が先行する地域団体商標等と抵触することがあっても，不正競争の目的がない限り，商標権の効力は制限される（**本章第8節及び注2**）を参照）。

　商標法26条所定の事由が存在するということは，多くの場合，過誤登録に基づくのであるが，本条があることによって無効審決を得ないでも，あるいは無効審判請求の除斥期間（商標47条＝5年）が経過した場合でも，商標権の禁止権を排除できる点に意義がある。さらに，登録された商標自体は無効事由に該当しないが，これに類似する商標が本条に該当する場合にも実益がある[注4]。

注1）　特許庁逐条解説1508頁。
2）　特許庁逐条解説1506頁。
3）　タカラ本みりん事件，東京地判平成13年1月22日判タ1053号261頁。
4）　特許庁逐条解説1505頁。

7　他人の特許権・意匠権・著作権との関係における制限

　特許法や意匠法や著作権法と商標法とは別個の法体系に属し，それぞれの保護客体も異なる。そのため，それぞれの周辺領域においては，抵触関係が生ずることも考えられる。さらに，立体商標制度の導入に伴い，特許発明や実用新案の対

象となっている物品の形状が，同時に立体商標として商標登録されている場合もあり得る。

例えば，パーカー万年筆のキャップのように，特徴あるデザインについての意匠登録が，それを図形とする商標登録出願よりも先に出願されているものである場合，あるいは三越の包装紙のデザインについての著作権が，それを図形としてなされた商標登録出願に基づく商標権よりも先に生じている場合に，それぞれの権利の抵触関係が生じる。

まず，商標権と意匠権等の抵触関係をみよう。商標登録出願より前に出願された意匠登録があるときは，商標権者はその範囲においてその態様により[注1]登録商標を使用できない（商標29条）。この場合，商標権の専用権が制限されることになる。特許権又は実用新案権と抵触する場合も同様に考えられる。

反対に，登録された意匠権等が商標権より後願の場合，その範囲で意匠権が制限され（意匠26条），あるいは特許発明又は登録実用新案を実施できなくなる（特許72条，実用17条）。ただし，本条は，商標権と抵触する場合，登録意匠等を実施できない旨を規定しているのみであり，それゆえ登録意匠等の禁止的効力は及ぶと解されており，商標権の禁止権の範囲にある商標と登録意匠等とが抵触するときは，けり合いになると考えられている（図8参照）。

次に，商標権と著作権（含む，著作隣接権）との関係をみる。商標権とその商標登録出願前に生じた著作権との関係についてのみ商標法29条が規定している。この場合には，抵触する部分について登録商標の使用ができない。この逆の商標権と著作権との抵触関係については，著作権法上に規定がない。著作権の性質を前提として考える限り，著作権の発生よりも商標の出願が先の場合，商標権の禁止権の部分においても禁止できないことになる（著作権者以外の者には禁止できる）。専用権の範囲においては，登録商標の使用ができることはもちろんであるが，著作権法に著作権を制限する旨の規定がないので双方ともに使用できることになろう（模倣していれば，著作権自体が発生しない）。

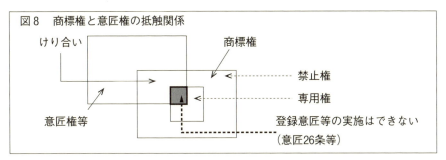

図8　商標権と意匠権の抵触関係

注1）「その態様により」とは，登録商標を使用する物品及びその物品についての商標の使用の仕方によって，抵触関係が生じたり生じなかったりすることを意味する。著作権と商標権の間では，抵触関係がまず問題となる（特許庁逐条解説1514頁，ポパイ事件，大阪高判昭和60年9月26日判時1182号141頁参照）。

8　先使用権による制限

(1)　制度の趣旨

登録商標の出願の際，これと抵触する商標が広く認識されている商標（周知商標）となっているときは，当該周知商標の使用者は，その商標をこれと抵触する登録商標が存在することとなっても引き続き使用することができる。この権利を先使用権とよんでいる（商標32条）が，正確には登録商標権を侵害したことにならず使用を継続できるという抗弁であって，排他的性質を有する権利ではない。

現行商標法は先願登録主義を採用している。このため，未登録商標使用者は，どのようにその商標を使用し，信用・名声を蓄積したとしても同法の下では保護を受けることはできない。そればかりか，未登録商標の使用者は，他人の商標登録による独占権の発生により自己の商標の使用を継続できなくなるはずである。しかし，一方，未登録であっても信用・名声が蓄積された商標が存在するということは，不登録事由（商標4条1項10号）があるにもかかわらず過誤による登録がなされたという可能性もある。

先使用制度は，登録主義の下で，かかる未登録商標使用者の利益保護を目的とする制度である。過誤登録は無効審判事由であるが，5年間の除斥期間経過後であっても（商標47条，ただし不正競争の目的がある場合に注意），本条により抗弁による対抗が可能となるのである。

なお，平成17年改正商標法による地域団体商標の新設に伴い，緩和された先使

用権制度（商標32条の2）が新たに設けられた。地域団体商標は，従前，誰でも使用することが許されていた商標であるから，地域団体商標の出願前から係る商標が使用されていることも想定される。このため，地域団体商標の商標登録出願の前から使用されている商標については，それが周知となっているか否かを問うことなく，その使用者に継続使用権を認めている。

(2) **先使用権の要件**

先使用権を主張するためには，以下の要件（商標32条）を必要とする。

① 他人の商標登録出願前から，日本国内において，指定商品・役務及びこれに類似する商品・役務につき，出願に係る商標と同一の商標又はこれに類似する商標が使用されていること。

② 出願前から不正競争の目的でなく使用されていたこと。出願時に不正競争の目的がなければ足りる。かつては，「善意」が要件であったが，当時においてもその意味を「不正競争上の悪意のない」あるいは「不正競争の目的でなく」と理解していた。不正競争の目的とは，他人の信用を利用して不当に利益を得ようとする目的をいう。

③ 他人の商標登録出願の際に，現に登録商標と同一又は類似の範囲に属する商標が，先使用者の業務に係る商品を表示するものとして需要者の間に広く認識されていること。つまり，商標登録出願の際，自己の業務に係る商品又は役務を表示するものとして使用する商標が周知性を備えていることを必要とする。ここでいう商標登録出願の際とは，最初の登録出願の日（更新登録出願時ではない。なお，要旨変更等で出願日が繰り下がるときは補正書の提出の日）をさす。

本条にいう周知性と商標法4条1項10号に定める周知性とは同じ浸透度を意味するだろうか。商標法4条1項10号の周知性は，先願主義の例外として周知商標使用者に対して，全ての先願者の商標権の成立を排除する権利を付与するのに対し，本条では，先願者が取得した商標権の禁止権の行使を，周知商標所有者との関係においてのみ制限し，それ以外の関係において商標権者の専用権・禁止権はいささかも影響するところはない。そうだとすると，本条の場合における周知性は商標法4条1項10号の周知性よりも緩やかに解してよいことになる[注1]。

なお，出願時における周知性は，自己の業務に係る商品・役務の表示としてであって，他人の商標として周知である商品・役務を如何に多く取り扱っていても，

先使用権は生じない。

④　継続して（出願時において自己の業務に係る商品・役務を表示するものとして周知になった）その商品・役務について商標を使用していること。

(3) 先使用権の効力

使用してきたその商品，その商標について，継続使用できる。規定の趣旨からすれば，類似商品・類似商標には及ばないことになる。登録主義法制の下で，信用を蓄積した未登録商標使用者の既存状態についての利益を保護する制度だからである。ただ，実質的な既存状態の保護ということから，使用商標は社会通念上同一と認められる一定の範囲を認めるのが一般的理解である。

(4) 混同防止表示付加請求

先使用権の発生により，結果として出所の異なる2つの商標が存在することとなり，これには商標法53条のような規制が及ばないので，出所の混同防止を確保する必要があり（商標32条2項），商標権者は適当な付加表示を先使用権者に対して求めることができる。

(5) 先使用権の承継

特定の商標について先使用権を有する者からその者の業務を承継した者は，その商標について先使用権を有する（商標32条1項2文）。本条は，先使用権の移転を規定したものではないが，先使用者たる地位が業務とともに移転することを前提にしているのであるから，結果として先使用権の承継が認められる。

注1）　渋谷達紀「商標法の理論」282頁等参照。

9　中用権による制限

(1) 制度の趣旨

商標権設定登録後から無効審判の請求登録（予告登録）までの中間的期間における原商標権者等の善意使用者に対して付与される使用権（商標33条1項）を中用権とよんでいる。

不登録事由があるにもかかわらず過誤登録がなされ，その商標の使用の結果周知になった場合には，その商標登録を無効にすることにより原商標権者等の築いてきた信用を無にすることは，経済的見地から問題がある。そこで，これと抵触する登録商標が他に存在するにしても，その者に使用権を認め，原商標権者等が

善意で築いた信用・名声を保護する趣旨である。
(2) 要　件
　中用権成立の要件としては，まず，a.無効審判の予告登録前の使用によりその商標が周知になっていることを必要とする。予告登録（商標登録令1条の2第3号）があれば一応無効理由の存在を知り得る状態になるので，その後の使用による周知は保護の対象外となる。そのほかの要件としては，b.予告登録前に無効事由があることを知らなかったこと，c.予告登録後も使用を継続していること及びd.原商標登録が無効になってしまったこと，である。
(3) 効　果
　以上の要件に該当する場合には，その商標を使用していた者は，無効とされた商標に抵触する他の登録商標があっても，その使用している商品にその商標の継続使用が認められる。中用権にあっても，先使用権と同様に，業務とともに中用権の承継（商標33条1項2文）が認められるほか，混同の発生を防止するに適当な表示の付加請求（同33条3項⇒同32条2項）が認められる。しかし，先使用権と異なり，中用権は登録主義の例外としての既存状態を保護する趣旨ではなく，本来無権利者となるべき者を救済する趣旨であるから，対価の支払が義務づけられる（同33条2項）。

10　再審により回復した商標権の効力に対する制限
(1) 趣　旨
　無効審判や取消審判によって登録商標が消滅すると，誰でも自由にその商標が使用できるようになる。そこでこのような商標を善意で使用し始めたところ，その後になされた再審で先の無効審決そのものが誤っていたことが判明し，その登録商標が回復すると，善意で使用していた者の行為も商標権の侵害を構成することになり，善意の使用者に酷な結果となる。
　そこで，このような善意の使用者を保護するため，商標権の効力を制限して商標法59条でその間の行為は生き返った商標権の侵害とはならないものとし，さらに商標法60条でその後の使用行為を可能にするため，商標権の効力を制限している。

(2) **善意使用の保護による制限**

商標法59条の趣旨は，衡平の観点から，商標登録無効審判・取消審判の確定後，再審の請求の予告登録までの期間中における登録商標の専用権の範囲に相当する使用（商標59条1号），及び禁止権の範囲における使用，その他商標法37条に規定する侵害とみなされる行為（同59条2号）については，それらが善意であるときは遡って効力を回復した登録商標の禁止権の効力を制限しようとするものである（特許175条比較参照，行為の結果生じた商品にも及ぶか否か）。

(3) **再審により回復した商標権の，回復までに使用された結果周知となった商標使用者による制限**

商標法60条の趣旨は，商標登録の無効，取消審判確定後再審請求の登録前，善意にこれと抵触する商標を使用していた結果，再審請求登録の際，現にその商標が自己の業務に係る商品を表示するものとして周知になっている場合に，引き続きそれを使用させようとする趣旨である。

この権利は登録商標が事実上存在しない間の使用に基づく権利であるから，先使用権と同趣旨の権利である。それゆえ，中用権と異なり，対価の請求はできず，混同防止のための表示を請求できるだけである。

11 特許権等の存続期間満了後の商標を使用する権利

立体商標の導入に伴い，特許権，実用新案権又は意匠権と商標権が抵触することも予想される。特許権等の出願が後願でなければ，特許権者等は商標権の制約を受けることなく自由に特許発明等を実施できる。商標権は更新できるから，特許権等が存続期間を満了した後も，商標権が存在していることは十分考えられる。そうすると，特許権等を有していた者は，それまで実施できていたものができなくなってしまう。このため，原特許権等の効力範囲内において，商標の使用をする権利を，不正競争の目的のない限り，特許権等を有していた者に認めることとしている（商標33条の2）。

また，特許権等の存続期間の満了の際に，専用実施権ないし設定登録を受けた通常実施権を有する者がいる場合にも，特許権者等の場合と同様に，原権利の効力範囲において，商標の使用がこれらの者に認められる（商標33条の3）。

第11節　商標権の譲渡・分割・質入れ

1　商標権の譲渡と分割

　商標権の譲渡は，かつては営業とともに移転する場合に限り認められていた（旧商標12条）。その趣旨は，商標が営業と分離して移転されると，他の営業に係る商品に使用され，出所の誤認混同を通じて一般消費者が損害を被るおそれがあるというものであった。

　しかし，現行法は先の規定を削除し，商標権の移転の自由を原則とした（商標24条の2）。これは商標に対する期待が，生産技術の発達に伴い，出所表示機能から品質保証機能へと移り，品質の点において誤認混同が生じない限り一般消費者の利益は害されない，ともいえるようになったことによる。商標権の譲渡については，その移転登録が効力発生要件である（商標35条⇒特許98条1項1号）。

　商標権も相続の対象となる。この場合，登録しなくても移転の効力を生ずるが，遅滞なくその旨を特許庁長官に届け出ることが義務づけられる（商標30条4項⇒特許98条2項）。

　商標権は他人への譲渡を伴わなくても，指定商品ごとに分けて，各々別個独立の権利とすることができる（商標24条1項）。これを商標権の分割といい，商標法条約7条(2)に対応させるため，平成8年改正商標法で新設された。これにより，異議申立や無効審判請求を受けても，ライセンスや譲渡交渉を円滑にすすめることができることとなった。

2　商標権の譲渡の制限

　商標権は営業と離れて自由に譲渡できる（商標24条の2第1項）のを原則とするが，次の場合には制限される。

　①　国，地方公共団体等の著名商標権の譲渡禁止：国，地方公共団体等の著名商標権は移転できない（商標24条の2第2項）。公益団体等の著名商標の権利は事業とともにする場合にしか移転できない（同24条の2第3項）。商標法4条2項に定める者の出願に対してのみ商標登録するという趣旨を徹底するためである。

　②　地域団体商標の譲渡禁止：地域団体商標に係る商標権は，譲渡することが

できない（商標24条の2第4項）。地域団体商標は，その主体要件として事業協同組合その他の特別の法律により設立された組合であることを求めた（同7条の2第1項）趣旨を没却させないためである。主体である組合等の合併のような一般承継については，権利の移転は認められる。

③　共有の場合の譲渡制限：商標権が共有の場合，各共有者は他の共有者の同意を得なければ，その持分を譲渡できない（商標35条⇒特許73条1項）。

かつては，商標権は分割移転できるが，分割によって分けられる双方の指定商品に類似関係にある商品が残存することになる場合には，混同のおそれが生じるため分割が許されずしたがって移転できない（平成8年改正前商標24条1項但書），と規定されていた。現行法は分離移転制限を撤廃した。類似商標の分離移転及び類似関係にある商品・役務に係る同一商標の分割移転を許容するに至ったのは，財産権である商標権は基本的には当事者間の私的自治に委ねるべきであるとの原則が優先されたからにほかならない。しかし，この結果生ずる出所の誤認混同を利用して不正に業務上の利益等が侵害されるおそれもあるので，それを防止すべき措置を講じておくことが求められる。

その事前の防止措置として，商標権者等に混同防止表示付加請求を認めることにした（商標24条の4）。これは，商標権が分離移転された結果，相互に抵触する商標権が異なった商標権者に属する場合に，一方の商標権者又は専用使用権者は，他方の使用により業務上の利益が害されるおそれのあるとき，他方に混同防止表示を求めることができるというものである。この「業務上の利益が害されるおそれのあるとき」とは，当該登録商標の使用をしている指定商品又は役務に係る業務上の利益が害されるおそれのあるとき，という意味であり，その利益が現実に害されたことまで必要とするのではない。利益を害される具体的危険性があれば，本条の表示付加請求を行うことができる[注1]。

また事後的担保措置として，商標権の移転の結果，相互に抵触する商標権が異なった商標権者に属することとなった場合において，一方の商標権者が不正競争の目的での登録商標の使用であって他の登録商標に係る商標権者等の業務に係る商品・役務と混同を生ずるものをしたときは，何人もその登録商標の取消審判を請求できることとした（商標52条の2，**本章第12節5**を参照）。

注1）　特許庁総務部総務課工業所有権制度改正審議室「平成8年改正工業所有権法の解

説」87頁。

3　商標権の質入れ

　商標権は財産権であるから，担保的利用ができる。商標権のみならず，専用使用権及び通常使用権についても，質権の設定が可能である（商標34条1項）。しかし，質権者は，契約で別段の合意をしない限り当該登録商標の使用はできない。したがって，商標権者は質権設定後も当該登録商標の使用をすることができる。もっとも，商標権の譲渡が認められない国若しくは地方公共団体等の団体であって営利を目的としないものの商標法4条2項に規定する商標権（同24条の2第2項），公益に関する事業であって営利を目的としないものを行っている者の商標法4条2項に規定する商標権（同24条の2第3項）及び地域団体商標に係る商標権（同24条の2第4項）は質権の目的とすることができない（民343条参照）。

　商標権（及び専用使用権）に対する質権設定は，登録が効力発生要件となっている（商標34条4項⇒特許98条1項3号）。これに対し，通常使用権への質権設定では，登録は第三者対抗要件となっている（商標34条4項⇒特許99条3項）。この違いは，前者が物権的な権利であるのに対し，後者は債権的な権利であることに基づく。質権の効力として，物上代位性が認められる（商標34条3項⇒特許96条）。

第12節　商標権に伴う義務

1　商標権者の義務

　排他的使用権を有する商標権者には，使用を前提とする種々の義務が課されている。使用義務，商標登録表示義務及び登録料納付義務がそれである。使用義務には狭義の使用義務（商標50条）と正当使用義務（同51条，53条）があり，これらについては後述するので，ここでは商標登録表示義務と登録料納付義務を説明する。

(1)　商標登録表示義務

　登録商標は商標公報により一般に公示されている。同時に，商品・役務についてもその表示が登録商標であることを表示させれば，侵害を予防する効果もあり，さらにこれを通じ商品・役務の識別作用をより促進する。このため，商標権者等

が指定商品（指定役務）又は指定商品の包装（指定役務の提供に係る物）に登録商標を付するときは，その商標が登録商標である旨の表示（商標登録表示）を付するよう努めなければならない（商標73条）。この規定は訓示規定であるが，侵害者の悪意を推定させる効果は認められる。

反対に，登録商標でないのに，登録商標あるいはこれと紛らわしい表示をすることは禁じられる（商標74条，刑事罰について⇒同80条）。

(2) **登録料納付義務**

商標登録査定は査定謄本の送達と同時にその効力を生ずる。登録査定を受けた者が設定登録することによって，商標権が発生する（商標18条1項）。この設定登録のために，所定の登録料の納付（同40条，登録料として1件ごとに28,200円に区分の数を乗じて得た額，存続期間更新登録申請では，1件ごとに38,800円に区分の数を乗じて得た額）が必要である。したがって，商標権者の義務というよりも，正確には商標権の発生要件ということができる。

特許料や実用新案権，意匠権の登録料は年金制であるが，商標では一時払を原則とする（商標40条）。また，特許等にあっては，発明・考案の奨励との観点から特許料の分納，減免制度があるが，商標では創作奨励という要素はないものの，不使用商標の整理と短期ライフサイクル商品に使用される商標のあることを理由として，登録料の分割納付制度がおかれている（同41条の2）。この分割納付制度においては，納付すべき期間内に納付することができなかった場合の救済規定が設けられている（同41条の2第4項，5項）。

2　商標の使用義務

商標は取引市場における現実の使用によって初めて商品・役務の識別作用を発揮することができる。使用の事実を欠きながら，商標登録を存置することは，本来保護されるべき実体を欠くと同時に，競争市場において競争を阻害してしまう作用を容認することになる。

しかし，他方，登録主義の下では登録の時点で現実の使用がなくても，将来使用する意思に基づき，商標登録を認めるほかない。このため，商標登録がなされた後は，使用義務（パリ条約5条C(1)）を課して，登録主義の欠陥を補っている。

3 商標登録の取消の制度

(1) 沿革と概要

従前の制度では，商標権者が正当な理由なく国内において登録の日から1年間登録商標を使用しないとき又は継続して3年間その商標の使用を中止したときは審判により取り消すこととされていた。ところが，不使用すなわち日本全国どこにおいても使用されていない事実の挙証責任は請求人に課されていたので，うまく機能しなかった[注1)]。

そこで，現行法50条は，挙証責任を転換して，継続して3年以上日本国内において商標権者，専用使用権者又は通常使用権者のいずれもが，正当な理由なく各指定商品についての登録商標を使用していないときは，その指定商品に係る商標登録の取消の審判を請求できることとした。また，わが国が加盟した商標法条約によれば，商標登録更新手続とリンクした使用実績のチェックが禁止されているので，不使用商標の整理が難しくなっている。使用されない登録商標が増大することは競争を制限することとなるので，不使用商標の整理の観点からも不使用取消審判制度に期待されているところが大きい。平成8年改正商標法は，その期待に応えるべくこの制度に改正を加えたが，問題の根本的な解決には至っていない。

(2) 不使用取消審判の要件

① 登録商標の不使用：ここでいう不使用とは，一般的理解によれば，商標権者，専用使用権者，通常使用権者のいずれもが商標法2条3項にいう使用をしていないことを意味すると考えられている。したがって，商品又は商品の包装に標章を付す行為がないのみならず，商品カタログ又は商品広告，さらには納品書，送り状等の取引書類での使用もないことを意味する。結局，商標法50条所定の「登録商標の使用」は，当該商標がその指定商品又は指定役務について商標法2条3項各号のいずれかの態様で使用されていれば足り，商標権侵害の入り口とされている出所表示機能を果たす態様での使用，いわゆる商標的使用までは求められないというべきである[注2)]。

使用チェックの対象となる商標は当該登録商標だけである。色彩だけを登録商標と異にする類似商標の場合を除き（商標70条1項），原則として，登録商標に類似する商標の使用があっても，本条にいう登録商標の使用とはいえない。

ただし，実際問題を考慮し，登録商標に一定の幅を解釈上これまで認めてきた。

平成8年改正商標法は，この点につき，「書体のみに変更を加えた同一の文字からなる商標，平仮名，片仮名及びローマ字の文字の表示を相互に変更するものであって同一の称呼及び観念を生ずる商標，外観において同視される図形からなる商標その他の当該登録商標と社会通念上同一と認められる商標」の使用も，ここでいう登録商標の使用に当たることを明確にしている（商標50条1項カッコ書）。登録商標と全く同一ではなく構成に変更が加えられていても商標の要部を共通にし，登録商標と識別力を同じくする商標であれば，本条の登録商標の使用に該当し（パリ条約5条C(2)参照），不使用取消審判の対象とすべきでないから，これによる実質的な変更はないと考えるべきであろう。

② 3年以上の不使用：請求登録時（予告登録時：特許登録令3条参照）まで，継続して3年以上，当該登録商標が使用されていないことが要件である。ただ，審判の請求登録時において登録商標の使用があれば，取消審判の対象とはならないとすると，審判請求があったのを知ってから予告登録までの間に駆け込み使用を始めれば，取消を免れることができてしまう。現実にこのようなことも行われたようである。このため，審判請求人は商標権者の駆け込み使用行為を避けるため，できるだけ秘密裏に審判手続を進めなければならなかった。現行法は，この駆け込み使用を排除するため，審判請求前3月から請求登録日までの間になされた使用について，その使用が正当なものと認められない限り，登録商標の使用と認めないことにしている（商標50条3項）。

前商標権者の下での不使用期間は合算されるだろうか。特許法83条の規定（特許発明が3年以上の不実施の主語になっている）と異なり，商標権者等の権利主体が主語となっている。権利主体が3年以上の不使用の主語であっても，当然に前の権利主体を排除することを意味しないし，制度の趣旨からも，商標権の譲渡人と譲受人の下で通算して3年を経過すれば取消適状に該当すると解すべきである。

③ 指定商品についての不使用：かつては，指定商品が複数あるとき，その中の1つについて使用があれば不使用取消は免れたが（大正10年商標法14条1号参照），現行法の下では，複数の指定商品のうち一部の指定商品についての取消審判も可能である[注3]。

指定商品が複数あり，その一部の指定商品について本条の審判を請求する場合には，審判請求はその一部の指定商品を一体とする1個の請求であって，個々の

指定商品ごとにあるのではない。不使用の挙証責任の転換によって、不使用取消審判の提起が容易になったこともあり、不真面目な審判請求も予想されるからである。例えば、ある指定商品について使用が立証されればこれを取り下げ、さらに残余の指定商品について相手方の立証を待つといった請求は許されない（図9参照、商標50条2項）。

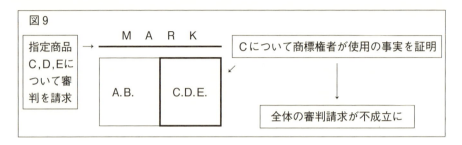

④　不使用について正当な理由の不存在：不使用商標の一掃という本制度の趣旨からも、正当な理由の範囲については厳格に解釈すべきである。法令により一定期間当該商標の使用が禁止された場合、天災（台風、集中豪雨による工場崩壊）等の不可抗力により営業をすることができなくなった場合など、客観的障害によって商標を使用できない事由をもって、正当な理由と理解すべきである。

(3) **請求権者**

何人でもかまわない。これまで、請求権者の適格性については何ら規定されていなかった。商標法51条及び53条の規定との比較から、さらに「利益なければ訴権なし」という原則が準司法的性質を有する取消審判にも認められると考えられることから、利害関係を有する者でなければならない、と解されていた。現行法は請求権者を広く認めることで、不使用商標の整理を一層促進させようとしているのである。

(4) **取消の効果**

取消審決の確定によって、商標権は審判請求の登録日に消滅したものとみなされる（商標54条2項）。取消審決の効果の一般原則どおり（同54条1項）、審決確定時以降消滅するのではない。また、無効審決の場合とも異なり、設定の登録時まで遡及することもない。審判請求登録の日に消滅することにより、審判請求の登録日から取消審決の確定日までの、不使用登録商標に係る商標権に基づく損害賠

償請求等の権利行使を免れることが，可能となる。取消の効果は，指定商品ごとに生じる（商標51条1項の審判では全体が取り消される）。

注1） 昭和34年改正商標法は，商標権者の営業所の所在地に属する市町村又は特別区において登録商標の不使用が立証されれば，他の地域においても使用していないものとするなどを規定し，立証責任の一部を転換し，請求人の負担を軽減したが，奏功しなかった。商標権者の営業所の所在地に属する市町村又は特別区という限られた行政区域内における不使用の事実の証明であっても，一定事実の不存在の証明は極めて困難であったからである。

2） ポーラ事件，東京高判平成3年2月28日知財集23巻1号163頁；LE MANS 事件，知財高判平成28年9月14日 LEXDB。もっとも，登録商標の取消を回避する目的での名目的な広告上の使用は，制度を濫用するものとしてここでの使用には該当しない（LOUIS VUITTON 事件，東京高判平成5年11月30日知財集25巻3号60頁）。

3） 商標法4条1項11号により商標登録を受けられない場合でなければ，通常，一部指定商品についての取消審判請求の実益は認められない。

4 登録商標の濫用的使用の禁止

(1) 内　容

商標権者は，故意に，指定商品について登録商標と類似の商標を使用し，あるいは指定商品に類似する商品について登録商標又はその類似商標を使用することにより，商品の品質誤認又は他人の業務に係る商品との混同を惹起してはならない。自己の登録商標に変更を加え，他人の周知の登録商標と出所の混同を生じるような使用をしたことに対する制裁として，商標登録の取消の審判（商標51条）がある。商標権者は，専用権の範囲に属する商標はもちろん，禁止権の範囲にある商標も自由に使用できるので，登録商標に変更を加えて使用することもできるが，需要者に出所混同・品質誤認を惹起するような使用行為は市場取引秩序を害し，一般消費者の利益に反することから，この取消審判の制度が設けられている[注1]。もっとも，実態としては，商標法53条の取消審判も含め，ユーハイム事件（最判昭和61年4月22日判時1207号114頁）や，タニノ・クリスチ事件（東京高判平成8年12月12日判時1596号102頁）の経緯が示すように，商標権侵害紛争あるいは不正競争をめぐる紛争において，この取消審判の制度は紛争解決の補完的ないし後処理的機能を果たしている[注2]。

(2) 取消の要件

① 商標権者の行為：誤認混同は商標権者の行為に基づくものでなければなら

ない。専用使用権者や通常使用権者が誤認混同を生ずる行為をした場合については，商標法53条の問題となる。

② 登録商標の禁止権の範囲での使用であること：すなわち，専用権の範囲外の行為であって，禁止権の範囲内の使用行為に対する制裁である（図10参照）。ただし，「登録商標に類似する商標」中には，その登録商標に類似する商標であって，色彩を登録商標と同一にするものとすれば登録商標と同一の商標であると認められるものを含まない（商標70条3項）。

禁止権の範囲の外での使用，つまり非類似商品についての使用や，登録商標と類似関係のない商標の使用は，登録商標の濫用的使用とはいえないので，制裁の対象とはならない。

指定商品・役務の一部について濫用的使用があったとしても商標登録全体が取消になる点で，商標法50条の取消審判と異なる。本条が規制対象としている行為は義務違反の悪性が高く，制裁の必要性が大とされていることを理由とする。

③ 誤認混同を生ずる使用：商品の品質若しくは役務の質の誤認又は他人の業務に係る商品若しくは役務と混同を生ずる使用をしたことが必要である。混同のおそれがあれば足り，他人の業務に係る商品・役務の存在を問わない，と解される。商品の品質の誤認の例としては，焼酎を清酒と誤認させるような商標（正宗）の使用の場合であり，他人の業務に係る商品と混同を生ずる使用，すなわち不正なただ乗り行為が一般的な態様である。

④ 故意の存在：制裁規定であるため，故意が要件となっている。しかし，正当使用義務が需要者の保護に基づくものであるとすれば，商標使用者の主観的要件を加重する理由はないはずである。したがって，立法論的には問題があるところである。ここでいう故意とは，「品質の誤認若しくは出所の混同を生じることになるであろう対象となる商標・商品の存在の認識」（スズメ印事件，大判昭和10年4月16日新聞3841号17頁）では足りず，登録商標に類似する商標の「使用の結果

商品の品質の誤認又は他人の業務に係る商品と混同を生じさせることを認識していたこと」を必要とすると解されている（急救心事件，最判昭和56年2月24日集民132号175頁；トラピスチヌの丘事件，東京高判平成8年7月18日判時1580号131頁）。他人の利益を侵害する意思や不正競争の目的等についてまで必要とすべきでないのは当然であるが，消費者保護規定であることを考慮し，故意の認定は緩やかに解すべきであろう。

⑤　所定の期間内に審判の請求があること：取消審判の請求は，商標権者の誤認混同を生ずる商標の使用の事実がなくなった日から5年以内でなければならない（商標52条）。

本条は制裁的制度であるから，この要件で誤認混同を生ずる使用の事実がなくなっても，取り消し得るものであることを明確にするとともに，法的安定性をも考慮したものである。

(3)　請求権者

利害関係を必要としない。何人でも審判請求できることを明確にし，公益を守るための審判であることを明確にしている。

(4)　取消審決の効果

商標権が消滅する（商標54条1項）。また，審決確定の日から5年間を経過した後でなければ，登録を取り消された商標権者は，登録されていた商標又はこれと類似する商標を，その指定商品若しくは指定役務又はこれに類似する商品若しくは役務について商標登録を受けることができない（同51条2項）。これに反する出願は，拒絶理由（同15条1項1号），登録無効審判事由（同46条1項1号）とされ，制裁性が明らかにされている。

　　注1）　網野誠「商標〔第6版〕」904頁。
　　　2）　安原正義「商標法51条及び53条における登録商標の使用」パテント705号102頁。

5　商標権の移転による出所の混同に伴う商標登録の取消

商標権の移転の結果，相互に抵触する商標権が異なった商標権者に属することとなった場合において，一方の商標権者が，不正競争の目的での登録商標の使用であって他の登録商標に係る商標権者等の業務に係る商品・役務と混同を生ずるものをしたときは，何人もその商標登録の取消審判を請求することができる（商

標52条の2）。類似関係にある商品・役務についても，商標権の分割移転を認めたことに対する担保措置（**本章第11節1「商標権の譲渡と分割」**を参照）と理解される。

不正競争の目的のあることが取消の要件であるが，これは，需要者間に混同が生じるような事態に至っている場合，いずれか一方がその状態を放置することで他方の信用・名声にただ乗りする等の利益を得ようとしている点に悪性を認めて，商標登録の取消という制裁を科そうとする趣旨である[注1]。そうしないと信用・名声を有する側の商標登録までも取り消すこととなってしまうからでもある。

注1) 特許庁総務部総務課工業所有権制度改正審議室「平成8年改正工業所有権法の解説」88頁。

6 商標使用権者の正当使用義務と商標権者の監督義務

登録商標の使用権者が，指定商品若しくは指定役務又はこれに類似する商品若しくは役務についての登録商標又はこれに類似する商標を使用することによって，商品の品質若しくは役務の質の誤認や他人の業務に係る商品若しくは役務と混同が惹起される可能性もある。このため，商標使用権者に登録商標の正当使用義務を課すとともに，商標権者に商標使用権者を監督する義務を課している（商標53条1項）。この義務に違反すると制裁として，当該商標登録が取り消される。

この制度は使用許諾制度の導入の担保としての側面をも有する。使用許諾から生ずる弊害の発生の危険負担を商標権者に課し，商標の使用許諾を行う商標権者はその商標が適正に使用されるよう監督しなければならない。

(1) ライセンス自体の取消制度を採用しなかった理由

専用使用権又は通常使用権という私的契約によって生ずる法律効果を行政行為によって取り消すことの整合性，専用使用権又は通常使用権を取り消すこととしても，審判が請求されたとき設定契約を解除すれば，その審判は対象を失い制裁制度の意味がなくなってしまうと説明されている[注1]。商標登録自体を取り消すことにして，使用許諾に伴う商標権者の責任を明確にする趣旨もあろう。

もっとも，他人の行為に対する監督責任の制裁としては，商標登録の取消は苛酷にすぎ，使用権自体を取り消すことのほうが妥当ではないかとの見解もある[注2]。しかし，先に述べたように，この取消審判制度は商標権侵害紛争の解決

のための補完的ないしは後処理的機能を果たすことからすると，商標登録自体を取り消すことに意味がある。

(2) 取消の要件

① 専用使用権者又は通常使用権者のした行為であること

② 指定商品若しくは指定役務又はその類似する商品若しくは役務についての登録商標又はその類似商標の使用：商標権者自身の誤認混同行為の場合（商標51条）と異なり，指定商品又は指定役務についての登録商標の使用をも対象にする。商標権者や他の使用権者の指定商品より品質劣悪な指定商品を販売して一般需要者の期待を裏切った場合にも，適用される。

③ 商品の品質又は役務の質の誤認又は他人の業務に係る商品若しくは役務と混同を生ずる使用があること：ここでいう他人には，他の専用使用権者及び通常使用権者を含む。これらの者の商品の品質又は役務の質の誤認をもたらし需要者の信頼を裏切った場合には，取消の制裁が妥当と考えられるからである。また，商標法51条の正当使用義務の場合と異なり，故意は要件ではない。客観的に誤認混同を生ずるおそれのある行為と認められる行為が存在すれば足り，現実に品質又は質の誤認や商品若しくは役務の出所混同が発生したということは必要ではない（ブラウン事件，最判昭和60年2月15日判例工業所有権法2881の316頁）。

④ 商標権者が誤認混同行為を知らなかった場合において，相当の注意をしていないこと：相当の注意を加えており，誤認混同を生ずる使用を知らなかったことが，商標権者の監督義務違反といえないような場合には，商標登録は取り消されない（商標53条1項但書）。

⑤ 誤認混同を生ずる使用の事実がなくなった日から5年以内であること（商標53条3項⇒同52条）：過去に不正使用があっても，いつまでも制裁が継続するのは酷であり，その間に蓄積された使用・名声を保護する必要があるからである。

(3) 取消審判請求の当事者

審判を請求し得る者の制限はなく，利害関係の存在を立証する必要はない。請求の相手方は商標権者である。専用使用権者や通常使用権者ではない。

(4) 取消審決の効果

取消審決の確定により，商標権は将来的に消滅する（商標54条1項）。商標権者，専用使用権者及び通常使用権者であった者の再登録は5年間できない（同53条2

項)。制裁の趣旨を明確にする規定であるが，他人が当該商標について商標登録を受け，従前の商標権者等が譲り受けることは制限されない。

　取消審決の確定により商標権は将来的に消滅するが，商標権若しくは専用使用権又は商標登録前の金銭請求権に関する訴訟の終局判決の後に取消決定が確定したときは，当該訴訟の当事者であった者は当該終局判決に対する再審の訴えにおいて，当該決定が確定したことを主張できない（商標38条の2）。商標登録無効審決が確定した場合についても，同様である注3)。

　　注1）　特許庁逐条解説1609頁。小野昌延「商標法概説〔第2版〕」445頁。
　　　2）　当該使用権者の他に使用権者が存在する場合，登録商標が取消されると，他の使用権者はなんら不当な行為がないにもかかわらず不測の損害を被る結果となる，とする（網野誠「商標〔第6版〕」919頁。
　　　3）　平成23年改正商標法より導入された「紛争の蒸し返し」を防ぐ措置である。特許については，**第4章第12節5(4)**を参照。

産業上の創作保護法

第3章 意匠法

第1節　意匠法の沿革

1　意匠法の沿革

　意匠制度は，1580年のイタリア・フィレンツェにおける織物同業者組合の新規意匠の保護制度にその源を求める見解もあるが，一般には，18世紀，リヨンの織物意匠の創作保護（図案の窃取禁止）を図った執政官令に由来すると考えられている。この執政官令が，1787年の参事官命令によって，フランス全土に及ぶ制度となった。同年，イギリスでも織物のデザインに2年間の著作権保護が認められており，いずれも模倣からの保護の観点で意匠制度が始まったことが知られている。日本では，明治21（1888）年の意匠条令を嚆矢とするが，保護対象は工業上の物品に応用できる新規の意匠としており，創作保護の観点からの意匠制度となっている。同条例はいわゆる不平等条約撤廃の条件としてのパリ条約加盟に伴い，明治32（1899）年，意匠法として改正された。

　意匠法は，その後，秘密意匠制度を導入した明治42（1909）年法，物品の形状を意匠の保護対象であることを明確にした大正10（1921）年法を経て，現行法である昭和34（1959）年法へと移り，存続期間も延長された。現行意匠法は，それ以降他の工業所有権法改正に伴う関連規定整備のため改正されたことはあったものの，意匠制度を対象とする改正は全くされていなかった。市場競争は，価格競争から，製品デザインの差別化を通じた競争へとシフトする傾向が顕著であるにもかかわらず，デザイン保護法である意匠法が40年間にわたりなんら実質的改正もされないというのは不思議なことでもあった。果たして，意匠制度は40年ぶりに平成10年に改正が行われ，その後平成18年には，画面デザインの保護対象を拡大する等の改正が行われている。さらに，平成26年改正により，意匠の国際登録

に関するハーグ協定ジュネーブアクトを適切に実施するための規定が整備された。

2 意匠法の課題

　意匠制度は，産業上の創作保護を目的とする制度として機能しているが，審美的な物品の外形に関する創作を保護し，これを通じて顧客の商品購買力を確保する機能をも合せ持つので，商標的な市場秩序維持機能をも果たしている。この2つの機能のいずれに軸足をおいた解釈をすべきか，あるいは2つのバランスをいかにとるべきかが問題となる[注1]。また，意匠の保護は，審査登録を経た絶対的独占権による保護，いわゆるパテント・アプローチが採用されているが，権利が発生する意匠登録まで通常1年程度かかることから，短期ライフサイクル商品を中心に創作保護制度としての現行意匠制度によるデザイン保護が不十分であるという現実がある。著作権のような無審査，無登録による相対的独占権による保護（いわゆるコピーライト・アプローチ）や，競争法（不正競争防止法）的な創作保護をどのように加味するかも問題となっている。

　平成5年改正不正競争防止法2条1項3号で，商品形態の模倣を一定の要件の下で禁止したことで，不正競争防止法による補完的な創作成果保護制度が実現している。しかし，行為規制法である不正競争防止法による保護であるから，創作成果の保護は反射的な効果であり，しかも国内販売時から3年までしか及ばない。このため，欧州共同体意匠制度にみられるような無審査登録制度を導入して，短期ライフサイクル商品の適切な形態保護を可能にすべきではないかとの意見もある。平成18年意匠法等の一部を改正する法律は，この問題を検討したが，「迅速かつ簡便な保護制度の導入よりも，安定した権利関係の構築が重視される環境」[注2]にあるとして，導入を見送っている。

　安定した権利関係の構築と，商品のライフサイクルの短縮化に対応した意匠の早期保護の確立とを両立させる必要がある。平成25年現在，意匠審査におけるファーストアクション期間（出願日から最初の審査結果の通知が発送されるまでの期間）は6〜7カ月，セカンドアクション期間（出願日からファーストアクション後の査定が発送されるまでの期間）が11〜12カ月であり，ここ数年の改善の傾向は顕著であるが，出願数は減少傾向にある。わが国で生産される商品の機能にさほど差がない現在，企業の市場戦略にとって商品デザインの重要性は高まっている。

この数字の示すものは現行意匠制度自体に魅力が乏しいということにもあろう。保護対象の拡大及び権利の強化の方向での商品デザイン保護制度のあり方が近時模索されている注3)。

意匠は物品の形状であり，したがって商品の外形でもあるから，商品の流通がグローバル化している現在，意匠制度は地球規模で構築される必要がある。意匠の国際的保護制度は特許，商標に比較すると，立ち後れている感があったが，平成27（2015）年5月ハーグ協定ジュネーブアクト（**第7章第5節**参照）に基づく意匠の国際登録が可能となったことは利用者にとって大きな意味がある。

注1） 平成10年改正意匠法は，創作困難性のハードルを高め，関連意匠制度の導入などによって，創作成果保護制度としての性格をより強めている。
 2） 産業構造審議会知的財産政策部会意匠制度小委員会報告書「意匠制度の在り方について」平成18年2月，40頁。
 3） 平成30年8月6日，特許庁は意匠制度の見直しの方向性と今後の検討課題について議論を開始している。

第2節　意　匠　権

意匠権とは，業として，登録意匠及びこれと類似する意匠を，独占的に実施することのできる排他的権利である（意匠23条）。意匠と同様，創作成果物を保護する特許権にあっては，特許請求の範囲（特許70条）に記載される文字がもっている幅において独占的な実施が認められるのに対し，意匠では図面によって特定される登録意匠とこれに類似する意匠の幅において独占的実施が認められる点で相違する。登録意匠に類似する意匠の実施を，商標権のように擬制侵害とするのではなく（商標25条，37条参照），意匠権の権利範囲に入れている点において他の知的財産権と違った構成をとっている。

1　意　　　匠

意匠とは，物品（物品の部分を含む）の形状，模様若しくは色彩又はこれらの結合であって，視覚を通じて美感を起こさせるものをいう（意匠2条1項）。この意匠について，意匠登録を受けているものを登録意匠という（同2条4項）。

物品の部分の「形状，模様若しくは色彩又はこれらの結合」には，物品の操作（当該物品がその機能を発揮できる状態にするために行われるものに限る）の用に供さ

れる画像であって，当該物品又はこれと一体として用いられる物品に表示されるものが含まれる（意匠2条2項）。物品と意匠の関係を維持しつつ，物品の用途及び機能を実現するために必要な画像デザインも意匠保護の対象とされている[注1]。形状，模様及び色彩とは，グラフィックにとらえるほうが簡単であるが，言葉で示せば，立体的であると平面的であるとを問わず物品の空間的輪郭を形状といい，物品の表面に施された線図，色分け，ぼかしを模様といい，そして単一色からなる着色を色彩といっている。模様や色彩が単独で存在することはなく，形状と結合して存在するのが一般である。

物品の形状等には定形性（形状の固定性）が必要である。この例外として，動的意匠の制度がある（意匠6条4項）。カサ，折りたたみイス，多機能ナイフのように，物品の機能性から物品各部の位置関係が変化し，物品の形状が予測可能な一定の規則性をもって変化する物品の意匠を保護するものである。このような物品の意匠では，その動きや開き方を変化の前後によって分かるよう，図面を作成することが必要となる。その類似性の判断では，一般には最も基本的特徴を示す形状に要部を認め，その要部の共通性をもって類似と判断することになる。

> 注1）意匠法2条2項所定の画像デザインの保護は，操作の用に供される画像であって，当該物品がその機能を発揮できる状態にするための画像であることを必要とすることから理解されるように，グラフィック・ユーザー・インターフェイスの創作保護としての役割が期待されている。しかし，画像の構成要素が変わると別意匠とされる（意匠7条，1意匠1出願の原則）ため，この創作保護の制度としては，限界がある。

2 物　品

意匠法上，物品とは，工場的に生産され，運搬可能な，取引の対象となり得る定形性を有するものをいう[注1]。物品の一部も，組物の場合を除き，本法の下では物品となる（意匠2条1項カッコ書）。

まず，工場的に生産される必要があるから，一点製作的に生産される工芸品や自然物には物品性は認められない。運搬可能性のない点で不動産も物品性を持たない。庭園，道路等は土地そのものによって形態を成立させるので，そのデザインは意匠保護の対象とならない。ただし，組立家屋，電話ボックス，エクステリア（門扉等）のように土地に固定されるまでの過程で動産性を有するものは認めている。また，自然物もここでの物品性は否定される。

また，意匠法上，物品は定形性を有する必要がある。粉状物，粒状物は量的存在ではあっても，形状の定形性はないので，ここでの物品の形状ではないと考えられ，意匠の成立は否定される。無体物であるコンピュータ・プログラム，光，熱，気体，電気，レーザー，ホログラフィー，花火等も同様の理由から物品性が否定され，意匠の成立が否定される。以下に述べる物品の部分のデザイン保護に止まらず，さらにはアイコンや画像のデザイン保護を積極的に考えるためには，物品性の要件の放棄も視野に入れた検討が必要になっている。

 注1) 物品性についていくつかの見解をあげれば，取引の対象となる有体物であって運搬可能なもの（紋谷暢男・崇俊「知的財産権法概論」27頁），市場で流通する有体物である動産（特許庁逐条解説1153頁），生産され市場において流通する有体物（竹田稔「知的財産権侵害要論〔第4版〕」481頁）等がある。裁判例としては，ターンテーブル事件，東京高判昭和53年7月26日無体集10巻2号369頁が，物品性について，通常の状態で独立して取引の対象となり得るものであることをあげている。

3 物品の部分と部品

　平成10年改正前意匠法のもとでは，物品であるために，1つの物としての統一性が求められていた。このため，統一性のない物品の部分，カップの把手や醤油差しの注ぎ口の形状は，物品と認められない結果，意匠としての保護も認められなかった。物品の部分の意匠が同一・類似であっても，侵害問題は生じないので，独創的で特徴ある部分を効果的に保護することはできなかった。平成10年改正意匠法は，独創性ある特徴的な物品の部分を部分意匠として保護し，当該部分が組み込まれた意匠全てに意匠権の効力を及ぼすため，いわゆる部分意匠制度を取り入れた。もっとも，当該部分が組み込まれた意匠全てといっても，意匠法7条の物品の区分の運用上の縛りは懸かるので，物品の同一・類似性が認められる範囲での保護ということになる。さらに，部分意匠の意匠権に係る効力範囲については，当該部分が物品全体の中でどのような位置，大きさ及び範囲を占めているかも考慮される。部分意匠制度が物品の中のある部分の意匠価値を保護するものだからである。

　これに対し，部品（例えば，車のバンパー）は互換性があり，通常の状態で，独立して取引の対象となるものである限り，物品となり，意匠保護の対象となる注1)。

 注1) ターンテーブル事件，東京高判昭和53年7月26日無体集10巻2号369頁。部品に

意匠保護を認めるときは、いわゆる純正部品だけになってサードパーティの部品が市場に供給されず、競争が制限されるという問題が生じる。欧州共同体統一意匠法案では、市場化から3年間の保護を認め、その後は模倣自由という取扱いが検討されていた。

4 文字とアイコン

文字がデザインとして重要なものであることはいうまでもないが、文字が模様として意匠法上保護される可能性については問題がないわけではない。元来意思伝達手段である文字が独占される状態が生じることは好ましくないし、商品を識別させるには商標制度があるからである。しかし、現在の実務においては、文字についても、新聞、書籍の文章部分の文字や成分表示、使用方法等を普通の態様で表した文字を除き、意匠を構成するものとして扱われ、専ら情報伝達のためにだけ使用されているような文字は模様と認められないものの、意匠登録に際して削除は求めない運用がなされている（意匠審査基準21.1.2.(1)⑨(ii)）。

これに関連する問題として、タイプフェイス（文字書体）の保護の問題があるが、タイプフェイスの保護及びその国際寄託に関する1973年6月12日のウィーン協定も閉鎖されており、独自の保護制度を検討してみてもよい時期に来ている。現行意匠制度の下では、意匠とは物品の形状であるから、物品性と離れて創作される文字書体は意匠法の下では保護を受けられない。

5 画像デザイン

近年の情報技術の進展に伴い、情報関連機器に用いられる操作画面（グラフィック・ユーザー・インターフェイス）デザインの重要性が高まってきている。需要者にとって複雑化する情報関連機器へのアクセスの容易性が購買決定における重要な要素の1つとなっているからである。

しかし画像デザインについては有体物として物理的に固定されたものではないため従前の意匠制度では、それが物品の成立に照らして不可欠であることを条件（不可欠性の要件）とする等、限定的にしか保護されていなかった。平成18年改正意匠法は、画像デザインの保護を部分的に拡大した。しかし、物品性の原則から離れることはできなかったため、デザイナーのニーズに沿うものとはなっていない。

現行法の下での画像デザインの保護の要件に関する審査基準は以下のとおり。

まず，2条1項に定める物品の部分の形状等と認められるためには，意匠に含まれる画像が，意匠法2条2項において規定する画像を構成するものでなければならないが，それには物品の表示部に表示される画像が，その物品に記録された画像であることが必要である。つまり，デジタルカメラなどの特定用途の機器にあらかじめ記録されている画像に加え，機器が持つ機能のアップデートの画像や具体的な機能を実現するソフトウエアのインストールによって機器に記録される画像も含まれる。複数の機能を有する物品では，どの機能を果たすために必要な画像であるかを説明することが求められる。2条1項に規定する意匠は，「物品の形状，模様若しくは色彩又はこれらの結合」であることから，物品の表示部に表示される画像は，その物品に記録された画像である必要がある。したがって，インターネットの画像や後からインストールしたプログラムの画像はその物品に記録された画像とは認められない（意匠審査基準74.4.1.1.1.2.3）。

次に，2条2項に定める画像については，当該物品に記録された画像であって，①画像を含む意匠に係る物品が，意匠法の対象とする物品と認められるものであって，②物品の機能を発揮できる状態にするための操作の用に供される画像であることを要し，さらに③当該物品又はこれと一体として用いられる物品に表示される画像でなければならない（意匠審査基準74.4.1.1.1.2）。

6 視覚を通じて美感を起こさせるもの

意匠は視覚に訴えて物品の外観の価値を高め，顧客による購買を促すものであるが，旧法では美感の要否については規定を欠いていたため，注意喚起性あるいは審美性を要するなどと議論が分かれていた[注1]。現行法ではこの点を明確にした。このため，技術的効果のみを目的とした物品の形態は意匠とならないので保護されないことになる。ただ，視覚を通じてなんらかの美感を伴い構成が全体的なまとまりとして把握できるものであれば，この要件を満たすものとして，特許庁の実務では，針や釘のようなものでも意匠登録が認められている[注2]。

注1） 高田忠「意匠」77～78頁。
 2） 中山信弘編「工業所有権法の基礎（実用編）」［牛木理一執筆］194頁。意匠審査基準21.1.1.4。

7 これに類似する意匠

意匠は物品と不可分の関係にあるので,物品が異なれば,意匠は別意匠となる。そうすると,意匠の保護に欠ける場合も当然に予想される。意匠権の効力を,意匠と本質的価値において同一と認められる範囲にまで広げておくことが有効である。そこで,登録意匠に類似する意匠という概念が設けられている。この登録意匠に類似する意匠とは,意匠登録出願に係る,①同一物品(用途と機能が同じ)の類似の形状,模様若しくは色彩又はこれらの結合,②類似の物品(用途が同じで機能が異なる)の同一の形状,模様若しくは色彩又はこれらの結合及び③類似の物品の類似の形状,模様若しくは色彩又はこれらの結合の3つをいう。

(1) 意匠の類似性の効果

登録要件(意匠3条1項3号),先後願関係(同9条),意匠権の効力(同23条),関連意匠(同10条)等との関係で,意匠の類似性の概念がこれらの適用範囲を決することになる。

(2) 類否の判断基準

意匠の類否判断をどのような基準で決するかということは,意匠法における難問題の1つであった。意匠登録出願数に対する登録査定率が85%~90%という数字からしても推測できるところであるが,類似の幅が狭く判断されているのではないか,意匠権により保護される創作範囲が十分ではないのではないか,という指摘もされていた。

従来,判例及び特許庁実務の一般的傾向[注1]は,両意匠に係る物品の同一・類似性をまず判断した後,看者(創作者・需要者)の注意を引き付ける部分をその意匠の要部とし,両意匠が要部を共通にしているか否か(要部の共通性)を判断基準としていた。要部の共通性の判断においては,各々の意匠の基本的構成態様と具体的構成態様に分けて共通点と差違点が考慮される。

ここでいう「要部の共通性」については,看者の美的印象の共通性をいうもの,看者である需要者の混同を惹起するか否かに求めるもの,創作価値の共通性をいうものなどに分かれていた[注2]。平成18年改正意匠法は,意匠の類似の判断につき,注2)に示す昭和49年3月19日の最高裁判決を参考に,需要者の視覚を通じて起こさせる美観に基づいて行うことを明確にした(意匠24条2項)。類否判断の視点を,取引者を含む需要者とすることで,類似概念をより広く解釈されること

が期待されている。

なお，商標法にみられる類否判断と比較すると，意匠の類否判断の手法的特徴は，商標の離隔観察に対し，意匠では肉眼による対比観察による違いがある。さらに，商標では観念，称呼の共通性まで判断されるのに対し，意匠では外観類似を中心に判断される点が相違する。これらの差違は，意匠が物品の審美的形状を保護する制度であることに基づく。

注1） 裁判所は需要者からの混同の有無に類似性の判断基準を求める混同説に，特許庁実務は創作者からの創作価値の実質的同一性にその基準を求める創作説に拠っているといわれることが多かった。

2） 意匠法3条1項3号の類似性と3条2項の創作困難性との関係について判断した事案がある。螺旋状の隆起筋状を備えた可撓性伸縮ホースと筋状のない滑面円筒ホースの2種類があることは国内周知であり，また，滑面円筒ホースの管肉を透明にしてメリヤス網目が現れるようにした意匠については刊行物に記載があった事情の下で，意匠に係る物品を「可撓性伸縮ホース」とし，ホースの周側に一定間隔で螺旋状の隆起した筋状備え，筋状と筋状の間の管肉を透明にしてこれにメリヤス網目が現れるようにしたホースの登録意匠の無効審判請求があった。この審判において，請求人は，本件登録意匠は右刊行物記載の意匠に類似する意匠であること（意匠3条1項3号），そうでないとしても，国内周知の可撓性伸縮ホースの形状及び右刊行物記載のホースの形状に基づいて容易に創作できた意匠であること（同3条2項）を主張した（可撓性伸縮ホース〔控訴審〕事件，東京高判昭和45年1月29日無体集2巻1号16頁）。

　東京高裁は，「二個の意匠の類否は，意匠に係る物品の製作方法や内部構造の類否とは無関係に，出願された意匠そのものの外観を全体的に観察し，その意匠的効果，すなわち視覚を通じて美感を起させる態様の類否によって決すべき」であるとして，同一又は類似の物品の意匠については3条2項を適用する余地がないとした。この原審の判断に対し，上告審は，次のように判決した（最判昭和49年3月19日民集28巻2号308頁）。「意匠は物品と一体をなすものであるから，登録出願前に日本国内若しくは外国において公然知られた意匠又は登録出願前に日本国内若しくは外国において頒布された刊行物に記載された意匠と同一又は類似の意匠であることを理由として，法三条一項により登録を拒絶するためには，まずその意匠にかかる物品が同一又は類似であることを必要とし，更に，意匠自体においても同一又は類似と認められるものでなければならない。しかし，同条二項は，その規定から明らかなとおり，同条一項が具体的な物品と結びついたものとしての意匠の同一又は類似を問題とするのとは観点を異にし，物品との関係を離れた抽象的なモチーフとして日本国内において広く知られた形状，模様若しくは色彩又はこれらの結合を基準として，それから当業者が容易に創作することができた意匠でないことを登録要件としたものであり，そのモチーフの結びつく物品の異同類否はなんら問題とされていない。」「同条一項三号は，意匠権の効力が，登録意匠に類似する意匠すなわち登録意匠にかかる物品と同一又は類似の物品につき一般需要者に対して登録意匠と類似の美感を生ぜしめる意匠にも，及ぶものとされている（法二三条）ところから，右

のような物品の意匠について一般需要者の立場からみた美感の類否を問題とするのに対し，三条二項は，物品の同一又は類似という制限をはずし，社会的に広く知られたモチーフを基準として，当業者の立場からみた意匠の着想の新しさないし独創性を問題とするものであって，両者は考え方の基礎を異にする規定である」として，意匠の類似と創作容易性は別概念とした。この結果，類似意匠であって，しかも同条2項の創作容易な意匠にも当たると認められる場合があると同時に，意匠的効果が異なるため類似意匠とはいえないが，同条2項の創作容易性は認められるという場合もあることになる。なお，この最高裁判決はその後の判決においても踏襲されている（帽子事件，最判昭和50年2月28日裁判集民事114号287頁）。

8 意匠権の効力の制限

意匠権は，実施権が設定されたことにより，公益的な理由により，さらに他人の権利と利用・抵触関係にあることにより，その効力に制限を受ける。許諾による実施権及び公益的理由に基づく法定実施権の設定による制限については特許法での説明に譲り（**第4章第9節2以下及び第10節3以下参照**），ここでは他人の権利と利用・抵触関係のある場合の効力の制限についてのみ検討しておく。

意匠権者は，その登録意匠又は登録意匠に類似する意匠が，その出願日前の出願に係る他人の登録意匠若しくはこれに類似する意匠，特許発明，登録実用新案等，他人の権利の客体を利用するものである場合には，業として，その登録意匠又はこれに類似する意匠を実施することができない（意匠26条1項，2項）。また，意匠権のうち登録意匠に係る部分が，その意匠登録出願前の出願に係る他人の特許権，実用新案権，商標権あるいは意匠登録出願日前に生じた他人の著作権と抵触する場合にも，業としてその登録意匠を実施することができないし（同26条1項），登録意匠に類似する意匠に係る部分が同様に他人の特許権等の他，さらに他人の意匠権と抵触する場合にも，登録意匠に類似する意匠の実施が制限される（同26条2項）。上でいう「利用」とは，他人がハンドルの意匠について意匠権を有する場合において，そのハンドルをそっくりそのまま取り入れたため，「自転車の意匠を実施すると必然的にハンドルの意匠を実施する」こととなる関係（学習机事件，大阪地判昭和46年12月22日無体集3巻2号414頁）をいう。また，「抵触」とは，操作性の高いパソコンのマウスを考案とする実用新案権が成立している場合において，そのマウスの形状を意匠として意匠権が成立している場合の2つの権利の関係をいう。なお，意匠法26条の1項と2項を比較した場合に，1項にお

いて意匠権の登録意匠に係る部分と他人の意匠権との抵触関係が規定されていないのは，このような場合には，出願が拒絶されることになるので，意匠権の効力を制限しなければならない問題は生じないという理解に基づく。

意匠法26条の利用・抵触関係が存する場合には，意匠権者はその意匠の実施が制限されるので，実施をするためには許諾を受けなければならない。利用・抵触関係にある権利を有する者の許諾が得られない場合には，特許庁長官に裁定を求めることができる（意匠33条）。

第3節　意匠法に特有な問題

1　積極的登録要件

意匠登録は，以下にあげる登録要件を備えた意匠のうち，最も早い出願に対してなされる。これを先願主義といい，意匠の完成の前後によらない。

(1)　工業上利用可能性

登録要件として，工業上利用可能性があげられているのは（意匠3条1項柱書），著作物との差違を意識して，工場的生産過程を経て量産される物品の意匠を保護する趣旨を示したものである。つまり，一点製作による生産過程の中で利用されるデザインではなく，工場的な生産過程の中で実施できるデザインを登録対象とする趣旨であると説明されている[注1]。これにより，自然物や建築物は意匠保護の対象とならず，また一点製作の美術工芸品も同様に保護対象とならない。

(2)　新規性

意匠は，国内外において新規なものでなければならない。電気通信回線を通じて公衆に利用可能となった意匠にも，新規性は認められない。意匠制度が創作成果物保護制度であるゆえんである。意匠法3条1項1号にいう公然知られた意匠とは，知られ得る状態にあることでは足りず，知られたことを必要とする。理由は，刊行物記載意匠を2号で規定しているので，1号を知られ得る状態にある意匠と読むと，規定の重複が起こるからである（スプレーガン事件，東京地判昭和48年9月17日無体集5巻2号280頁；グラインダー事件，東京高判昭和54年4月23日無体集11巻1号281頁）。

2号の刊行物記載意匠とは，頒布された刊行物によって一般人が閲覧し得る状

態におかれ，知り得る状態にあればこれに該当する。なお，写真等では，物品を一方的角度から撮影したものが刊行物記載になるが，このような場合でも，対比される意匠の要旨が，形態上主要な部分において対比可能な程度に記載されていればよいとされている。

1号及び2号に定める意匠に類似する意匠にも，新規性は認められない（意匠3条1項3号）。特許法や実用新案法と異なり，同一性に加えて類似の範囲まで，新規性の幅が広げられている。また，新規性の概念から，公用（公然実施）が除外されている（特許29条1項2号参照）。いずれも，意匠が物品の外形的形状に関するものであることに基づく。

さらに，意匠（B）が，当該意匠登録出願の日前の先の意匠登録出願であって，当該意匠登録出願後に意匠公報に掲載された図面等に現された意匠（A＋B）の一部（例えば，完成品を構成する部品B）と同一又は類似であるときも，意匠登録を受けることができない（意匠3条の2）。物品の部分についての意匠登録が可能となり，組物の意匠の登録要件が緩和されたことから（参照，**本節8**），先願意匠の一部と同一又は類似の意匠が後願として出願されても，その意匠登録を認めない趣旨である。そうすると，先の出願に係る意匠の一部が創作レベルの高いものである場合に，その部分を取り込んだ意匠の保護が十分図れないという結果になってしまう。このため，先の意匠登録出願の出願人と当該意匠登録出願人が同一の者であって，当該部分が掲載された意匠公報の発行日前になされた，当該部分を取り込んだ意匠登録出願についてはその登録を認めることにされている（同3条の2但書）。

意匠法における新規性喪失の例外事由は1年の猶予期間を含め，特許法及び実用新案法と変わらない内容となっている（意匠4条1項，2項，特許30条比較参照）。意匠保護が物品形状の保護にあるので，公知になり易いことに基づき，自己の行為に起因し公知となった場合の救済がかつては特許の場合よりも広い範囲で認められていたが，各公報に掲載されたことで3条1項1号又は2号に該当するに至ったものが除かれるため，違いはなくなった（同4条2項カッコ書）。

開発中の商品デザインAが公知になった場合，Aに類似するバリエーションデザインBについても救済を認める必要があることから，新規性を喪失したA意匠に限らず，平成11年法改正により，A意匠に類似するB意匠及びA意匠に基づい

```
図11
デザインA → 市場調査のため公開し公知となった意匠 ──→ 商品化は断念した。
  ↑         （3条1項1号に該当するが，4条2項により救済される）
 類似
  ↓
デザインB → 商品化する意匠。3条1項3号に該当するが，4条2項で救済が
            認められる。
```

て容易に創作できる意匠についても新規性喪失の救済が認められている（図11参照）[注2]。この規定による救済を受けようとする場合，出願と同時にその旨を記載した書面を提出するとともに，出願の日から30日以内にその旨を証明する書面の提出が必要である（同4条3項，4項）。

(3) 創作困難性

創作困難性とは，日本国内外において公然知られた意匠又はモチーフからの創作困難性（意匠3条2項）という意味である。平成10年改正前意匠法においては，国内において広く知られた意匠又はモチーフからの創作困難性を求めていたので，意匠登録出願前に国内外において広く知られてはいないが，公知であった意匠や刊行物に記載されていた意匠に基づいて当業者が容易に創作できた意匠や，公知のモチーフからの転用意匠あるいは公知意匠の一部を寄せ集めた意匠等は，拒絶理由の対象とはならなかった。そこで，商品デザインの国際競争力を付け，創作価値の高いデザイン創作活動に誘導するため，創作困難性のハードルが高められた[注3]。同様に，意匠の構成要素の一部を変更した意匠，公知のモチーフに基づいて容易に創作できた意匠及び商慣行上の転用により容易に創作できた意匠も，意匠登録を受けることができない。

創作困難性の要件を理解する前提として，意匠法3条1項3号との関係をどのように理解するか，つまり，これと3条2項カッコ書との関係をどのように理解すればよいか，という問題がある。3条2項の創作困難性についての改正後の状況での議論はないが，従来の議論を前提とすれば次のようになろう。

1つの考え方は，3条1項3号の類似性と3条2項の創作困難性を別概念とするものである[注4]。この考え方の下では，3条1項3号は，同一又は類似物品の公知意匠間において，需要者からの意匠の創作価値（美感，混同の可能性をもって代える見解もあり得る）における類似性を規定したものであるのに対し，3条2

項は，物品の異同を問わないであるいは物品との関係を離れて，公知の形状，模様若しくは色彩又はこれらの結合からの当業者の創作困難性を規定したものであると理解することになろう。したがって，類似性と創作困難性の判断とは必ずしも一致するものではなく，類似性が認められると同時に創作困難性が認められる場合もあるし，類似性は認められないが創作困難性がないと認められる場合もあることになる。

　他方，意匠における類似性は創作困難性と同義であるとし，規定の重複を避けるために，カッコ書がおかれていると理解する考え方もあろう。2つの規定の関係は，3条1項3号の適用対象は物品の同一・類似性を前提とする意匠であり，3条2項の適用対象は異なる物品間で物品の同一・類似性が認められない意匠，と理解する[注5]。すなわち，3条1項3号は同一又は類似する物品の公知意匠からの創作困難性を，3条2項は異なる物品間の公知意匠からの創作困難性を定めるものと考えることになる。

  注1）　特許庁逐条解説1157頁。意匠審査基準21.1.3。
  　2）　平成11年法改正前の，端子盤事件，東京高判平成8年2月28日知財集28巻1号251頁では，意匠法4条2項により救済される意匠とは「物理的に形態が完全に一致するものだけでなく，形態において微差があっても，同条の立法趣旨に適した限度において，社会通念上意匠の表現として同一の範囲と理解されるものをいう」と広く救済を認める判断が示されていた。
  　3）　工業所有権審議会意匠小委員会報告書—デザイン創造時代に向けて—，平成9年11月20日，29頁。
  　4）　可撓性伸縮ホース事件，最判昭和49年3月19日民集28巻2号308頁。
  　5）　学説として，紋谷暢男「意匠法50講〔改訂版〕」〔仙元隆一郎執筆〕74頁。判例として，帽子事件，東京高判昭和48年5月31日無体集5巻1号184頁。

2　消極的登録要件

　公序良俗を害するおそれのある意匠，他人の業務に係る物品と混同を生ずるおそれのある意匠及び物品の機能を確保するために不可欠な形状のみからなる意匠は，意匠登録を受けられない（意匠5条）。最初のものについては，正義感情・国民感情に反するものなど審査基準が定められているが，公衆衛生阻害事由は除外されている。また，第二のものについては，意匠が物品の形状等に関するものであるので，商標と同様に，出所表示作用を果たすこともあり得ることに基づく。意匠において，競争法的なアプローチを必要とする所以である。最後のものは，

英国の1949年登録意匠法や欧州共同体統一意匠法案等で，技術的機能のみによって特定される意匠（features dictated by functionality）を意匠登録の対象から除いていることもあり，国際的な調和の観点から，平成10年改正意匠法で明確にしたものである。

3 出願審査手続
(1) 出願書類
出願書類としては，願書の他に，図面が必須である（意匠6条1項）。特許は思想を保護対象とするので図面は必須ではないが，物品の形状を保護する意匠では図面が必須となる。なお，写真によっても意匠が明瞭に表されるときは図面に代えて写真を，壊れにくく取扱いや保存に不便でないなどの条件が満たされるときは図面に代えてひな形又は見本を提出することもできる（同6条2項）。願書中，「意匠に係る物品」の欄には，意匠法施行規則別表第一の物品の区分欄に並列記載されている物品の区分のうち，1つが記載されなければならない。これを1意匠1出願の原則といい，その例外に後述する組物の意匠がある。

平成10年改正意匠法は，利用者に優しい意匠制度を実現するという観点から，正対象図法により同一縮尺で作成した一組の図面により意匠を表すべしとする（平成10年改正前意匠施規様式8備考8）などの厳格な願書・図面の記載要件を見直すとともに，意匠権の権利範囲解釈の一助とするため，出願人自身が主張できる，意匠創作の特徴を記載できる制度（特徴記載書，意匠施規6条）をとりいれた。また，部分意匠制度との関係では，部分の意匠に係る形態部分は実線で表し，他の部分は破線で表す等の取扱いがなされる（意匠施規様式6備考11）。

(2) 出願手続
(1)で述べた出願書類が特許庁に提出されると，特許出願で求められる審査請求を要することなく，出願は審査官により自動的に審査される[注1]。審査は，方式審査と実体審査に分かれる。方式に瑕疵があれば手続の補正が命じられる（意匠68条2項，特許17条3項）。実体審査では，当該出願が意匠法17条各号に定められている拒絶事由に該当するのかどうかが判断される。当該出願が拒絶事由に該当し拒絶査定がされる場合は，その理由の通知がなされ（意匠19条，特許50条），出願人に補正及び意見書提出の機会が与えられる。

ハーグ協定ジュネーブアクト（**第7章第5節**）への加盟に伴い，商標のマドリッド協定についての議定書と同様，意匠でも1つの言語による1の国際出願で複数の指定国への一括出願が可能となった。すなわち，日本国民又は国内に住所等を有する者は特許庁を通じてあるいは国際事務局に直接願書及び必要な物件を提出して国際登録出願をすることができる（意匠60条の3）。手続の簡素化，経費の削減効果等，国際的に意匠制度を利用する企業にとって利便性が高いといわれる由縁である。

また，他の加盟国から日本での意匠保護を求める国際出願もハーグ協定ジュネーブアクトの下で可能となる。この国際出願では，出願人は100までの意匠を含めることができる（ハーグ5条(4)，共通規則7(3)v）が，わが国では1意匠1出願の原則を採るので，1意匠ごとにされた出願とみなしている（意匠60条の6第2項）。

国際事務局は方式審査を行った後，国際登録と国際公表を行う。権利化は各指定国の登録官庁による国内手続によるが，国際登録の効果を拒絶するためには国際公表から12月以内に国際事務局に対して拒絶通告がなされなければならない（ハーグ12条(2)，共通規則18(1)b）。

(3) **先願主義**

登録を受けることのできる意匠を出願する者が2人以上あるとき，最先の出願をする者に登録を認める原則を，先願主義という。出願の先後は，出願の時点ではなく出願の日による。現実の出願の日のみではなく，法の定めによって出願日の繰上げ，繰下げが生じる場合も含まれる[注2]。冒認出願については，特許法と同様，権利の取戻し請求権が認められている（意匠26条の2）。出願の放棄も，出願の取下げと同様，出願としての地位が残らないこと（同9条3項参照）については特許法との関係において後述する（**第4章第3節8**参照）が，以下では意匠法特有の問題を述べておく。

先願主義との関係で，現行意匠法は，従前の実務を大幅に改めている。すなわち，平成10年改正前意匠法9条3項は，「意匠登録出願が取り下げられ，又は却下されたとき」だけ，その出願は先後願関係においては初めからなかったものとみなしていた。このため，拒絶査定が確定した意匠登録出願も引き続き先願としての地位を有することになっていたが，特許法と異なり出願公開制度は採用され

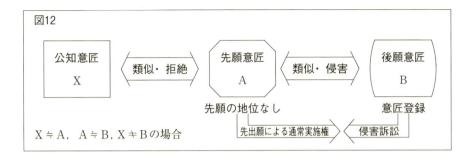

ていないので,この先願の地位を持つことになる出願の内容(例えば,出願意匠をAとする意匠登録出願が拒絶されると,意匠A)は公開されることはなかった。ここに,拒絶査定が確定した,公開されていない意匠Aにより後願の意匠登録出願が拒絶されるという,いわゆる「ブラックボックス問題」が生じていた。

現行法は,この問題を解決するため,「意匠登録出願について拒絶をすべき旨の査定若しくは審決が確定したとき」も,その出願に先願の地位を認めないものとした(意匠9条3項)。しかし,この結果,出願意匠Aが公知意匠Xを理由に拒絶されていた場合に,意匠Xには類似しないが,意匠Aには類似する意匠Bに係る後願の意匠登録出願があった場合,この意匠Bに係る意匠登録出願は拒絶されない。このため,意匠Aの実施は意匠Bに係る意匠権の侵害問題を生じることになるので,意匠Aの実施を準備している者等に不測の不利益を被らしめないよう,先使用制度(同29条)に準じ,意匠Bに係る意匠権について先出願による通常実施権を認めている(同29条の2,図12参照)。

先使用権との比較で述べれば,通常実施権の帰属主体として,意匠Bの出願日前に自らその意匠又はこれに類似する意匠Aについて意匠登録出願をし,意匠Bの意匠権の設定登録の際現に,その意匠Aについて実施又は実施の準備をしている者であって,自らした意匠登録出願に係る意匠Aが意匠法3条1項各号に該当し,拒絶すべき査定又は審決が確定した者であることが,さらに求められる。この者が実施又は実施の準備をしている意匠であってその事業の目的の範囲内において,意匠Bについての意匠権について通常実施権が認められる。

(4) 審査登録手続

審査主義(意匠16条)を採用する点で,実用新案法と異なる。したがって,意

匠登録要件の具備が審査された後，査定が行われ，登録によって排他的独占権が発生する（同20条，23条）。

パリ条約上の優先期間（パリ条約4条C）は6カ月である。出願公開制度，審査請求制度はない。出願の滞貨は特許法におけるように深刻でないからである。出願公告，異議申立制度ももともとおかれていない。意匠は一般に流行に左右されやすく，早期権利付与の必要性が大きいからである。このため，実体審査の後直ちに査定を行っている。

設定登録料の減免，猶予制度がない（特許109条参照）。意匠は，技術思想に関する発明と異なり，公共的性質が低いことによる。

> 注1） 意匠審査は，各件処理審査を採らずバッチ処理審査が採られている。これはある特定の物品（例えば，携帯電話）の意匠登録出願をある期間（例えば，3カ月）までまとめて，100件なり150件の出願を1つのバッチとして処理するものであり，これにより審査の効率性を高めている。
> 　2） 分割出願における新たな意匠登録出願（意匠10条の2第2項），出願の変更における新たな意匠登録出願（同13条5項⇒同10条の2第2項），要旨変更の補正による出願（同17条の3第1項）等。

4　権利の存続期間

設定登録の日より20年間である（意匠21条）。更新はできない。

5　権利者の義務

特許・実用新案及び商標法における場合と異なり（特許83条，実用21条，商標50条），意匠では実施義務は課されない。意匠権者の義務としては，登録料納付義務（意匠42条）の他に，意匠登録表示義務（同64条）が課されるのみである。公共の利益のための裁定実施権制度は，商標と同様，意匠にもおかれていない。

6　審判制度

商標と同様，訂正審判制度はない。権利範囲を主として文字の解釈によって定める場合にこれらの審判が必要となるが，意匠，商標では主として権利範囲は図面や商標見本によって定められ，権利請求の範囲の記載の訂正の必要はないからである。もっとも，図面の誤記の訂正は必要となるが，その場合でも「図面の記載を統一的，総合的に判断して創作者の意図した意匠の具体的構成の究明に」努

めれば足りる注1），とされている。

これに対し，拒絶査定に対する不服審判（意匠46条）及び意匠登録無効審判（同48条）に加え，補正却下決定不服審判（同47条）も依然としておかれている。

注1） 学習机事件，大阪地判昭和46年12月22日無体集3巻2号414頁。

7 秘密意匠

意匠は技術の進歩との関係が必ずしも強くない。このため，特許等と比較すると，権利内容を公開する必要性は少ない。また，意匠の保護対象は物品の外観的形状であるため，模倣が容易であるという側面もある。さらに，物品のデザインには流行性の強いものもあるので，一定期間意匠の具体的形状を秘密にしておく利益がある。このための制度が秘密意匠制度（意匠14条）である。平成29年度における出願件数は1,801件を数える。

なお，ハーグ協定による国際意匠登録出願は，WIPO 国際事務局により国際公表注1）されるので，この秘密意匠制度の適用はない（意匠60条の9）。

秘密意匠の法的な特徴は次の2点にある。まず，第一に，意匠登録から3年を限度注2）に意匠公報に意匠内容を公開しないことである（意匠14条1項）。意匠は出願後登録まで約1年程度かかり，その間公開されるおそれはないので，秘密意匠はそれ以上に開発期間を必要とする物品（自動車等）に限られることになる。

次に，権利行使に制約がある。秘密意匠では，意匠権設定登録があっても，保護対象を示す図面が公開されないので，偶然同一の内容の意匠を実施した者も一般原則どおり過失を推定されるのでは酷な結果となる。このため，損害賠償請求では過失の推定規定の適用を排除している（意匠40条但書）。差止請求権の行使に際しても，秘密意匠の内容を明らかにした書面であって，特許庁長官の証明を受けた警告書を提示しなければ，行使できない（同37条3項）。

注1） 意匠権設定登録前に国際公表がされることにより，模倣被害が発生することを考慮し，国際意匠登録出願人には補償金請求権が与えられる（意匠60条の12）。
 2） 3年を限度とする意匠を秘密にする期間は，出願と同時に請求するか，あるいは，意匠登録の第1年分の登録料の納付時にも，書面をもって請求できる（意匠14条2項）。

8　組物の意匠

　組物の意匠とは，同時に使用される2以上の物品であって経済産業省令で組物とされている物品に係る意匠をいう（意匠8条）。意匠法は1意匠1出願の原則（同7条）を採用し，多意匠1出願制度を認めないが，その例外が組物の意匠である。

　組物の意匠登録を受けることのできる物品は，従前13種の物品に限定されていたので，システムデザインに示されるような特定目的のために供される複数の物品群について，それらの自由な組合せを可能にしつつ，全体としてはシステマティックなデザインの創作活動が行われているという現実と法制度が対応していないという乖離があった[注1]。このため，平成10年改正意匠法は，組物の意匠の登録要件を大幅に見直し，組物の構成物品ごとに登録要件を求めず，全体として統一性があれば登録を認めることにした（意匠8条）。これを受け，意匠法施行規則別表二を改訂し，56のセット製品が，組物として認定されている。

>　注1）　組物の意匠権は，2種以上の物品からなる組物について1つの意匠と擬制して，1つの出願から設定された権利であるから，権利は1つしか生じない。このため，組物の一部についての意匠を侵害するような実施品が製造販売されても，組物の意匠権を侵害することにならない，という問題もあった。

9　関連意匠
(1)　類似意匠制度の廃止と関連意匠制度の導入

　平成10年改正前意匠法の下では，類似意匠制度がおかれていた。類似意匠制度は，自己の登録意匠にのみ類似する意匠（例えば，改良を加えた意匠あるいは同じデザインコンセプトによる意匠）を，新規性及び先後願関係の例外として意匠登録を認め，本意匠の類似範囲を明確にし，紛争を未然に防止する制度であった（平成10年改正前意匠10条）。ところが，実際の侵害訴訟においては，類似意匠に基づいて侵害の成否が判断されるのではなく，あくまでも本意匠の意匠権の侵害の成否として審理判断されてきた。その意味で，類似意匠の独自の意匠権の効力範囲は侵害訴訟においては認められてなかったが，特許庁実務では，これを認める拡張説で運用されていたので，審査効率も悪く，意匠の早期保護を妨げる結果となっていた。

　デザイン創作の現場からは，1つのデザインコンセプトに関連するデザインや

改良デザインを保護することに繋がるこの制度に関心が高く，意匠出願全体のほぼ4分の1（平成8年度の全出願件数40,192件のうち，9,513出願件数）を占めていた。したがって，類似意匠制度を廃止するにしても，この制度に代わる利用者の需要に応え得る制度の導入が求められていた。このために創設された新しい制度が関連意匠制度であるが，当初，同日に出願された意匠についてのみ保護されていたため，ある期間の長さの中で，市場の需要をみながら開発される一群のデザインバリエーションの全てが保護されないきらいがあった。このため，平成18年改正意匠法は，この時期的制限を撤廃して，本意匠の公報発行まで関連意匠登録出願を認めることとしている（意匠10条1項）。

(2) **登録要件**

関連意匠を登録するには，通常の意匠登録要件に加え，以下の要件を必要とする。

① 本意匠に類似すること：意匠登録出願人の意匠登録出願に係る意匠又は自己の登録意匠のうちから選択した1つの意匠（これを，本意匠という）と，類似関係にある他の意匠を関連意匠として意匠登録を受けることができる（意匠10条1項）。本意匠と関連意匠は主従関係を設けて登録され，本意匠には非類似で関連意匠にのみ類似する意匠については，意匠登録は認められない（同10条3項）。無限の連鎖を認めない趣旨による。

② 同一の出願人によって出願されていること：同一人によって創作された，同じデザインコンセプトによる意匠を，同等の価値を有するものとして保護しようとする制度だからである。

③ 本意匠の意匠登録出願の日以後であって，本意匠が掲載された意匠公報の発行の日前に出願されていること：この期間に出願された本意匠に類似する意匠は，意匠法9条2項の適用を受けない（意匠10条1項）。企業の商品開発戦略に対応したデザインバリエーションの保護を可能にするためである。

④ 本意匠の意匠権について専用実施権が設定されていないこと（意匠10条2項）：意匠法27条1項但書の規定の趣旨を実現するためである。すなわち，本意匠又は関連意匠の意匠権についての専用実施権は，本意匠及び全ての関連意匠の意匠権について，同一の者に対して同時に設定する場合に限り，設定することが許される。

(3) 関連意匠の効力

　関連意匠と本意匠は類似関係が認められ，権利範囲に重複関係が存在すると同時に，関連意匠の類似範囲について，本意匠との関係では権利範囲が拡大する。このため，関連意匠に基づいて侵害訴訟を提起することができる。関連意匠制度の最大のメリットである。

　関連意匠の意匠権は，本意匠の意匠権の設定登録の日から20年を以て終了する（意匠21条2項）。関連意匠の存続期間の不当な延長を防ぐとともに，本意匠の意匠権との抵触関係の発生を防ぐ趣旨である。

　関連意匠は本意匠との関係において権利範囲に重複関係が生じるので，本意匠とその関連意匠の意匠権は分離して移転できない（意匠22条1項）。本意匠の意匠権が，存続期間の満了以外の理由で消滅したときは，例えば登録料の不納付（同44条4項），意匠権の放棄（同36条準用，特許97条1項），無効審決の確定（意匠49条）で消滅したときは，残る関連意匠の意匠権も，分離して移転できない（同22条2項）。類似関係による重複する権利が複数の者に帰属するときは，それらの者の間で権利の調整をすることが難しいからである。この弊害を防止するため，本意匠及び関連意匠の権利は一括して移転される必要がある。同じ理由から，専用実施権の設定において，本意匠の意匠権，あるいは関連意匠の意匠権の1つにのみ，専用実施権の設定を認めることはできない。専用実施権の設定は，同一の者に同時に設定する場合に限り，認められる（同27条1項，3項）。

第4章 特許法

第1節　特許制度の沿革と基礎

1　特許制度の沿革

　特許制度は，技術成果物の創作者に一定期間成果物の独占を認める権利を付与することによって，技術開発を保護奨励する制度である。今日の特許制度はヴェネツィアでその基礎が作られ[注1]，イギリスで発展した。

　14世紀のイギリスは，先進技術を大陸から導入するため，ギルド支配の確立した同国において自由に（Open）営業することのできる特権を大陸技術者に与える必要があったといわれている。この特権は Letters Patent によって付与されたので，これにちなんで Open と同義であった Patent に特許という意味が生じてきたものといわれている。このような特権は，その後発明のような成果物の創作者にも与えられたが，エリザベス女王時代（1558～1603）に乱発され，王室の財源を確保するため既存の成果物にまで与えられたといわれる[注2]。

　このような特許の乱発は国民経済を混乱に陥れることはいうまでもなく，国民の反発をかった。そこで国内で新規な事業を興す場合などのほか特許は無効とするとの判決[注3]も示されるに至り，ついに1624年，ジェームス一世（1566～1625）の下で専売条令（Statute of Monopolies）が発布された。特許の付与を制限し，コモンロー裁判所の国王大権に対する優位性を明確にする同条令が，近代的な成文特許法の最初のものといわれている。同法6条の特色は次のようなものである[注4]。

① 特許は王国内で知られていない新規な産業に対し付与され，真実かつ最初の発明者に与えられる（特許要件）。
② 特許権者は王国内において独占的にその発明に係る物や方法を実施できる。

③ 特許期間は特許状の発行の日から14年とする。

> 注1） イタリア・ヴェネツィア共和国の1474年特許法も，特許要件を定め，出願手続や侵害に関する罰則規定を備え，技術に対する10年間の独占権を認めていたといわれている（中山信弘「発明者権の研究」16頁，塩野七生「海の都の物語（下）」275頁）。
> 2） 富田徹男「市場競争からみた知的所有権」4頁以下参照。
> 3） Darcy v. Allein, 72 Eng. Rep. 830［トランプの製造販売輸入の独占権とコモンローの関係］。
> 4） 大河内暁男「発明行為と技術思想」137頁。

2　わが国の特許制度の沿革

わが国でも，永禄11（1568）年，織田信長は岐阜に楽市楽座制を導入し，従前の都市・同業者階級の特権を維持する規制を撤廃しているが，英国のような発明保護法につながる施策は設けられていない。反対に，徳川時代においては，吉宗の「新規御法度」（享保6年，1721年）のように，華美に流れる風潮を是正するためではあっても，新しい技術の開発や事物の出現を禁止する政策がとられており，新規成果物創作者に独占権を与え，創作行為を奨励・保護するという思想は幕府内部ではあまり発展しなかった。もっとも，新規御法度では，見せ物については新奇な物をつくることを禁止していなかったので，からくりや時計などの技術は発展したといわれている。また，各藩とも産業奨励を図り，新規技術の奨励を販売権の独占（株）というかたちで行っており，ここでは一種の創作奨励制度といい得るものが認められるが，実態については十分解明されてはいない[注1]。

わが国の特許制度は，明治4（1871）年の専売略規則を嚆矢とするが，運用の問題もあり1年もたたず事実上廃止された。しかし，特許制度を欠くことから模倣による被害・弊害が目立つとともに，わが国がおかれた不平等条約撤廃その他の国際情勢から，速やかに特許制度を導入しなければならない事情もあった[注2]。これにより制定されたのが，明治18（1885）年の専売特許条例である。同法は3年後廃止され，権利主義を基礎とする特許条例が制定され，明治32（1899）年パリ条約に加盟し，近代国家としての法的整備に努めてきた。

> 注1） この時代独占権を付与するのは，幕府及び200以上に分かれた各藩であったから，その詳細はよくわかっていない。寛政年間（1789～1800），水戸光圀が中島籐右衛門に対し，蒟蒻（コンニャク）の栽培技術により，蒟蒻の独占販売を認めたという例が紹介されている（富田徹男「知的所有権雑考8」特許ニュース9010号2頁）。
> 2） 高橋是清自伝218頁「明治四年のころ，一度び発明専売略規則なるものが発布さ

れたが，さてこれを実施する段となって，発明の審査にあたる者がいない。やむなく多数の外国人を雇わねばならぬ。さうすれば費用も沢山にかかる。その割にはろくな発明もできないというので，たうたう明治五年三月二五日の布告第百五号をもってその実施を中止することになった。……元老院では箕作麟祥さんが，夙に発明保護の必要性を感じられて，フランス式の簡易な無審査専売特許法を立案して，非公式ながらその案文を閣僚議官の間に配布しておられた。従って元老院では，その案文が先入主となって，私の立案よりもフランス式無審査免許の方法がよろしいとの意見を持つ人も少なくはなかった。しかし当人の箕作さんは，私の案文をみて，これは君の案がよい，自分は決して自説を固持するものではないと，むしろ賛意を表された。さような有様で，元老院では，相当な議論もあったが，論議の結果兎に角私の案は無事通過して，明治一八年四月発布，同七月一日より施行せらるることとなり，私は同年四月二〇日付をもって，専売特許庁兼務を命じられた」。

3　特許制度の基礎

　特許制度を肯定する根拠は，自然法上の天賦人権的な財産権として保護が求められることに根拠を求めるものと，産業政策上の理由に根拠を求めるものとに大別できよう。その中心的な考え方を2つあげておく。

　①　基本権説：1791年1月13日フランス特許法前文「国民議会は，総て新規なる思想にして其の発表又は発展が社会に有用なるものはこれを考案したる者に原始的に帰属すること並びに工業的発見を其の発見者の所有物と認めざるは人権の本質を侵害するものなるを承認し，以下のごとく規定する」[注1]。

　この前文に示されるような考え方は，フランス革命後の，個人の天賦不可侵の所有権思想と結びつくものであり，所有権と特許権をパラレルに理解することによって，前者の排他的独占性を後者に認める理由付けを可能にするものである。ナポレオン民法典は，ローマの個人的所有権を復活させ，その対象を有体物に限ったが，ローマの所有権と異なり，物すなわち権利というように有体物と所有権が密着していなかった。そこに，経済の発展，生産技術の進歩に伴い新たに湧出生成した無形の経済的利益の源泉を直接的支配の対象とする可能性が生じた，といわれている[注2]。

　②　産業政策説：特許制度を産業技術の発展という政策思想に基づき，産業成果物創作のためのインセンティブを与える制度としてとらえる考え方である。産業技術の発展のためには，成果物を公開させ，これに基づいて新たな成果物の開発が行われる必要があるが，その公開の代償として，より正確にいえば通常の技

術的発展を上回る飛躍的な成果物を公開した代償として，その技術水準に達するまでに通常かかる期間の独占権を認めてよいという理論的な根拠が生じる。この見解は，特許権を始めとする知的財産権一般について画一的な取扱いではなく，保護対象に応じて産業政策上格別の効力を認めることを可能にもすることから，今日支配的な見解となっている。

注1) 俵静夫「佛蘭西工業所有権法」2頁以下。
　2) 山本桂一「フランス各種法領域における所有権とくに無体所有権の観念について」法協87巻3号324頁。

第2節　特許法の保護対象

　特許法の保護対象は発明である。発明とは，自然法則を利用した技術的思想の創作のうち高度なもの（特許2条1項と実用2条1項を比較参照）をいう。この発明のうち，産業上の利用可能性（特許29条1項本文）をもつものに対して特許が原則として与えられる。このため，治療機器，ゲーム機器については特許されるが，治療方法やゲーム方法については特許されない。後者は発明（創作）が治療とか遊戯そのものに利用されるのみで，産業上利用されないからである（**本章第5節2(1)産業上利用可能性**参照）。

1　自然法則

　自然法則とは，自然界に存在する物理的・化学的・生物学的原理原則をいう。ただし，経験則上一定の原因によって一定の結果が得られることが認められていればよい。暗号や遊戯ルールのような人の精神的活動のみにてなるもの，ないし単なる人為的取決めは含まない趣旨である。したがって，自然法則に反する永久運動（永久磁石を用いた永久発動機の発明性を否定するものとして，東京高判昭和27年4月4日行裁集3巻3号563頁）も，自然法則の利用がないから，発明性はない。広告方法（東京高判昭和31年12月25日行裁集7巻12号3157頁），交通におけるスクランブル方式，暗号作成方法（東京高判昭和28年11月14日行裁集4巻11号2716頁）も，同様に自然法則が利用されていないので，発明性は認められない。

　ビジネス関連発明が議論の対象となって久しい。例えば，仲介者が，消費者に

よって登録された商品・役務の購入条件に合う販売業者を見つけるという逆オークション（reverse auctions）をコンピュータを利用し，インターネット上で行う方法に関する発明（プライスライン特許：米国特許第5,794,207号）などである。(2)で述べるように，このような仕組みがコンピュータ・プログラムとして構成され，コンピュータを利用することで，自然法則性もクリアされた発明（ソフトウエア関連発明）と考えることのできるものについては，発明性が認められる[注1]。

(1) 数学的理論・解法

カーマーカー法として知られる「効率的資源割当てのための方法及び装置技術分野……システム運用上の各種パラメータを最適化するための方法」（航空機の乗員スケジュールや戦線への兵員の効果的な派遣を実現する解法）が AT&T の出願によって，1988年9月，米国で特許（4,744,028号）となった。本特許は数式の解法（アルゴリズム）を保護対象としている点で，発明性に問題があるとの指摘も強い。わが国では平成3年3月にいったん拒絶査定を受けた。その後，不服審判での補正により，平成5年5月6日公告決定されたものの，さらにその後なされた特許権者による全ての請求項の放棄により，特許登録は抹消されている[注2]。

(2) コンピュータ・プログラム

計算方法と同様，人為的取決め（Mental Process）である。プログラムにおける取決めは計算機中の機械間の約束事であり，人間と人間の約束ではなく，しかもプログラム自体は，人間から独立し，計算機の構成の一部となってしまっていることもあり，計算方法等とは異なる側面もある。このため，ハードウエアの制御等のための方法の発明として，保護が承認されてきた。すなわち，プログラム自体の特許保護は認めないが，計算機（ハードウエア）と一体化した形でハードウエアの性能を向上させるようなプログラムはハードウエアの制御方法として，あるいはプログラムを含む電気回路で結合した装置として，特許保護が容認（昭和57年のコンピュータ・プログラムに関する発明についての審査基準）されていた。ただし，実務ではより広範に特許保護を認めていたともされるが，この点に関する判例もなく，特許による保護範囲・侵害に対する救済は明確ではなかった。

平成5（1993）年6月，コンピュータ・プログラムの特許新審査基準が作成され，これに伴い，特許保護されるソフトウエアとして，ハードウエアに対する制御又は制御に伴う処理を行うソフトウエアと，ハードウエアの物理的性質または

技術的性質に基づいて情報処理を行うソフトウエアが実務上明確に示されるところとなった。その後，平成9（1997）年の審査基準の改定により，記録媒体についての請求項を認め，装置や機械と一体となってハードウエアを制御する発明でなくても，記録媒体に書き込まれたコンピュータ・プログラムそれ自体について，特許保護（媒体特許とよばれる）を認めることとし，さらに，平成12（2000）年10月の改定審査基準では，記録媒体に書き込まれていなくても，プログラムそれ自体を「物の発明」として請求項に記載することが認められた。

しかし，審査基準による対応にも問題がないわけではなかった。民法上，「『物』とは有体物をいう」（民85条）とされており，発明の実施概念[注3)]との関係で説明し難いところがあった。このため，平成14（2002）年特許法改正により，特許法上「物」には「プログラム等」を含むものとし，「プログラム等」とは，「電子計算機に対する指令であって，一の結果を得ることができるように組み合わされたもの，その他電子計算機による処理の用に供する情報であってプログラムに準ずるものをいう」として法的レベルにおいて明確にされた。

現在，発明の実施にソフトウエアを必要とする発明をソフトウエア関連発明というが，この発明の成立性は，請求項に係る発明を対象として，「ソフトウエアによる情報処理がハードウエア資源を用いて具体的に実現されているか否か」によって判断されている。この結果，特許法の保護要件をクリアーする創作性の高いコンピュータ・プログラムは，表現形式を保護する著作権法によるよりも，特許登録を受けることで具体的な表現形式の奥にあるアイデアの部分まで保護を受けることが可能となった。

注1） この問題の検討には，各国法制の違いも念頭においておく必要がある。
〔欧州特許条約52条　特許能力のある発明〕
(1) 欧州特許は，創造的活動に基づく新規でかつ産業上利用可能性のある発明に対して，付与される。
(2) とりわけ，以下各号に定めるものは前項の発明とは認められない。
① 発見並びに科学上の理論及び数学上の方法
② 審美的な形態の創作
③ 知的活動，遊技又は取引行為のための構想，規則，及び方法並びにコンピュータ・プログラム
④ 情報の再生
(3) 略
(4) 人体若しくは動物体の治療又は外科的処置方法並びに人体若しくは動物体に

対する診断方法は，第1項の産業上利用可能性のある発明と認めない。上記方法を実施するための産物，とくに物質又は化合物質についてこの限りではない。
〔米国特許法101条〕
　新規かつ有用な（new and useful）プロセス，機械，製品，組成物，又はそれらの新規かつ有用な改良を発明ないし発見した者は，本法に定める条件に従い，特許を受けることができる。
〔TRIPS協定27条〕
(1)　(2), (3)の規定に従うことを条件として，特許は，新規性，進歩性及び産業上の利用可能性（注）のある全ての技術分野の発明（物であるか方法であるか問わない）について与えられる。本項以下略
　　（注　この条の規定の適用上，加盟国は，「進歩性」及び「産業上利用可能性」の用語を，それぞれ「自明のものではないこと」及び「有用性」と同一の意義を有するものとみなすことができる。）
(2)　加盟国は，公の秩序又は善良の風俗を守ること（人，動物若しくは植物の生命若しくは健康を保護し又は環境に対する重大な損害を回避することを含む）を目的として，商業的な実施を自国の領域内において防止する必要がある発明を特許の対象から除外することができる。ただし，その除外が単に当該加盟国の国内法令によって当該実施が禁止されていることを理由として行われたものでないことを条件とする。
(3)　加盟国は，また，次のものを特許の対象から除外することができる。
　①　人又は動物の治療のための診断方法，治療方法及び外科的方法
　②　微生物以外の動植物並びに非生物学的方法及び微生物学的方法以外の動植物の生産のための本質的に生物学的な方法。ただし，加盟国は，特許若しくは効果的な特別な制度又はこれらの組合せによって植物の品種の保護を定める。この②の規定はWTO効力発生の日から4年後に検討されるものとする。
2)　カーマーカー特許の内容，米国及びわが国におけるこの発明の経過については，今野浩「カーマーカー特許とソフトウエア」中公新書1278に詳しい。
3)　平成14（2002）年改正前特許法2条3項の規定する実施態様として，物の生産，使用，譲渡，貸渡し，輸入及び申出が規定されていたが，物の流通の局面を考えると，物に無体物も含めて考えることに違和感があった。コンピュータ・プログラムのネット上の移転では，送信者の手元にも送信したプログラムが残るという無体物だけに認められる特性があり，占有が移転することを前提とする譲渡について，無体物のネット上の譲渡という概念を想定することが困難なことから，解釈での対応にも限界があり，平成14（2002）年改正特許法で実施概念の明確化が図られた。

2　利　用

　発明は自然法則を利用したものでなければならない。発見は自然法則自体の新たな認識であり，利用ではない。ある物質の属性の発見は自然法則の利用とはいえないので，発明と認めることができないようであるが，いわゆる用途発明（物

の未知の属性を発見し，これを一定の用途に用いる発明）は，一定の用途に使うことに創作性を認め，発明が存在すると考えてきた。用途発明は化学物質に関して認められることが多い注1)。これは化学物質の属性が多様であることに基づく。

なお，天然物の発見には特許性はないが，天然物から分離・抽出して得られる物質，インターフェロンや抗生物質には特許性がある。分離，抽出，精製等によって初めて利用可能になるから，技術思想の創作性も認められる。

注1) 例：1938年，スイス・ガイギー社（P.Müller，1948年ノーベル賞受賞）は繊維の害虫に対する殺虫剤の研究中に，ジクロロ・ジフェルン・トリクロロエタン（既知の化合物；塩化ベンゾールにクロラールを加え硫酸を触媒として反応させ製造）に強い殺虫効果のあることを発見。これがDDTである。

3 技術的思想

発明は自然法則を利用した技術に関するものでなければならない。技術であるから，課題解決のための合理的手段であって，実施可能性ないし反復可能性を有するものでなければならない。永久運動装置は実施可能性がないとして技術性を欠くものとみることもできる。技術であるから一定の具体性をもつことが必要であり，この具体性は客観的知識として第三者に伝達でき，実現できるものでなければならない。したがって，個人的な秘伝・奥義のような伝達・反復可能性のないものは発明ではない。ただし，100％確実である必要はないとされている（養殖真珠〔特許第2670号〕の例）。

(1) 植物新品種，微生物及び動物の新種の保護

反復可能性が技術的思想のメルクマールであるとしても，植物の新品種の場合，この反復可能性の有無を確認することが困難あるいは必要のないことが起こり得る。というのは，植物にあっては必ずしも有性交配は必要なく，挿し木等による自己増殖が可能だからである。このことから，従来植物新品種の保護は種苗法で行う方向で議論されてきた。しかし，近年バイオ技術の発展により，再現性等特許保護要件を備えることに障害がなくなり，特許法の下でも保護されるものとして処理されている注1)。

植物の新品種の保護は，種苗法による保護もむろん可能であるが，かつては増殖権が認められていなかったことなど権利の効力の幅や存続期間が短いという点で，育成者の保護に欠けるところもあり，育成者のニーズは特許法による保護へ

とシフトする傾向があった[注2]。このため，さらに1991年の改正UPOV条約（**第7章第6節「植物の新品種の保護に関する国際条約」**を参照）を批准するため，平成10（1998）年，種苗法の全面改正がなされ，その後も，育成者権の保護強化を図るため，平成15（2003）年及び17（2005）年と種苗法の見直しがなされている。

　これらの改正種苗法によって，種苗法の保護対象は従来の467種の植物から，植物全体すなわち「農産物，林産物及び水産物の生産のために栽培される種子植物，しだ類，せんたい類，多細胞の藻類その他政令で定める植物（きのこ）」（種苗2条1項）に拡大されるとともに，品種登録によって発生する育成者権は，登録品種及び当該登録品種と特性により明確に区別されない品種，従属品種（種苗施規15条）及び繁殖のために常に登録品種を交雑させる必要がある品種を業として独占的に利用する権利と構成され，存続期間も品種登録の日から25年（永年性植物として省令で定める農林水産植物の種類に属する品種にあっては30年）と，改正前と比較し，効力範囲の拡大とともに，保護期間の延長がされている（種苗19条，20条）。

　独占の対象となる利用の範囲については，「その品種の種苗を生産し，調整し[注3]，譲渡の申出をし，譲渡し，輸出し，輸入し，又はこれらの行為をする目的をもって保管する行為」と「その品種の種苗を用いることにより得られる収穫物を生産し，譲渡し，譲渡若しくは貸渡しの申出をし，譲渡し，貸し渡し，輸出し，輸入し，又はこれらの行為をする目的をもって保管する行為」に加えて，さらに「その品種の加工品を生産し，譲渡若しくは貸渡しの申出をし，譲渡し，貸し渡し，輸出し，輸入し，又はこれらの行為をする目的をもって保管する行為（育成者権者又は専用利用権者が前2号に掲げる行為について権利を行使する適当な機会がなかった場合に限る。）」（種苗2条5項）を追加し，利用の範囲を拡大した。種苗を用いることにより得られる収穫物から直接生産される加工品（同2条4項）であって政令に定めるものの生産，譲渡等の行為に育成者の権利が及ぶこととすることで，種苗だけでなく，収穫物及びそれらの加工品の生産，譲渡，輸入等の行為に，育成者権者に対し民事上の救済，刑事罰及び水際規制を可能にしたものである。このように，育成者権が及ぶ範囲を種苗の有償譲渡に係る行為から，より広く種苗の収穫物及びその加工品の生産や輸出入にも拡大するとともに（同2条5項，20条1項），品種登録までの品種の利用行為に対して仮保護の権利（同14

条）をも認めている点が現行法の特徴である。

　微生物の保護に関しては，特許法によりなされることにつき異論はない。微生物に関する発明で問題となるのは，当該微生物を完全に特定し，現実に存在することが確認でき，かつ第三者に対し当該微生物を分譲できる手段が確保されなければならない，ということである。発明の公開の代償として独占を認める特許制度の根幹に係るからである。微生物に関する発明について複数の国で特許を受ける場合，各国ごとに微生物の寄託が必要であるが，不便である。この不便を解消するため，国際的に承認された寄託機関に当該微生物を寄託するだけで，関係国全てに寄託した効果が生じる国際的制度として，昭和52（1977）年，「特許手続上の微生物の寄託の国際的承認に関するブダペスト条約」が創設され，昭和55（1980）年，わが国もこれに加盟している[注4]。

　動物の新品種の保護については，ブルガリア特許法のように明文の規定を設けこれを保護した立法例もみられたが，これまで世界的傾向としては，環境に与える安全性，宗教的倫理性からその特許性は否定されてきた。実際的な理由としても，反復可能性を確認するためには，特別の機構と永年の試験を要するので，そうした機構が整わない間は特許を認めることは適当でないと判断されてきた。近年，バイオ技術の高度化に伴い，実際上の障害は取り除かれてきており，世界的にみると，動物を対象とする発明が，新品種の発明を除き認められてきているが[注5]，特許保護は人の遺伝情報（ヒトゲノム）にまで及ぶかという問題になると，疑問もあろう[注6]。

　　注1）　1975年には，特許審査基準で植物自体の保護が明記され，1985年には，ペンタヨモギについて特許が成立している。
　　　2）　桃の新品種黄桃の育種増殖法（特許第1459061号）事件は象徴的なケースであり，本件発明の特許性を争う無効審判の請求不成立審決に対する審決取消訴訟は，東京高裁でも退けられている。同判決では，反復可能性の要件について，「反復実施すればその都度100％ないしそれに近い確率をもって一定の結果が得られることを意味するものではな」く，「当業者において当該明細書の記載に基づいて確実に一定の結果をもって新品種を再育種できるならば，反復可能性は満たされ」，無性交配等の方法で確実に新品種の再育種ができればよいとの判断が示されている（東京高判平成9年8月7日判時1618号10頁）。
　　　3）　調整とは，きょう雑物の除去，種子の洗浄，薬剤処理，フィーティング等をいう。
　　　4）　特許出願において，国際寄託当局の交付する受託証の最新のものの写しを願書に添付することとなっているとともに（特許施規27条の2），この微生物に係る発明

を試験・研究のために実施しようとする者はその試料の分譲を受けることができることになっている（同27条の3）。菌株の重要性を考えると，不正流出を防ぐ分譲条件でなければならない。
5） 1988年の米国ハーバードガンマウス（腫瘍遺伝子の組み込みによる実験用ネズミに特許付与）や，わが国でも1989年の子宮角短縮豚特許及び1991年の白内障ラット特許が知られている。
6） 1997年11月，ユネスコは「ヒトゲノムと人権に関する世界宣言」を採択し，ヒトゲノムは人種の財産であり，経済的利益の対象としないことを宣言している。

4　創作性

発明は技術的思想の創作であるので，思想自体に独創性を必要とする。すなわち，新しく作り出したものであることを必要とする。その意味で，発見は創作といえないので，特許法で保護し得ないことはすでに述べた。思想自体に創作性を必要とする点で，表現自体に創作性を必要とする著作物と異なる。

5　高度性

現行法上，実用新案法の保護する考案と発明とが同質化したので，これと区別するために高度性を要求した。発明は考案に含まれる部分のうち，技術水準の低い部分は包含しないという趣旨であり，特許要件である進歩性とは別概念である。

6　発明のカテゴリー

発明のカテゴリーは図13のように分類される。分類の意義は，このカテゴリーに応じた実施概念に従い，特許権の効力範囲が定まることにある。

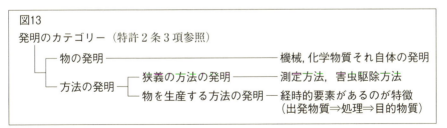

図13
発明のカテゴリー（特許2条3項参照）
―物の発明――――――――――――――機械,化学物質それ自体の発明
―方法の発明―┬―狭義の方法の発明―――測定方法，害虫駆除方法
　　　　　　　└―物を生産する方法の発明―経時的要素があるのが特徴
　　　　　　　　　　　　　　　　　　　　（出発物質⇒処理⇒目的物質）

第3節　特許に関する手続

1　総論

　知的財産権は創作，登録（登記），使用によって発生する。著作権は創作と同時に権利が発生する無方式主義を採用しているが，狭義の工業所有権では，特許庁の特許等査定・登録という国家の行政上の行為によって権利が発生する方式主義が採用されている。なお，著作権制度においても登録制度（著作75条以下）がみられるが，それはすでに発生している権利に関し，著作者推定（同75条3項）や，公表年月日の推定（同76条2項）あるいは公示としての役割（同77条）を果たすものであり，狭義の工業所有権にみられる登録制度とは全く異なる。

　したがって，特許制度においては，発明の完成と同時に特許権が発生するものではなく，発明者又はその正当な権利承継人による出願行為が権利付与官庁になされ，当該官庁による特許要件の審査を経て，特許原簿への設定登録によって，特許権が発生する。

2　特許を受ける権利

　著作権と異なり，特許権にあっては発明という行為によって発生するものではないといっても，発明行為から何らの権利も発生しないというものではない。発明の完成によって「特許を受ける権利」（特許33条）が発生する。特許を受ける権利は行政庁に対して特許付与を請求する公権的な権利と，浮動的な財産的利益状態を支配する実体上の権利から構成される[注1]。

　共有の場合を除き，特許を受ける権利の移転は自由である。共有の場合には，他の共有者の同意が必要である（特許33条3項，持分譲渡自由の原則の適用なし）[注2]。特許を受ける権利の移転に関する第三者対抗要件は，出願前は権利承継人の出願が（同34条1項），出願後は相続等一般承継による場合を除き，特許庁長官に対する届出が特許を受ける権利の移転の効力発生要件となっている（同34条4項）。

　特許を受ける権利に質権を設定することは禁止されている（特許33条2項）。理由は種々いわれているが（権利実行の段階で新規性を阻害するし，公示方法もない），

この権利そのものが不安定な権利であり，これによる混乱を防止することにあったと思われる。ベンチャー企業育成のため，この権利の担保化への可能性を探る必要があるが，第三者へのライセンスの可能性は開かれている（同34条の2，34条の3，**本章第9節6**参照）。

注1）　豊崎光衛「工業所有権法〔新版〕」134頁，中山信弘「特許法〔第2版〕」157頁注1等，ほぼ定説。なお，生ゴミ処理装置事件において，最高裁は，「特許を受ける権利は特許権と連続性を有し，それが変形したものであると評価することができる」と判示している（最判平成13年6月12日判時1753号119頁）。

2）　特許を受ける権利が共有に係るときは，他の共有者の同意がなければ，仮専用実施権を設定し，又は仮通常実施権を許諾することができない（特許33条4項）。

3　職務発明

(1)　序　　論

職務発明とは，従業者等の行った発明であって，使用者等の業務範囲に属し，従業者等の現在又は過去の職務に属する発明をいう。発明という行為は事実行為であるので，自然人である従業者等が行うことはいうまでもない。しかし，完成される発明の多くは，企業の資金設備等の援助の下に誘導・実現されているという事情から，事実行為である発明を行った自然人である従業者に，発明成果から得られる全ての利益を帰属させるのは衡平でないと考えられる。このような観点から，特許法35条の職務発明の制度が設けられている。

平成29年，わが国の特許出願は，318,479件，そして法人出願は310,468件である。これらのほとんどは職務発明であると推定できる。企業内で完成した職務発明の対価を使用者と従業者間の自由な契約で決することは無論可能である。しかし，それは同時に，職務発明に関する特許を受ける権利を，従業者が使用者に移転しないという自由も伴う。使用者としては，発明が完成する前から，したがってその対価を決めることができるようになる前から，特許を受ける権利を一方的に承継できる仕組みを必要とする事情がある。

かかる事情の下に，雇用の流動性が増大したこともあって，相当な対価を求める紛争が頻発した[注1]。これらの裁判所の判断を受け，企業は長期間にわたり相当な対価に関する予測困難な状況をもたらす法状況を改正するよう強く求めた結果，平成16年特許法改正が成立した。この改正によって，職務発明でも発明者主義を維持しながら，「対価の相当性」から「対価の合理性」とその「決定プロセ

スの合理性」へと修正が図られた。しかし，なにをもって合理的とするのかの基準が依然として明確でなく[注2]，対価が「不合理」であった場合には裁判所が対価を算定するとされることは，訴訟リスクのある予見性の低い制度であって，国際競争上も不利であるとする指摘[注3]が強まるところとなった。こうして，職務発明の従業者帰属から法人帰属[注4]へと舵を切る見直しが平成27年特許法改正によって行われた。もっとも，職務著作（著作15条，17条）におけるように人格権までも法人帰属とするわけではない。発明者名誉（掲載）権（特許施規66条4号，特許64条2項3号。三徳希土類事件，大阪地判平成14年5月23日判時1825号116頁参照）は，発明者である従業者等に帰属する。

(2) **職務発明の成立要件**

職務発明とは，従業者等の行った発明のうち，「その性質上使用者等の業務範囲に属し，かつ，その発明をするに至った行為がその使用者等における従業者等の現在又は過去の職務に属する発明」をいう（図14参照）。

① 従業者等：一般的に従業者，法人の役員，国家公務員及び地方公務員が例示されている。従業者の決定に際しては，賃金の支払の有無に求めると，出向社員や派遣社員の発明が職務発明から外れることになるので，使用者等の実質的指揮命令に服する者と理解される。実質上の指揮命令の有無は，当該従業者の地位，職種その他の要素を考慮して判断する。このため，複数の使用者との関係で従業者性が認められることはあり得る。

```
図14　職務発明の範囲

    A：法人帰属可（特許35条3項）
    B：予約承継無効（特許35条2項）
       通常実施権設定可

                    ┌─────────────────────┐
                    │ 従業者の発明          │
                    │ ┌─────────────────┐ │
                    │ │ 使用者の業務範囲  │ │
                    │ │ ┌─────────────┐ │ │
                    │ │ │ 従業者の職務範囲│ │ │
                    │ │ │ （職務発明A）  │ │ │
                    │ │ └─────────────┘ │ │
                    │ │ （業務発明B）    │ │
                    │ └─────────────────┘ │
                    │ （自由発明C）        │
                    └─────────────────────┘
```

② 使用者等：使用者，法人，国及び地方公共団体が例示されている。権利能力なき社団・財団に関しては，無効審判，出願審査請求等手続能力だけが，特許法上，認められており（特許6条），出願についての権利能力は認められていな

いので，使用者等には入らないと解される（著作権については，権利能力が認められていることに注意［著作2条6項参照］）。

③　業務範囲：定款所定の目的とは関係がない。ここでいう業務範囲とは，使用者の現実の営業実態に即して判断されるべきものであり，使用者等の業務遂行と技術的に関連のある範囲と広く解するのが一般的である。国については，国の行う全ての事業をいうとすると，民間に比し広きに過ぎるとして，当該公務員の所属する機関の業務範囲をいうものとされていた[注5]。

④　現在又は過去の職務範囲：直接発明することをその任務として命じられたものに限らず，結果からみて発明の過程等が従業者等の義務として期待されている行為も，この職務範囲に属する行為に含まれる。

過去の職務とは同一の雇用関係の下での過去の職務をいい，雇用関係が終了した場合の過去の職務をいわない。本条の成立過程において，本条が改正審議会答申の「職務として又は職務上の経験に基づいてなされたもの」という表現を変えて現行のように成文化したものであることと，さらに本条は在職中の従業者と使用者との間の調整規定であることを理由に，過去の職務とは同一使用者の下での過去の職務と解すべきであることによる。ただ，転職者による実際の職務発明については，判断が困難になる場合も生じよう。従業者が基本的には退職前に発明をほぼ認識しており，それを隠して別の企業に就職後，発明の完成を確信したような場合である。この問題は，技術思想としての発明の完成がどの時点でなされたかという問題の解明を必要としている[注6]。発明完成直前に退職した場合[注7]，元の使用者等が全く発明の実施ができないとするのは衡平ではないが，このような場合については，通常実施権の設定を求める合理的な追跡条項で対応するほかなかろう。

(3)　**職務発明の効果**

特許を受ける権利は，その発生の時から，使用者等に帰属する。限定的な法人帰属の採用である。ただし，職務発明について，契約，勤務規則その他の定めにおいて使用者等に特許を受ける権利を取得させることをあらかじめ定めていることが必要である。この定めがなければ，特許を受ける権利は従業者等に帰属する。もっとも，使用者等は，契約自由の原則に従い，この権利又は特許権の承継を受けたり，あるいは専用実施権の設定を受けたりすることは自由である。

職務発明について使用者等以外の者に特許が成立したときは，当該使用者等はその特許権について通常実施権を無償で取得する（特許35条1項）。この法定実施権は衡平の観点から使用者等に付与されるものであり，特許権の取得者等に対し登録なしに対抗することができる（同99条）。また，同様の理由から，特許権の発生前においても，職務発明の実施が許容されると解される。

(4) 相当の利益

(3)で述べたように，契約，勤務規則その他の定めにより，職務発明に基づく特許を受ける権利を法人帰属とした場合，あるいは，従来どおり職務発明を従業者帰属としながら，これらの定めにより使用者等に特許を受ける権利若しくは特許権を承継させ又は使用者等のために専用実施権を設定するなどした場合には，従業者等には，相当の利益（相当の金銭その他の経済上の利益をいう）を受ける権利が認められる（特許35条4項）。この相当の利益は，契約，勤務規則その他の定めによりあらかじめその基準を定めておくことができるが，その基準により与えられる相当の利益は不合理なものであってはならない。

相当の利益が不合理であるのかどうかは，プロセスの合理性，すなわち，当該基準の策定に際して使用者等と従業者等の間で行われた協議の状況，策定された当該基準の開示の状況，基準の内容の決定について行われる従業者等からの意見の聴取の状況等を考慮して判断される（特許35条5項）。相当の利益を導くプロセスの合理性として，協議の状況，開示の状況そして意見聴取の状況が示されているが，これらの状況を満たす事項については経産大臣が産業構造審議会の意見を聴いて指針を示すことになっている（同35条6項）。

相当の利益について定めがない場合，あるいはその定めたところにより与えられる相当な利益が，上記のプロセスの合理性が認められない場合，従業者等が受けるべき相当の利益の内容は，当該職務発明により使用者等が受けるべき利益の額，当該職務発明に関連して使用者等が行う負担，貢献及び従業者等の処遇その他の事情を考慮して定められることになる（特許35条7項）。この「その発明により使用者等が受けるべき利益の額」とは，使用者等は法定実施権を与えられているのであるから，発明を無償で実施することにより得られる額をいうのではなく，権利承継等を通じて発明を独占することによって得られる利益の額をいう[注8]。

「その発明に関連して使用者等が行う負担，貢献及び従業員の処遇その他の事

情」には，職務発明の実現に関する一切の使用者等の寄与の経緯が考慮される。当該従業員の地位あるいは職責，当該職務発明と事業の関係（例えば，基本特許をライセンス取得し，利用発明の開発が急務であった等の事情），当該発明の権利化さらに権利の維持のための貢献の程度，他企業へのライセンス締結ビジネスでの貢献，実施品の販売上の貢献，当該発明者の処遇等が考慮されることはもちろん，使用者等が負担する開発リスクも実施化への寄与に含まれる，と解される。

(5) 消滅時効

相当の利益請求権の発生時期は，契約，勤務規則等に別段の定めのない限り，特許を受ける権利等の取得時である。消滅時効もこの時から起算される。勤務規則等に特許権取得時報酬のような「相当の利益」の支払時期が定められているときは，相当の利益請求権もそのときに発生するから，消滅時効の起算点もその支払時期と一致する。時効期間は，相当の利益が特許法35条3項の規定から生ずる民事債権であるから，10年と解される（民167条1項）[注9]。

(6) 特許法35条の地理的適用範囲

ここでの問題は，特許法35条2項の，契約，勤務規則その他の定めにより法人帰属することになる特許を受ける権利は，わが国の特許を受ける権利に限られることになるのかという問題と，同条7項の「その発明により使用者等が受けるべき利益の額」の算定においては，使用者等が外国において得た利益についても考慮に入れられるのかという問題である。

前者の問題については，平成16年改正前特許法35条3項，4項は，わが国の特許を受ける権利にのみ適用があるとする判決もあるが（日立製作所光ディスク事件判決），この控訴審事件判決や味の素事件判決では，職務発明に関する権利の承継行為について属地主義の原則の適用を否定していた。平成27年改正特許法35条2項の下でも同様に解されるのではないか。

後者の問題についても，職務発明の制度が，特許を受ける権利の帰属を契約，勤務規則その他の定めによって使用者等あるいは従業者等のいずれに帰属させるかを通じてそれぞれの利益保護と，両者間の利益調整を図っている規定であるとすると，使用者等が当該職務発明によって多大な利益を外国から得たとしても，相当の利益の確定において「その発明により使用者等が受けるべき利益の額」として考慮されないという結果は想定しがたい。そうすると，特許法35条2項，7

項の地理的適用範囲はわが国の特許を受ける権利に限定されないとともに，使用者が受けるべき利益の額の算定等に際しても，わが国において得た利益に限定されないものと解すべきであろう注10)。

注 1) オリンパス光学事件，東京地判平成11年 4 月16日判時1690号145頁；オリンパス光学〔控訴審〕事件，東京高判平成13年 5 月22日判時1753号23頁；オリンパス光学〔上告審〕事件，最判平成15年 4 月22日判時1822号39頁；日立製作所光ディスク事件，東京地判平成14年11月29日判時1807号33頁；日立製作所光ディスク〔控訴審〕事件，東京高判平成16年 1 月29日判時1848号25頁；青色発光ダイオード〔中間判決〕事件，東京地判平成14年 9 月19日判時1802号30頁；青色発光ダイオード事件，東京地判平成16年 1 月30日判時1852号36頁；味の素事件，東京地判平成16年 2 月24日判時1853号38頁。
2) 野村證券職務発明事件，東京地判平成26年10月30日 LEX/DB は，改正職務発明制度の適用を受けた最初の事案と伝えられるが，この判決では，被告会社の対価決定プロセスに合理性がないとされた。
3) 日本経済団体連合会「職務発明の法人帰属をあらためて求める―わが国企業の産業競争力強化に向けて―」2013年 5 月14日，知的財産戦略本部「知的財産政策ビジョン・知的財産推進計画2013」2013年 6 月，ビジョン17頁。
4) ここでいう特許を受ける権利の法人帰属は，映画の著作物の著作権が参加約束（著作29条 1 項）に基づいて映画製作者に帰属する関係と同様に理解すべきであろう。
5) 国家公務員の職務発明に対する補償金の支払要領 1 条（平成14年に撤廃），中山信弘「注解特許法（上）〔第三版〕」362頁。
6) 技術思想としての発明の特徴的部分の着想の提供があり，その着想の解決の具体化がなされた時点で発明の完成があるといわれている（参照：立体駐車場フロア構造事件，名古屋地判平成 4 年12月21日判タ814号219頁；水素化脱硫分解方法事件，東京地判平成13年12月26日最高裁 HP）。
7) 職務発明による通常実施権の帰属は発明の完成時の使用者に帰属する（参照，エネルギー発生装置事件，最判昭和44年 1 月28日民集23巻 1 号54頁）ので，転職後に発明が完成すると転職後の使用者に帰属する（前掲立体駐車場フロア構造事件）。
8) 他人に独占的に実施許諾することにより得られる額をもって，使用者等が受けるべき利益の額の算定の基礎とすることができる（東日本ハウス事件，東京地判平成 4 年 9 月30日無体集24巻 3 号777頁）。
9) 付属的商行為から生じた債権として， 5 年で時効の成立を認める見解として，渋谷達紀「無体財産権判例の動き」ジュリスト1091号219頁。
10) 日立製作所光ディスク〔上告審〕事件，最判平成18年10月17日判時1951号35頁。

4 特許出願の意義

(1) 日本語特許出願

特許出願とは，特許を受ける権利を有する者が，特許権あるいは先願の地位を

得るために，所定の方式に従って作成した願書と必要な添付書類を特許庁長官に対して提出する行為をいう（特許36条）。添付書類としては，明細書，特許請求の範囲，必要な図面及び要約書がある（同36条2項，PCT3条(2)参照）。願書及び添付書類は電子化されており，インターネットを介した特許出願が原則となっている。願書には，「特許願」と書類名を示すことなど，特許法施行規則で様式が細かく定められている。

重要なものは特許請求の範囲と明細書であり，ここではこの2つを中心に説明する。

図15

特許願	明細書	特許請求の範囲
印紙	発明の名称	請求項　1
発明の名称	発明の詳細な説明	請求項　2
請求項の数	明確かつ十分に	請求項　3
発明者	（目的，構成，効果等）	請求項　4
特許出願人	図面の簡単な説明	

①　特許請求の範囲：特許請求の範囲に記載された技術思想が，特許性を有する発明かどうか判断されることになるとともに，成立した特許権の権利範囲を示すことにもなる（特許70条1項）。特許請求の範囲の記載は特許権者にとって重要なだけでなく，第三者にとっても自由な技術との境界が示される意味で重要である。特許請求の範囲には，請求項に区分して，請求項ごとに特許を受けようとする発明を特定するために必要と認められる事項の全てが記載される（同36条5項）。そして，特許請求の範囲に記載された発明は，明細書の発明の詳細に記載された発明であって（サポート要件），発明の詳細な説明の記載により当業者が当該発明の課題を解決できると認識でき（パラメータ特許事件，知財高判平成17年11月11日判時1911号48頁），請求項ごとに簡潔に，特許を受けようとする発明が明確になるよう記載されなければならない（明確性要件：同36条5項，6項2号）。

請求項（クレームともいわれる）の記載は，改善多項性の下で，1の請求項に

係る発明と他の請求項に係る発明とが同一である記載となることを妨げられないという意味で、自由度が高められている（同36条5項）。自由度があるといっても、発明の構成要件をあげて特定していく記載方法がこれまでの実務の影響もあり一般に採用されている[注1]。これに対し、明確性の要件から疑問が投げかけられるクレーム記載形式も現れている。

化学の分野で見られるマーカッシュ・クレーム形式（例えば、群X、群Y及び群Zから選択される化合物A）は、群X、群Y及び群Zにそれぞれ属する化学物質が含まれることになるが、群の全ての選択肢が共通の性質又は活性を有しているのかどうかが問題となる。この他に、作用、機能あるいは特性によって発明を特定する機能的クレーム形式や、製造方法によって生産物を特定するプロダクト・バイ・プロセス・クレーム形式といわれるものもある。後者は、生産物の構造がはっきりしない場合に、出願を遅らせることなく特許化するために採用される記載形式であるが、その製造方法の記載が特許発明を限定することになるのか、それとも特許発明は製造方法に関係なく同一の物質について成立するのか、という問題を伴う[注2]。

② 明細書：明細書には、発明の名称、図面の簡単な説明及び発明の詳細な説明が記載される（特許36条3項、特許施規様式第29）。特許発明の技術的な内容を説明し、開示する役割を果たすため、発明の詳細な説明には、その発明の属する技術の分野における通常の知識を有する者（当業者）が特許発明を実施できる程度に明確かつ十分に記載しなければならない（実施可能要件：特許36条4項1号）。具体的には、発明が、解決しようとする課題及びその解決手段、その他当業者が発明の技術上の意義を理解するために必要な事項を記載することが求められる（特許施規24条の2）。また、審査効率を高め、迅速な特許出願手続を進めるため、特許出願人が出願時に認識している特許を受けようとする発明に関係する文献その他の情報の所在を示す必要がある（特許36条4項2号）。この先行技術開示義務の違反は拒絶事由（特許48条の7、49条5号）ではあるが、無効事由ではない。

①で述べたように、特許請求の範囲の記載は、明細書の発明の詳細な説明によってサポートされていることが必要であるから、一定の数式によって示されるパラメータ発明にあっては、明細書の記載が十分サポートできていることが必要となる（前掲パラメータ特許事件）。

③　要約書：要約書は発明の概要を示す書類である（特許36条7項）。発明の概要を400字以内で簡潔に記載することなど，特許法施行規則様式第31に定められている。要約書での記載は特許発明の技術的範囲の記載の解釈において全く考慮されない（特許70条3項）。

④　出願があると，その時に出願は特許庁に係属し，出願日が認定され（特許38条の2第1項；詳細は，次の(2)を参照），出願番号が与えられる。その後の特許庁との手続はこの出願番号を記載して行うことになる。

通常，出願は弁理士を通じて行われている。弁理士は特許等に関する手続の代理等を業として行う者であるが（弁理士4条1項），在外者の特許に関する代理人（特許管理人：特許8条）ともなる。後者の立場においては，弁理士は不利益行為を含む包括代理権を有する点において一般の代理人と異なる（同8条2項）。

(2) 先の特許出願を参照すべき旨を主張する方法による特許出願

特許法条約（以下，「PLT」ともいう）は，出願日の認定の要件（①特許を受けようとする旨の表示，②出願人の氏名若しくは名称又はそれらを特定可能な記載，及び③外見上明細書と認められるものがあること）があるときは，出願日の認定を締約国に義務づけている（PLT5条(1)）。商標法条約加盟のために，商標法に出願日の認定に関する規定（商標5条の2）を設けたように，わが国もPLTへの加盟に向けて，以下のような規定をおいている（特許38条の2）。

特許出願が特許法38条の2第1項各号の事由に該当しない限り，特許庁長官は願書提出日を特許出願日として認定しなければならない。特許法38条の2第1項1号及び2号に該当しない限り，特許を受けようとする者は，願書に明細書及び必要な図面を添付することなくその者がした先の特許出願（外国でしたものを含む）を参照するよう主張して，特許出願することができる（特許38条の3第1項）。この方法で特許出願する者は，出願と同時に，経済産業省令で定める事項を記載した書面を特許庁長官に提出し（同2項），経済産業省令で定める期間内に，願書に添付すべき明細書及び必要な図面等を提出しなければならない（同3項）。

特許38条の2第1項各号のいずれかに該当するときは，特許庁長官は，特許を受けようとする者に対して補完することができる旨の通知をしなければならない（特許38条の2第2項）。この通知を受けた者が経済産業省令で定める期間内にその補完をしないときは，特許庁長官はその特許出願を却下することができる（同

38条の2第8項)。

特許出願日の認定に際して、願書に添付されている明細書又は図面の記載の一部が欠けていることが発見されたときは、特許出願人はその旨の連絡を受け、経済産業省令で定める期間内に、明細書又は図面について補完をすることができる(特許38条の4第1項、2項)。

(3) 外国語特許出願

願書その他の書類は日本語で作成される。外国人の場合は、後述のパリ条約による優先権主張により、日本語へ翻訳した願書その他の書類を提出することによって、わが国への出願が行われていた。しかし、翻訳文のミスで、母国での出願には記載されているが、わが国への翻訳された出願には記載されていない内容[注3]については、かつては補正で訂正することができなかった。このため、発明の適切な保護という観点から、さらにはPLTに対応するため、経営産業省令で定める外国語出願制度を認めている(特許36条の2)。

具体的には、日本語で作成した願書と外国語で作成した明細書等を提出すれば、正規の特許出願とし、その日に出願されたものとする。この出願日から1年4月以内に(パリ優先権を伴って日本に第2国出願をした場合には、第1国出願日から1年2月以内に)、出願人は日本語による翻訳文を提出しなければならない(特許36条の2第2項)。この提出がないと、特許庁長官は、外国語書面出願の出願人に対しその旨を通知する(同36条の2第3項)。それでも、経済産業省令で定める期間内に翻訳文の提出がないと、当該特許出願は取り下げられたものとみなされるが(同36条の2第5項)、この期間内に翻訳文の提出をすることができなかった正当な理由があるときは、所定の期間救済が認められている(同36条の2第6項)。

翻訳文は願書に添付した明細書等とみなし、審査はこれについて行われ、権利も翻訳文に基づいて発生する(特許36条の2第8項)。原文は、出願日における発明の内容を開示した書面として位置づけられ、国内優先を主張する際に基準となる明細書及び特許請求の範囲となる(同41条)。

原文に記載されていない新規事項が翻訳文に記載されている場合、当該出願は拒絶事由及び無効事由となる(特許49条、123条)。翻訳文に記載されていない新規事項を追加する補正は、誤訳訂正を目的とするもの(したがって、原文には記載されているもの)に限り認め(同17条の2第2項、3項)、そうでない場合は拒絶事

由となる（同49条1号）。この誤訳訂正を目的とする補正には，従来みられた補正の時期的制限は課されない（**第6節3「明細書と図面の補正」**参照）。

(4) 実用新案登録に基づく特許出願

実用新案登録出願は，出願が係属し，出願日から3年を経過するまで，特許出願に変更することが可能である（特許46条1項，**本節10(2)出願の変更**）。しかし，実用新案出願が係属している期間は5カ月程度であり，出願変更の機会は実質的にはこの短い期間に制限されていた。審査請求期間の短縮等で，特許庁に特許審査ロードが高まっている状況に鑑み，特許出願に代替効果のある実用新案登録出願の奨励を図るため，実用新案権の設定登録後の実用新案登録に基づく特許出願を可能とし，その特許出願は基礎となる実用新案登録出願の時にしたものとみなされる制度が導入された（同46条の2）。

もっとも，この実用新案登録に基づく特許出願を無制限に認めると，かえって特許庁の審査負担や，第三者の監視負担が増大することを考慮し，この出願を，出願から3年に限るとともに（特許46条の2第1項1号），特許出願の基礎とした実用新案登録については，技術評価請求をすることができないし，当該実用新案権者等により技術評価請求がなされた実用新案登録に基づいて，特許出願をすることはできないこととされている（同46条の2第1項2号）。同一の技術思想について，実用新案技術評価と特許審査という二重の審査負担が生じないためである。当該実用新案権者等以外の他人が審査請求をした場合については，特許出願をするか否かを考慮するため30日の期間が，当該実用新案権者に認められる（同46条の2第1項3号）。この実用新案登録に基づく特許出願は，基礎とした実用新案登録に係る実用新案登録出願の時にしたものとみなされる（同46条の2第2項）[注4]。

注1）　平成6年改正特許法前は，特許請求の範囲には，発明の構成に欠くことのできない事項のみを記載することになっており，記載しなかった必須要件の存在や，反対に必須要件でないことを特許後に主張することを防いでいた（改正前特許36条5項）。平成6年改正法は，国際的調和を考慮し（熊谷健一「逐条解説改正特許法」182頁），従来の記載方法に加え，発明の構成要件のみを表現する方法以外の表現も可能にし，特許を受けようとする発明が明確に把握でき，請求項の記載を簡潔にしている限り，発明の作用，特性，用途，目的等を表現しながら，特許請求の範囲を記載できることにした。もっとも，これによって，従来の発明の把握に必要な記載の取扱いが根本的に変わることにはならないと思われる。

2）　最高裁は，プロダクト・バイ・プロセス・クレームで記載された特許発明の技術的範囲について，製造方法による限定を受けない物同一説に拠りつつも，「出願時

において当該物をその構造又は特性により直接特定することが不可能であるか，又はおよそ実際的でないという事情が存在するときに限られる」と判断した（プラバスタチンナトリウム事件，最判平成27年6月5日最高裁HP）。

3）　第一国出願の明細書にホウ素（boron）と記載があったことを根拠に，わが国での特許出願の明細書の記載「臭素（bromine）」をホウ素に補正しようとしたが，要旨変更を理由に補正を拒絶された事例として，臭素事件，東京高判昭和58年3月24日無体集15巻1号236頁がある。

4）　この特許出願についても，手続をする者の責めに帰すべきでない事由のある場合の救済（特許46条の2第3項）と，新たな特許出願の効果の適用除外規定の整備がされている（同46条の2第2項但書）。

5　出願の効果

　実体上の効果のうち最も重要な効果は，後願排斥の効果である。同一の発明について異なった日に2つ以上の特許出願があったときは，最先の出願人のみがその発明について特許を受けることができる（特許39条1項）。これを先願主義とよんでいる。いずれが最先の出願であるかは，適法な出願がなされ，特許庁に出願が係属した日の前後によって決定される。先願主義はこのように，日を基準とし，時刻を基準としていないので，同日に2つ以上の出願があったときは先願主義によっては決することができない。

　実体上の効果の第二は，特許を受ける権利が出願後の特許を受ける権利となる。出願後の特許を受ける権利の移転は，特許庁長官への届出が効力発生要件である（特許34条4項）。発明をめぐる権利関係を明確にするためである。

　なお，特許法34条5項の規定を特においているのは，相続の発生から承継の届出まで権利者不在となるのを防ぐためである。相続その他の一般承継の場合は，その事実の発生の時に効力を生ずる。

　出願によって，一連の手続上の効果が生じる。以下に列挙する。

　方式審査が開始する。ただし，実体審査は審査請求によって開始する（特許48条の2）。

　特許要件，すなわち新規性・進歩性は出願時を基準に判断される。先願範囲の拡大も出願日を基準にその有無が判断される。消極的要件は査定時・審決時である。

　後述する優先権主張に伴う期間の起算時は原出願の出願日である（特許41条1項1号）。出願日はその他の期間の起算日ともなる。18カ月の出願公開（同64条），

3年の出願審査請求（同48条の3），20年の特許権の存続期間（同67条1項）等である。

6 先願主義と先発明主義

(1) 序　論

特許権は，後述するように，排他的実施権であるから，同一の発明について複数の特許権が存在することは論理的にできない。このことを二重特許（ダブルパテント）禁止の原則という。そこで，同一の発明が複数ある場合，いずれに特許を認めるかについて基準を設ける必要がある。この基準として，先願主義と先発明主義とがある。

(2) 先願主義

先願主義とは，発明の先後を問題とせず，先に出願した者に対して特許を与える主義をいう（特許39条1項）。発明の前後を問わない点で，発明者保護に合致しないおそれがあるが，完成した発明を公開せず，これを秘匿すれば，技術の進歩さらには国民の生活水準の向上に寄与しないことになる。また，秘匿される結果，二重開発・投資という国民経済に反する事態が生じるおそれもあることから，先願主義はこうした弊害を排除する作用を果たすので，今日の先進国の多くが採用するところとなっている。もっとも，先願主義の下では，たとえ先に発明しても出願をしなければ，他人の出願・登録によって発明の実施を妨げられることになってしまうので，他人による権利化を阻止する目的での出願が増大し，迅速な審査を阻害するような現象が生じやすい。

(3) 先発明主義

先発明主義とは，発明の先後を基準として，先に発明を完成した者に対して特許を与える主義であり，最近まで米国だけが採用していた制度である。米国も，先発明主義から先願主義への移行等を内容とする米国下院を通過した特許法改正案（Leahy-Smith America Invents Act）を，2011年9月，上院が可決し，これをオバマ大統領が署名したことで法律として成立した。これにより，2013年3月16日以降の出願から，米国は先願主義に移行した[注1]。

先発明主義は，最先の発明の完成者を保護することで，発明を奨励する。その限りにおいて特許制度の趣旨に沿うといえるが，発明の秘匿化という弊害が不可

避である。また，米国の先発明主義の下では，発明完成の先後決定のための手続（抵触審査手続）がおかれていたが，この手続では発明の着想の日，実施化の日及びその間における実施化への熱心さ（reasonable diligence）が考慮され，先発明の決定は複雑な手続を経てなされた。ここでいう着想とは，単なる思いつきではなく，発明者の内心において技術的課題を解決する完全な手段が形成されることをいうが，手続では，完成された思想を他人に開示したことを示す証拠を伴って立証されることが求められた。実施化への熱心さの判定は，発明を早期に公開させる公益と特許を得る私益とのバランスによってなされていた。

(4) 同日出願

出願の係属（出願の効果の発生）それ自体は，その日の時刻において発生するが（特許19条），わが国の先願主義は日を基準とするので，同日に2つ以上の出願があったときは，これによってはいずれに権利を付与するかが決まらない。わが国では，同日出願の場合，出願人の協議により決まった一方の出願人のみが特許を受けることができる（同39条2項）。

協議が成立しないときは，いずれの出願人も特許を受けることはできない。

商標法ではくじにより決定する（商標8条5項）。これは，特許にあっては新規な発明であることが求められるので，協議が成立しない場合，その後の出願人も権利を受けることができないが，商標では新規である必要はないので，協議が成立しない場合に誰も登録を受けられないとすると，その後の出願人に登録が認められ不都合な結果となるからである。

ところで，先願主義を採用するにしても，特許庁に願書を提出した日を基準とするならば，特許庁から離れた地方に住む者が不利であることは否めない。かかる不都合を除去するため，郵便で出願することを認め，郵便局に差し出した日時に，特許庁に到達したものとみなすなどの取扱いをしている（特許19条）。前述の「工業所有権に関する手続等の特例に関する法律」の施行により，オンライン出願が可能になったので，特許に限らずあらゆる出願手続において，地理的な格差は解消された。

注1）新しい米国特許法の定める先願主義は，日本の先願主義とは異なる（102条）。出願人が出願前に発明を公表していなければ先願主義の原則に従うが，先に公表（publicity disclose）して，1年以内に出願すると，その間に他人の出願があった

り，第三者による発明の発表があったりしても，最早に公表した出願人に特許が与えられるという例外規定がある（102条(b)(1)(A)）。この結果，日本の出願人が，日本で公表した後，1年内に日本に出願し，優先権を主張して米国に出願すれば，これまで米国では特許を取得できたが，日本では特許を取得できなかった（米国通商関連知的財産権情報2011年10月20巻3号1～3頁）。しかし，平成30年改正によりグレースピリオド（**第5節2(3)**）の1年への延長に伴い（日本特許30条2項）取得が可能となった。

7 先願範囲の拡大

(1) 趣　旨

特許は最先の出願の発明に対して付与される。2つの発明に先・後願の関係があるかどうかは，発明が同一であるときに問題となる。発明が同一であるかどうかは，出願書類の1つである特許請求の範囲の記載に基づいて判断され，明細書の「発明の詳細な説明」の項の記載や図面に基づいて判断されるのではない。そうすると，先願の特許請求の範囲に記載されていないが，明細書の「発明の詳細な説明」の項や図面に記載されている新しい発明について他人が特許出願した場合，どのように取り扱われることになるであろうか。

当該出願内容がすでに出願公開されていれば，それは文献公知となっているので，新規性が喪失している（特許29条1項3号）。しかし，出願公開がなされず，文献公知となっていないし，かつ公知公用ともなっていない場合，換言すれば発明の秘密性が保たれている場合，出願を拒絶する理由がない。

既述のように，特許制度の目的は，発明の公開の代償として一定期間独占権を付与し，技術の発展と国民生活の向上を実現することにある。その意味からすると，先願の明細書の「発明の詳細な説明」の項に記載されている発明と同一の発明を「特許請求の範囲」に記載する特許出願は，特許を与えても，何ら新しい発明を公開したことにはならない。

むしろ，先願の明細書には記載されているが，特許請求の範囲に記載されていない発明は，先願者が特許を放棄し，広くこれを公共の利益のために提供した公有財産とみることもできる。したがって，これに特許を与えることは先願者の意思に反し，公有財産の私物化をもたらすものであり，公共の利益に反することになる。

さらに，現在2つの出願の特許請求の範囲の記載が一致していなくても，将来

補正（特許17条の2）により，新たに一致し，先願となる可能性もあるから（同17条の2第3項，補正の最大限可能な範囲は出願当初の明細書，特許請求の範囲又は図面に記載された範囲である），先願の特許請求の範囲が確定するまで，後願を処理できないという事態も生ずる。特に，審査請求制度が採用されてから，出願から3年間，先の出願の特許請求の範囲が確定しないというおそれも懸念された。

(2) 効　果

以上の問題を除去するには，出願当初の明細書，特許請求の範囲又は図面に記載された範囲全部に，出願の地位を認めることによって可能となる。すなわち，先願の明細書又は図面に記載されている限り，特許請求の範囲に記載された発明であるかどうかとは関係なく，これを特許請求の範囲とする後願は原則として拒絶することとした。これがいわゆる先願範囲の拡大（特許29条の2）である。この制度の適用があるのは，先願の出願日より，出願公開までの間の他人の後願に対して適用される。出願公開後はこの制度の適用はなく，新規性の問題として処理される。

その意味で，これは願書に添付した明細書，特許請求の範囲又は図面の記載範囲にわたって，後願の出願に対し公知として取り扱うということから，新規性に類する拒絶事由であることが分かる。ただ，この部分については進歩性が判断されないことから（一般の公知事由であれば，その事由についてさらに進歩性があるかどうかも判断される），誤解をさけるため，準公知とよばれることもある。

(3) 先願範囲の拡大が適用されない場合

①　先願発明者と後願の発明者とが同一である場合（特許29条の2カッコ書）。

冒認出願等による弊害を救済する趣旨である。図16で示すように，発明者Xが研究会で発明Aについて発表を行い，これを第三者Yが聞き，これに基づいて改

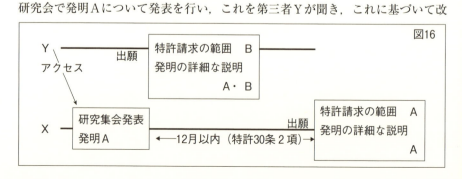

図16

良発明Bを完成し、Xよりも早くYが出願を行い、明細書で改良発明Bを説明するために発明Aを開示した場合等を救済できる。

　②　後願の出願時において先願と後願の出願人が同一である場合（特許29条の2但書），必ずしも常に特許を受けることを放棄したとはいえないし，後日発明の詳細な説明の欄に記載した発明について特許を受けることを望む場合もあるからである。企業発明をあげるまでもなく，発明者の同一性を立証することは困難なことがあるが，出願人同一はこのような場合に有効となる。

8　出願の取下げと放棄

　出願の取下げと放棄は，いずれも特許庁に対して行われる出願を撤回する意思表示であることに変わりはない。出願が係属している限り，出願人はいつでもその出願を取り下げ，放棄することができる。出願の取下げ，放棄により，出願の係属は解かれ，手続は将来に向かって終了する。この結果，取下げ，放棄した出願に基づいて，国内優先権を主張することはできない（特許41条1項3号）。なお，仮専用実施権を有する者があるときは，PCTによる国際出願の場合を除き，その特許出願を取り下げる場合は，その者の承諾を得なければならない（同38条の5）。特許出願の放棄の場合も同様であり，いずれも仮専用実施権者の利益を保護する必要があるためである。

　出願の取下げと放棄は，そのなし得る期間，手続及びその効果において変わるところはないが，平成10年改正前特許法の下では，先後願関係の適用において，出願が却下され，取り下げられた場合だけ当該出願は先願の地位を失い，放棄された場合には先願の地位は残存するものとしていた。その結果，出願公開前に出願の放棄がされると，後願は公開されない先願により拒絶されるという結果になっていたが，現行特許法では，意匠法9条3項と同様，出願の取下げと放棄の先後願及び同日出願関係における取扱いは同じにされている（特許39条5項）。

　出願の取下げは出願人の意思に基づいてなされるが，特許法上，出願の取下げと擬制される場合がある。審査請求がない出願（特許48条の3第4項），出願の変更のあった場合の原出願（同46条4項），国内優先権主張の基礎となった原出願（同42条1項⇒**本節13**），翻訳文の提出のなかった外国語出願及び国際特許出願（同36条の2第5項，184条の4第3項⇒**本節14**）はいずれも，取り下げたものとみ

なされる。

9 出願の単一性

(1) 1発明1出願主義

大正10年法では、「特許請求ノ範囲ニハ発明ノ構成ニ欠クヘカラサル事項ノミヲ一項ニ記載スヘシ」、と規定されており（大正10年特許施規38条）、これに基づいてクレームは1項で記載される単項制が永く採用されてきた。さらに、出願の対象となる発明（考案、意匠、商標）は、1出願に1つ記載することを原則とする（一発明一出願の原則）ので、1発明は1項で記載するという運用が長く行われてきた。もっとも、1つの発明の範囲をどのようにとらえるかによって（発明の単一性）、1つの出願で行える発明の範囲も変わってくるが、従来わが国はこの発明の単一性の範囲を狭く考える傾向にあるとされ、出願が煩わしく、それに伴い出願の数も増大せざるをえないと批判されていた（商標にあっては、商品区分を越えて商品を複数指定できる）。

(2) 単項制から多項制へ

昭和50（1975）年、特許協力条約締結を契機とする国際的な特許制度のハーモナイゼーションに対応して、わが国は1発明を複数項をもって記載することを認める多項制に移行した。具体的には、クレームに「発明の構成に欠くことのできない事項（必須要件項）」の他に、必須要件を技術的・具体的に限定して示す「実施態様項」を記載できることにした。これにより、1発明のクレーム記載は複数項で表現できることになった。しかし、実施態様項で必須要件項を引用形式で表現することが求められていたなど、表現形式に制限が大きいことから、実益にも疑問が呈されてきた。このため、採用されたのが昭和62年改正による改善多項制（特許36条5項、6項）である（図17を参照）。

単項制に比較し、多項制では発明保護がより完全になる理由を次のようなクレームの下で考えよう。

① エチレンと不飽和モノカルボン酸との共重合体からなる組成物
② 核をエチレンと不飽和モノカルボン酸との共重合体からなる組成物で被覆することを特徴とするゴルフボール
③ エチレンと不飽和モノカルボン酸との共重合体において上記の酸の30重量

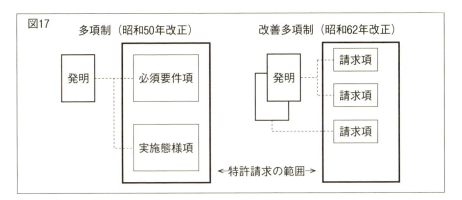

％を包含したことを特徴とする共重合体の反発性向上剤

ある種の共重合体をゴルフボールの外皮に使用する発明であるから，クレーム②だけを特許請求の範囲に記載していたとすると，①の組成物について権利行使することは容易ではない。また，③のある種の共重合体についてのモノカルボン酸を主成分とする反発性向上剤についても，②のクレームによって権利行使することには異論があろう。このようなクレームをめぐる紛争の大部分は，多項制の下で事前に回避できることになる。

(3) 改善多項制

このように，改善多項制とは，従来の多項制に伴う制限をなくし，自由に複数の請求項によって発明を表現できるようにしたものである。新規性・進歩性の判断も個々の請求項ごとに行われるので，複数のクレーム中のあるクレーム全部を削除することも可能となる。また，特許法37条に定める「技術的関係」を有することにより発明の単一性の要件を満たす一群の発明に該当すれば，複数の請求項が相互に別発明を表現しているのか，同一発明を表現しているのか問わないことにした（特許36条5項）。この発明の単一性を定める「技術的関係」とは，2以上の発明が同一の又は対応する特別な技術的特徴を有していることにより，これらの発明が単一の一般的発明概念を形成するように連関している技術的関係をいい，「特別な技術的特徴」とは，発明の先行技術に対する貢献を明示する技術的特徴をいう（特許施規25条の8第1項，2項）[注1]。

注1）　平成15年特許法改正前においては，「特定発明」と一定の関係にある発明に該当するかどうかが発明の単一性の要件であり，「特定発明」以外の発明相互間の関係

は問われなかった。しかも，発明の単一性の具体的要件を特許法中（改正前特許37条）に規定していた。他方，特許協力条約（PCT）では，発明の単一性の要件を1つの出願中に含まれる発明の全てに共通する関係としてとらえ，しかも，その具体的要件をPCT規則において定めていた。平成15年改正特許法は，PCTと同様，2以上の発明が「技術的関係」を有することのみを求めるとともに，具体的要件については経済産業省令におとし，PCT及びその規則にそろえた。

10 出願の分割と変更

(1) 出願の分割

2つ以上の発明を包含する特許出願（原出願）の一部を，1又は2以上の新たな特許出願とすることを出願の分割という（特許44条1項）。1発明1出願の原則の下で，2つ以上の発明を包含する1の特許出願をした出願人に対し，出願を分割することより，原出願とは別個の新たな出願であるにもかかわらず，各発明につきそれぞれ原出願の時に遡って出願がされたものとみなして（同44条2項），特許を認める制度である。もっとも，原出願に記載されていないが，分割後の明細書に記載された範囲についての拡大された先願の範囲の決定については，出願日の遡及は認められるべきでないし，新規性喪失の例外の適用を受けるための証明書（同30条3項）は新たな特許出願の時点から計算される（同44条2項但書）。

具体的な事例としては，1発明1出願の原則違反として拒絶理由通知を受け取ったときや，出願の一部については問題はないが，他の一部について拒絶理由通知を受け，前者は権利化を急ぎ，後者は審判で争いたいとき，さらには原出願の当初明細書の発明の詳細な説明又は図面に記載（A＋B）しているが，特許請求の範囲（A）に記載していなかった発明（B）を別個の出願として取り出して出願するときなどに，出願の分割をすることが考えられる。

出願の分割を行うための実体的要件としては，原出願が2つ以上の発明を包含していることと，原出願の当初の明細書，特許請求の範囲又は図面に開示された発明について分割するものであることが必要である。

出願の分割が可能な時期は，まず，願書に添付した明細書，特許請求の範囲又は図面について補正することができる期間内である（特許44条1項1号）。さらに，特許査定謄本の送達があった日から30日以内と，最初の拒絶査定謄本の送達があった日から3月以内についても，出願の分割は可能とされている（同44条1項2

号，3号）注1)。分割出願制度を戦略的に活用させ，多面的・網羅的な特許権の取得を容易にする趣旨である。分割による新たな特許出願により，パリ条約による優先権主張を行った場合，優先権証明書等は，最先の日から1年4月又は新たな特許出願の日から3月のいずれか遅い日までに提出しなければならない（同44条3項，なお，同条4項参照）。

分割を行うための願書については，特許法施行規則23条3項所定の様式第27で定められている。分割出願に際し，原出願の明細書，特許請求の範囲又は図面を補正する必要があるときは，分割出願と同時にその補正をしなければならない（特許施規30条）。

(2) **出願の変更**

出願の変更とは，特許出願を実用新案登録出願又は意匠登録出願に変更しあるいはその逆をすることをいう（特許46条1項，2項）。

実用新案登録の対象となり得ないもの（例：方法の発明）を，特許出願にする場合等が好例である。出願の変更をなし得る期間は，実用新案登録出願では，出願から3年を経過するまで，意匠登録出願では，原出願について最初の拒絶査定謄本の送達があった日から3月以内，又は原出願の出願日から3年以内である注2)。

出願の変更では，原出願とは別個の新たな特許出願となる。したがって，もとの実用新案登録出願等は取り下げたものとみなされ（特許46条4項），変更出願が原出願の時に遡及する。したがって，特許要件の有無は原則として原出願の日を基準として判断されるが，先願範囲の拡大の規定の適用については，原出願の明細書に記載されている範囲について行う。また，各種書類注3)の提出期間の起算は原出願の日ではなく，変更出願の日を基準とする（同46条6項⇒同44条4項）。

注1) 出願の分割が可能とされる30日あるいは3月以内に，分割出願をする者の責めに帰することのできない理由により，出願の分割ができなかった場合についての救済が認められている（特許44条7項）。
2) 出願の変更においても，注1)と同旨の救済規定がおかれている（特許46条5項）。
3) 変更出願で優先権主張を行った場合の優先権証明書等の提出期間は出願の分割の場合と同様である（特許46条6項⇒同44条3項）。

11 冒認出願と特許権移転請求権

特許出願は，真の発明者又はその発明者から特許を受ける権利を譲り受けた者によって行われる。特許を受ける権利を有しない者による特許出願を冒認出願という。冒認出願であれば，拒絶事由（同49条7号）として出願は拒絶され，たとえ権利になっても無効審判で無効とされる（無効事由，同123条1項6号）。特許を受ける権利が共有に係るときは，各共有者は，他の共有者と共同でなければ特許出願することができない（同38条）。これに違反する特許出願も，冒認出願と同様，拒絶事由（同49条2号）となりかつ無効事由（同123条1項2号）となる。

冒認出願あるいは上記の違反した共同出願における真の権利者は，特許設定登録前であれば，特許を受ける権利（共同出願違反の場合は，その持分）を有することの確認判決を受けて，単独で冒認出願又は違反した共同出願の出願人名義の変更が可能であった。しかし，これらの出願が特許登録されてしまうと，真の権利者が特許権を回復する途はなかった[注1]。

平成23年改正特許法は，冒認出願あるいは違反した共同出願における真の権利者に特許移転請求権を認めた[注2]（特許74条1項）。真の権利者の発明思想がそのまま権利になった場合には，この移転請求権の行使によって発明者主義が実現されることになるが，冒認者等が冒認等した発明思想だけでなく独自の発明思想をも付加して出願した場合，問題は複雑となる。特許権移転請求権を認めた趣旨からすると，権利の分割を可能にすべきと考えるが，今回の改正では特許権の準共有の問題として処理すべきであるとされている（参照，特許施規40条の2）。

特許権移転請求権の導入と共に，第三者保護制度も併せて導入された。冒認者等から当該特許権の譲渡を受けた第三者，あるいは当該特許権につき実施権の設定・許諾を受けた第三者は，冒認等を理由にその権原を失うことになる。しかし，これら第三者はそれまでの間当該発明の実施である事業又はその実施の準備をしている可能性があり，その保護を図る必要があるので，中用権にも類する法定実施権がこれら第三者に認められる（特許79条の2第1項，⇒**本章第10節6**）。

この権利の移転の特例は，実用新案法（実用17条の2）及び意匠法（意匠26条の2）にもおかれている。

注1）生ゴミ処理装置事件，最判平成13年6月12日判時1753号119頁は，真の権利者が自ら出願をした後，無断名義変更があった事案であるが，この場合には真の権利者

に特許権を取得できる可能性が認められていた。
2) 冒認された発明の真の権利者が同一の発明について重複して特許権を取得する事態を避けるため，冒認出願についても先願の地位を与えている。

12 優先権主張を伴う特許出願

(1) 権利の属地性

同一の発明についての特許権であっても，それぞれの国における権利は他の国の権利とは独立して存在し，他の国の権利の変更・消滅による影響を受けない（パリ条約4条の2，特許独立の原則）。また，国際私法上の原則である権利の属地性の原則から，特許権の成立，効力，消滅等は，それぞれの国の法制により決定されることが一般に承認されている。

このため，複数の国で特許を受けようとすれば，それぞれの国に特許を受けるため出願しなければならない。むろん，それぞれの国に出願するにしても，その発明が新規なものでなければならないが，その新規性の判断時は出願の時であり，この時に国内外において公知・公用・刊行物記載であってはならない。他方，外国への特許出願は膨大な時間と費用を要し，言語の問題や手続も異なることがあり，複数の国に同時に出願することは実際上不可能に近い。そのため，第一国に出願後，第二国に出願した時は新規性を失ってしまっていることも予想される。こうした矛盾を解消するものと期待されたのが優先権制度であり，パリ条約の重要な柱の1つである[注1]。

(2) 手続

優先権そのものは最初の出願によって生ずるが，それだけでは潜在的に存在するにすぎず，具体的にその利益を享受するには，後の出願で優先権の主張という手続をとらなければならない（パリ条約4条D(1)，特許43条）。この手続を怠ると，優先権主張は失効する（特許43条4項）。

① 優先権主張の申立て（パリ条約4条D(1)，(2)，(5)）

特許出願について優先権主張しようとする者は，優先権主張をする旨そして最初に出願したパリ条約同盟国の国名と日付を記載した書面を，経済産業省令で定める期間内に（パリ条約4条D(1)2文も参照）特許庁長官に提出しなければならない（特許43条1項）。この主張の申立ては，実務的には，願書に必要事項を記載す

ることによって行うことが認められている（特許施規27条の4第3項）。出願の番号の明示は，次に述べる優先権証明書（同43条3項）とともになされることを要する。

② 優先権証明書等と出願番号を記載した書面

次に，優先権主張の基礎とした出願の日から1年4カ月以内に，最初の出願をした同盟国の認証のある出願の年月日を記載した書面（特許43条2項：優先権証明書）と当該出願に係る出願書類（又はこれらと同様な内容を有する公報若しくは証明書でもよい）並びに出願番号を記載した書面（同43条3項）を特許庁長官に提出する。これらのデータを電磁的方法で交換することのできる国への出願に基づいて優先権主張する者は，当該出願番号その他の当該事由を交換するために必要な事項として経済産業省令で定める事項を記載した書面の提出により，優先権証明書等の提出を省略できる（同43条5項）。なお，優先権証明書を提出しなければならない最初の出願又は優先権主張の基礎とした出願の日から1年4月以内に提出を失念しているときでも，特許庁長官からその旨の通知を受け，所定の期間内にこれを提出できる救済措置が設けられている（同43条6項，7項）。さらに，この証明書を提出する者の責めに帰すべき理由によることなく提出できなかった場合には，経済産業省令で定める期間内にその証明書を提出できる（同43条8項，9項）。

(3) 効　果

優先期間中になされた行為，例えば他の出願，当該発明の公表又は実施等によって，後から行う出願が不利な取扱いを受けない。具体的には，特許権の存続期間・出願審査請求期間等を除いて，他の同盟国においてされた後の出願の出願日を最初の優先権の基礎となっている第1国出願の出願日とみなして，特許要件等が判断される（出願日の遡及。パリ条約4条B）。

　　　注1）　パリ条約4条A：同盟国のいずれか一国で正規に特許（実用新案・意匠・商標）出願をした者は，後に他のいずれかの同盟国に出願する場合に，最初の同盟国の出願の日から一定の期間（優先期間：特許・実用新案1年）内に第二国に後の出願をすれば，その後の出願について，最初の出願の優先権を有する。

13　国内優先権制度

基本発明後に改良発明を出願しても，後願として拒絶される（特許39条1項，3項参照）おそれが，また，補正によって先の出願に改良発明を加えようとして

も，許される補正と認められないおそれがあった。ところが，パリ条約の優先権主張を伴う出願では，結果として複数の関連する発明を1出願にまとめたり，実施例を補充した出願を行うことができる。日本を基準とする限り，このような出願ができるのは，一般に外国人であって内国人ではないから，結果として，内外人不平等の状況が生じていた。

　パリ条約の優先権制度は，優先権を主張して特許出願をしたものについて，その最初の出願から12カ月以内に他の同盟国に出願したとき，その同盟国においては，特許要件を先の出願の日において判断することを認める制度であり，この制度により，手続的障害，時間的障害を克服することを本来の目的している。しかし，二次的には，先のようなより完全な出願を行うことが可能となっていた。この優先権制度を参考にして，国内的に取り込んだ制度が，国内優先権制度である（特許41条）。つまり，国内優先権制度は，原出願をその後の改良された発明を取り込んだ出願へと乗り換え，発展させる制度でもある。わが国で出願した後，1年以内に，先の出願に含まれた発明については最初の出願日に新規性等の特許要件を判断する優先権を主張しながら，その後の改良発明を取り込み，あるいは複数の先の出願を1つにまとめて，発明の効率的な保護を可能にするのである。さらに，審査請求料や登録料のコストを抑えることもできるわけである。

　国内優先権制度の利用態様の一例を考えよう。実証された複数個の着想が基礎となって上位の新しい着想になることがある。この場合，次に示すように国内優先権制度があれば，着想が得られ次第出願をしておき，一連の発明に関する複数の出願をまとめて（これを複合優先という），上位の着想の出願へと乗り換えることができるというわけである。

　優先権を主張する特許出願は，先の出願から1年以内の出願でなければならない（正当な理由があり，その特許出願が経済産業省令で定める期間内に行われた場合を除く⇒特許41条1項1号）。その意味で，優先権主張期間は先の出願から1年間ということになる。ただし，先の出願が分割又は変更出願であるときは，優先権の基礎となし得ない（同41条1項2号）。分割・変更出願では新規事項が入っていることがよくあるので，その有無を調査するための審査負担が増大するためである。また，先の出願が特許庁に係属していないときも同様である（同41条1項3号）。これを認めると死んだ出願を復活させることになるからである。

必要な手続としては，願書において優先権主張をする旨及び先の出願の表示を経済産業省令で定める期間内に提出しなければならない（特許41条4項）。この申立ても，願書面での記載で代えることができる（特許施規27条の4第3項）。

優先権主張をすると，特許要件は，先の出願の日を以て判断される（特許41条2項，3項）。そして，先の出願は，出願の日から経済産業省令で定める期間を経過したときに，取り下げたものとみなされる（同42条1項）。もっとも，優先権主張の効果が認められるのは先の出願の当初の明細書，特許請求の範囲又は図面に記載された発明の範囲に限られる（図18参照）。ただし，先の出願について仮専用実施権を有する者があるときは，その特許出願の際に，これらの者の承諾を得ていなければならない（同41条1項但書）。

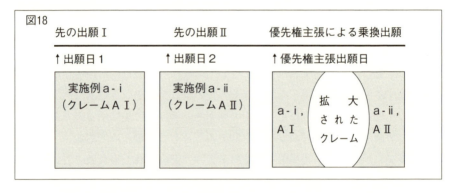

先の出願は，先の出願日から経済産業省令で定める期間経過後に取り下げたものとされるが，出願公開は1年6カ月後に行われることになっているので，先願範囲の拡大の適用を受けないこととなり，不都合である。このため，後の出願に含まれる先の出願についてみなし出願公開（特許41条3項）の取扱いがされている。

14　国際特許出願
(1) 序　論

国際特許出願とは特許協力条約（PCT ⇒第7章第2節参照）に基づいて行われる出願をいう。パリ条約による優先権主張を伴う特許出願でも，特許を受けようとする国に各別の特許出願が必要であり，このことは同じ手続がそれぞれ行われ

ることを意味し，出願人にとっても，各国の特許付与官庁にとっても，煩雑であると同時に審査効率を阻害しているところもある。そこで，1つの方式で1つの言語により作成された1つの出願を1つの国に行い，同一の出願日に複数国の出願をしたのと同じ効果を認めるものが国際特許出願である（日本人が日本特許庁に対し日本語で作成した国際出願を行うと，この出願は全ての条約締約国に正規の特許出願，すなわち米国には英語で，ドイツにはドイツ語で各特許出願をしたことになる）。もっとも，国際出願は複数の指定国に対する国内出願の束として理解されるものであり，国際協力として行われる審査手続は前半部分であり，特許の付与は各指定国の特許庁によって独自に行われる。この点で，欧州特許と決定的に異なる。また，出願人は指定国に対し最終的には翻訳文を提出しなければならないが，それは30カ月後でよいから（PCT 22条），パリ条約の場合よりも18カ月余裕が与えられている。さらに，この30カ月（翻訳文提出の特例期間の措置が認められるときは32カ月）の期間内に翻訳文を提出できなかった場合でも，正当な理由があるときは救済が認められている（特許184条の4第1項，4項⇒**第7章第2節4注7**）参照）。

出願という場合，一般に，それはわが国の特許庁に対してなされた出願をいうが，国際特許出願の特殊性は，世界中の受理官庁によって国際出願日が認められた特許出願であって，わが国を指定国とする出願は，国際出願日にわが国になされた特許出願とみなされることにある（特許184条の3第1項）。

(2) **国際出願の手続**

国際出願は特許協力条約締約国の居住者・国民が行うことができ，その受理官庁は各国特許庁，国際事務局又は欧州特許庁である。

願書，明細書，請求の範囲，必要な図面，要約の各出願書類は，所定の言語（日，英，仏，独，露及びスペイン）により，所定の様式で作成される。国際出願手数料の支払も必要となる。国際出願には，日本語でなされたものと外国語でなされたものと2種類あるが，外国語でなされた国際出願は，国際予備審査請求の有無にかかわらず優先日から30カ月後，日本語による翻訳文が必要になる（特許184条の4第1項）。ただし，国内書面提出期間（30カ月）の満了前2カ月から満了までの間に国内書面を提出した外国語特許出願については，当該国内書面を提出した日から2カ月以内に，翻訳文を提出することが許されている（同184条の4第

1項但書)。この但書の措置は，国際特許出願人がした各指定国の国内段階への移行の判断が国内移行期限の直前になされることが少なくないため，これによる翻訳文の質の低下を防ぐための措置である。

(3) **国際出願の効果**

出願日確定の要件（PCT 11条(1)(i)～(iii)）が受理官庁によって確認されると，国際出願は原則として全ての締約国の正規の国内出願としての効果を有し（みなし全指定），パリ条約上の優先権を生じる正規の内国出願となる（同11条(4)）。これにより，各指定国において国際出願日に実際の出願がされたものとみなされることになる。

国際出願について国際出願日（優先日，PCT 2 条(xi)）が認められると，国際段階の手続が進行し始める。このため，この日から30カ月を経過するまで，各指定国は，出願人の明示の請求がない限り，国際出願について審査処理を進めてはならない（同23条(1),(2)）。この間各国共通の手続として，国際調査（同15条），国際公開（同21条）そして場合によっては国際予備審査（同第2章）が行われ，各国特許庁の審査負担の軽減を図り，その後に各指定国の特許付与手続が始まる。

(4) **国際調査と国際予備審査**

国際特許出願が適正になされると，自動的に国際調査機関（例：日本特許庁）が国際調査を行う。国際調査機関は，1920年以降の主要先進国の特許出願書類を始め，所定の関係文献を調査し，クレームと関係するできるだけ多くの先行技術を発見し，その結果を列挙した国際調査報告（PCT 18条）と国際調査見解書（PCT 規則第43の2）を作成する。これにより，各指定国の特許庁は，国際調査報告の対象となる関係先行技術調査を初めから行う必要がなくなり，それぞれの特許庁の負担は軽減される。また，出願人も，国際調査見解書の結果から出願を継続するかどうか，あるいはクレームを補正（1度だけ許される，同19条1項）するかどうか判断することができる（同28条）。

国際予備審査は出願人の請求によって開始される。

国際予備審査の目的は，国内特許庁の国内審査に役立つ先行技術資料を提供することにあり，これによって出願人は指定国での特許の可能性の判断を行い易くなり，指定国（とりわけ，途上国）の特許庁は審査に必要な資料が効果的に提供されることになり，迅速な審査が進められる（**第7章第2節4(7)**も参照されたい）。

第4節　審査手続

1　審査主義と無審査主義

　著作権にあっては権利の発生について方式がなく，創作と同時に権利が発生する。創作性が存在するか否かの審査手続もない。しかし，工業所有権にあっては，伝統的に権利の発生には一定の手続が必要とされ（方式主義），実質的な保護要件を確認するため，権利付与官庁による審査が行われてきた。

　わが国では，このように権利の発生に必要な登録に先立って，審査がなされる。これを審査主義とよぶ。これは，特許出願がなされたときに，その特許出願が特許として認められるための全ての要件を事前に審理し，その結果に基づいて，許否を判断する方式である。これに対し，無審査主義があり，ここでは，方式的な要件（所定の手数料を納付しているか，出願願書・明細書等の書類はそろっているか，また記載要件はきちんと満たされているか，など）のみを審査し，実体的な発明の内容については審査せずに登録される。このため，権利の有効性は，その後争いが生じたときに，無効審判なり，侵害訴訟の場で判断される。この制度は，現在，実用新案制度で採用されている。

　審査主義にあっては，一応権利の有効性が確認されているのであるから，権利の安定性は高く，権利の有効性をめぐって問題となることは比較的少ない。審査のための人員・経費・時間が必要となるため，権利付与の迅速性に欠け，発明を公開することが遅れ，発明の迅速な保護に欠けるという弊害が生じやすい。フランス革命直後に特許保護制度をおいたフランス（1791年フランス特許法）では無審査主義を採用していたが，現在では新規性について審査を行っているのは，こうした事情を反映している（進歩性は今でも審査していない）。

　技術競争の激化と科学技術の進歩は，特許出願件数の激増と特許出願内容の複雑化・高度化をもたらすとともに，特許審査に必要な調査文献の飛躍的増大と審査要員の育成が困難なことなどから，わが国では，審査の遅延化という歪みとなって現れ，特許出願件数と審査能力のバランスが崩れるに至った。そこで，こうした事態を打開するために導入された制度が，審査請求制度と出願公開制度，そしてこれに関連する優先審査請求制度である。

2 審査請求制度・出願公開制度・優先審査制度

従来，特許出願は，審査の着手時期がくれば審査官によって実体的な審査が自動的に行われていた。先願主義を採用する先進国の特許制度においては，出願競争がほぼ例外なく起こり，これによる出願滞貨問題が深刻化し，重複研究・投資の弊害も指摘されていた。そこで，一定期間の経過後，出願を自動的に公開すれば，重複研究・投資の弊害は縮小し，さらにこれによって新規性が喪失するので，他人の登録を阻止することもできる。これにより，先願の地位及び先願範囲の拡大の利益だけを望む者は，審査の継続を維持する必要はなくなるのではないかと考えられた。

(1) 審査請求制度

審査の必要性の乏しい出願を審査しなくてもよいものとするために，審査の開始を出願とは別の意思表示に係らしめる制度である（特許48条の2，48条の3）。

出願審査請求は何人も請求することができるが，有償（118,000円に請求項の数に4,000円を乗じた額を加えた金額）であるので，通常は出願人によって行われることになろう。なお，このところ，審査待ち期間が長期化する傾向にあるため，この期間中の出願の放棄又は取下げについて，審査請求手数料の一部返還制度が設けられている（特許195条9項，10項）。特許出願における出願数における審査請求件数の割合は70％程度である。

請求できる期間は，特許出願の日から3年以内（特許48条の3第1項）である。

分割出願又は変更出願については，その出願日は元の出願日に遡及するので，その遡及日から3年以内とすると，分割・変更出願はできるが，審査請求はできないことになるので，この場合にはたとえ3年が過ぎていても，分割・変更出願の手続をした日から30日以内に限って審査請求できることにしている（同48条の3第2項）。3年の審査請求期間が経過すれば，特許出願は取り下げたものとみなされる（同48条の3第4項）。しかし，その特許出願は出願公開によって公開されているので，他人に対して同じ内容の特許が与えられることにはならない。

(2) 出願公開制度

特許出願から一定の期間経過後，審査の進捗状況に関係なく，公衆に出願内容を公開する制度である。出願公開の時期は特許出願の日から1年6カ月（特許64条1項）が経過した時である。この期間の経過前であっても，出願人の請求があ

ったときは，早期に出願公開される（同64条の2）。公開は，明細書，特許請求の範囲，図面の内容，要約書の内容等，必要な事項の全てを出願公開公報（又は，CD-ROM）に掲載して行う（同64条2項）。

出願公開の効果として補償金請求権が発生する（特許65条）。通常，出願から18カ月経過した時点で，特許権が発生していることはないから，この時点で公開することは模倣・盗用に無防備のままさらすことを意味する。しかし，これを阻止するため，審査もしていない発明に強い権利を認めることは無理である。そこで，出願人の利益と大衆の利益との均衡調整を図り，認められたものが補償金請求権である。補償金とは，その発明が特許され得べきものである場合に，実施に対し受けるべき金銭（同65条1項）をいい，実際の実施契約における予測利益率に基づいて約定されるロイヤルティを必ず意味するものではない。

出願公開によって，出願内容は技術情報として利用でき，また新規性・進歩性についての引用資料となる。公開によって秘密性が解除されるので，関係研究機関に審査に必要な調査を依頼し，審査に役立てることができるようになる（特許194条2項）。

また，出願公開によって，特許庁長官に対し何人も情報提供が事実上可能となる（特許施規13条の2）[注1]。本来特許が与えられるべきでない発明であっても，特許権が発生すると，格別な方法によってしか無効とすることはできないので，権利にさせないことが重要である。

(3) 優先審査制度

出願公開によって，審査前の発明は一般に公開される。したがって，第三者は公開された発明（特許されるかどうかは全く決まっていない）を実施できるようになる。しかも，この段階では，特許権はまだ生じていないから，この行為を違法とはいい難いが，出願人はこれによって多大な損害を被る可能性がある。その損害を填補する制度が補償金請求権であるが，この権利の行使は特許権の設定登録後しかできない（特許65条2項）。出願人は，設定登録までの期間が長いと，回復し難い不利益を被るおそれがある。また，実施している第三者にとっても，その行為を継続してよいか否か不安定な地位におかれることになる。

そこで，こうした状況をできるだけ早く除去し出願人と第三者の利害を調整するために，優先審査制度（特許48条の6）を導入し，審査の順番を飛び越して，

審査の結果を早く明らかにする可能性を設けた。優先審査が認められるのは，「出願公開後に特許出願人でない者が業として特許出願に係る発明を実施していると認められる場合において必要があるとき」である。出願公開後でなければならないなど，縛りもあることから，特許庁は，運用により早期審査制度[注2]，スーパー早期審査制度[注3]を別途設けている。

> 注1）何人も，特許庁長官に対し，刊行物，特許出願又は実用新案登録出願の願書に添付した明細書，特許請求の範囲若しくは実用新案登録請求の範囲若しくは図面の写しその他の書類を提出することにより，特許出願が，特許法17条の2第3項，29条，29条の2，36条4項又は6項（4号を除く），36条の2第2項，39条1項～4項までの規定により特許することができないものである旨の情報を提出することができる（特許施規13の2参照）。
> 2）早期審査制度の審査基準の見直しがなされ，現在，改正審査基準による運用が行われている。これによれば，早期審査の対象は，出願審査請求のなされた出願であって，出願人等がすでに実施している実施関連出願，国内の他に外国でも出願されている外国関連出願，出願人の全部又は一部が大学や承認TLO又は認定TLOである出願及び中小企業又は個人による出願等であり，「早期審査に関する事情説明書」の提出がされた出願とされている（平成25年7月早期審査・審理ガイドライン）。
> 3）対象となる出願は，出願審査請求がなされており，審査着手前の出願であって「実施関連出願」かつ「外国関連出願」であって，国際出願の国内移行特許出願でないものについて，オンラインでの出願手続を行うものが対象となる。

第5節　特許の登録要件

1　序　論

発明がなされても，それだけで当然に特許権は認められない。特別な国家の行政処分なしに権利が発生する著作権と異なり，特許庁の特許査定という行政処分が必要となる。この処分にあたり，前でも述べたように，特許庁は登録に必要な一定の要件の存否，すなわち積極的要件と消極的要件の存否を調査し，それが確認されて初めて特許処分を行う審査主義が採用されている。

2　積極的登録要件

特許登録を受けるためには，発明であって，産業上利用可能性，新規性，進歩性を具備し，先願の出願であってかつ先願範囲の拡大の規定に該当しないことが

必要である。ただ，先願と先願範囲の拡大についてはすでに述べたので，以下では，産業上利用可能性，新規性及び進歩性についてのみ検討する。なお，審査実務での順序としては，特許請求の範囲の記載に基づいて，まず発明の要旨を認定し，これと技術水準を対比し，特許法29条1項及び2項の要件の有無が認定される（リパーゼ事件，最判平成3年3月8日民集45巻3号123頁）。

(1) 産業上利用可能性

産業は工業，農業，水産業，鉱業，林業，商業，サービス業，貿易業等全ての産業を包括する概念である。この利用可能性とは，産業的経営のなかで利用，実施できることを必要とし，単に学術的・実験的にのみ利用できる発明であってはならない。また，人道上の理由から，人間を手術し，治療しあるいは診断する方法（医療方法）の発明については産業上利用可能性がないものと考えられている[注1]。

> 注1） 断層写真データ処理方法事件，東京高判平成14年4月11日判時1828号99頁は，医師は「これから自分が行おうとしていることが特許の対象となっているのではないか，それを行うことにより特許権侵害の責任を追及されることになるのではないか」というような「状況に追い込む制度は，医療行為というものの事柄の性質上，著しく不当である」から，「特許法は医療行為に関する発明は『産業上利用することができる発明』とはしないものとしている，と解する以外にない」と判示している。

(2) 新 規 性

発明が特許されるためには，客観的な新規性が存在しなければならない。すでに社会の共有物となった発明を改めて公表しても，社会に何ら寄与せず，逆に独占権を付与することにより，その一般的利用を妨害し競争制限的に作用することになるからである。なお，新規性と後で述べる進歩性の違いは，新規性は，発明の同一性を前提とする概念であるが，進歩性は2発明が同一でないことを前提として，一方の発明から他方の発明が容易に創作されるものであるかどうかという問題である。

新規性の判断基準時は特許出願の日ではなく，出願時である（特許29条1項各号）。

① 公知：国内外で公然知られた発明をいうが，公然知られたとは，発明を秘密に保つべき者を除いて，不特定の者に現実に知られていることをいう。新規性は，発明に対する要件であるので，発明実施品が公知公用となっても，それによ

り直ちに新規性を喪失するものではない。

②　公用：国内外で公然実施（特許2条3項）されたことをいう。発明の内容が一般大衆に知られ得る状態で実施されたことを必要とする。

③　刊行物記載：当該発明が，国内外の刊行物（公衆に対し頒布により公開することを目的として複製された文書，図画その他これに類する情報伝達媒体をいう〔西ドイツ実用新案明細書コピー事件，最判昭和55年7月4日民集34巻4号570頁〕。ただし，守秘義務を有する特定人のみを対象として印刷又は出版された刊行物を除く）に記載された発明と同一である場合，新規性は否定される。さらに，電気通信回線を通じて公衆に利用可能となった発明も同様である。

刊行物の意義について，かつて，印刷物をいい，手書きカーボン複写のものを含まないと解されていたこともあるが，学説はこれらのものを除外する理由はないと考えている。判例も，ハードコピーによるものを刊行物と認めており（前掲西ドイツ実用新案明細書コピー事件），さらには CD-ROM 等デジタル記憶媒体にも刊行物性を認めてよい。

刊行物の頒布とは，一般には，少なくない数の刊行物が広く配布される意味であることになろうが，ただ1冊であっても配布されれば頒布されたと解され，配布を受けた者が読むかどうか，配布を受けた図書館が一般公衆に閲覧できる状態においているかどうかは，問題ではないと考えられている。さらに，頒布とは，刊行物が不特定多数の者の見得るような状態におかれることをもって足り，さらに進んでこれらの刊行物が現実に読まれ，現実に何人かの者がその内容を了知したかどうかは問われない（マイクロフィルム〔控訴審〕事件，東京高判昭和60年10月23日無体集17巻3号506頁）。

外国において頒布された刊行物とは，「オーストラリア国特許出願にかかる明細書の原本を複製したマイクロフィルムが，同国特許庁本庁及び支所に備え付けられて，いつでも公衆がその内容を閲覧し，複写物の交付を受けることが可能な状態に置かれたときに，実用新案法3条1項3号にいう外国において頒布された刊行物」に該当するという判決がある（マイクロフィルム〔上告審〕事件，最判昭和61年7月17日民集40巻5号961頁）。

(3) 新規性喪失の例外

特許出願前，以上の公知・公用・刊行物記載があれば，出願を拒絶されるが，

これら3つの事由に該当しても，以下の場合には，所定の手続をとることによって，一定期間なお新規性，進歩性が失われないものとして取り扱われる（特許30条）。グレースピリオドともよばれる救済制度である。

① 救済の内容

特許を受ける権利を有する者の意に反して新規性喪失の事由に該当する場合（特許30条1項）及び特許を受ける権利を有する者の行為に起因して新規性喪失の事由に該当する場合（同30条2項），その該当するに至った日から12月以内に，特許を受ける権利を有する者がした特許出願に係る発明については新規性喪失の事由に該当しなかったものとみなされる。平成23年改正前特許法の下では，この救済を受けるためには，特許庁長官の指定した学術団体が開催した研究集会や，政府等が開設した博覧会等であることが求められていたりしていたので，発表の場の如何で不公平が生じたり，インターネット，新聞，テレビといった媒体の違いで救済の有無が分かれていた。現行規定はこうした不均衡を改め，かつ発明者の創作利益を高めるためにこの期間を6月から12月に延長したものである（なお，TPP12第18・38条も参照）。

② 適用手続

以上の公表については，新規性喪失の例外規定による救済が12カ月の期間に限られることのほか，特許法30条2項の場合にこの救済を受けるには，特許法30条3項に定める所定の手続，すなわち特許出願時にその旨を記載した書面を特許出願と同時に特許庁長官に提出することが必要である。さらに，特許出願の日から30日以内にその出願に係る発明が当該規定に該当する発明であることを証明する書面を特許庁長官に提出しなければならない。ただし，30日以内に証明書を提出できなかった場合でも，証明書を提出する者の責めに帰することができない理由があるときは，一定の救済期間が設けられている（特許30条4項）。同1項については，出願時に特許出願人が公表されていることを知らないのが普通であるから，特別な手続は求められていない。

なお，以上に述べてきたところは，特許出願日の遡及により新規性又は進歩性が喪失しないのではなく，特許を受ける権利を有する者がすでに発明を公表したという事実だけでは新規性又は進歩性を喪失しないものとする，との意味である。したがって，Aがある発明を刊行物に公表した後，Bが独自に開発した同じ発明

を先に出願した場合には，たとえその後Aが特許法30条4項の手続をとったとしても，Aの出願はBの出願の後願として拒絶されることになる。新規性又は進歩性と先後願の問題は別個だからである。

(4) **進 歩 性**

発明が特許を受けるためには，単に同じ技術思想が存在しないという意味の同一の発明が存在していないという新規性だけでは十分ではない。より広い意味で，新しい発明であることが必要である。すなわち，技術は常に一定の速度で進歩するものであるから，日常的活動として行われている程度の改良・改善に独占権を認めることは，かえって産業活動の発展を阻害することになるからである。そこで，発明に特許を与える場合，公知技術から一定の飛躍を伴う技術的進歩が求められることになる。これを，発明の進歩性（inventive step, 特許29条2項）とよんでいる。また，先行技術からみて容易に考えつくことができない発明という意味で，非容易推考性といわれることもある。

① その発明の属する技術分野

願書において記載される「発明の名称」によって，直接表示される技術分野に拘泥することなく，その発明の目的，構成及び効果の面から総合的に判断される。例えば，事務用感圧粘着テープと医療用絆創膏は発明の名称からは距離があるが，感圧粘着材の技術分野としては同一と判断される（事務用感圧粘着テープ事件，東京高判昭和47年4月26日取消集昭和47年239頁）。

② 通常の知識を有する者

通常の知識を有する者とは，出願時において，その発明が利用される技術分野で，研究・開発をするための平均的知識水準を持つ者（当業者）をいう。担当審査官も，自己の知識をもって進歩性を判断するのではなく，当業者の有するであろう技術知識にたって判断しなければならない。

③ 進歩性判断の諸類型

発明の中心は構成にあることから，構成を中心に進歩性の有無が判断される。発明の目的や効果からも判断されるのが，わが国の実務である。構成が大きく違えば進歩性は認められ易いが，構成の違いが小さくても，効果が大きく違えば，進歩性が認められ易いことになる。予測できないような効果を生ずる公知技術の組合せ発明でいえば，組み合せることの動機づけや示唆が引用例中に認められな

ければ進歩性は肯定されていたが，近時では，それを妨げる阻害要因のあることが求められている（平成12年改定特許審査基準第2部第2章2．4進歩性判断の基本的な考え方，緊急車運行制御システム事件，東京高判平成10年7月16日 LEX/DB；中空糸膜濾過装置事件，知財高判平成18年3月27日判時1939号98頁）。

① 組合せ発明：組合せによって各要素の有する効果の総和を越える予期し得ない新しい効果を生ずる発明を結合発明という。例えば，ダイナマイトのニトログリセリンと珪藻土を結合したときのように，この結合物の両成分が共同して各成分の個々の性質にはない性質・効果を惹起する場合，進歩性が肯定される。

② 置換・転用の発明：従来銅を使用していたものに鉄を，従来紙を使用していたものにビニールを使用する発明である。材料の置換によって予測された効果しか生じなければ，進歩性はない。単なる転用，すなわちあるものを類似の用途に使用することにも，進歩性は認められない。ぶどうの搾り機をオレンジの搾り機へ転用することは進歩性がないが，印刷機に転用することには進歩性があるとされよう。

③ 限定発明：公知のものの数値・条件・形状を限定する発明をいう。数値限定によって，顕著な作用効果が生じるときは，一般に進歩性が肯定される。

④ 選択発明：主として材料についての限定発明として現れる。構成要件のうち全部又は一部が総括的概念（上位概念）で構成されている先行発明の明細書等に具体的に示されていないものを構成要素として選択した発明をいう。先行発明の明細書に記載されていない，あるいは刊行物記載にない顕著な効果を有する場合，特に化学物質では，進歩性があるとされることが多い。

3　消極的登録要件

戦後の特許制度をめぐる南北問題で，先進国と途上国間の懸案事項の1つは特許対象の広狭であった。TRIPS協定成立過程での議論にも示されるように，特許を受けることのできない発明の範囲は減少する方向に進んでいる。現行法における特許を受けることのできない発明（特許32条）には以下のものがある。

産業政策又は公益上の理由から，かつては原子核変換の方法により製造されるべき物質の発明には特許は認められなかった。TRIPS協定27条(2)，(3)では，公序良俗に反する発明，人や動物の治療のための診断・治療・外科的方法，微生物

を除く動植物並びに非生物学的方法及び微生物学的方法以外の動植物の生産のための本質的に生物学的な方法に関する発明を除く，全技術分野の発明を保護することにしているので，原子核変換物質は平成7（1995）年7月1日施行の改正特許法の下では特許対象に加えられている。

現行法の下では，公序良俗・公衆衛生を害するおそれのある発明（特許32条）についてのみ特許が認められない。阿片吸引具のように発明そのものの目的が公序良俗等に違反する場合や，人体に有害な物質（PCB）を塗布したセルロイド玩具のように（昭和47年5月以降拒絶），発明の実施が必然的に公序良俗や公衆衛生を害するおそれのある場合がこれに当たる。ただし，特許の対象である物の販売又は特許の対象である方法によって生産される物の販売が，薬事法，麻薬取締法，煙草専売法，建築基準法等の取締法規に違反する発明を不特許としてはならない（パリ条約4条の4）。

なお，わが国でも，昭和50（1975）年改正特許法前は，飲食物・嗜好品，医薬品その他の化学物質，医薬品の調剤方法は特許保護の対象から除かれていた。現在は保護対象となっているが，医師の調剤行為を制限しないよう特許権の効力を制限している（特許69条3項）。

第6節 補　　正

1　補正の存在理由

特許を取得するためには，出願手続の全般にわたり，出願人は全てに遺漏のないように手続することが必要である。そのためには，完全明細書の作成が何よりも必要となる。しかし，先願主義の下では，出願を可及的速やかに行う必要のあることもまた事実であり，そのために完全明細書の作成が困難なことも認めなければならない。特許制度の目的は発明を保護することにあり，出願手続になんらかの瑕疵があることを理由に，一切の権利化への道を閉ざすことは妥当ではない。このため，手続の補正の措置が認められている。

手続の補正には，方式に関する補正（特許17条3項各号）と，実体に関する補正（同17条の2）とがある。実体に関する補正は明細書等の記載内容の変更を行うものであり，比較法的にみると，わが国は広い範囲にわたって補正を認めてい

たことから，問題となっていた。

2 補正の可能な時期と範囲

補正可能時期と範囲をどうするかという問題は，出願人の利益のみならず，審査官庁の審査負担及び第三者の利益をも考慮して決定しなければならない。発明という成果物の保護を図るためには，出願時点に実現した発明の範囲で補正を認めることも考えられないではないが，そうすると出願当初の明細書，特許請求の範囲又は図面の記載の範囲を越えることも起り，審査官庁がこれを把握する負担は過大なものとなり，また第三者にも不測の損害をもたらすおそれもある。このため，これまで補正の可能な時期と範囲については，種々の工夫がなされてきたが，国際的なこの領域のハーモナイゼーションと審査官庁にかかる負担の軽減という観点から，大幅な見直しがなされてきた（現行法の下での補正の概要については図19参照）。

(1) 平成5（1993）年改正前の補正制度の問題点

改正前特許法の下では，主要国に比較して，わが国では広範に補正が可能となっており，補正がなされるたびに審査をやり直さざるを得ないことから，権利付与手続の遅延問題との関係でも検討が迫られていた。平成5（1993）年改正特許法は，この点に関する改正である。

国際的にみると，一般に新規事項を加える補正は認められておらず，補正は出願当初の明細書等に開示された範囲を越えてはならないとされている。すなわち，米国を除き，新規事項（New Matter）を加える補正が明確に規定上禁止されているわけではないが，わが国のように要旨変更の有無を基準とするものでないことも明らかであった[注1]。補正が原出願日の維持を伴うものであるため，出願人としてはあくまでも要旨変更のないことを主張し，争う事態もしばしば発生し，このため審査要処理期間を短縮する障害となっていた。このため，平成5（1993）年改正前特許法41条等[注2]を廃止し，新規事項の補正追加は一切禁止し，補正の適否をめぐる争いは拒絶査定不服審判で争うものとし，従来の補正却下不服の審判制度は廃止された。

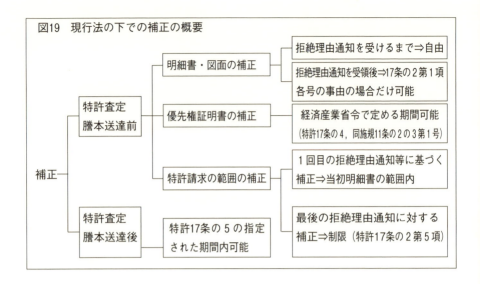

図19　現行法の下での補正の概要

　平成6（1994）年改正特許法によっても，外国語書面出願に伴い，補正の時期的制限の緩和を初めとする重要な改正が加えられた。外国から優先権を主張してわが国に対してなされる特許出願では，優先権主張の効果として第一国出願の日をもって特許出願の日と解されることになるので，補正をするとしても，優先権主張の期間1年を自由に補正できる期間15カ月（平成6年改正前特許17条の2第1項）から差し引くと，事実上補正可能な機会が審査請求時しか残っておらず，さらに第一国での審査結果を受けて補正することが事実上行い得ないということが指摘されていた。外国語書面出願導入に際しこのような不都合にも配慮することにした注3）ので，逆に内国人の出願を不利に扱うことになってしまった。そのため，特許法改正によって，外国語書面出願の誤訳訂正を目的とするものに限らず，日本語出願についても，補正の時期的制限15カ月を外し現在に至っている。

　　注1）　米国特許法132条：補正により発明の開示に新規事項を加えることは許されない。
　　　　　欧州特許条約123条2項：欧州特許出願又は欧州特許が，出願当初の内容を越えることとなるときは補正を許さない。
　　　　　WIPO特許ハーモ条約案：出願の補正は出願当初の出願に開示された事項を越えてはならない。
　　　2）　平成5年改正前特許法41条：出願公告をすべき旨の決定の謄本送達前に，願書に最初に添付した明細書又は図面に記載した事項の範囲内において特許請求の範囲を増加し減少し又は変更する補正は，明細書の要旨を変更しないものとみなす。

同53条1項：願書に添付した明細書又は図面について出願公告をすべき旨の決定の謄本の送達前にした補正がこれらの要旨を変更するものであるときは，審査官は，決定をもってその補正を却下しなければならない。
3) 平成6年1月の日米特許庁合意で，誤訳訂正を目的とした補正を最初の実体審査の通知に対する応答期間まで可能とされた。

3 明細書と図面の補正

　平成5（1993）年改正特許法までは，わが国では，願書に添付した明細書，特許請求の範囲や図面の補正は，出願日（又は，優先日）から1年3カ月を経過すると，審査請求時，拒絶理由通知に対する応答期間等の限られた場合（平成6年改正前特許17条の2第1項各号）にしか，許されていなかった。しかし，現行法の下では，この時期的制限を撤廃し，拒絶理由通知を受けるまで，何度でも自由に補正できるよう改められている。

　補正が許される範囲については，平成5（1993）年改正特許法により，それまでの要旨変更の基準の有無から出願当初の明細書，特許請求の範囲又は図面の記載範囲内へと変わった（特許17条，17条の2）。出願当初の明細書，特許請求の範囲又は図面に記載のない新規事項[注1]を追加する補正は拒絶事由及び無効事由（改正前同40条は削除）となった[注2]。

　現行法の下では，新規事項は全く補正を認めないかというと，平成15年改正審査基準によれば，当初明細書等の記載から自明な事項は可能であると説明されている。すなわち，当初明細書には特定の弾性支持体について開示されることなく，「弾性支持体」を備えた装置が記載されている場合に，図面の記載及び技術常識からみて，当業者であれば，「弾性支持体」とあるのは当然に「つるまきバネ」を意味していると理解されるときは，「弾性支持体」を「つるまきバネ」とする補正は許容される。

　拒絶理由通知は最初のものと最後のもの，すなわち原則2回になる。これは従来拒絶理由通知とこれに対する補正が，いわば「いたちごっこ」のように繰り返され，審査を無用に長期化していたことをなくそうとするものである。

　最初の拒絶理由通知に対する補正は，新規事項の追加ができないだけで，クレームも含め明細書，特許請求の範囲又は図面の全般にわたり補正できる。最後の（2回目の）拒絶理由通知に対する補正では，補正の可能な範囲（特許17条の2）

は同じだが，特許請求の範囲についての補正について次で述べるように加重要件が加えられている。補正によっても新規事項がなお除かれていない場合，新たな拒絶理由通知をしないで拒絶査定される（同50条但書）。

以上のように，特許出願人は，特許査定謄本の送達前まで，原則自由に補正できるようになったが，拒絶理由通知を受けてからは，最初のあるいは最後の拒絶理由通知及び文献公知発明情報の記載についての通知に対する意見書提出期間内，そして拒絶査定不服の審判を請求する場合において審判請求と同時にするときだけ，補正が許されるのである（特許17条の2第1項各号）。

> 注1） コーティング装置事件，東京高判平成13年5月23日判時1756号128頁では，明細書の特許請求の範囲の「ワーク」の記載を「矩形状のワーク」とする補正は新規事項を含まない，として適法な補正とされている。
> 2） 平成5年改正前特許法では，出願公告謄本送達前の補正が明細書又は図面の要旨を変更するものであるときは，補正を却下すべき旨の規定がおかれていた（平成5年改正前特許53条）。したがって，要旨を変更しない限り，たとえ当初明細書に記載のない新たな事項であっても追加補正できる構成になっていた。このため，要旨変更の有無をめぐって出願人と審査官の間に理解の相違が生じ，審査要処理期間を徒に長期化する要因となっていた。平成5年改正特許法はこのような要因を除去することを目的とした。

4 特許請求の範囲の補正

先に述べたように，最初の拒絶理由通知に対しては，新規事項の追加を除き，特許請求の範囲に加え明細書及び図面の全体にわたり自由に補正できる。しかし，最後の（2回目の）拒絶理由通知に対しては，迅速な権利付与のため，補正は次の①〜④の範囲に制限される（特許17条の2第5項）。

① 請求項の削除

② 特許請求の範囲の減縮：補正前の発明と産業上の利用分野，解決しようとする課題が同一である発明の構成に欠くことのできない事項の範囲でなければならない。この場合の補正は，当該請求項がそのままその補正後の請求項として維持される態様での補正であり，構成要件A＋B＋Cを，A＋B＋C＋Dにすることはできないが，A＋B＋C'（C＞C'とする）にすることはできるという意味である（耐火構造体事件，知財高判平成17年4月25日最高裁HP）。

③ 誤記の訂正

④ 明瞭でない記載の釈明：拒絶理由通知に答えるものに限って，この釈明が

できる。
　最後の拒絶理由通知に対する補正は，クレームの削除等に限定される結果，当初明細書中にある発明でもクレーム化できないことになるが，この部分については出願の分割で対応可能ともいわれている[注1]。
　さらに，特許請求の範囲の補正において，補正後の特許請求の範囲に記載される発明（A）と，拒絶理由通知において特許を受けることができないと判断された発明（B）とが，発明の単一性の要件を満たさない一群の発明に該当するときにも，同様に補正が制限される（特許17条の2第4項）。拒絶理由通知に対する応答時及び審判請求時に行われるいわゆる単一性の要件を満たさないシフト補正[注2]を禁止するためである。

注1）　これに関連して，1952年米国特許法120条は，継続的出願制（継続出願，一部継続出願，分割出願）を定めている。この制度は，係属中の特許出願が放棄又は特許されるまでの間に，その係属中の出願から，子としての新たな出願を行うことで原出願の出願日の利益を保持しつつ，改めて審査の機会を得るための制度である。特に，一部継続出願制度では，親出願の出願日の利益は新規事項にまで及ばないものの，新規事項の追加が認められ，この制度を利用すると最初の補正指令時と同様，クレームの拡張・変更ができる。このような制度はわが国にはなく，出願人にとって不利益となると予想される。国会における政府答弁では，国内優先権制度を利用することが指摘されているが，国内優先では1年の期間制限があるが，わが国では出願公開が出願より18カ月後になされるので，当初の出願内容が公知技術になり，新規事項を加えた新たな出願の意味が米国ほどにはないともいわれている（衆議院政府委員答弁）。
　2）　拒絶理由通知時の特許請求の範囲の各請求項に記載された発明（単一性の要件を満たしていないため，新規性，進歩性等についての審査が行われなかった発明を除く）と補正後の各請求項に記載された発明の間で技術的特徴を異にし，単一性の要件を満たさない関係となる補正をシフト補正という。

5　要約書の補正

　要約書は，特許情報へのアクセスを容易にするため提出が求められているものであり，特許権の技術的範囲を定める上で意味を持たない。平成6年改正による補正の時期的制限の緩和の対象からも，要約書は除外されている。すなわち，要約書の補正は，従来どおり特許出願の日から経済産業省令で定める期間内に限り，補正できることにされている（特許17条の3，同施規11条の2の2）。

6　優先権主張書面の補正

わが国も加盟したPLT 13条(1)によれば，優先権の主張の補正を認めることが求められている。このため，経済産業省令の定める期間内に限り，優先権主張の補正が認められている（特許17条の4，同施規11条の2の3）。補正できる範囲は，特許法41条4項あるいは43条1項等に規定される書面の記載事項の誤記であり，新たな優先権主張の追加や取下げは別の手続となる。

7　不適法な補正の効果

従来，出願公告決定謄本送達前の補正が不適法である場合，補正却下の処分がなされていた。これに不服の出願人は，補正却下不服の審判で争うことができた。このような構造が審査要処理期間を長引かせる原因ともなっていたので，平成5年改正特許法は欧米の取扱いにそろえ，補正が不適法な場合，原則拒絶することにした。出願人は不服があれば，拒絶査定不服審判の中で，補正の適否も争うことができるからである（特許53条3項）。

現行法の下で不適法な補正がなされた場合，特許査定謄本送達までにそれが発見された場合と，その後に発見された場合とで異なる（図20参照）。

まず，特許査定謄本送達前に，新規事項を追加する不適法な補正（特許17条の2第3項）及びシフト補正（同17条の2第4項）が発見された場合には補正を却下することなく，出願を拒絶する（特許49条1号）。しかし，最後の拒絶理由通知に

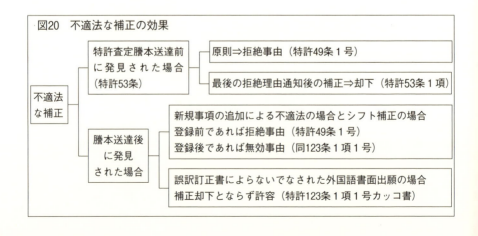

図20　不適法な補正の効果

対して，明細書，特許請求の範囲又は図面についてなされた補正が新規事項を追加する補正であったり，シフト補正であったりしたときや，特許法17条の2第5項で許容する以外の補正であることが，特許査定の謄本送達前にわかったときは，補正却下の決定が書面によって行われる（同53条1項，2項）。補正却下により，補正以前の状態に戻り，すでに通知されている拒絶事由がなお存在するときは，拒絶査定がなされる。先に述べたように，この場合には，拒絶査定不服審判の中で，補正却下の是非を争うことができる。

特許査定謄本送達後に，不適法な補正であることが認められたときは，拒絶事由（特許49条1号，誤送取戻しを理由とする場合）及び無効事由（同123条1項1号）となる。ただし，外国語書面出願において，翻訳文に記載されていない事項を補正するには誤訳訂正書により行うことになるが（同17条の2第2項），これによらないで手続補正書によって行ったことが，特許査定謄本送達後に判明した場合は，書面の選択を誤った形式的瑕疵として無効理由としていない（同123条1項1号カッコ書）。

第7節　査　定

1　特許査定と拒絶査定

出願に対する実体審査の結果は，理由を付した文書によって査定として示される（特許52条1項）。出願人には，査定の謄本が特許庁長官から送達される（同52条2項）。

査定には特許査定（特許51条）と拒絶査定（同49条，50条）とがある。

審査官が特許出願について拒絶の理由[注1]を発見できないときは，特許査定がなされる。特許査定に対する不服申立制度はないので，特許無効審判で争うかしかない。特許査定謄本の送達日から30日以内に特許料が納付[注2]されると（特許107条，108条1項），特許登録（同66条）がなされ，特許原簿に記載され，特許公報に掲載される（同66条3項）。

他方，審査官が拒絶査定をするときは，特許出願人に対し，拒絶理由を通知し，相当な期間を指定して意見書を提出する機会を与えなければならない（特許50条）。拒絶理由通知は最初のものと最後のものと，原則として，2度しかないも

のと予定されていることは前述した。最後の拒絶理由通知に対する補正が違法である場合には、意見書の提出の機会を与えないで直ちに却下できる。拒絶査定に対して不服のある出願人は、拒絶査定謄本送達後3月以内に拒絶査定不服の審判を請求することができる（同121条1項）。この期間中に審判を請求しなければ、拒絶査定は確定するが、この審判を請求しようとする者にその責めに帰することができない理由があって請求できないときは、最長6月の猶予が認められている（同121条2項）。

注1）　拒絶理由は特許法49条に限定列挙されており、特許出願がこの事由のいずれかに該当する場合、審査官は必ず拒絶査定をしなければならない。具体的には、新規事項の追加又はシフト補正（1号）、特許要件の欠如（2号）、明細書の記載不備（4号）、冒認その他出願の主体に関する拒絶事由（2号、7号）の他、翻訳文の記載が外国語書面の記載を超える場合の拒絶事由（6号）等が規定されている。なお、5号の拒絶事由は、平成14年特許法改正により追加されたもので、先行技術文献情報が明細書中に適切に開示されていないことを理由とする拒絶事由である。ただ、この場合、特許法48条の7に定める通知がなされ、それでもなお十分な開示がなされないときに、拒絶事由となる。

2）　特許料は、現在、第1年から第3年まででいうと年2,100円に1請求項につき200円を加えた額、第10年以降の特許料でも毎年55,400円に1請求項に4,300円を加えた額とされるなど、大幅に引き下げられている。
　　また、資力に乏しい者として政令に定める要件に該当する者には10年分までの特許料の減免が認められている（特許109条）他、中小企業者及び試験研究機関等にも特許料の減免又は猶予が認められている（同109条の2）。

2　特許異議の申立て

平成6年特許法改正により、それまでの特許付与前異議申立制度は廃止された。審査の遅延問題が国際的に批判されていたことが大きな理由であった。審査遅延問題を解消し、特許の信頼性を確保するために、同法改正により付与後異議申立制度が採用された。しかし、この制度は、無効審判制度と重複するという理由で、平成15年特許法改正で廃止されてしまった。しかし、第三者が有する情報や知見を活用して特許の質を高めることは産業政策上有用であることから、平成26年特許法改正により付与後異議の申立ての制度が再導入されている。

(1)　審理の対象と方式

特許異議の申立ては、特許掲載公報発行の日から6月以内に限り、何人も行うことができる（特許113条）。特許異議の申立ての理由としては、公益的な事由と

して，①補正での新規事項追加違反（同113条1号），②外国人の権利享有違反，特許要件違反，不特許事由及び先後願違反（同条2号），③条約違反（同条3号），④記載要件違反（同条4号），⑤外国語書面出願の原文新規事項違反（同条5号）に限定されている。

審理は，審判と同様，3人又は5人の合議体で行われる（特許114条1項）。審理方式は，書面審理であり，口頭審理は行われない（同118条1項）。証拠調べは申立人の申立てに基づいてなされるが，職権審理も可能であることから，申立人が申し立てていない理由についても審理することは可能であるが，特許権者の立場が不安定になりすぎないよう，申立てがされていない請求項については審理できないこととされている（同120条の2第1項，2項）。

(2) 取消理由通知

審理の結果，当該特許が取消事由の1つに該当すると認められるときは，特許権者に取消理由を通知し，期間を指定して意見書の提出と訂正の機会を与える（特許120条の5第1項）。特許権者の反論は，特許異議申立書記載理由について行うのではなく，取消理由通知に対して行う必要がある。この反論では，意見書だけでなく，請求項の訂正請求を伴う訂正請求書を提出することもできる（同120条の5第2項）。特許権者から訂正請求があったときは，原則として，特許異議申立人にも意見書を提出する機会が与えられる（特許120条の5第5項）。

ところで，特許無効審判では，特許庁と裁判所の間のキャッチボール現象を防止するため，審決取消訴訟係属中の訂正審判の請求を禁止した上で，訂正の機会を与えるために，審決の予告の制度が設けられている（特許164条の2第1項）。特許異議の申立てにおいても，取消決定に対する訴えが知的財産高等裁判所になされると訂正審判の請求が禁止されるため（同126条2項），同様の趣旨から，訂正の機会を与えるため，決定の予告に相当する取消理由通知[注1]がなされることになっている。

(3) 特許異議の申立てについての決定

特許異議の申立てについての決定には，取消決定と維持決定（特許114条2項，4項）がある。取消決定には，特許権者は東京（知的財産）高等裁判所に訴えを提起することができる（同178条1項）。取消決定が確定すると，特許権は始めから存在しなかったものとみなされる（同114条3項）。

審理の結果，取消理由が認められず特許は維持されると合議体が判断したときは，特許を維持すべき旨の決定（維持決定）がなされる（特許114条4項）。この決定に対しては，不服を申し立てることができないが（同114条5項），無効審判を請求することはできる。

> 注1) ただし，この決定の予告に相当する取消理由通知は運用で行われるもので，特許法には規定されていない。特許権者は，「取消理由通知（決定の予告）」という冒頭の表題部で認識できることが予定されている（特許庁総務部総務課制度審議室編「平成26年特許法等の一部改正産業財産権法の解説」91頁）。

第8節　特　許　権

1　序　論

特許原簿への設定登録によって，特許権が発生する（特許66条1項）。特許権を有する者は，特許を受けた発明について独占的に実施して利益を収めることもできるが，ライセンスを設定して特許発明を他人に実施させ，ロイヤルティを収めることもできる。また，特許権は財産権であるから，経済取引の対象としてこれを譲渡することも可能である。

もっとも，特許権はいったん発生しても，一定の事由があるときは無効とされることがある（特許123条1項，**本章第12節5**）。権利の客体が無体物であることから生じる不安定性のためである。権利の客体が無体物であるために，権利侵害が行われているかどうかが有体物の場合に比較すると明らかでない。このような事態に対応するため，判定の制度（⇒**本節4**）を設けている。さらに，権利の存続期間に限界のあることも特許権の特性であり，これらの点は，有体物を客体とする所有権にみられない特性である。

2　特許権の積極的効力

特許権者は業として特許発明を独占的に実施することができる（特許68条）。特許権に認められるこの効力を積極的効力ともいう。この積極的効力に基づく排他性により，第三者が無断で行う実施は禁止され，特許権の侵害を構成することになる。後者の効力を特許権の消極的効力といい，占有性のない技術情報である無体物につき排他的効力を特許権者に付与する点で，特許権の本質的効力という

ことができる。

　なお，物品の安全性の確保等を目的とする法規制により特許発明の実施ができず，特許期間の侵食が生じていることを理由として特許権の存続期間が延長された場合（**本章第10節1**）における当該特許権の効力は，許・認可処分の対象となった物（その処分においてその物の使用される特定の用途が定められている場合にあっては，当該用途に使用される物）についての特許発明の実施にのみ及び（特許68条の2），それ以外の実施行為には及ばない。特許権の存続期間のこの延長制度においては，原特許請求の範囲のまま存続を認めるため，処分の対象となった物を，処分において定められる特定の用途について実施する行為以外の行為にまで，特許権の効力を認めない趣旨である。

(1)　業として

　「業として」行う場合に限定する趣旨は，個人的・家庭的実施を特許権の効力から除く趣旨である。特許権者への経済的影響の度合いが小さいことに基づく。

(2)　実施行為

　「実施」行為とは，特許法2条3項に列挙されているそれぞれの行為をさす。次に述べる発明のカテゴリーに応じて実施の内容を，したがって権利の効力の内容を分けている。

　①　プログラムを含む物の発明にあっては，その物の生産，使用，譲渡等，輸出若しくは輸入又は譲渡等の申出をする行為。

　②　方法の発明にあっては，その方法を使用する行為。

　③　物を生産する方法の発明にあっては，その方法を使用して生産する行為の他に，その方法により生産した物の使用，譲渡等，輸出若しくは輸入又は譲渡等の申出をする行為。

　上でいう譲渡等をする行為には，物の譲渡及び貸渡し行為の他に，その物がプログラム等である場合には電気通信回線を通じてこれを提供する行為が含まれ，譲渡等の申出行為にはそのための展示行為が含まれる[注1]。電気通信回線を通じての提供行為が規定されているのは，コンピュータ・プログラム等のコンテンツをネット上で提供する発明が成立した場合に，無体物に特有な占有の移転を伴わない行為を譲渡で読むことは困難であることから，平成14（2002）年特許法改正で措置されたものである。

これらの実施の各行為は，それぞれが独占権の対象となる（実施行為独立の原則）。したがって，権利者の許諾なくその物を生産する行為は，侵害物品を譲渡すると否とに関係なく侵害となる。この実施行為独立の原則により，例えば特許権者から特許製品を購入した者が自ら業として使用しあるいは再譲渡する行為も各々実施行為となり，形式的には特許権の侵害となる。特許品を適法に取得した者が業として使用したりあるいは再譲渡するためには，格別の許諾がなければ特許権の侵害となるという結論は不合理であることはいうまでもないので，商標権のところで述べたのと同じ処理がなされている（第2章第10節2(2)参照，消尽（Erschöpfung）説，黙示的実施許諾（Implied license）説[注2]）。ただし，生産行為については，消尽しないことが明言されている（キヤノンインクカートリッジ〔控訴審〕事件，知財高大判平成18年1月31日判時1922号30頁）。

また，3号の「生産した物の使用」とは，特許の対象とされている方法により生産される直接の生産物（例えば，染料やガン抑制物質の中間体が直接生産物である場合）に限定されるのか，あるいは最終物質（染色した織物やガン抑制物質）までも含むのかという問題がある。化学物質に関して，一連の化学反応の中で中間物質が生産され，最終物質に到達するというような場合，生産した物の使用とは言い難いのではなかろうか。これに対し，中間物質に到達した後，独立したステップや工程を経て最終物質に到達する場合（先の染色した織物）には，侵害を肯定すべきであろう[注3]。

(3) 実施と発明品の所持，修理及び改造

所持それ自体は発明の実施ではないが，販売業者が多量に特許発明の実施にのみ使用する物を所持することは，差止の対象になるだろうか。溶接方法が特許となっている場合に，その溶接方法にのみ使用する専用の溶接棒を多量に所持する行為の評価であるが，所持だけでは侵害ということはできないであろう[注4]。

また，修理・改造と生産との関係も問題となる。単なる分解掃除や，電池等の汎用品の取替えは生産とならないとしても，特許品を全部取り替えてしまう行為は生産と同視できよう[注5]。結局，生産に該当するか否かは，特許製品の機能，構造，材質，用途等の客観的性質，特許発明の内容，特許製品の通常の使用形態，加えられた加工の程度，取引の実情等を総合的に考慮して判断される（キヤノンインクカートリッジ事件，東京地判平成16年12月8日判時1889号110頁）。

(4) 専　　有

「専有する」とは他人を排して特許権者のみが独占的な実施を行えるという意味である。このため，特許権が制限される場合に該当しないのに，他人が特許発明を実施するときは特許権の侵害を構成する。

注1) 従来のように，譲渡若しくは貸渡しのための展示行為に対する規制だけでは，包装だけを展示していて，現品を確認できない場合，差止等権利の行使ができないので，「譲渡及び貸渡しのための申し出」を実施行為に盛り込むことが，ガット・TRIPS協定で求められた。
2) 権利者が知的財産権保護物品を販売したときに，買主に黙示的なライセンスが付与されていると構成する考え方。
3) 吉藤幸朔・熊谷健一「特許法概説〔第13版〕」438頁，中山信弘「特許法〔第2版〕」319頁参照。
4) ただし，販売業者が侵害品を大量に所持する場合，特許法100条の「侵害するおそれ」に該当するとみられるので，差止請求の対象になるともいわれている（吉藤幸朔・熊谷健一「特許法概説〔第13版〕」434頁）。
5) 製砂機ハンマー事件，大阪地判平成元年4月24日無体集21巻1号279頁は，部品の取替えによって，権利者に支払った対価を超えて発明・考案を利用することになる場合は，もはや単なる修理とはいえず，生産となるとの趣旨を展開している。

3　特許発明の技術的範囲

(1) 序　　論

特許権者が独占的に実施することのできる範囲を特許発明の技術的範囲というが，この範囲の画定は特許法上最も重要な問題の1つである。なぜなら，この範囲が画定されることによって，特許権者の発明についての排他独占的支配を可能にする範囲が明確になると同時に，第三者にとっても，特許権と関係なく自由に関連技術を実施し得る範囲が定まるからである。

特許発明の技術的範囲は，願書に添付した特許請求の範囲に基づいて画定される（特許70条）ことに問題はない。ただ，この特許請求の範囲の記載から，技術的範囲つまり発明思想を取り出すことは必ずしも容易ではない。文字・用語の意味概念には幅があるし，出願人としては，できるだけ広く発明思想を表現しようとして特許請求の範囲を記載することがあるからである。

特許権は意匠権と異なり，その権利の範囲は同一の発明に及び，類似の発明にまで及ばない（特許68条と意匠23条を比較参照）。したがって，この同一を文字どおり，特許請求の範囲の記載の字句どおりとすれば，特許権は容易に回避され，

事実上無価値となるおそれもある。そこで，技術開発のインセンティブを確保するために，同効材のように第三者の予測可能性が認められる範囲で，特許発明の構成要件ではないが，その構成要件と設計上の僅かな変更や材料を変換したような，一定の関係が認められる構成要件の発明を，特許発明の技術的範囲に含め，特許権者を保護しようとする考え方がある。これが(3)で述べる均等論である。クレームの構成要件を超えたところまでも発明者に独占を認めることで，創作保護を奨励することを意味するが，同時に競争抑制的効果もあることに留意しておかなければならない。

(2) 発明思想の画定手法

特許発明の技術的範囲は特許請求の範囲の記載に基づいて定まる（特許70条1項）。したがって，発明の詳細な説明の欄には記載されているが，特許請求の範囲に記載されていない発明は特許発明の技術的範囲に含まれない（ナリジクス酸事件，東京地判昭和51年7月21日判タ352号313頁）。

ただし，明細書の記載及び図面を考慮して，特許請求の範囲に記載された用語の意義が解釈されることはあり得る（特許70条2項）。この点は，従来から，特許請求の範囲に記載された語句が抽象的で不明確な場合とか，一義的に明確に理解できない場合には，解釈資料として発明の詳細な説明及び図面が参酌され，特許請求の範囲が画定されており，決定的に変わるところはない（リパーゼ事件，最判平成3年3月8日民集45巻3号123頁）。例えば，特許請求の範囲には温度条件の上限の記載が明瞭でなく理解が困難な場合には，詳細な説明の項に示された最高温度が上限となる。

出願の経過，すなわち出願手続中の出願人の補正や答弁も，これらが公開されるものである場合，特許発明の技術的範囲を決定するうえで参酌される（出願経過禁反言の原則，連続壁体造成工法事件，東京地判平成13年3月30日判タ1059号195頁）。

さらに，出願当時の技術水準も同様に参酌される。特許は，出願当時の技術水準（公知技術）を上回るものであるが故に付与されるものであるから，出願当時すでに知られていた公知技術や公知技術から容易に遂行できる技術には，特許は与えられないはずだからである。したがって，摂氏500度以上で熱してA物質を製造する方法が公知である場合には，当該特許発明の技術的範囲は摂氏500度未満の範囲におけるものとなる。

これらの解釈資料を使用するということは，特許請求の範囲に記載された発明思想を抽出するためであるから，特許請求の範囲の記載を機械的に字句どおり解釈してはならない。

(3) 均 等 論

特許請求の範囲の記載を判断するにあたり，特許請求の範囲に記載された特許発明の構成要件には含まれないが，特許請求の範囲に記載された特許発明の構成要件と機能を同じくしているため，この構成要件に取り替えてみても同一の作用・効果を生じ，そしてこのことが出願当時（又は侵害時）の平均的技術者にとって容易に推考できる場合には，特許発明と同一であることを認めて侵害の成立を認めようとする考え方を，一般に，均等論とよんでいる（図21参照）。

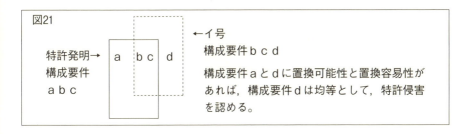

図21
特許発明→構成要件　a b c
←イ号
構成要件 b c d
構成要件 a と d に置換可能性と置換容易性があれば，構成要件 d は均等として，特許侵害を認める。

成立要件としては，特許発明のいずれかの構成要件と機能を同じくする他の物・手段に置き換えても，同一の作用・効果を生じるという置換可能性と，このことが出願当時の当業者にとって容易に遂行できたものであるという置換容易性があげられるが，裁判所が特許庁に代わって特許付与処分を行うという観点から，公知技術との関係，当該構成要件の重要性等も考慮されるとの見解もある。

特許請求の範囲に記載されていない発明であっても，均等の範囲までは保護範囲を認めるということで，特許発明の技術的範囲の最大限を画そうとする考え方であるが，学説はともかく，判例にはこの考え方によっていると思われるものは過去には少なかった[注1]。その理由は，置換容易性の存在が特許出願当時における平均水準の技術者を基に判断されていた点である。出願人は当業者でありながら，なぜそれほど容易かつ自明な構成要件を特許請求の範囲の記載に加えなかったかという疑問である。その懈怠の責めは出願人自身が負うべきであり，均等論

によって他人に帰すべきではないと考えられたためである。しかし，均等理論を積極的に展開する米国判例[注2]には，均等を侵害時において判断したものも登場し，いわゆる特許ハーモ条約案21条(2)[注3]でも，均等を侵害時で判断することが表明されている。このような潮流の中で，最高裁は，平成10年2月24日，均等論の適用される要件を明確に示しつつ，これを肯定した[注4]。本判決は，均等の判断時を侵害時とするものであるが，その理由について，出願時に将来のあらゆる侵害態様を予想して特許請求の範囲を記載することが極めて困難であることをあげ，特許発明の構成の一部を特許出願後に明らかになった技術や物質で置き換えて侵害責任を免れることができるとすれば，発明のインセンティブを阻害し，ひいては社会正義に反することになる，と説明している。

注1）　ファスナー事件，大阪地判昭和44年4月2日無体集4巻1号354頁「支持体の一方の表面に多数の鉤を備え他方の表面には多数のループを備えることを特徴とする『分離自在のファスナー』に関する特許発明につき，出願当時，当業者が特許公報により同特許発明を知るならば，同特許発明はその鉤をキノコ型小片のものに置換しても同効であることを格別の研究をしなくても容易に推考できると推認できるので，一方にキノコ型小片を備える被告イ号は特許発明に係る鉤と均等手段と認められる」。ただし，その後の控訴審及び上告審では反対の結論となっている。

2）　Hughes Aircraft Co. v. United States, 219 USPQ 473 (CAFC, 1983), Hilton Davis Chemical Co. v. Warener-Jenkinson Co. Inc., 35 USPQ 2d 1641 (CAFC, 1995).

3）　特許ハーモ条約案21条(2) b：均等は，クレームされた発明について，請求に係る侵害の時点において次のいずれかが満たされた場合，認められる。①均等の要素が，クレームに表現された要素と実質的に同一の方法で，実質的に同一の機能を有し，実質的に同一の結果をもたらす場合，あるいは②クレームに表現された要素によって達成されるものと同一の結果が，均等の要素によって達成され得ることが当業者にとって自明である場合。

4）　無限摺動用ボールスプライン軸受事件，最判平成10年2月24日判時1630号32頁「特許発明の技術的範囲に属するかどうかを判断するに当たっては，願書に添付した特許請求の範囲の記載に基づいて特許発明の技術的範囲を確定しなければならず（特許70条1項参照），特許請求の範囲に記載された構成中に対象製品等と異なる部分が存する場合には，右対象製品等は，特許発明の技術的範囲に属するということはできない。しかし，特許請求の範囲に記載された構成中に対象製品等と異なる部分が存する場合であっても，①右部分が特許発明の本質的部分ではなく，②右部分を対象製品等におけるものと置き換えても，特許発明の目的を達することができ，同一の作用効果を奏するものであって，③右のように置き換えることに，当該発明の属する技術分野における通常の知識を有する者が，対象製品等の製造等の時点において容易に想到することができたものであり，④対象製品等が，特許発明の特許出願時における公知技術と同一又は当業者がこれから右出願時に容易に推考できたものではなく，かつ，⑤対象製品等が特許発明の特許出願手続において特許請求の

範囲から意識的に除外されたものに当たるなどの特段の事情もないときは，右対象製品等は，特許請求の範囲に記載された構成と均等なものとして，特許発明の技術的範囲に属するものと解するのが相当である」。本最高裁判決のいう，①の本質的部分とは「特許請求の範囲及び明細書の記載に基づいて……従来技術に見られない特有の技術的思想を構成する特徴的部分が何であるかを確定することによって認定される」（携帯端末サービスシステム事件，知財高判平成30年6月19日 LEX/DB）とし，⑤の特段の事情については，あえて特許請求の範囲に記載しなかった事情が求められている（マキサカルシトール事件，最判平成29年3月24日民集71巻3号359頁）。

4 判　定

　特許発明の技術的範囲が不明確であり，第三者が実施しようとする技術が特許発明に属するかどうか判断できない場合には，判定の制度を利用することができる（特許71条）。特許発明及び実用新案の技術的範囲についての判断の他に，登録意匠及びこれに類似する意匠の範囲又は商標権の効力についても判定を求めることができる（実用26条⇒特許71条，意匠25条，商標28条）。加えて，標準規格に関するライセンス交渉において，対象となる特許が標準に必須の発明に係る特許であるかどうかの判断についても，判定制度は利用できる。

　判定は裁判ではなく，当該発明の技術的範囲に対する特許庁の意見の表明であって鑑定的性質のものであるから，法的拘束力をもたない。したがって，これに対して行政不服審査を申し立てることはできない（中島造機判定請求事件，最判昭和43年4月18日民集22巻4号936頁）。特許発明の技術的範囲をめぐる紛争の最終的決着は侵害訴訟の場でつけるほかない。その際，裁判所は，特許庁の判定結果と異なる判断をなし得ることはもちろんである。

　さらに，裁判所からの鑑定の嘱託があれば，指定された3人の審判官がその鑑定を行うことになっている（特許71条の2）。

　判定結果は全て一般に公開され，判定に係る書類も閲覧の対象となる。ただし，判定手続の証拠に非公知の営業秘密が記載されているときは，当該証拠書類の閲覧を制限できる（特許186条1項2号）。判定料金は4万円である。

第9節　特許権の譲渡と利用

1　特許権の譲渡

　特許権は財産権であるから，当然に他人に譲渡できるし，相続その他の一般承継の対象になる。ただし，その特許権が共有に属している場合には，他の共有者の同意なしに，その持分を譲渡できない。共有者の資金等実施規模の如何によって，他の共有者に重大な影響を与えるからである（特許73条1項）。

　特許権の移転は，相続その他の一般承継の場合を除き，特許原簿に登録しなければその効力を生じない（特許98条1項1号）。登録が効力発生要件であるといっても，当事者間に譲渡についての合意が存在することが必要である。無断で登録を行った者から特許権の譲渡を受けても，譲受人は特許権を取得しない。登録に公信力がないといわれるゆえんである。

2　特許権の利用

　特許権者は，専用実施権，通常実施権を設定し，許諾することによって，その許諾の範囲内で自己の実施を制限され（積極的効力が制限され），あるいは他人の実施を容認しなければならない（消極的効力が制限される）。もっとも，観点を変えて見れば，特許権者自身の権利の利用ということもできる。

3　専用実施権

　特許権者は契約により専用実施権を設定することができる（特許77条1項）。もっとも，専用実施権は，特許権者と実施権者との間の契約に加え特許原簿への設定登録により効力を生ずる（特許77条1項，98条1項2号）。登録が，第三者に対する対抗要件ではなくして，効力発生要件であることに注意する必要がある[注1]。

　専用実施権者は，設定契約で定めた範囲内において業として独占的にその特許発明の実施ができる（特許77条2項）。設定契約で定めた範囲の例としては，数量制限あるいは実施行為の制限のような内容的制限，実施期間に関する時間的制限あるいは地域的制限が考えられる[注2]。後日の紛争を回避するためにも，この範囲について登録しておくことが望ましい（特許登令43条1項）[注3]。専用実施権者

は，特許権者の同意を得たときは，その専用実施権について質権を設定し，また第三者に通常実施権を設定することができる（特許77条4項）。

専用実施権者は設定契約で定めた範囲内において独占的に実施を行うことができる結果，その範囲において特許権者を含め第三者は特許発明を実施できなくなる（特許68条但書）。

専用実施権は，実施の事業とともにする場合，特許権者の承諾を得た場合，相続その他の一般承継の場合に限り，移転することができる（特許77条3項）。

注1） 専用実施権の登録は，平成29（2017）年で181件である。特許登録件数が同年で約20万件であるから，さほど多く設定されているわけではない（特許庁行政年次報告書2018年版（統計・資料編）。なお，仮専用実施権の登録は74件。
 2） 育苗ポット分離治具事件，大阪高判平成15年5月27日 LEX/DB。
 3） 専用実施権の範囲について登録を行わなければ，無制限の専用実施権となるので，範囲を越えた実施があったときは，債務不履行の問題となる。また，範囲の登録として，実施数量を制限することはできないと解されている（豊崎光衛「工業所有権法〔新版〕304頁）。複数の専用実施権を設定できるようになり，特許法68条の趣旨に反する，というのがその理由である（中山信弘「特許法〔第2版〕」455頁）。

4 通常実施権

特許権者は，設定契約によって，通常実施権を許諾することができる（特許78条1項）。専用実施権者も，特許権者の承諾を受けているときは，同様に通常実施権を許諾することができる（同77条4項）。

通常実施権は，特許発明を業として実施できる権利であるが，専用実施権と異なって，独占的に実施することができない。したがって，特許権者は同一内容の通常実施権を複数許諾することができる。このことから，通常実施権の法的性質は不作為請求権であって，実施許諾者に対し特許発明の実施を容認するように請求できる権利である，と考えられている[注1]。

もっとも，実施許諾者と実施権者との設定契約で，他に通常実施権を許諾しないことを定めることもあり，ただ1つの通常実施権しか設定しない場合がある。これを独占的通常実施権とよぶ。これ以外の実施権は非独占的通常実施権というが，特許法上の取扱いはこの間に差異を設けていない。

通常実施権は，専用実施権と異なり，登録しなくても効力を生じ，特許権の譲受人等の第三者に対しても，特許原簿への登録なしに対抗することができる（特

許99条)。平成23年改正前特許法の下では，登録による第三者対抗制度が採用されていたが，登録に要する費用や手間が少なくないこと，そして登録には共同申請主義が採用されていたが特許権者に登録協力義務がないことなどから，当然対抗制度導入を望む実務界の強い要請に応えた結果である。このため，特許権の譲受人や専用実施権の設定を受ける者にとっては新たなリスクも生ずることから，ライセンス契約の存在を事前に確認すること（デューディリジェンス）注2)が実務上重要になってきた。

　この当然対抗制度の下で問題となるのは，元の特許権者と実施権者との間の契約関係は承継されるのかどうか，という問題である。実施料の支払は元の特許権者に支払うのか，あるいは新特許権者に支払うのか，という問題としても現れる。また，元の特許権者のノウハウ提供義務とか原材料提供義務はどうなるのか，という問題も同様である。こうした問題は裁判所の判断に委ねられることになるが，実施権者の実務としては，新権利者との間に新たな契約関係を構築し直すことにならざるを得ないであろう。

　当然対抗制度の下では，通常実施権の移転についても，登録が第三者対抗要件ではない（平成23年改正前特許99条3項の削除）。民法の指名債権譲渡の一般原則に従うこととされている。すなわち，通常実施権の譲渡人から特許権者に対する確定日付ある通知又は特許権者の確定日付ある承諾（民467条）が，通常実施権の移転の第三者対抗要件となった。

　当然対抗制度の導入により，平成20年，「産業活力再生特別措置法」で，企業間のクロスライセンス契約のために設けられていた特定通常実施権登録制度は廃止された。クロスライセンス契約に基づく実施権の存在を立証することで，第三者に対抗できるためである。

　通常実施権も，特許権者の承諾のある場合，実施の事業とともにする場合及び相続その他の一般承継の場合に限って移転が認められ，また質権を設定することもできる（特許94条1項，2項）。

　　　注1) 通常実施権の性質については，佐藤義彦「通常実施権の性質」民法学の基礎的課題（下）279頁以下に詳しい。ただ，中山信弘「特許法〔第2版〕」461～462頁は，本文でも述べる独占的通常実施権から黙示の通常実施権までも射程に入れる場合，共通する性質としては不作為請求権としてくくるほかないとする。
　　　　2) デューディリジェンス（Due Diligence）とは，特許権の取得者等の投資家が投

資対象の適格性を把握するための調査活動全般をいう。

5 仮専用実施権と仮通常実施権

特許出願後の特許を受ける権利に基づいて取得する特許権について，仮専用実施権を設定し又は仮通常実施権を許諾することができる（特許34条の2，34条の3）。産業界のビジネスの実態を踏まえ，特許出願段階において，特許を受ける権利に仮専用実施権又は仮通常実施権の設定又は許諾を認めることとされたものである。仮専用実施権の登録があると，特許権の設定登録があったとき，その特許権について専用実施権が設定されたものとみなされることになる（同34条の2第2項）。

仮専用実施権の設定は，その特許出願の願書に最初に添付した明細書，特許請求の範囲又は図面に記載した範囲内においてすることができる（特許34条の2第1項）。当該特許出願に係る明細書等についての補正や分割がなされることも考えられる。このため，補正がなされた場合には，補正がされた範囲において仮専用実施権の設定の効力が認められる。また，出願の分割があったときも，契約で別段の定めがない限り，分割後の新たな特許出願についても，設定された範囲で仮専用実施権が設定されたものとみなされる（同34条の2第5項）。

当然対抗制度に伴い，仮通常実施権についても登録制度は廃止された。このため，仮通常実施権の存在を証明できれば，設定登録された特許権についてその設定行為で定めた範囲において通常実施権が許諾されたものとみなされる（特許34条の3第2項）。

仮専用実施権の設定及び移転は登録がなければその効力を生じない（特許34条の4第1項）。仮通常実施権は，その許諾後に当該仮通常実施権に係る特許を受ける権利又は当該特許を受ける権利に係る仮専用実施権をその後に取得した者に対しても，仮通常実施権者は対抗することができる（同34条の5第1項）。

仮専用実施権及び仮通常実施権は，その特許出願について特許権の設定登録があったとき，その特許出願が放棄され，取り下げられ，若しくは却下されたとき又はその特許出願について拒絶すべき旨の査定若しくは審決が確定したとき，消滅する（特許34条の2第6項，34条の3第10項）。また，仮専用実施権に係る仮通常実施権は，その仮専用実施権の消滅によっても，消滅する（同34条の3第11項）。

6 特許権の質入れ

特許権に財産的価値が認められることから、担保的利用が可能である。特許法が認める制度は質権の設定による利用方法である。質権の対象となるのは、譲渡性のあるものであり（民343条）、特許権の他、専用実施権及び通常実施権があるが、特許を受ける権利については除かれている（特許95条）。ベンチャー企業の育成の観点から、問題があることはすでに述べた。特許権等の担保的利用といっても、有価証券や不動産と違って評価の基準も定かでなく、換価の際の市場も存在していないので、これまで実際には利用されることが少なかった。しかし、近時は、著作権領域では状況は一変しており、特許分野でも担保的利用を促す環境が整うものと考えられる。

特許権又は専用実施権を目的とした質権の設定は、登録が効力発生要件である（特許98条1項3号）。他方、通常実施権を目的とする質権の設定の場合には、設定行為で足りる。

第10節　特許権の効力の制限

特許権は、業として特許発明の実施を専有することのできる権利であるが、この権利には限界がある。この限界は、時間的・場所的制限、一般的制限及び個別的制限に分けることができ、特許権の積極的効力か消極的効力のいずれかあるいは双方が制限される。

1 時間的・場所的制限

有体物を客体とする所有権は、客体が物理的に滅失しない限り永久に存続するが、特許権は法定の存続期間20年を超えて存続し得ない（特許67条）。ただし、医薬品・農薬特許では、医薬品等の製造承認まで種々の手続を必要とし、実施まで相当な期間を要するので、特許期間の侵食問題が生じた。このため、医薬品・農薬等については、5年を限度とする特許期間延長制度がおかれている（同67条4項、67条の5第1項）[注1]。

特許権の存続期間の侵食は、特許付与官庁による不合理な遅延によっても起こり得る。殊に、発展途上にある振興国における権利付与手続の進捗については産

業界に不満も少なくなかった。このため，TPP12協定では，各締約国は自国における特許付与手続に不合理又は不必要な遅延がある場合には，当該遅延期間を補償するための調整スキームを設け，特許権者の要請があるときは，期間調整を行うことが求められた（TPP12第18・46条）。これを受け，特許権の登録が，特許出願の日から5年を経過した日又は出願審査請求のあった日から起算して3年を経過した日のいずれか遅い日以後にされたときは，延長登録の出願（特許67条の2第1項）により存続期間を延長する制度[注2]が設けられた（同67条2項）。

特許権の効力は日本国内においてのみ生じる。わが国の特許権は，属地性の原則に従い，わが国の内国法の定めるところによって成立，存続そして消滅する。

特許権は，存続期間の満了の他，相続人がいない場合[注3]（特許76条），特許権の放棄による場合[注4]（同97条1項），特許料の不納（同112条4項～6項）及び独禁法100条の定めるところにより裁判所が取り消した場合にも，それぞれ消滅する。

注1） 特許権の存続期間延長制度に関しては，近年，主としてDDS（Drug Delivery System）とよばれる薬物送達システム技術が進展し，存続期間延長出願審査に一石を投じている。従来は，拒絶事由の1つである「政令で定める処分を受けることが必要であったとは認められないとき」（特許67条の3第1項1号）について，有効成分（物）と効能・効果（用途）で判断していたため，これらに関係のない剤型（例えば，叙放効果を有する剤型）に特徴のある医薬品特許に関し，製造承認のための行政処分を理由に存続期間の延長を求めても拒絶されるのが特許庁実務であった。ところが，判例（最判平成23年4月28日判時2115号32頁）で，この特許庁の審査実務が否定されており，特許庁の審査基準の見直しが行われている（山田真紀「パシーフカプセル事件最高裁判決解説」L&T53号63頁）。

2） 存続期間の延長が可能となる期間は，特許付与官庁の責めに帰し得ない理由で手続や審査に要した期間（特許67条3項1号～10号の各事由による期間）が控除される。

3） 特許期間中に権利者が死亡した場合，相続の問題が生じるが，相続人がいないときは国庫に帰属せず（民959条），特許権は消滅する（特許76条）。消滅時期は相続人の不存在が確定した時である。

4） 特許権も私権であるから放棄できるが，登録が効力発生要件となっている（特許98条1項1号）。

2　一般的制限

ここでの制限は，不特定多数人との関係における，特許権の効力の一般的制限である。公益あるいは産業政策上の理由による特許権の効力の限界を示すもので

あり，特許権の発生の当初から特許権の効力の範囲内に属しないものということができる。なお，特許権の消尽についてはここでは述べない（**第 2 章第10節 2 (3)参照**）。

(1) **試験・研究のためにする実施**

　他人の特許発明の経済的・技術的効果を試験・研究するための実施は，技術をより高次のものへ高め，産業を発展させるものであるから，特許制度の意義・目的からも認められねばならない（特許1条，69条1項）。試験・研究のためにする実施についても特許権の効力を及ぼすと，技術の進歩を損ない，特許制度の存在意義を没却せしめることになるからに他ならない。もっとも，純粋な学問上の試験による実施は，元来「業として」の実施とはいえず，特許権の積極的効力を侵害していないとみることができようから，本規定の実質的な意義は，試験研究を業とする試験所・研究所において，さらには他社が実施した特許製品を改良する発明のための試験の場合において，実益が生じる。

　医薬品や農薬について特許が成立している場合，その特許権の消滅後に同種製品を製造・販売するためには，厚労省等関係官庁の製造承認が必要となるが，その承認申請に添付するデータを得るために行う臨床試験（安定性に関する加速試験及び生物学的同等性試験）が特許権存続中になされることが問題になる。かつて，農薬の販売許可を得るために行われる薬理実験の試験委託行為は，「技術の進歩を目的とするものではなく，専ら被告除草剤の販売を目的とするものであるから，特許法69条の『試験又は研究』には当たらない」（除草剤事件，東京地判昭和62年3月25日判時1246号128頁）とされていたからである。しかし，特許法69条にいう試験又は研究とは，技術を次の段階に進歩させることを目的とするものに限らず，「存続期間満了後に製造販売する目的で薬事法に基づき後発品の製造承認を得る目的での試験行為は，医療品の有効性や安全性の確保を目的とするものであり，医療用技術の進歩にも寄与する側面を有する」（塩酸プロカテロール事件，東京地判平成9年7月18日判時1616号34頁）として，特許権存続期間中になされる後発品の製造承認を受けるための臨床試験も適法とされている（同旨，京都メシル酸カモスタット上告事件，最判平成11年4月16日判時1675号37頁）。

　試験所・研究所での試験・研究のためにする実施であっても，その結果生産されたものを業として頒布することは，特許権の侵害となる。

(2) 単に日本国内を通過するに過ぎない船舶・航空機等

　船舶や航空機又はこれらに使用される装置等が，他人の特許権を侵害する場合であっても，単に日本国内を通過するに過ぎない場合には，これらのものは特許権の侵害にならない（特許69条2項1号）。単に，国内を通過するに過ぎない船舶・航空機等のものにまで，特許発明品であるからといって特許権の効力を及ぼすと，国際交通の便宜を損ない，またこの程度の制限を認めても特許権者の利益を不当に損なうということはほとんど考えられないことによる。

(3) 特許出願時から国内にある物

　この物が特許出願時にすでに公知になっていれば，新規性を欠くことになるので，この規定の意義は，当該物を秘密に所持しかつ先使用権の要件も具備しない場合にある。既存の状態を保護し，法的安定性を確保するためである（特許69条2項2号）。

(4) 医師等の処方箋による調剤行為又は調剤する医薬

　医薬品及び2以上の医薬品を混合して1の医薬品を製造する方法の発明には特許は認められなかったが（昭和50年改正前特許32条参照），昭和51年以来，特許の対象となった。そのため，医師等の処方箋による調剤行為又は調剤する医薬が，場合によっては特許権の侵害となるおそれもある。しかし，医師等に処方箋を書く前に特許権の侵害の有無を確認させることは，病人の健康の回復という公益に反し，医療の能率性，迅速性は著しく損なわれることになるので，この制限がおかれた（特許69条3項）。

3　個別的制限の概要

　ここでの制限は，特許権の効力が特定人との関係で相対的に制限される場合を意味する。

　具体的には，利用・抵触関係にある特定の特許権者や，自らライセンスを設定したことによる契約実施権者あるいは法定実施権者との関係における制限を意味するが，ライセンスの設定による制限は特許権の譲渡と利用の節（**本章第9節**）で述べたので，ここでは利用発明による制限と，特許法の規定によって当然に生じる法定実施権者との関係での制限を述べる。利用発明の場合は，これを行った特許権者の権利の積極的効力が制限され，法定実施権が発生したときは特許権者

はその権利に基づく実施を容認しなければならず，特許権の消極的効力が制限されることとなる。

なお，法定実施権の種類としては次のものがある。

①職務発明による実施権，②先使用による実施権，③いわゆる中用権，④意匠権の存続期間満了後の実施権，⑤再審請求登録前の善意実施者の実施権であるが，このうち，職務発明による通常実施権（**本章第3節3**参照）については，既述した。

4　権利の利用抵触関係による制限

特許発明が，他人の特許発明・登録実用新案・登録意匠又はこれに類似する意匠を利用する場合，当該特許発明を実施するには，これらの特許権者，実用新案権者，意匠権者から，自己の特許を実施するためにその許諾を受けなければならない（特許72条）。利用発明の場合には，他人の許諾がない限り，特許発明を実施できないことになる。また，特許権がその特許出願の日前の出願に係る他人の意匠権若しくは商標権と抵触する場合も同様である。

基本発明を改良・発展する発明を行った場合にもこのような関係が生じるが，この場合，基本発明者の許諾がない限り改良発明を実施できないことになるので，協議と裁定手続の後，通常実施権を取得できる途が設けられている（**本節13**参照）。

5　先使用権による制限
(1)　先使用権の存在意義

他人の特許出願時に，その内容を知らないで，自らその発明の実施事業を又はその準備をしている者がいる場合でも，他人の先出願によって自己の発明を実施することができなくなる。わが国の特許法が先願主義を採用している結果である。しかし，この結果，資本・労力を投入して折角発明を開発し，あるいは開発した者からこれを譲り受け，さらにこれを実施するために事業を行い，若しくはその準備をしていても，全てこれらが無駄になってしまうということになると，創作成果の達成というレベルで両者の衡平を図ってみたとき，実施者にとって酷なものがある。それは，さらに加えて，実施のための事業又はその準備を無駄にするという意味で，国民経済上の利益にも反するといわざるを得ない。そこで，特許

法に限らず工業所有権法四法では，先願主義の結果生ずるこうした弊害を除去するため，先使用権制度を設け，先願者と保護するに足る一定の実施者との間の利益の調整を出願時において図ることにしている。出願時から公開時までの国民経済的な利益は考慮されていない点で，いわゆる衡平説が妥当である[注1]。

なお，先使用権制度で保護されるのは，いわゆる善意の実施者に限られるので，著作権のように独自の創作によって生ずる権利については，この制度を導入する必要性はない。

(2) 先使用権の成立要件

先使用権が成立するためには，特許出願の際，現に発明実施の事業又は準備を，実施者（先使用者）が善意にしていることを必要とする。

ここでいう「善意に」とは，「特許出願に係る発明の内容を知らないで自らその発明をし，又は特許出願に係る発明の内容を知らないでその発明をした者から知得して」，という現行法の規定（特許79条）と同義である。旧法上は，ここで述べたように，「善意に」と規定されていたのであるが，現行法はこれを明確にする趣旨で現在のように定めた。この結果，規定の文言上，特許出願に係る発明のルートと先使用に係る発明のルートが異なることが必要となっている。

しかし，ルートが同一であっても，特許出願人が先使用者の発明を冒認している場合もあるから，ルートが同一であっても先使用権制度の保護を認めるべきである[注2]。無効の抗弁の主張（特許104条の3第1項）や無効審決の確定（同125条）あるいは取戻し請求権の行使（同74条1項）によらなくても，特許権者に対抗できるという実益を認めなければならない。「特許出願に係る発明の内容を知らないで自らその発明をし，又は特許出願に係る発明の内容を知らないでその発明をした者から知得して」という79条の語句は，したがって「善意に」を例示するものと理解することになる。先使用権は，先使用者と先願者との間の衡平を図るための制度であるから，先使用者の保護もその衡平が確保される限度で実現されれば足りる。

(3) 先使用権の効力

先使用権者は，先使用権をもって，特許権者に対する関係において対抗することができる。先使用者は，特許権者の許諾なしにかつ対価の支払を行うことなしに，自己の営業上の必要性のために，実施の事業又はその準備[注3]を通じて占有

している発明の範囲[注4]にわたって，特許権の存在にもかかわらず継続して実施できる。先使用権の権利範囲は実施の事業又はその準備という行為の外形から判断される。

問題となるのは，実施態様，実施形式の変更が可能であるかという問題である。特許法79条は，「発明の実施である事業又はその事業の準備」と定めるだけであり，実施について限定していない。概念の絶対性からは，ここでいう実施とは特許法2条3項の実施と同義と解されるから，生産行為を譲渡行為に変更し，拡大することが，あるいはその逆が可能であるかという問題は，衡平の観点から，発明の占有状態を保護するという先使用制度の趣旨に基づき積極的に解すべきであろう。ただ，実施行為が生産行為である場合に譲渡，使用行為への拡大を認めることは可能であるが，逆は認められないと解されよう。また，実施形式の変更は，発明の実施である事業又はその準備行為を通じて具現されていた技術思想を抽出して得られた発明の範囲で可能である[注5]。なお，先使用権の権利範囲との関係で，数量的な制限は問題とならない。自由に増産できる。

実施の事業は，先使用者が自己のために自己の有する事業で自ら行う必要があるだろうか。これについては，「事業設備を有する他人に注文して，自己のためにのみ，製造させ，販売等をする場合を含む」とする判決[注6]がある。

注1) 中山信弘「特許法〔第2版〕」490頁以下参照。
2) 中山信弘「特許法〔第2版〕」492頁，反対，高林龍「標準特許法〔第6版〕」208頁。
3) 特許79条は，先使用権の範囲を「事業の目的の範囲内」で絞っており，特許庁逐条解説212頁も，「苛性ソーダの製造のために当該発明を実施していた場合はその苛性ソーダ製造業の範囲内においてのみ権利が認められるのであり，別の事業である製鉄事業のために先使用権を主張することはできない」趣旨と説明するが，この要件の必要性は疑わしい。
4) ウオーキングビーム事件，最判昭和61年10月3日民集40巻6号1068頁。水野武「本判決評釈」ジュリスト881号83頁も，発明占有説を明言する。
5) ウオーキングビーム事件で，最高裁は「先使用権の効力は，特許出願の際（優先権主張日）に先使用権者が現に実施又は準備をしていた実施形式だけでなく，これに具現された発明と同一性を失わない範囲内において変形した実施形式にも及ぶ」と判示する（最判昭和61年10月3日民集40巻6号1068頁）。
6) 地球儀型ラジオ意匠事件，最判昭和44年10月17日民集24巻10号1777頁。

6 特許権の移転登録前の実施による通常実施権

　特許法74条所定の移転請求による特許権の移転登録があったときは，その特許権は初めから登録を受けた者に帰属していたものとみなされる（特許74条2項）ので，その登録を受けた者の前に特許登録を受けていた者から特許権の譲渡を受けていた者や実施権の設定又は許諾を受けていた者は，たとえその権利に基づいて事業を行いあるいは事業の準備をしていても，その事業は継続できないこととなる。そこで，これらの者を保護するために，中用権（同80条）に準じ，その実施又は実施の準備をしている発明及び事業の目的の範囲内において，真の権利者に移転された特許権について通常実施権を認めることとしている（同79条の2第1項）。他方，真の権利者には当該通常実施権者から相当な対価を受ける権利が認められている（同条2項）。

　この通常実施権制度は，実用新案法と意匠法にも導入されている（実用26条，意匠29条の3）。

7 中用権による制限

　特許権者が，その発明が後願であるなどの理由で本来特許を受けることができなかったにもかかわらず特許を受けていたが，これを知らずにその発明の実施としての事業を行っていたり，又は実施のための準備をしていたところ，特許無効審判によって無効となってしまうということがあり得る。この場合，無効となった特許権の権利者は，先願の特許権によってその実施ができなくなってしまう。しかし，無効審判が申し立てられる前（予告登録前，特許登令3条）の段階では，この者は特許庁に出願をし，審査を受け，特許査定を受け，これに基づいて実施をし，あるいは実施の準備をしていたのであるから，その信頼を保護してやることが必要である。特許庁の処分に対する信頼を保護するため，無効審判請求登録前の善意の実施者に認められている法定実施権がいわゆる中用権である（特許80条1項）[注1]。特許庁の処分を信頼していた者に対する保護であるから，無効原因の存在につき悪意である者には，中用権は発生しない。

　中用権は，出願後に生じた一定の事実の発生により本来は実施できなくなる場合に，既成事実の保護のために認められる制度であるから，先使用権と異なり，対価の支払が必要である（特許80条2項）。その他の中用権の効力は先使用権と同様である。

注1) この実施権は、先使用権が出願前の事実に基づいて発生することから、出願後に生じた事実から生ずるという面をとらえて、中用権とよばれている。

8 意匠権の存続期間満了後の通常実施権

特許権と意匠権とは、権利内容に抵触するものであっても、その間に先後関係がないので、同じ内容の発明と意匠に、それぞれ特許権と意匠権とが発生する可能性がある（例えば、消しゴム付き鉛筆の発明と外形としての意匠を想起せよ）。

意匠登録出願が特許出願よりも早くなされ、登録後意匠公報への掲載までの間に特許出願がなされた場合においては、意匠権が消滅したとき、特許権が未だ存続しているために、意匠を実施できなくなる。そこで、特許法では、相当な対価の支払を条件に、意匠権消滅後も意匠を実施できるように、特許権の消極的効力を制限するため、通常実施権を認めている（特許81条、82条）。ただ、意匠権の存続期間が設定登録から20年とされた現在、このような事態は少なくなると考えられる。反対に、特許権の消滅後も意匠権が存続する場合については、意匠法31条が定めている。

9 特許権の回復による制限

パリ条約5条の2(2)では「同盟国は、料金の不納により効力を失った特許の回復について定めることができる」と規定し、同盟国は特許の回復制度を設けることができる旨定められている。特許の回復制度の設置は同盟国の義務ではないので、かつてわが国は特別な定めを設けていなかった。しかし、多くの先進諸国では、特許権の回復制度が一般に設けられており、国内外の要望も強かったことから、特許権の回復制度が設けられた（特許112条の2）。

この制度の導入によって、いったん消滅していた特許権が遡及して回復することになるから、追納期間6カ月（特許112条1項）が経過した時から、特許権の回復の登録前の間の第三者の行為が回復した特許権を侵害することになるおそれがある。そこで、回復した特許権の効力はその期間中の生産物、輸入物又は取得物、及びその期間中の実施行為には及ばないものとしている（同112条の3第1項、2項）。ただ、次に述べる再審の場合と異なり、特許権の回復は、権利消滅後1年（同112条の2第1項）という短い期間でしか許されないから、善意の第三者の実

施する事業等を保護しなければならない状況はほとんど考えられない。このため，このような事業等を保護する法定実施権は規定されていない（同176条比較参照）。

10　再審で回復した特許権に対する善意の実施者の実施権

特許権は無効審決の確定によって消滅し，取消決定の確定により存在しなかったものとなる。特許が無効となり，存在しなかったものとなった後は誰でも自由に実施できる。ところが，特許無効審決，取消決定あるいは存続期間の延長登録を無効とする審決が誤ってなされ，しかもそれが確定するということが絶対に起らないということはいえない。こうしたことのために，再審の制度がおかれている（特許171条）。

再審によって，一度無効とされ，取消された特許が回復すると，無効審決又は取消決定の確定以降も，その特許権は有効であったことになり，あるいは存続期間の延長登録は理由があり，特許期間は延長されたことになるので，その間無効であると信じて実施をしていた第三者の行為は，特許権の侵害となってしまう。このような結果は第三者にとって酷であるとして，その間の行為及びその間に生産された物には，当該特許権の効力は及ぼさないこととした（特許175条）。さらに，回復前の行為のみならず，その実施行為の将来における継続について，事業設備の維持の見地をも加えて，善意の実施者に認められたものが，この実施権である（同176条）。

11　裁定実施権者との関係における制限

裁定実施権は，公益上の必要性がある場合，一定の裁定手続によって強制的に設定される実施権である。特許権者等は裁定実施権の設定があると，その実施を容認しなければならないので，権利の消極的効力が制限されることになる。他人の特許発明を実施したくても，権利者が実施権を認めてくれなければ当然これを実施できない。このとき，一定の場合に限って，政府その他の公的機関が実施権を付与することがある。これが裁定実施権であるが，このような制度は，その運用によっては権利者の利益を損なうことも予想され，知的財産権をめぐる南北対立問題の1つとなっていた。

この裁定を行うのは，わが国では，特許庁長官が行う場合と，経済産業大臣が

行う場合とがある注1)。裁定の手続の概要は，不実施による裁定を例に述べると，次のとおりである。

　他人の特許発明の実施を望む者は，まず特許権者又は専用実施権者に対し，直接又は間接に通常実施権の許諾について協議をする。しかし，実施許諾の協議をしたが，その協議が成立しなかったり，協議することができなかったけれども依然として実施を望む者は，裁定請求書を特許庁長官に提出して裁定を求める（特許83条2項）。特許庁長官は，権利者に相当な期間を指定して答弁書の提出の機会（同84条）と当該特許に通常実施権を有する者に意見を述べる機会を与え（同84条の2），工業所有権審議会の意見を聴取したのち，その意見を参考にして裁定を行う。しかし，その後の事情によって裁定実施権者の利益を不当に害しない場合には，実施裁定の取消は可能である。すなわち，裁定の理由の消滅その他の事由により当該裁定を維持することが適当でなくなった場合，あるいは通常実施権の設定を受けた者が適当にその特許発明を実施しなかった場合には，裁定は取り消され得る（同90条1項)注2)。

　不実施による裁定実施権は，実施の事業とする場合に（特許94条3項），自己の特許発明を実施するための裁定実施権は，自己の特許発明に係る特許権が実施の事業とともに移転される場合に（同94条4項）移転できる。また，ある者の特許発明を実施するために通常実施権の許諾を求められた他人がクロスライセンスを求めて得た裁定実施権は，その特許権に従って移転し，その特許権の消滅とともに消滅する（同94条5項）。

　　　注1)　もっとも，わが国の裁定手続によって，裁定実施権が設定されたことは現在まで1件もない。
　　　　2)　TRIPS協定31条(g)は，「使用許可に至った状況が解消し，再発のおそれがない場合には，すでに使用許可を受けた者の正当な利益の適切な保護を行うことを条件に，当該許可は取り消されることがある」と規定する。

12　不実施による裁定実施権

　特許権者はその特許発明を実施する義務を負っている。それに加え，実施それ自体が適当なものでなければならない。何故なら，一方において他の競業者は，特許の存在によってその活動を制限されることがあっても，他方において特許が実施されることによって，資源が有効に利用され雇用が増大し商品が多様化する

など，産業が発展し，社会利益の還元が期待されているからである[注1]。

わが国において，特許発明の実施が継続して3年以上国内で適当になされていない場合，通常実施権の裁定を求めることができる（特許83条）。ただし，特許出願の日から4年以上経過していることが条件である。もちろん，特許発明の実施が適当にされていないことについて，特許権者に正当な理由があるときは，この限りではない（同85条2項）。正当な理由とは，特許権者の責めに帰し得ない事情によって実施されていない場合の他，その特許発明の実施に必要な資金，原材料，技術者を欠くことが特許権者にとってやむを得ない事情と認められる場合といわれている[注2]。

注1) 特許を受けている国への輸出（当該国からみると輸入）は実施と認められているが（パリ条約5条A(1)，特許2条3項），特許により独占を認めている国からみると，輸出市場として支配されるために特許制度が利用されているようにみえる。パリ条約は不実施に対する制裁を各加盟国に認めているが，実施行為と輸入の関係を含め，不実施の内容については先進国と途上国間に議論が絶えなかった。
2) 工業所有権審議会「裁定制度の運用要領」ジュリスト605号84頁。

13　自己の特許発明を実施するための裁定実施権

自己の特許発明が他人の先願特許発明を利用する後願の特許発明である場合，すなわち利用発明である場合には，これを実施するために先願特許権者の許諾が必要である。この許諾が得られないときは，特許庁長官に対し，後願の特許権者は裁定実施権の裁定を求めることができる（特許92条）。この場合，先願特許権者又は専用実施権者も，利用発明者が許諾を求めてきたときに限り，許諾を受けて実施しようとする範囲内の通常実施権について許諾の協議を求めることができる（同92条2項，4項）。これがいわゆるクロスライセンスである。利用発明の場合，裁定請求により一方的に通常実施権を与えるのは不合理と考えられたからである。

利用発明の権利者からの裁定請求及びクロスライセンスを求める裁定請求のいずれの場合にも，通常実施権を設定することが相手方の利益を不当に害することとなるときは，裁定請求は認められない（特許92条5項）。基本発明に比較し，利用発明が相当な経済的重要性を有しておらずかつ重要な技術的進歩を実現しない発明である場合は，利益を不当に害する場合にあたることになろう[注1]。

注1) TRIPS協定31条(1)(i)はこれを求めているが，わが国は特許法92条5項の運用で対応することにしている。なお平成7（1995）年7月1日以降，司法又は行政手続を経て，反競争的であると判断された慣行の是正又は公的・非商業的実施（public non-commercial use）の許可以外には，日本特許庁は利用発明関係の強制実施権設定の裁定を行わない，と米国との間で合意している。この合意が法的にどのような意味をもつのかについては議論があろうが，日本政府の合意であることから，民間の商業的実施について特許庁は裁定による実施権の設定をしないことになろう。

14 公共の利益のための裁定実施権

特許発明の実施が公共の利益のために特に必要である場合，当該発明を実施しようとする者は，当該発明に係る特許権者ないし専用実施権者と協議し，協議が調わない場合には，経済産業大臣の裁定を得て，対価を支払い，その発明を実施できる（特許93条）。

問題は，「公共の利益のため特に必要であるとき」とはどういう場合であるか，ということとなるが，a．国民の生命，財産の保全，公共施設の建設等国民生活に直接関係する分野で特に必要があるとき，b．その特許発明の実施許諾が得られないことにより，当該産業全般の健全な発展が阻害され，その結果，国民生活に実質的弊害が認められるとき，をいうものとされている[注1]。

注1) 工業所有権審議会「裁定制度の運用要領」ジュリスト605号84頁。

第11節　特許権の侵害と救済

1　侵害行為と警告

特許権者が独占的に実施できる特許発明の技術的範囲は，特許請求の範囲の記載に基づいて定められる（特許70条）。この特許請求の範囲に記載された発明の構成要件の全てを満たす実施行為を正当な権原なく第三者が行った場合，特許発明の侵害行為が成立する。これを直接侵害という。特許発明の構成要件の一部を欠く実施行為は原則として侵害を構成しないが，均等論（**本章第8節3(3)**）の適用のある場合には，例外的に侵害行為が成立することは前述した。特許発明の侵害行為をめぐる紛争は，侵害警告に始まることが多い。侵害警告とは，自己の権利が有効に存在し，相手方の行為が自己の権利範囲に属することを前提に，相手方の行為の禁止を求める行為である。裁判外でなされる差止請求としての性質を

有する。特許権等工業所有権の効力が発明等の排他的実施であることを考慮すると，その侵害に対しては，裁判外でも侵害を停止するよう求めることができなければならない。これによって紛争を可及的に回避し，長期化させずに終結できるからである。

ただ，知的財産一般の不安定性の故に，しばしば客観的には理由のない侵害警告がなされ，相手方等に不測の損害をもたらすおそれのあることも考えなければならない。特に，得意先等二次的侵害者に対して侵害警告がなされ，後に理由のないものであることが判明したときは，不正競争防止法2条1項21号の営業誹謗行為の問題（**第1章第3節9**）が生じる。

2　間接侵害

間接侵害とは，特許権の侵害が擬制される場合であり，次の6つの場合をいう。これらの行為は特許請求の範囲に記載された特許発明の技術的範囲に抵触するという意味で特許権を直接侵害する行為ではないが，特許権侵害を惹起する蓋然性が極めて高く，侵害が発生した後では損害を回復することが困難になることから，侵害行為とみなされている。このように，間接侵害の制度は特許権の効力の実効性を確保するための制度と考えるべきであろう[注1]。

①　特許が物の発明についてされている場合において，業として，その物の生産にのみ用いる物の生産，譲渡等若しくは輸入又は譲渡等の申出をする行為（特許101条1号）。

②　特許が物の発明についてされている場合において，その物の生産に用いる物（日本国内において広く一般に流通しているものを除く）であってその発明による課題の解決に不可欠なものにつき，その発明が特許発明であること及びその物がその発明の実施に用いられることを知りながら，業として，その生産，譲渡等若しくは輸入又は譲渡等の申出をする行為（特許101条2号）。

③　特許が物の発明についてされている場合において，その物を業としての譲渡等又は輸出のために所持する行為（特許101条3号）。

④　特許が方法の発明についてされている場合において，業として，その方法の使用にのみ用いる物の生産，譲渡等若しくは輸入又は譲渡等の申出をする行為（特許101条4号）。

⑤ 特許が方法の発明についてされている場合において，その方法の使用に用いる物（日本国内において広く一般に流通しているものを除く）であってその発明による課題の解決に不可欠なものにつき，その発明が特許発明であること及びその物がその発明の実施に用いられることを知りながら，業として，その生産，譲渡等若しくは輸入又は譲渡等の申出をする行為（特許101条5号）。

⑥ 特許が物を生産する方法の発明についてされている場合において，その方法により生産した物を業としての譲渡等又は輸出のために所持する行為（特許101条6号）。

平成14（2002）年特許法改正前は，①と④の行為だけが侵害と擬制されていた。留守番電話の完成品について特許がある場合に，その留守番電話の組立セットのように，留守番電話の組立以外に使用するほかない物を生産，譲渡等する行為が①の例である。④の例としては，溶接方法について特許がとられているときに，そのための溶接棒を生産，譲渡等する行為である。

平成14（2002）年特許法改正により，②と⑤の行為についても新たに侵害とされた。②と⑤の行為の要件からは，「〜にのみ」の要件がはずされているため，擬制侵害とされる範囲が不当に拡張しないように，「発明による課題の解決に不可欠なものにつき」の要件を加えることで専用品には限らないものとしつつ，当該発明にとっての重要な部品等は間接侵害に含め得ることとしている。この場合の重要な部品に他に侵害とならない用途があっても同様である。また，この特許法改正前は，「〜にのみ」の意義について厳格に解する判決[注2]もあったが，一般には緩やかに解していた。「その物に他の用途があるというためには，単にその物を他の用途に使えば使い得るという程度の実験的又は一時的使用の可能性があるだけでは足りず，『他の用途』が商業的，経済的にも実用性ある用途として社会通念上通用し承認され得るもの（社会的承認性）であり，かつ，原則としてその用途が現に通用し，承認されたものとして実用化されている必要（社会的実用性）がある」[注3]とするのはその例である。しかし，このように緩やかに解しても，ボルトやフェンスのような汎用品については擬制侵害が認め難いことには変わりなかった。上記の特許法改正により「〜にのみ」の要件がはずされたため，この汎用品問題は解決するところとなったが，今度は，広く市場において入手できる一般品あるいは規格品である，ネジ，釘についても間接侵害の対象に悉く入

ることになるため,「日本国内において広く一般に流通しているものを除」いて,間接侵害の対象が不当に拡張しないよう歯止めがかけられている。

　②及び⑤の擬制侵害行為については,主観的要件が加えられている。専用品でない部品の供給であっても,特許発明が存在することを知りながらそしてその供給が当該特許発明の実施のために用いられることを知りながら,その部品を供給する者に間接侵害の責めを負わせることが適切とされた結果である。欧米の制度[注4]をみても,間接侵害の成立要件を客観的要件に加え主観的要件を加味したものとされていることもあり,「〜にのみ」という要件を満たさないという理由だけで,特許発明の重要な部品として侵害のために使用されることを知りつつ当該部品を供給する行為を自由とするのでは,適切な特許権の保護が図られないことから,このような規定振りとなったものである[注5]。もっとも,差止請求との関係では,この主観的要件の有無は,事実審の口頭弁論終結時とされるからあまり意味をもたない(一太郎〔控訴審〕事件,知財高判平成17年9月30日判時1904号47頁)。なお,「その方法の使用に用いる物」とは,その物自体を利用して特許発明に係る方法を実施することが可能である物(例えば,特許発明が情報処理方法に関する発明の場合における当該情報処理方法を行うパソコン)をいい,そのような物の生産に用いられる物(当該パソコンにインストールされるプログラム)をいうのではない(前掲一太郎〔控訴審〕事件)。

　③と⑥の行為は,平成18年の一部改正で追加された間接侵害である。侵害品への実効的な対策の観点から,侵害物品が広く拡散する前の所持行為を権利侵害行為とみなしている。なお,間接侵害の成立は直接侵害の存在を必要とするか否か[注6]について議論はあるものの,間接侵害制度の趣旨から,個人ユーザの下で直接侵害が成立しても,間接侵害の成立を否定すべきではない。

　　注1)　中山信弘「特許法〔第2版〕」413頁。
　　　2)　チューブマット事件,大阪地判昭和47年1月31日無体集4巻1号9頁。
　　　3)　交換レンズ事件,東京地判昭和56年2月25日無体集13巻1号139頁では,特許発明に係るカメラ装着時には特許発明の方式が機能するが,装着可能な他の旧型機での使用時にはプリセット絞りレバーが遊んでいる場合であっても,本体特許発明に係るカメラの生産に「のみ」使用する物とはいえないとして,間接侵害は否定されている。
　　　4)　欧州共同体特許条約26条,ドイツ特許法10条,米国特許法271条(c)参照。
　　　5)　特許庁総務部総務課制度改正審議室「平成14年改正産業財産権法の解説」24頁。

6）この議論は，侵害行為としての実施は外国でなされるとか，試験研究のための実施に部品を供給する行為をどのように評価するかということにある。積極的に理解する説（直接損害がなければ間接侵害を認めない，従属説：ポリオレフィン用透明剤事件，大阪地判平成12年12月21日判タ1104号270頁参照）と，消極的に理解する説（独立説：交換レンズ事件，東京地判昭和56年2月25日無体集13巻1号139頁）とに分かれる。学説としては，角田政芳「特許権の擬制侵害（間接侵害）―直接侵害との関係を中心にして」学会年報13号1頁以下に詳しい。

3 特許権の侵害に対する救済
(1) 管　　轄

訴訟は，被告の普通裁判籍の所在地を管轄する裁判所において行われることを原則とする[注1]（民訴4条1項）。これにより，侵害訴訟は，被告の住所又は本店所在地を管轄する地方裁判所又は簡易裁判所に訴えを提起することになるはずであるが，特許権，実用新案権，回路配置利用権又はプログラムの著作物についての著作者の権利に関する訴えで，東日本の地方裁判所に土地管轄が認められる事件については，東京地方裁判所が，そして西日本の地方裁判所に土地管轄が認められる事件については，大阪地方裁判所が，それぞれ専属的管轄権を有する（同6条1項）。したがって，訴額が140万円以下であるため簡易裁判所が管轄を有する場合を除き（裁判33条，民訴6条2項），特許侵害訴訟についての管轄を他の裁判所は有しない。これらは，平成15（2003）年の民事訴訟法改正[注2]により，特許権等に関する訴訟事件の管轄集中が図られた結果である。東京地方裁判所及び大阪地方裁判所が第一審としてした特許権等に関する訴えについての終局判決に対する控訴は，9番目の高等裁判所としての知的財産高等裁判所の専属管轄とすべきであるとの声もあったが，東京高等裁判所内に特別の支部として知的財産高等裁判所を創設することとなった。この結果，知的財産に関する事件の性質内容がその審理に専門的知見を必要とする事件につき，東京高等裁判所の管轄に属する全ての民事事件及び特許権等の審決取消訴訟に係る行政訴訟事件について，知的財産高等裁判所が管轄することとなった（知財裁判所設置2条）。

また，意匠権，商標権，著作者の権利（プログラムの著作物についての著作者の権利を除く），出版権，著作隣接権若しくは育成者権に関する訴え又は不正競争による営業上の利益の侵害に係る訴えについては，民事訴訟法4条の土地管轄及び同5条の特別裁判籍により導かれる裁判所の他に，競合的管轄が認められてい

る東京地方裁判所又は大阪地方裁判所に訴えを提起することができる（民訴6条の2）。

注1）　なお，日本の裁判所の国際裁判管轄については，平成23年民事訴訟法改正で明確に規定された。これによると，被告の住所又は営業所が日本国内にあるときの他（民訴3条の2），権利侵害という不法行為があった地が日本国内にあるとき（同3条の3第8）などについて日本の裁判所に管轄があることを認めている。さらに，知的財産権のうち，設定登録により権利が発生するものの存否又は効力に関する訴えについては，その登録が日本でなされたものであるときは，日本の裁判所の専属管轄としている（同3条の5第3項）。
　　2）　平成15年民事訴訟法改正では，専門家の訴訟への関与の下に的確な審理を可能にする専門委員制度の導入や（民訴92条の2以下），知的財産訴訟において5人の裁判官による大合議制（同269条の2）を導入して，この種の紛争における法的安定性の確保に努められている。

(2)　**訴訟審理**

訴えが提起され，裁判が係属すると，請求の当否は，裁判所が判断することとなる。そのための審理は，特許権侵害の存否の判断に必要な事実主張の部分と，そこでの事実を確定する争点整理の部分に分かれる。この手続を弁論という。そして争いとなる事実については，証拠の申出とそれについての証拠調べの手続が行われる。

裁判所が特許権侵害訴訟について裁判をするためには，口頭弁論を開いて審理が進められる（民訴87条1項）。口頭弁論では，原告の請求原因事実の主張，それに対する被告の認否及び抗弁事実というように，実体法上の要件事実を軸として，当事者の争いとなる事実の確定，つまり争点整理がされる。裁判所の争点整理のために，法は，準備書面（同161条1項）と当事者照会注1）（同163条）の手段を提供している。

これらの手段の下に裁判所は争点整理を行うが，争点整理の手続として，①準備的口頭弁論（民訴164条以下），②弁論準備手続（同168条以下），③書面による準備手続（同175条以下）の3つがおかれている。①は弁論期日に争点整理を目的としてなされるが，性質は口頭弁論に他ならず，そこでの資料は証拠資料となるが，②の弁論準備手続は，口頭弁論期日外に当事者双方の立会いの下に行われ，口頭弁論の性質を有しない。積極的に争点整理を行うためにもラウンドテーブル方式が採用されよう。③の書面による準備手続は，非公開であり，当事者が遠隔地に

居住する場合，電話等の利用により出廷を省こうとする手続である。

特許権侵害訴訟においては審理の迅速化が求められていることもあり[注2]，審理計画モデルに沿った計画審理が進められている（民訴147条の2以下）。もともと，審理の遅延を防ぐために，時機に遅れた攻撃防御方法の却下の規定（同157条）はあったが，活用されていなかった嫌いもあった。計画審理の意義を徹底するために，特則が設けられている（同157条の2）。

> 注1) 当事者照会制度とは，訴訟の係属中，裁判所の権能の発動によらず，当事者が，直接相手方に対し「主張又は立証を準備するために必要な事項」について書面で照会できる自主的情報交換制度である。
> 2) 知的財産訴訟の迅速化については，東京地裁知的財産訴訟検討委員会「知的財産権侵害訴訟の運営に関する提言」判タ1042号4頁，飯村敏明「特許権侵害訴訟の審理の迅速化について」L&T21号21頁が詳細。

(3) 文書提出命令

当事者間で争いのある事実について裁判所は，証拠調べの結果に基づいて事実を認定しなければならない。証拠調べは，当事者の申し出た証拠につき，裁判所が判断して行う（民訴181条）。証拠調べの方法として証人尋問及び書証がある。書証，つまり文書の証拠調べを行うには，文書が裁判所に提出される必要がある。挙証する者が所持している場合は問題ないが，そうでない場合には，文書提出命令によることとなる。知的財産訴訟に限らず，一般に証拠の偏在問題があり，実体的真実発見を強化する観点から，文書提出義務の範囲は拡大されてきた（旧民訴312条⇒民訴220条）。

特許法は，さらにこれを拡充し，「損害の計算をするため」だけでなく，「当該侵害行為について立証するため」にも，提出命令の申立てを認めている（特許105条1項）。提出命令の対象となる文書が同条1項の書類に該当するのかどうか，もしそうであっても正当な理由が認められなければ，当該文書の提出を拒むことはできない[注1]。正当な理由の存在は，文書の開示によって提出者が受ける不利益と，文書の提出がされないことによって訴訟当事者が受ける不利益を比較衡量して，裁判所がインカメラ審理によって判断するが，この場合において当事者の意見を聴く必要があると裁判所が認めるときは，当事者等に当該書類を開示することができる。さらに，裁判所はこれに関連して専門的知見に基づく説明が必要

であると認めるときは，当事者の意見を得て，専門委員に書類を開示して説明を求めることもできる（同105条4項）。正当な理由が営業秘密等である場合は，相手方に営業秘密が開示されることを意味するから，文書提出者は秘密保持命令（同105条の4）を求めることになろう。この秘密保持命令（**第1章第4節2**）及び訴訟の公開の停止（**第1章第4節3**）については，不正競争関係訴訟との関係ですでに述べたところを参照されたい。

なお，知的財産権侵害紛争一般においては，これらに止まらず，侵害物品の供給者の開示等侵害ルートの探索に必要な情報の開示を含む，権利の救済に有効でかつ広範な情報開示制度の確立が求められよう。

注1） 新民事訴訟法施行前の事案であるが，トラニラスト製剤事件，東京高決平成9年5月20日判時1601号143頁は，営業秘密の不必要な開示が，訴訟当事者と裁判所の訴訟指揮等により適切に対応できる場合，営業秘密の存在が文書提出命令を拒む正当な理由となり得ない，と判示する。

(4) 差止請求権

特許権は，現行法上専用権すなわち排他的実施権として構成されているから，正当な理由なく他人が無断で実施することを排除することができる。民法上，明文の規定はないが，所有権については物上請求権が認められている。これに対し，特許法では権利付与法として，明文の規定によって差止請求権が認められている（特許100条1項）。

差止請求権は現在及び将来の侵害に対して行使できる権利である点で，過去の侵害について問題となる損害賠償請求権と異なる。また，侵害者の故意・過失等主観的要件を問わない点でも，損害賠償請求権と異なる。差止請求訴訟では，このように被告の主観的要件は問われないが，原告は被告の侵害行為（これをイ号という）を特定して，これと自己の特許発明の技術的範囲を比較し，これにイ号が含まれることを立証しなければならない。イ号の特定は「物の発明」については，物があるだけにさほど困難ではないが，「方法の発明」や「物を生産する方法の発明」では，侵害者が当該方法を実施して物品を生産したという痕跡を残さないのが一般であろうから，かなり困難を伴う[注1]。このため，物を生産する方法の発明に関する特許では，その物が特許出願前に日本国内において公然知られた物でないときは，その物と同一の物はその特許された方法によって生産された

物と推定されている（特許104条）。さらに，侵害訴訟において，権利者により主張される侵害組成物又は侵害方法の具体的態様を相手方が否認するときは，相手方が自己の行為の具体的態様を明らかにしなければならない，積極否認の制度が設けられている（同104条の2）。これは，相手方の侵害行為を特定しても，相手方はこれを否認する理由だけを示せばよい（民訴規則79条3項）としておくと，無体物の侵害行為の特定に権利者だけが苦労を強いられてしまうので，この苦労を緩和しようとするものである。

　差止請求権を行使するに際して，附帯請求として，侵害組成物廃棄除去請求権を行使することができる（特許100条2項）。侵害組成物とはテレビについて特許が成立しているとすれば，そのテレビ及びテレビの製造にのみ使用される金型や装置さらにはテレビの部品をいう。差止請求権を行使できる者は，特許権者と専用実施権者である。通常実施権者は差止請求権を行使できないと一般に解されているが，独占的通常実施権者については肯定する判例・学説があることは前述した。

　　注1）　侵害行為の有無・特定は「物の発明」の場合は比較的容易であるが，「方法の発明」にあってはかなり困難なことが多い。特許法104条の推定規定はこの間の事情を幾分救うものであるが，決め手になりにくい。微生物を利用して製造されるL－リジンをめぐる紛争では，原告企業が相手企業の排水溝から問題の微生物を発見したことが紛争解決の決め手になったといわれている。

(5)　損害賠償請求権

　特許権は，民法709条にいう「他人の権利」に該当することはもちろんであるから，故意又は過失により特許権を侵害した者はこれによって生じた損害を賠償する責任を負う。

　特許権の侵害を理由とする損害賠償請求を行う者は，侵害行為を特定し，侵害行為者の故意又は過失，損害額及び侵害行為と損害との間の因果関係を，一般原則に従い，立証する責任を負う。有体物を客体とする所有権侵害の場合と異なり，無体物を客体とする特許権にあっては，侵害者の心理状態である故意・過失を立証することや，逸失利益を中心とする損害額を立証することは相当困難である。そのため，先の積極否認の制度（特許104条の2）の他に，特許権の侵害行為についても，文書の提出を命ずることができるようにするとともに（同105条），計算

鑑定人の制度を新設して，侵害者に説明を強制して損害額の計算が行えるようにした（同105条の2）。さらに，逸失利益や慰謝料等損害の性質上，その額を立証することが極めて困難でなくても（民訴248条参照）注1），口頭弁論の全趣旨及び証拠調の結果に基づいて，相当な損害額を裁量的に認定できることになっている（特許105条の3）。加えて，無体財産，殊に技術的アイデアを保護対象とする特許法においては，格別の推定規定が設けられているが（同102条，103条），商標法で導入されている法定損害賠償規定（商標38条4項，TPP12第18・74条6(a)）は設けられていない。

　まず，逸失利益による損害額の算定方式の特則について述べる。損害賠償請求において，侵害者が侵害組成物を譲渡したときは，その譲渡した物の数量に，侵害行為がなければ販売することができた物の1単位数量当たりの利益の額を乗じて得た額を損害額として請求することが認められている（特許102条1項）。これにより，侵害行為が譲渡された物の一部に認められる場合（オートフォーカス機構に特許が成立している場合のカメラ全体の譲渡）において，特許発明に係る部分ではなくして製品全体の利益額（オートフォーカス機構についてではなくして，カメラ全体の）を基礎に逸失利益額を算定することが可能となる注2）。ただし，その額が特許権者又は専用実施権者の実施できる能力に応じた額を超えていると認められる場合，さらに侵害者により譲渡された物の数量の全部又は一部を，特許権者又は専用実施権者は販売することができない事情が認められる場合はこの限りではない。侵害訴訟においては，特許権者が，侵害品の「譲渡数量」，その「単位数量当たりの利益の額」とその「実施の能力」を立証して，損害賠償を請求することになる。これに対して，侵害者は，「販売することができないとする事実」を立証して，損害賠償額を覆滅していくことになる注3）。

　1項の逸失利益の損害額の算定は，侵害品の購入者が侵害品を購入しなかった場合には特許品を購入するであろう，という相互補完関係が認められる場合に成立する。したがって，商標権侵害訴訟においては，1項による損害額の推定は，例外的な場合にのみ機能する注4）。

　次いで，損害額の推定について述べる。損害額の推定規定である特許法102条2項についての判例・学説の一般的理解は，同項は売上減少に伴う逸失利益の推定規定であるので，原告が特許発明を実施していない場合には，2項は適用さ

ない，と考えている[注5]。原告が実施していない場合には，3項の実施料相当額の損害額の推定のみが働く。換言すれば，3項は最低限度の損害賠償請求可能額として機能する，と解するのである。平成10年改正前特許法の下での裁判例をみると，この規定の文言が「特許発明の実施に対し通常受けるべき金銭の額」を損害額として請求できると定めていたため，高額な実施料相当額が認められない傾向にあり，侵害抑制のインセンティブになっていないといわれていた[注6]。このため，侵害事件の事情を考慮して実施料相当額を認定できるようにするため，現行法は「通常」の文言を削除している。これによって，権利者と事前にライセンス交渉をして特許発明を実施する場合と，無断で実施する場合とで差違を設けることができることになった。

これまでも有力な学説は，2項と3項とを並列的に捉え，2項は逸失利益のみを推定するという限定を付したものではなく，損害額を推定すると規定しているだけであり，権利者不実施の場合でかつ逸失利益がなくても，2項の推定は覆らない。実際の損害額が3項で推定される侵害者の利益額（特許発明の実施に対し通常受けるべき金銭の額）よりも過小なものであることを，侵害者が立証しなければ，2項の推定を覆すことができず，立証に成功した差額分についてだけ免責を受けることができるに過ぎないと解していた[注7]。

故意・過失により，特許権を侵害し，これにより権利者の業務上の信用を害した場合には，裁判所は，権利者の請求により，金銭賠償に代え又はこれとともに，権利者の業務上の使用を回復するに必要な措置，すなわち謝罪広告等の使用回復措置を命ずることができる（特許106条）。

注1）　特許権等の侵害による損害額は，「損害の性質上その額を立証することが極めて困難である」とは一概にはいえないので，特許権等の侵害訴訟にも，裁判所による裁量的な損害額認定ができるようにされた。なお，「侵害の行為がなければ販売することができた物（特許102条1項）」とは，「侵害された特許権を実施するものであって，侵害者が譲渡した物と市場において排他的な関係に立つ製品であれば足り」るとする判決がある（記録紙事件，東京地判平成13年7月17日特許ニュース10691号1頁，同10692号2頁）。

2）　タガメット錠剤事件，東京地判平成10年10月12日判時1653号54頁は，25億円の損害賠償を認容した事案であるが，そこでの逸失利益額は，（原告の販売単価－原告の直接経費＋一般管理費）×被告の推定的な製造数量で求められている。

3）　特許庁総務部総務課工業所有権制度改正審議室「平成10年改正工業所有権法の解説」18頁。なお，渋谷達紀「知的財産法講義I〔第2版〕」300～301頁，高林龍

「標準特許法〔第4版〕」270～272頁参照。
4) メープルシロップ事件，東京地判平成13年10月31日判時1776号101頁。
5) 旧実用新案法29条1項に関するものであるが，植毛器事件，大阪地判昭和54年2月28日無体集11巻1号92頁；ニブリング金型機構事件，東京高判平成3年8月29日知財集23巻2号618頁。
6) 実施料相当額請求事件において，認容された事例81件における認容実施料率は4.2％であるとの調査がある（工業所有権審議会損害賠償等小委員会報告書，平成9年11月25日，37頁）。最近，製品販売価格の10％相当額を損害とする判決もみられる（コンクリート補強金具事件，東京地判平成8年10月18日判時1585号106頁）。
7) 田村善之「特許侵害に対する損害賠償」私法54号269頁以下。中山信弘「特許法〔第2版〕」374頁以下は，規範的損害と解する。

(6) 不当利得返還請求権

　法律上の原因なくして，他人の財産又は労務により利益を受けた者が，これによって他人に損失を及ぼした場合，その得た利益を不当利得として返還しなければならない（民703条，704条）。その得た利益とは，一般には実施料相当額であるので，特許権の侵害による損害賠償と結果において変わらないことになる。しかし，不当利得においては侵害者の故意・過失を問う必要がないこと，請求権の消滅時効が不法行為の3年に比して10年と長期であることに意味がある。

第12節　審　　　判

1　審判の意義

(1) 意義と種類

　審判とは，特許に関してなされた処分の効力や特許請求の範囲の変更等について，特許庁審判官の合議体によってなされる審理手続をいう。特許に関しなされた処分の妥当性も，最終的には裁判所において審理判断されるべきであるが，特殊の専門技術的知識を要する特許争訟にあっては，専門的知識を有する機関に担当させるのが適当であり，ひいてはこれにより裁判所の負担軽減ともなるので，主として歴史的経過から[注1)]，これを特許庁に担当させている[注2)]。行政機関の判断であっても，そこには公正さが求められることは裁判と同じであるから，審判は訴訟に準じた手続で行われる。そして，その審決取消訴訟は第一審を省略して東京高等裁判所（その特別の支部である知的財産高等裁判所）の専属管轄とされ

ている（特許178条1項）。

審判には，次の種類がある。①拒絶査定不服審判（特許121条），②訂正審判（同126条），③特許無効審判（同123条）及び④延長登録無効審判がある。延長登録無効審判には，医薬品等で実施に公的機関の承認を要するために権利存続期間が浸食したことを理由とした延長登録無効審判（同125条の3）と，特許付与官庁の不合理な遅延に対する期間補償のための延長登録無効審判（同125条の2）がある。また，これらの審判に付帯するものとして，除斥又は忌避決定の申立てについての審判（同143条1項）及び参加申請についての審判（同149条3項）がある。これら付帯する審判の決定には不服を申し立てることはできない（同143条3項，149条5項）。

(2) 審理方式

審判手続は迅速性を重視し，一審制を採用している。審判手続は口頭審理又は書面審理方式の下で（特許145条），審理の進行と内容の両面でそれぞれ職権進行主義（同152条）と職権探知主義（同150条1項，2項）が採用されている。当事者が申し立てない理由についても審理できるし，証拠調及び証拠保全も職権で行うことができる。証拠調又は証拠保全については民事訴訟法の証拠に関する規定が大部分準用されるが，職権主義が採用されているため，弁論主義及び処分権主義に関係する規定は準用されない。例えば，民事訴訟法179条が準用されているが，「自白したる事実」であっても職権主義の下で審判官を拘束しないため，同条中「裁判所において当事者が自白した事実及び顕著な事実」は「顕著な事実」と読み替えられている（同151条2文）。

拒絶査定不服審判では，審査における拒絶事由が不適当であると審判官が判断する場合であっても，職権に基づき原査定に示されていない公知資料に基づいて拒絶査定を維持することができる。もっとも，審判請求人が申し立てていない請求の趣旨については職権で審理を行うことはできないので（特許153条3項），無効審判の請求がされていない請求項に係る特許の無効についてまで審理することはできない。

(3) 審決の効果

審決が確定すると，対世効を生じ，当事者のみならず第三者にもその効力が及ぶ。紛争の画一的確定を図るためである。この点で，訴訟当事者間の相対的効果

しかない特許無効の抗弁を認容する裁判所の判断の効力と相違する。

特許付与前の審決（拒絶査定不服審決）では審査官を拘束し（特許160条2項），特許付与後の審決（無効審決，延長登録無効審決，訂正審決）であれば遡及効を有する（同125条，125条の2第4項，128条）。また，特許無効審判や延長登録無効審判で，請求人の請求が認められない形で審決が確定し登録があったときは，当事者及び参加人は同一の事実及び同一の証拠に基づいて，当該審判を請求することができない（同167条）。これを一事不再理の効力という。濫訴を防ぐ趣旨ということであろうが，第三者効がないので当然のことを確認したに過ぎない。

注1）　高橋是清「高橋是清自伝」294頁「然るに私は，此処で図らずも肝心な知識を得た。といふのは，従来，登録保護せられてゐる発明権を犯したものは，直に普通の裁判所に廻される。すると，裁判官に発明に関する技術上の知識がない為に，往々にして間違った判決を下し，折角苦心した発明の効力が甚だ薄らいでくる。英国や米国殊に英国では，規則の出来た以前より，発明者の権利を不文律を以て，裁判の上で保護してをったが，ドイツにはこれがない。故に，英，米の如く幾多の判決例が出来るか，或は民間にその参考となるべき技術家が出て来るまでは，発明に関する最後の審判は，特許局においてせねばならないといふことであった。これは私の頭にも直にピンと響いた」。

2）　しかし，均等論が肯定される場合，特許請求の範囲に記載された構成要件については特許庁の審査を経ているが，置換される構成要件についてはこれを経ていないので，裁判所において判断せざるを得ないことになる（無限摺動用ボールスプライン軸受事件，最判平成10年2月24日判時1630号32頁）。

2　審判手続

審判は，一般に査定系審判[注1]と当事者系審判に分けて説明される。

(1)　当事者

査定系審判において，請求人は①では拒絶査定を受けた出願人（特許121条1項），②の訂正審判では特許権者（同126条1項）である。いずれも被請求人は特許庁長官である。

当事者系の審判においては，④では延長登録の無効を主張することに利害関係を有する者が（特許125条の2第2項），③では権利の帰属に関する無効事由については特許を受ける権利を有する者が，その他の無効事由については利害関係人が請求人適格を有する（同123条2項）。被請求人は特許権者である。

請求人は所定の事項を記載した審判請求書を特許庁長官に提出する（特許131

条1項)。当事者系の審判で，請求人が複数いるときは，審判は共同して請求することができる（同132条1項）。合一的確定のためである。同じ理由から，特許権の共有者が審判を請求するときは全員共同して請求しなければならない（同132条3項）。

(2) **請求期間**

①の拒絶査定不服審判は，原則として，査定の謄本送達日から3月以内に請求しなければならない（特許121条1項）。②，③及び④の審判は，特許権設定登録後に請求でき，権利の消滅後でも可能である（同126条8項，123条3項，125条の2第3項，125条の3第2項）。

(3) **予告登録**

①の拒絶査定不服の審判を除き，他の審判については，審決の結果如何では，権利の存在ないしその範囲に影響を生じ，これにより第三者に不測の損害をもたらす可能性もあるので，警告を促すため予告登録がなされる（特許登令3条4号）。

(4) **審理方式**

審判の請求は，審判請求書を特許庁長官に提出して行う（特許131条1項）。③の特許無効審判の審判請求書においては，請求の趣旨はもちろん，その理由についても根拠となる事実を具体的に特定し，事実ごとに証拠との関係を明らかにしなければならない（同131条2項，訂正審判については同3項）。これに反した場合，審判請求書に対する補正が命じられ（同133条1項），補正に応じないとき，あるいは審判長の許可等がなく補正によって要旨が変更されるときは，却下決定がなされる（同133条3項，131条の2）。

審判は，特許庁長官の指定する3名～5名の審判官の合議体が構成され，その下で審理が進められる（特許136条，137条）。

審理方式は，当事者審判の採る当事者対立構造の下での口頭審理（特許145条1項）と査定系審判の採る職権探知主義の下での書面審理（同条2項）とに分かれる。③と④の審判では，当事者対立構造を採用することによって当事者に攻撃防御を尽くさせ，審理の充実を確保させつつ，同時に職権探知もできることとされている（同152条，153条1項）。審判において，弁論主義が採用されず，職権探知主義がとられているのは，独占権という広く公衆の利益に関係する審判では，職権探知主義を採り対世的に解決を図る必要があるためである。審判では，審理内

図22

		査定系審判		当事者系審判	
		①拒絶査定不服審判（特許121条）	②訂正審判（特許126条）	③特許無効審判（特許123条）	④延長登録無効審判A・B（Ⓐ特許125条の3）（Ⓑ同125条の2）
当事者	請求人	拒絶査定を受けた者・承継人	特許権者 但し，同127条	利害関係人 但し，同123条2項	利害関係人
	被請求人	特許庁長官	特許庁長官	特許権者	特許権者
請求原因		同49条の規定による拒絶査定の存在	同126条1項の事項を目的とする明細書，特許請求の範囲又は図面の訂正	同123条1項1号～8号所定の事由	Ⓐ同125条の3第1項1号～5号所定の事由 Ⓑ同125条の2第1項1号～5号
請求期間		拒絶査定謄本の送達があった日から3月以内。但し，同121条2項	特許権設定登録後，特許権消滅後も可。但し，特許無効審判係属後又は異議申立て後は不可	特許権設定登録後，特許権消滅後も可	特許権設定登録後，特許権消滅後も可
請求手続特則		請求書 審査前置主義	請求書 訂正した明細書等の添付	請求書	請求書
審理方式		書面審理	書面審理	口頭審理	口頭審理
審決の効力		対世効 拘束力 （同160条2項）	対世効 遡及効 （同128条）	対世効 一事不再理 （同167条） 遡及効 （同125条）	対世効 一事不再理 （同167条） 遡及効 （同125条の3第3項，同125条の2第4項）

容を正確かつ容易に理解できる点が重視され，当事者系の審判でも書面審理によることが多かったが，近時，口頭審理によることも少なくない。

注1）　訂正の審判は，特許権者に対立する当事者がいないという点で，当事者系審判に属しないが，特許出願手続においてなされる審判でもないので査定系審判ともいえないのであるが，ここでは便宜上査定系審判の範疇に入れて説明している。

3 拒絶査定不服審判

(1) 意 義

　拒絶査定不服審判は，拒絶査定を受けた者及びその承継人が当該査定に不服である場合に請求される。この審判は，審査段階における手続や事実関係を無視して新たに最初から審理をし直す覆審ではなくて，審査の続審としての性質を有する。審査段階での手続補正書や意見書の提出はこの審判でも「その効力を有する」（特許158条）のはこのためである。したがって，審査で提出した意見書，補正書等はそのまま効力を有し，重ねて同じ証拠調べを繰り返さないでよく，拒絶査定理由とは異なった理由で審判請求不成立の審決をすることもできる。

　また，この審判では，補正却下の決定（特許53条）に対する不服を合わせて申し立てることができる（同53条3項）。

(2) 審査前置主義

　審査前置制度が設けられている理由は，拒絶査定が覆る場合の大半が，査定後の明細書・図面についての補正によるものであるとの実状に鑑み，拒絶査定をした審査官に再審査させることで審判官の負担を軽減し，よって審判の促進を図ることが期待された。もっとも，当時の制度の下では，要旨を変更しない限り，特許請求の範囲の拡張・変更を行う補正も許容されていたので，拒絶査定を受けた発明とは別個の発明について前置審査で新たに審査されるという結果になっていた。平成5年改正特許法は，補正範囲の適正化を実現すべく，補正制度に手を入れたので，審査前置における補正についても，補正可能範囲について同様な制限が加えられている（特許17条の2第3項～5項）。

(3) 審判手続と審決

　拒絶査定不服審判は，拒絶すべき旨の査定の謄本の送達があった日から3月以内に請求することができる（特許121条1項）。この審判の請求と同時に，明細書，特許請求の範囲又は図面に補正がなされると，審判に先立って前置審査が行われる（同162条）。補正により拒絶事由が消滅したと判断されるときは，拒絶査定を取り消し，特許査定を行う（同164条）。前置審査によっても，拒絶査定を取り消すことができない場合は，審判に回される。

　拒絶査定不服審判における審判の対象は，拒絶査定の理由の当否ではなく，当該特許出願に特許を与えるべきかどうかという点にある。したがって，拒絶査定

で示された引用例以外の引用例で拒絶査定を支持する審決も可能であるし，拒絶理由通知に示された拒絶理由とは違う理由で，審判請求は成り立たない旨の審決をなすことも可能である。

　拒絶査定を取り消す場合，前述のように審判官が特許すべき旨の審決をすることも可能であるが，自ら特許付与審決をしないで審査に差し戻すこともできる（特許160条1項）。この場合，原査定取消の理由となった審判段階での判断は，審査官を拘束する（同160条2項）。

　ところで，共同で出願した者が拒絶査定を受けたため，共同で拒絶査定不服審判を請求し，請求が成り立たない旨の審決を受けた場合，これに対する審決取消訴訟は共有者が全員で提起しなければならない。この審決取消訴訟は，共有者全員に合一的にのみ確定する必要のある固有必要的共同訴訟と解されているので，共有者の1人が単独で審決の取消訴訟を提起することはできない[注1]。訴訟での審決の違法性の有無の判断は，共有者全員の有する1つの特許等を受ける権利の成否を決することになるからである。

　　注1）　シールド工法用セグメント事件，最判昭和55年1月18日判時956号50頁；磁気治療器事件，最判平成7年3月7日判時1527号145頁。ただし，商標登録無効審決の取消訴訟については保存行為説が採用されている（水沢うどん事件，最判平成14年2月28日集民205号825頁，**本章第12節5(4)参照**）ので，拒絶査定取消審決と無効審決の審決取消訴訟の原告適格を格別に考えてよいのかという問題が残る。

4　訂正審判

(1)　意　義

　特許権の設定登録があると，明細書，特許請求の範囲及び図面はいわば公に確定されたことになるから，これを変更することは第三者の利害にも関係し，原則として許すべきでない。しかし，特許請求の範囲等の記載が不明確であると，特許権の効力の範囲に争いが生じ，侵害問題が生じたり，さらには特許無効審判の請求を受けたりするので，第三者に不測の損害を与えない限度で，特許権者に訂正の機会を与えても不都合はない。このためにおかれているのが，訂正審判の制度である。

　特許権者の独自の判断で訂正審判を求めることは，理論上はもちろん可能であるが，現実問題としては，特許無効審判が請求され，そのままでは特許全体が無

効になってしまうという場合に，訂正審判が求められる。特許法はこの関係を認め，特許無効審判が係属後は独立した訂正審判の請求を認めず，権利者は無効審判の中で訂正の請求ができるものと定められている（特許126条2項，134条の2第1項）。特許無効審判と訂正審判が別途に進行すれば，いずれかの手続あるいは審決が先に終結するようなことが起こり，残された手続あるいは審決の効力をめぐる争いがあり[注1]，もし訂正審判係属中に特許無効審判を中断するとすれば，審理の遅延問題が生ずるおそれがあったためである。

しかし，特許無効審判が特許庁に係属していなければ訂正審判を請求することができていたので，特許権者は，特許無効審決後，審決取消訴訟を提起している間に，訂正審判を請求することができた。このため，審決取消訴訟の係属中に，訂正審決によって原審決の基礎となった特許の内容に変更が生じ得た。

一方で後述するように（**本章第13節4**），審判の手続において審理判断されなかった公知事実との対比における無効原因は，審決を違法とする理由として主張することができないが（メリヤス編機事件，最大判昭和51年3月10日民集30巻2号79頁），これとの関係で，訂正審決によって特許請求の範囲が減縮した場合，減縮後の特許請求の範囲については訂正前の明細書記載の発明について対比された公知事実のみならず，他の公知事実との対比が必要となるがこれができないので，訂正を認める審決が確定したときは，裁判所は先の無効審決を取り消す他なくなる（大径角形鋼管事件，最判平成11年3月9日民集53巻3号303頁）。ここに，いわゆる「事件のキャッチボール」が生ずる。すなわち，特許庁の無効審決→無効審決取消訴訟→訂正審判請求→訂正審決→裁判所による無効審決の取消・事件の審判官への差し戻し（特許181条2項）→再度の特許庁の無効審決→再度の無効審決取消訴訟，という特許庁と裁判所間のキャッチボールである。

このキャッチボールを解消するために[注2]，特許無効審判が請求されてからその審決が確定するまで，審決取消訴訟提起後も例外を認めず，全面的に訂正審判を請求できないこととした（特許126条2項）。訂正審判の提起を認めない代わりに，特許無効審判において審決予告の制度を導入して，特許権者に訂正請求の機会を認めている（同164条の2第1項，2項，134条の2第1項）。

同様の事情は特許異議の申立ての制度の下でも生ずるため，特許異議の申立てが特許庁に係属すると訂正審判の提起を認めないこととし，取消決定の判断に至

るときは，運用でその予告が行われ，訂正の機会が与えられることになっている（**本章第7節2(3)参照**）。

(2) 訂正の範囲

訂正が可能な範囲は，願書に添付した明細書，特許請求の範囲又は図面についての特許請求の範囲の減縮，誤記又は誤訳の訂正，明瞭でない記載の釈明及び他の請求項の記載を引用する請求項の記載を当該他の請求項の記載を引用しないものとすることに限られ，さらに新規事項を追加したり，特許請求の範囲を実質的に拡張・変更するものであってはならない（特許126条1項）。特許無効審判は請求項ごとに請求できる（特許123条1項）ことを踏まえ，平成23年改正特許法で訂正請求も請求項ごとに（同134条の2第2項），訂正審判でも請求項ごとに訂正できることとされている（同126条3項）。

新規事項の判断の基準となる明細書，特許請求の範囲又は図面は，誤記・誤訳の訂正については当初の明細書，特許請求の範囲又は図面（あるいは外国語書面）であるが（同126条5項），それ以外の訂正については訂正審判を請求する際の明細書，特許請求の範囲又は図面である。訂正の効果は遡及するから，第三者に不利益をもたらさないためである。

また，訂正審判は特許無効審判に対する防衛手段としても機能する制度であるが，特許請求の範囲をいかに減縮してみても独立して特許を受けることができない場合には，これを認める実益もなく，このような訂正は認められない（特許126条7項）。

(3) 訂正の効果

訂正審決の確定によって，訂正の効果が（一群の請求ごとに訂正審判の請求があったときは，その一群の請求項ごとに）発生するが，その効果は出願時まで遡及する。すなわち，訂正明細書，訂正特許請求の範囲又は訂正図面によって特許出願から特許登録までの一連の手続がなされたものとみなされる（特許128条）。この効果によって，訂正の制度が特許無効を理由とする争いに対する対抗措置となるわけである。訂正審決と無効審決との関係については，例えば訂正審判係属中に無効審決が確定した場合のように（トレラー駆動装置事件参照（前注1）））．問題もあったが，2つの審判が連動されたこと（同126条2項）や特許無効審判手続における審決予告の制度の創設（同164条の2，134条の2第1項）により，キャッチ

ボール問題は解消するものと期待されている。

> 注1） 訂正審判継続中に特許無効審決が確定した場合，訂正審判の取扱いはどうなるかが最も問題となった点である。特許無効審決が確定した以上，特許は初めから存在しないのであるから，訂正審判は目的を失い不適法となり，その審決取消訴訟は訴の利益を失う，というのが判決である（トレラー駆動装置事件，最判昭和59年4月24日民集38巻6号653頁）。
> 2） 「事件のキャッチボール問題」の解消は，平成15年改正特許法でも強く求められたところであるが，平成23年改正特許法はこの解消をさらに進めたものといえる。

5　特許無効審判
(1) 意　義

設定登録を受けた特許の中には，審査官の過誤等によって本来特許されるべき発明でないものに特許が与えられている可能性がある。このような特許が存在するということは，市場における自由競争が阻害されることを意味し，等閑視することはできない。このような瑕疵ある権利は遡及的に消滅させる必要がある。特許無効審判の制度はこの必要性に応ずる制度である。

知的財産権を無効とする制度は，国によっても，知的成果物の種類によっても分かれている。特許を無効とする方法は，特許無効審判制度に限られているわけではなく，特許侵害訴訟における抗弁により特許の無効を主張する法制（米国特許282条）もある。わが国では伝統的に特許庁のみが，特許を付与し，これを無効とすることができる機関であると理解されてきた。しかし，特許の無効の程度にも，出願前の当該発明の実施など顕著な無効事由と認められるものから，進歩性の有無のように当業者の観点から慎重な判断を経てその有無が明白になる事由もある。また，特許権侵害訴訟が提起されたときには，明白な無効事由が存在する場合でも特許無効審判でのみ，被告は特許の無効を主張し得るというのでは，紛争を迅速に一回的に解決するという観点からも弊害が大きい。このような状況を考慮してか，最高裁は「当該特許に無効理由が存在することが明らかであ」り，「訂正審判の請求など特段の事情がない限り」，当該特許に基づく差止，損害賠償等の請求は権利の濫用として許されないものと判示する（キルビー特許〔上告審〕事件，最判平成12年4月11日判時1710号68頁）に至った。

特許無効審判における審理範囲は，請求項ごとに把握される発明の特許性である。無効審判の対象は特許処分であるから特許権を単位とすることになるはずで

あるが，昭和62（1987）年法の改善多項制の採用を機に，請求項ごとに審判の請求ができるものとされている（特許123条1項2文，なお，185条参照）注1）。1つの発明を複数の請求項で表現できる改善多項制のメリットを活かす上からも，求められた措置である。

(2) 当事者

特許無効の審判では，請求人と被請求人を当事者とする。被請求人となり得る者は特許権者であるが，請求人適格については争いがあったものの，請求人適格として利害関係を必要とするというのが一般的な理解となっていた（塩ビ樹脂配合安定剤製造法事件，東京高判昭和45年2月25日無体集2巻1号44頁）。

その後，平成15（2003）年改正特許法は，異議申立制度を廃止し，その任を特許無効審判制度に委ねたことから，共同出願要件違反の出願（特許38条）と冒認出願（同123条1項6号）の権利帰属を争う無効事由の場合を除き，何人も請求人となり得るものと定めていた（同123条2項）。ところが，平成26（2014）年改正特許法は付与後異議の申立ての制度を再度導入したことから，上記の共同出願要件違反の場合と冒認出願の場合を除き，再び請求人を利害関係人に限るものとした（同123条2項）。

(3) 無効事由

特許法123条1項に限定列挙されている。出願段階でされた補正が新規事項を追加するものであると設定登録後明らかになった場合，従来は出願日が補正日に繰り下がったが，平成5（1993）年改正特許法により，①不適法な補正注2）（特許17条の2第3項）となり新たに無効事由とされた。また，②平成6（1994）年改正特許法により，翻訳文の提出又は補正によって，外国語書面に記載されていない事項が追加され，明細書，特許請求の範囲又は図面に記載された事項が外国語書面に記載されていた事項の範囲内にない場合も無効理由とされている（同123条1項5号）。他に，③新規性・進歩性の欠如（同29条，29条の2），④特許を受けることができない発明（同32条），⑤開示不十分（同36条4項），⑥特許請求範囲の記載不備（同36条6項），⑦外国人の権利享有規定違反（同25条），⑧条約違反（同26条），⑨先後願関係違反（同39条1項，3項），⑩共同出願違反（同38条），⑪冒認出願（同49条6号），⑫同日出願の規定違反（同39条2項，4項），⑬不適法な訂正（同126条，134条の2第1項但書）等がある。

これらのうち，①から⑨までは公益的無効事由，⑩及び⑪は私益的無効事由そして⑬と特許後の⑧は後発的理由による無効事由である，とされるものである。①から⑨及び後発的理由による無効事由については，請求人に利害関係のあることを必要とするが，⑩及び⑪にあっては特許自体に瑕疵はなく当該特許は誰に帰属すべきかという無効事由であるから，請求人適格は特許を受ける権利を有する者に限定される[注3]（特許123条2項）。ただし，特許を受ける権利を有する者が特許法79条所定の移転請求権を行使したときは，冒認等の無効事由は解消する（同1項2号カッコ書，6号）。

(4) 無効審決の効果

　無効審決が確定すると，特許権は初めから存在しなかったことになる。この効果は，当事者間に限らず，対世的にかつ遡及的に生じる（特許125条）。もっとも，無効事由が後発的に生じたものである場合は，その事由が生じたときまで遡及するだけである（同123条1項7号，125条但書）。また，無効の請求を容認しない確定審決の登録があったときは，当事者による紛争の蒸し返しを防ぐため，一事不再理の原則により，同一の事実及び同一の証拠に基づいた審判請求はできなくなる（同167条）。ただし，第三者にはこの効力は及ばない。

　特許無効審決の確定が，特許権侵害訴訟の判決が確定してしまった後である場合はどうなるだろうか。特許侵害訴訟の判決が基礎とした特許権が存在しなかったという内容の審決が確定したのだから，判決の基礎となった行政処分が後の行政処分により変更されたことになり（民訴338条1項8号），確定した特許侵害訴訟判決に対する再審事由となるはずである。この結果，再審において不服の申立てが当然にできるはずであるが，再審で特許を無効とする審決が確定したことを主張できないこととされている（特許104条の4第1号）。この主張の制限は特許異議における特許取消決定の確定についても妥当する。特許法等産業財産権法では無効の抗弁が認められているため（同104条の3第1項），損害訴訟において特許の有効性を十分争う機会は与えられており，「紛争の蒸し返し」を防ぐ必要があるというのが立案理由[注4]である。

6 延長登録無効審判

(1) 意　義

延長登録無効審判には2つの種類がある。まず，薬品等の安全性の確保等を目的とする法規制により特許発明の実施ができず，特許期間の侵食状態が生じていることに対処するための特許権の存続期間の延長制度（**本章第10節1参照**）がある。この存続期間の延長は延長登録の査定によって行われるが，この査定が過誤によってなされる可能性があることから，無効審判制度（この項では，この審判を延長登録無効審判Aという）がおかれている（同125条の3第1項）。

また，特許権の存続期間の侵食は，特許付与官庁による不合理又は不必要な遅延によることも考えられることから，TPP12協定で当該遅延による補償のための特許期間調整制度が協定締約国に求められた（TPP12協定18・46条）。これに伴いわが国は期間補償のための特許権延長制度（この項では，この審判を延長登録無効審判Bという）を新たに設けている（特許125条の2第1項）。

(2) 当事者

延長登録無効審判Aでは，延長登録を受けた特許権者を被請求人として，利害関係を有する者に限り審判請求人となることができる（特許125条の3第2項⇒同125条の2第2項）。また，延長登録無効審判Bでも同様に，延長登録を受けた特許権者を被請求人として，利害関係を有する者が請求人となる（同125条の2第2項）。

(3) 延長登録の無効事由

延長登録無効審判Aでは，当該延長登録が，①特許発明を実施するために政令で定める処分を受けることを必要としない場合にされたとき（特許125条の3第1項1号），②特許権者又はその特許権についての専用実施権若しくは通常実施権を有する者が政令で定める処分を受けていない場合にされたとき（同2号），③延長された期間が特許発明を実施することができなかった期間を超えているとき（同3号），④当該特許権者でない者の出願に対してなされているとき（同4号），そして⑤当該特許権が共有に係る場合において共有者全員によらない出願にされたとき（同125条の1項5号⇒67条の5⇒67条の2第4項），の各事由が無効事由となる。

延長登録無効審判Bでは，当該延長登録が①基準日以後にされていない場合の

出願に対してされたとき（特許125条の2第1項1号），②当該特許権の存続期間に係る延長可能期間を超えているとき（同2号），③当該特許権者でない者の出願に対してなされているとき（同3号），そして④当該特許権が共有に係る場合において共有者全員によらない出願にされたとき（同4号⇒同67条の2第4項）の各事由が無効事由である。

延長登録審判A及びBのいずれも，特許無効の審判と異なり，請求項ごとに請求できない（特許185条で例示されていない）。延長登録出願はいずれか1の請求項でも延長登録要件を満たせば認められるからである。また，A及びBのいずれも，特許権の消滅後においても審判請求できる（同125条の2第3項⇒同123条3項，同125条の3第2項⇒125条の2第3項⇒同123条3項）。

(4) 無効審決の効果

延長登録無効審判A及びBの審決確定の効果としては，その延長登録による期間延長は，初めからされなかったものとみなされる（特許125条の2第4項，同125条の3第3項）。同様にA及びBのいずれも，延長登録により延長された期間が特許発明の実施することができなかった期間あるいはその特許権の存続期間に係る延長可能期間を超えている場合は，その超える期間について延長がされなかったものとみなされる（同125条の3第3項但書，同125条の2第4項但書）。また，いずれも特許無効の審決の確定と同様，一事不再理の効果が生ずる（同167条）。

注1） 特許無効審判請求されている請求項についての特許請求の範囲の減縮を目的とする訂正請求は，攻撃防御の均衡の観点から，各請求毎にその許否が判断される（発光ダイオードモジュール事件，最判平成20年7月10日民集62巻7号1905頁）。
 2） 特許法17条の2第3項に規定する不適法な補正のうち，外国語書面出願において，翻訳文に記載されていない事項を誤訳訂正書によらず，手続補正書による補正により追加した場合については，軽微な手続的瑕疵であることから，無効事由から除いている（特許123条1項1号カッコ書）。
 3） 特許無効審判の請求人は適格は真の権利者に限定されるが，特許法104条の3所定の無効の抗弁は真の権利者に限定されるものではない（特許104条の3第3項）。
 4） 産業構造審議会知的財産政策部会特許制度小委員会報告書「特許制度に関する法制的な課題について」，平成23年2月，22頁。

第13節　審決取消訴訟

1　概　要

　先に述べた各審決及び取消決定は行政庁の処分であり，これに対して不服のある者は東京（知的財産）高等裁判所に出訴できることはいうまでもない（特許178条1項，憲76条2項）。審決取消訴訟及び取消決定取消訴訟では，審判手続又は異議の申立ての手続が前審的作用を営むため，第一審が省略され，東京高等裁判所が専属管轄権を有する（特許178条1項）。審決取消訴訟について，特許法は行政事件訴訟法の特則を設けている（同178条～184条）。例えば，出訴期間については，審決又は決定の謄本の送達があった日から30日以内（同178条3項）とし，行政事件訴訟法14条の規定の特則をおいている。

2　当事者

　拒絶査定取消審決のような査定系事件では，原告は出願人，被告は特許庁長官である（特許179条）。特許無効審決をめぐる当事者系の事件では，無効を認める審決の取消訴訟では，原告は特許権者，被告は審判請求人であるが，反対に無効請求を認めなかった審決では，原告は審判請求人，被告は特許権者である（同179条但書）。特許異議の申立ての手続の取消決定に対する取消訴訟では，原告は特許権者，被告は異議申立人である。いずれにしても，原告は審決を取り消すことに法律上の利益を持っていなければならない（行訴9条）。当事者系の事件においては，特許庁は当事者として審理に関与することはできないので，審決取消訴訟の審理経過に応じて，法令の解釈や運用基準の正当性を主張させるために，裁判所が特許庁長官にその意見を求める求意見制度や，特許庁長官が裁判所にその意見を述べる意見陳述制度が設けられている（特許180条の2）。

　審決取消訴訟は固有必要的共同訴訟であるか否かという問題がある。特許権の共有者は審判においては共同して審判を請求し，請求されることを求められるが（特許132条2項，3項），審決取消訴訟では明文の規定がないということに由来する。特許権は1つであるから，その権利が有効か無効かは常に共有者全員に画一的に確定される必要のあることは審判と同様であるとして1人が行った提訴は却

下されるという見解[注1]と，主として保存行為であるという理由で共有者の1人が行った審決取消訴訟の提起を適法であるとする見解[注2]とに分かれていた。この問題について，最高裁は，商標登録無効審決の取消訴訟においてであるが，固有必要的共同訴訟であることを否定し，保存行為説を採用する判断を示している（水沢うどん事件，最判平成14年2月28日集民205号825頁）。その理由として，判決では，商標権の設定登録から長期間経過して他の共有者が所在不明になる場合等が想定され，固有必要的共同訴訟と解すると不当な結果になることがあげられている。登録無効審決の取消を求める訴えにおいては，請求棄却であれば審決が確定し，請求が認められれば審決が取り消されて審判が再開する，という展開になるのであるから，審判さえ必要的共同審判としておけば合一的確定の要請に応えることは可能となるということはいえる。再開した審判では，持分が放棄され，上告人らのみが共有者でとなっている事案の解決としては有効である。

注1) 出願人名義変更届事件，最判昭和36年8月31日民集15巻7号2040頁「実用新案登録の共同出願人の一人が登録出願拒絶査定に対する抗告審決の取消請求訴訟を提起した後において，他の出願人の登録を受ける権利の持分を全部譲り受けて単独の権利者になった場合においても，出訴期間内にその旨の名義変更届をしなければ，右訴は不適法却下を免れない」。
 2) 中山信弘「特許法〔第2版〕」281～282頁等，学説上有力である。

3 判　決

　裁判所は，請求に理由がないと認めたときは，請求を棄却する。棄却した判決が確定したときは，先の審決はその内容で確定する。特許無効審決又は延長登録無効審決が確定し登録されたときは，同一の事実及び同一の証拠に基づいて，当事者及び参加人は再度審判を請求することができない（特許167条）。

　裁判所が請求に理由があると認めたときは，当該審決又は決定を取り消さなければならない（特許181条1項）。審決に違法があってもこれを破棄して自判することはできず，審判が再開され，審判官がさらに審理を行い，審決又は決定を行う（同181条2項）。この審決又は決定では，判決によって審判官は拘束され，取り消された原審決と同一内容の審決を行うことはできない（行訴33条1項，2項）。東京高等裁判所の判決に不服ある者は，判決送達の日から2週間以内に，最高裁判所に上告することができる（民訴311条，313条，285条）。

4 審決取消訴訟の審理範囲

審決取消訴訟で議論があるのは審理範囲の問題である。

審決取消訴訟は，行政処分に対する抗告訴訟であり，実質的には行政処分の違法性を審理の対象とする。東京高裁は第一審の事実審として，手続的であると実質的であるとを問わず審決の全ての違法性を審理範囲とする，と考える立場がある。この立場では，例えば公知を理由とする特許無効審判で請求を認められなかった当事者が，新規事項を追加する補正を主張し，争うことを認めている。

これに対して，特許庁の審判を第一審とみて，審理範囲に制限があるとする見解も有力である。審理範囲を厳格に制限する立場は，審判の手続において審理判断されなかった公知事実との対比における無効原因は取消訴訟において主張できないと解する[注1]。具体的にいえば，審決においてA文献の存在を理由に新規性を否定する審決の場合，その取消訴訟ではA文献を引用例とする判断の違法性だけが審理できるわけである[注2]。最高裁大法廷が採用する判断だけに，実務の運用はこの見解に従って動いているが，新しい引用例が問題となるたびに，審判と裁判所を行ったり来たりすることとなり，紛争の迅速かつ経済的解決にはほど遠いという問題が残る。

注1） メリヤス編機事件，最大判昭和51年3月10日民集30巻2号79頁。
　2） 判例学説の詳細については，拙稿「審決取消訴訟の審理範囲」ジュリスト715号76頁以下参照。

第14節　刑　事　罰

(1) 特許権侵害罪

特許権又は専用実施権を侵害した者（間接侵害を行った者を除く）は，10年以下の懲役又は1,000万円以下の罰金に処せられる（特許196条）。間接侵害を行った者は5年以下の懲役又は500万円以下の罰金に処せられる（同196条の2）。このように，直接侵害を行った者と間接侵害を行った者を分けるのは，審査型の産業財産権の刑事罰について妥当する（意匠69条，69条の2，商標28条，78条の2）。無審査型の実用新案権又は専用実施権を侵害した者（間接侵害を行った者を含む）は，5年以下の懲役又は500万円以下の罰金に処せられる（実用56条）。いずれの罪に

ついても，非親告罪である。

(2) その他の罪

詐欺の行為により特許，特許権の存続期間の延長登録又は審決を受けた者は3年以下の懲役又は300万円以下の罰金に処せられる（特許197条。なお実用57条，意匠70条参照）。また，特許等表示に関する禁止行為に違反した者は3年以下の懲役又は300万円以下の罰金に処せられる（特許198条。なお実用58条，意匠71条参照）。いずれも，行為の悪性からそして公衆を誤認させるものであることから非親告罪とされている。

(3) 両罰規定

特許権を始めとして他の工業所有権の侵害の多くは，法人等の業務に関してなされるという実態を考慮し，現実の行為者を罰する他に，法人又は事業者を罰するものとしている。すなわち，特許権等侵害罪，特許等詐欺罪及び特許等虚偽表示罪については，これら犯罪の実行行為者たる自然人のほか，その業務主体である法人又は事業者も罰金に処せられる（特許201条。なお実用61条，意匠74条参照）。

罰金額は，特許権侵害罪で3億円以下，特許詐欺罪及び特許虚偽表示罪で1億円以下である。同様に，実用新案権侵害罪及び意匠権侵害罪で3億円以下，実用新案詐欺罪及び意匠詐欺罪で3,000万円以下，そして実用新案虚偽表示罪及び意匠虚偽表示罪で3,000万円以下となっている。

第 5 章
実用新案法

第 1 節　実用新案法の沿革

　実用新案法は，1891年，ドイツで世界で最初に制定されている。1876年，ドイツ意匠法が制定されたが，そこでの保護対象は産業上の（gewerblich）ひな形（Muster）又はモデル（Modell）とされていただけであったから，特許法の保護レベルに達していないいわゆる小発明を意匠として保護を求める出願が多数みられた[注1]。しかし，1878年，ライヒ裁判所は意匠の保護対象は審美的な創作物に限るという判断を示したので，小発明の保護を求める需要に応じる必要があった。このため制定されたのが，1891年6月1日の実用新案法（Gebrauchsmustergesetz）である。

　わが国の実用新案法は，1905（明治38）年，先のドイツ実用新案法をモデルとして制定された。既述のように，当時パリ条約の加盟を契機として，明治32（1899）年特許法が制定されていたが，当時の技術レベルでは，わが国の出願人の発明は内容的にも未熟であり，特許保護を受けることは容易でなかったという事情があった。実用新案法は，このような技術的創作物を保護することを主たる目的として制定されたのである[注2]。

　このような過程で制定された実用新案制度はわが国にうまく定着したということができ，昭和50年代後半から60年代前半には毎年20万件の出願を数えていた。しかし，昭和63年頃から産業構造や技術水準の変化を反映し，次第に実用新案登録出願数は減少し，特許出願へとシフトする傾向を示してきた。このような変化を受けて，短期ライフサイクル技術の保護制度として，実用新案制度を審査制度から無審査制度に改める抜本的な改正が平成5（1993）年に行われた。しかし，無審査制度の導入により，実用新案登録出願は激減し[注3]，特許制度へ過大な負

担をかけることになってきたので，平成16（2004）年，実用新案登録に基づく特許出願を認める（特許46条の2）などの法制度改正がなされている。

なお，平成23年特許法改正で採用された，通常実施権の当然対抗制度（実用19条3項），冒認出願等における権利の移転請求制度（同17条の2）及び権利侵害訴訟の判決確定後の再審で権利の無効の審決が確定したことの主張の制限（同30条）は，実用新案法においても同様に採用されている。

注1） Krasser, Die Entwicklung des Gebrauchsmusterrechts, Gewerblicher Rechtsschutz und Urheberrecht in Deutschland, S.620.
 2） 実用新案制度は，他の工業所有権制度と異なり，世界中で採用されている制度ではない。年間出願件数169万件（2017年）の中国を除けば，ドイツとロシアが1万件を超え，日本はウクライナ，韓国に次ぎ世界で6番目の制度利用国となっている。
 3） 無審査制度が導入されて以来，実用新案制度の利用は極めて少なくなり，平成6年度の出願数は17,531件（技術評価書請求件数：1,756件）と激減し，平成29年度でも，6,105件（技術評価書請求件数：295件）とさらに減少している。

第2節　実用新案制度の概要

1　保護対象

保護対象は「物品の形状，構造又は組合せに係る考案」である（実用1条）。考案とは，自然法則を利用した技術的思想の創作をいうので（同2条1項），特許法が保護する発明と本質的には同じものということができる。ただ，そのような技術的思想の創作のうちで，物品の形状，構造又は組合せに係るものに限られ注1），かつ高度性（特許2条1項）が要求されない点が発明と異なる。さらに，発明と比べて，方法についての考案及び化学物質や組成物についての考案が，保護対象から外れる点で異なる。

注1） 母法であるドイツ実用新案法が，意匠の保護対象である有形的形態に表現された技術的創作を保護していたので，一定の空間的形態（Raumform）を有する考案だけを保護対象とした影響である。

2　登録要件

物品の形状，構造又は組合せに係る考案であって，産業上利用可能性（実用3条1項柱書）があり，新規性（同3条1項），進歩性（同3条2項），先願性（同7条1項，3項）注1）を具備し，先願範囲の拡大（同3条の2）と不登録事由（同4

条）に該当しないときは，実用新案登録を受けることができる。これら登録要件の詳細は特許法で述べたところと原則として同じであるから，特許法の議論を参考にしてほしい。ただし，進歩性については，法文上，実用新案法では「きわめて容易に考案することができたとき」と規定するのに対し，特許法では「容易に発明をすることができたとき」と規定するので，進歩性の程度は実用新案法では低いものであってもよい，と解される。

これら登録要件のうちで，物品の形状，構造又は組合せに係る考案であることと，4条の不登録事由及び記載要件等は審査されるが（実用6条の2），新規性その他の登録要件は審査されずに登録される。これが無審査主義であり，伝統的な審査主義を放棄して権利の早期成立を期したものである[注2]。登録要件の存否は無効審判の中で確定されることになる。

注1） 同一の考案について同日に2つ以上の実用新案登録出願があったときは，従来であれば協議指令が出され，1人の出願人が登録を受けられたが，無審査であるので指令が出せず，いずれも登録できないこととされている（実用7条2項）。また，ドイツなどでみられる特許登録までの間の保護を実用新案で行うという実務も，わが国では，同一の考案（発明）について同日に実用新案出願と特許出願が出された場合，協議指令が出されるので（特許39条4項），わが国では不可能となっており，実用新案制度を特許制度の補足的保護制度とみる思想に欠ける結果となっている。なお，同一の考案（発明）について異日に特許出願と実用新案出願がなされた場合，特許出願について拒絶査定又は審決が確定したときは，当該特許出願は初めからなかったものとみなされ，実用新案出願は後願であっても拒絶されない（実用7条3項，5項）。
  2） 出願より，6カ月程度で権利が発生することが期待されている。

3 出願手続

実用新案登録出願は，願書，明細書，実用新案登録請求の範囲，図面及び要約書を特許庁長官に対して提出することによって行う（実用5条1項，2項）。このとき，第1年から第3年までの登録料を一時に納入することが必要である（同32条1項）。出願書類の補正は，権利の早期発生を確保するため，出願から政令で定める期間である1月だけ可能とされる（同2条の2第1項但書，実用施規1条）。明細書，実用新案登録請求の範囲及び図面の補正は当初明細書，実用新案登録請求の範囲又は図面の範囲でのみ可能であり，新規事項の追加補正ができないことは特許法と同じである（同2条の2第2項）。

出願に際して優先権を主張すること（実用8条1項），さらに出願の分割及び変更（特許44条，46条）も特許と同様可能であるが，実用新案出願には出願公開の制度はない。ただし，実用新案登録に基づく特許出願においては，所定の例外が設けられている（特許41条1項2号，48条の3第2項，実用10条1項，2項）。

第3節　実用新案権

1　実用新案権の効力

実用新案権は設定登録により発生し（実用14条1項），その存続期間は出願日から10年である（同15条）。製品のライフサイクルが短くなったことを受けて，平成5年改正実用新案法は，それまでの15年の存続期間を6年に短縮したものの，平成16年改正実用新案法では，制度の再活性化を図るためという理由で10年に延長されている。実用新案権の効力は，業として登録実用新案を独占的に実施をすることができることにある（同16条）。実施の内容（同2条3項）その他については，特許権の効力について述べたものと同じである。

2　実用新案権の侵害

実用新案権は排他的独占権であるから，他人が権利者の許諾なしに，業として登録実用新案を実施すると，権利侵害の責めを負うことになる。このような無許諾の実施者に対して，権利者は損害賠償請求権，差止請求権を行使できる。その点でも，特許権と同じである。しかし，実用新案権は実体的な審査を経ずして発生した権利であるから，権利が存在することに対する信頼を特許権と同じように認めることはできない。このため，いくつかの特則が実用新案権の侵害についておかれている。

第4節　実用新案技術評価

1　実用新案技術評価書の意義

　現在の実用新案制度は無審査主義を採用している。これは技術の短期ライフサイクル化を受けて，早期権利保護のニーズに応えようとしたためである。その結果，専門官庁の審査を経ることなく，排他的独占権が発生することになるが，権利の存否，侵害の成否に関する判断を当事者が適切になし得るか，という問題が生じる。権利者は自己の権利を広く考えやすいが，第三者は逆にそれを狭く考えやすいという傾向にあり，これによって無用な紛争が発生することも懸念される。そこで，実用新案権者に適切にその権利を行使させるため，また相手方に不必要な混乱を与えることなく客観的な判断資料に基づく対応がとれるようにするため，導入された制度が実用新案技術評価制度である。

　実用新案技術評価制度とは，登録された実用新案権の権利の有効性に関し，請求に基づき，特許庁が判断した評価を書面（実用新案技術評価書）に作成し，これを権利行使に際しての客観的な判断資料として利用させようとする制度である。このような制度は，これまでのわが国の工業所有権制度にはみられないものであるが，似たような制度としては国際特許出願での国際調査報告書（サーチレポート，PCT 18条，同規則43）がある。違いとして当初は，国際調査報告書では関係技術文献がサーチされリストアップされるだけであるが，実用新案技術評価書では，評価1〜評価6までのいずれかが示される。

2　実用新案技術評価書の請求・作成

　実用新案技術評価書は請求に基づいて作成される（実用12条1項，2項）。実用新案技術評価書の請求は請求項ごとに行える。ただし，実用新案登録に基づいて特許出願がなされた後は，この請求はすることができない（同12条3項）。この請求があったことは実用新案公報に記載され（同13条1項），作成された評価書は何人もこれを閲覧できることから，請求を取り下げることはできないことになっている（同12条6項）。

　請求の対象となる評価[注1]は，実用新案登録出願に係る考案又は登録実用新案

についての刊行物公知（実用3条1項3号），公知刊行物に基づく進歩性（同3条2項），先願範囲の拡大（同3条の2）及び先願（同7条）との関係における技術的評価である（同12条1項）。実用新案登録のすべての無効事由との関係での権利の有効性に対する評価ではないことに留意しなければならない。したがって，実用新案権を行使する場合，このほかの無効事由との関係での権利の有効性について，注意義務を尽くしておく必要がある。顧問契約関係等のない第三者機関や弁理士その他の専門家の鑑定等が必要となろう。相手方の行為が権利の技術的範囲に属する行為であるか否かについては，判定を利用することも考えられるべきである。この点の判断については，特許権の行使の場合に比し権利者の注意義務は変わらない。

　評価書には調査範囲，評価，関連先行技術文献及び評価についての説明がなされる。評価は請求項ごとになされ，評価の内容は新規性が欠如している，あるいは進歩性が欠如している，と判断されるおそれがあるか否かを示すこととし，登録性が否定できないときは一般的技術水準を示す文献をも併せて記載される（実用新案技術評価書の作成ガイドライン参照）。なお，これに関連して何人も刊行物等の先行技術を提出して実用新案登録をすることができない旨の情報を提供できることになっている（実用施規22条）。

　　注1）　実用新案技術評価は，行政事件訴訟法3条2項の「処分」に該当せず，したがって，取消訴訟の対象とはならない（実用新案技術評価事件，東京高判平成12年5月17日裁判所HP）。

第5節　実用新案権の行使と権利者の注意義務

　実用新案権も排他的独占権であるから，他人が無断で登録実用新案の技術的範囲に属する実施をした場合，それを排除し，またそれによる損害の賠償を求めることができる。しかし，実用新案登録は実体審査なしになされているから，本来登録されるべきでないものまで登録されている可能性が大きい。そこで，このような登録要件を具備しない実用新案登録に基づく権利の行使による危険の負担を，法は権利者に求めている。

　まず，権利行使をする場合，実用新案権者は相手方に対し実用新案技術評価書

を提示して警告を行うことが求められている（実用29条の2）^{注1)}。相手方に対して，権利の有効性に関する客観的な判断資料を提供する趣旨である^{注2)}。評価書を提示して権利を行使又は警告しても，その後に実用新案登録が無効とされた場合，権利を行使した者が相手方に生じた損害を賠償しなければならないのである（同29条の3）。ただし，実用新案技術評価書で有効と評価を受けたにもかかわらず無効となった場合，あるいはその他注意義務を尽くした場合は，免責されることとされている（同29条の3第1項但書）。

　また，実用新案登録は公示されているが，過失の推定は認められていない（実用30条は特許103条を準用していない）。実用新案では登録前に実体的要件について審査されていないので，第三者に登録された実用新案権の全てについての有効性までも調査義務を課すのは妥当でない，とされた結果である。

　　注1）　技術評価書の年間請求件数は，年間登録件数の8％～5％程度（平成29（2017）年には，4.8％と減少している）であり，かつての調査では新規性又は進歩性が疑わしいとされる評価は全体の6割，これらの要件をクリアするもので残り4割とされるが，実際に訴訟が提起されるのは平成26年からの4年間で10件（最高裁HP調べ）と，技術評価書の段階で紛争が終っているケースが多いと推測される。
　　 2）　特許庁総務部総務課工業所有権制度改正審議室「改正特許法・実用新案法解説」93頁は，評価書を提示しないまま差止請求を求めたりあるいは訴えを提起しても，有効な権利行使とはいえず，請求は認容されないと述べている。

第6節　侵害訴訟と審判

　実体的審査なしに成立した実用新案権の侵害を理由として侵害訴訟が提起された場合，権利の瑕疵が明らかであれば，侵害訴訟の場において，権利無効の抗弁を主張することができる（実用30条⇒特許104条の3）。したがって，権利の無効は侵害訴訟においても主張できるが，その効果はあくまでも当事者間に止まる。対世的効果を必要とするのであれば，無効審判で決着をつける他ないが，侵害訴訟における手続の中止は裁判官の裁量となっている（実用40条2項）。

　第三者が実用新案登録の有効性に対して無効審判で争ってきた場合，実用新案権者は訂正で対抗するには限界があった。実用新案登録請求の請求項の削除は可能であるが（実用14条の2第7項），特許のように，実用新案登録請求の範囲の減縮を目的とした訂正（特許126条，134条の2）ができなかったからである。これ

では，第三者による実用新案登録への攻撃に対して十分に対抗できない。そこで，訂正可能範囲を，実用新案登録の請求の範囲の減縮，誤記の訂正及び明瞭でない記載の釈明にまで拡大することとされた（実用14条の2第2項）。当然ながら，この訂正で新規事項を追加することは許されないし，実用新案登録請求の範囲を拡張等することになってもならない（同14条の2第3項，4項）。この訂正要件を満たさない訂正は無効理由となる（同37条1項7号）。この訂正が認められる回数は，1回に限られる（同14条の2第1項）。第三者の監視負担を考慮したものである。また，この訂正が許される時期は，実用新案登録後最初の評価書の謄本の送達のあった日から2月を経過するまでか，あるいは無効審判について最初に指定された答弁書提出可能期間を経過するまで，とされている（同14条の2第1項）。なお，請求項の削除を目的とする訂正は従来どおり制限はない。

学術文化的な創作保護制度

第6章
著作権法

第1節　著作権法の目的

　著作権法は,「著作物並びに実演,レコード,放送及び有線放送に関し著作者の権利及びこれに隣接する権利を定め,これらの文化的所産の公正な利用に留意しつつ,著作者等の権利の保護を図り,もって文化の発展に寄与することを目的とする」法律である（著作1条）。
　著作権法が知的創作者に相対的にせよ模倣を禁止する独占権を付与するのは,著作者及び実演家等の創作ないし準創作行為の保護を主眼とすることに疑いはない。複製機器の極めて高度な発展は,このような知的創作物の保護の徹底を必要とするに至らしめているが,同時にこれまでにない新たな技術の登場は,これら知的創作物へのアクセスと利用の機会を増大し,その保護のあり方を複雑なものとしている。デジタルコンテンツやマルチメディアの登場はその好例であり,知的創作物の保護は当然に必要であるが,極端なその保護に走るあまり,その利用が制限されることで,このような技術のメリットを減殺してしまってもいけない。著作物の保護と利用の適正な均衡点を模索する必要がある。

第2節　著作権法の沿革

　15世紀のグーテンベルクによる活版印刷術の発明は,出版という行為に経済的利益をもたらした。出版業者はその利益を確保するため,出版に排他的権利を確保する必要性が生じたのである。したがって,当時においては著作者の権利としての制度というよりも,出版業者の権利としての制度が求められていた。
　学術文化的創作物に対する権利が1つの財産権として認められるようになった

のは，18世紀のイギリス及びフランスであるとされている。イギリスでは，1709年の最初の著作権法といわれるアン法令が著作者の権利を承認し，さらに同法令から1世紀の後，著作権の存続期間を著作者の生存中及び死後7年又は初めより42年のいずれか長い期間とする1804年の著作権法が制定され，今世紀初頭まで効力を保ってきた。フランスでも，出版業者団体（コルポラシオン）の出版独占権の解消のために，著作物についての著作者の権利が唱えられた。演劇の上演権は，国王による検閲を可能ならしめるため，コメディ・フランセーズにのみ帰属していたが，1791年の演劇著作権を認める特別法により，劇場建設権を市民の権利とするとともに，演劇著作物の権利を著作者の生存中と死後5年間につき認めた[注1]。

わが国でも徳川時代すでに出版に関する取締規則の存在が認められるが，著作権法に近い性格のものは明治2（1869）年の出版条例であろう。「図書ヲ著作シ，又ハ外国ノ図書ヲ翻訳シテ出版スルトキハ三十年間専売ノ権ヲ与フベシ，コノ専売ノ権ヲ版権ト云フ」と定めるとともに，出版の取締りに関する規定を設けていた。

明治32（1899）年，わが国はベルヌ条約及びパリ条約に加盟したが，特許法をはじめとする工業所有権法の制定とともに著作権法の制定[注2]もこれと軌を一にしており，まさに不平等条約撤廃のために著作権法を制定したことが窺える。同法では，いわゆる無方式主義が採用され，著作権の保護期間は死後30年とされた。

同法はその後数度の改正を受けた。例えば，大正9（1920）年8月19日の改正では，その1条に「演奏歌唱」が加えられ，同32条の3には「音ヲ機械的ニ複製スルノ用ニ供スル機器ニ他人ノ著作物ヲ写調スル者ハ偽作者ト看做ス」の規定が追加されている。これは，大正3（1928）年，桃中軒雲右衛門事件の大審院判決（大判大正3年7月4日刑録20輯1360頁）による影響である。

さらに，昭和9（1934）年5月1日の法改正では，複製権の制限として，出所を明示することを条件として，「脚本又ハ楽譜ヲ収益ヲ目的トセズ且出演者ガ報酬ヲ受ケザル興業ノ用ニ供シ又ハ其ノ興業ヲ放送スルコト」，「音ヲ機械的ニ複製スルノ用ニ供スル機器ニ著作物ノ適法ニ写調セラレタルモノヲ興業又ハ放送ノ用ニ供スルコト」が加えられた（旧著作30条第七，第八）。特に後者は，出所を明示すればレコードを放送に自由に使用できることを意味するもので，世界的な悪法とまでいわれたが，いわゆるプラーゲ（Plage, W.）旋風[注3]の影響であり，当時

のわが国の著作物保護意識のレベルを窺わせるものともいえる。

この後昭和45 (1970) 年まで，同法は数度の改正を受けたものの存続するのであるが，特に戦後の技術の発展，複製技術の向上・多様化の前に，法と社会の現実との乖離は如何ともし難く，また国際的には，1961年,「実演家, レコード製作者及び放送機関の保護に関する国際条約」（以下，ローマ条約ともいう。**第7章第10節4**参照）の成立があり，こうした面での法的整備が必要となった。そこで，昭和45 (1970) 年，現行著作権法が制定された。同法では，保護期間が従来の死後30年から，死後50年に延長され，従来演奏・歌唱は著作物として，著作権保護されていたのに対し，ローマ条約の線に沿いつつ，実演家，レコード製作者及び放送事業者については，著作隣接権者として，著作権者とは別枠で保護することにした（**本章第11節「著作隣接権」**参照）。現行著作権法も，新たな複製技術やメディアの登場の前に，昭和59 (1984) 年よりほぼ毎年のように改正が繰り返され，最も注目を浴びる法分野の１つとなっている。以下に，昭和59 (1984) 年以降の主立った法改正を列挙しておく。

昭和59 (1984) 年　貸与権の創設（著作26条の３）。貸レコード業に端を発した著作物の貸与という新たなその利用態様に支分権の創設をもって対応した。

昭和60 (1985) 年　コンピュータ・プログラムを著作物として保護することを明確化。翌年「プログラムの著作物に係る登録の特例に関する法律」が制定された。

昭和61 (1986) 年　データベース等ニューメディアに対応するための改正。

昭和63 (1988) 年　著作隣接権の保護期間を30年に延長。海賊版ビデオ対策のためのみなし侵害規定が創設された（著作113条１項２号，119条）。

平成元 (1989) 年　隣接権条約に加盟。

平成３ (1991) 年　著作隣接権の保護期間を50年に延長。

平成４ (1992) 年　私的使用のためのデジタル方式の録音録画補償金制度が発足した。

平成８ (1996) 年12月　世界知的所有権機関 (WIPO) 外交会議で, WIPO 著作権条約及び WIPO 実演・レコード条約（**第7章第10節2，5参照**）が採択された。

平成9（1997）年　上記のWIPO新条約の締結国として，送信可能化権を含むインタラクティブ送信に関する改正を行った。

平成11（1999）年　さらに，WIPO新条約の締結国として，コピープロテクトを回避することを防止する技術的保護手段[注4]や権利管理情報[注5]の改変等の禁止が盛り込まれた。

平成12（2000）年　著作権侵害訴訟における著作権者等の立証負担の軽減のための措置と，視聴覚障害者のための情報アクセス改善のための措置が設けられた。

平成14（2002）年　WIPO実演・レコード条約の批准のための国内法の整備を行った。

平成15（2003）年　映画の著作物の保護期間を公表後70年に延長。

平成16（2004）年　国外頒布目的商業用レコードの国内還流防止措置の導入。

平成18（2006）年　IPマルチキャスト放送を有線放送と同等に扱い，通信と放送の部分的な融合を実現し，当時の状況に対応した権利制限規定を新設した。

平成21（2009）年　情報検索サービスに関する権利制限規定を始め，インターネットを活用して著作物を利用する際の著作権法上の課題に対応した。

平成24（2012）年　いわゆる権利制限の一般規定の検討の結果，写り込みに関する権利制限規定などが新設された。

平成26（2014）年　出版権制度を電子書籍に対応させる同時に，視聴覚実演に関する北京条約の実施に伴う規定を整備した。

平成28（2016）年　TPP12協定（環太平洋パートナーシップ協定）の締結に伴う制度整備。このため権利の存続期間を著作者の死後70年に，そしてアクセスコントロールとして技術的利用制限手段（著作2条1項21号）が導入された。

平成30（2018）年　柔軟な権利制限規定の導入及び教育の情報化等への対応のための改正。

このように，現行著作権法はデジタルネットワーク技術の進展等の理由から頻繁に改正を繰り返してきたが，この傾向は止まることなく今後も続くものと思われる。違法サイトのブロッキング問題やリーチサイトのみなし侵害問題，さらにはライセンス対抗要件の問題はその例である。

注1）　Jane C. Ginsburg, A Tale of Two Copyrights: Litterary Property in

Revolutionary France and America, 64 Tul. L. Rev. 991, 1006-1014 (1990).
2) 明治2（1869）年の出版条例にも若干の著作者保護規定がおかれていたが，本条例の目的とするところは出版の取締りにあり，さらに明治8（1875）年の出版条例においても同様であり，いわゆる版権も出版権を意味し，著作者に認められる独占権ではない点で，明治32（1899）年の著作権法とは本質的に異なっている（半田正夫・紋谷暢男「著作権のノウハウ〔第6版〕」〔半田正夫執筆〕8頁）。
3) NHKの1年間外国音楽放送の中止や三浦環の日劇での蝶々夫人の公演中止はその影響である。これについては，大家重夫「ニッポン著作権物語－プラーゲ博士の摘発録」1981年，阿部浩二「著作権とその周辺」37頁以下に詳しい。
4) 技術的保護手段とは，電子的方法，磁気的方法その他の人の知覚によって認識することができない方法（電磁的方法という）により，著作権等を侵害する行為の防止又は抑止をする手段をいう（著作2条1項20号）。不正競争防止法2条8項に定める技術的制限手段と比べると，単なる視聴や実行を制限する手段を含まない点で，狭い規制となっているが，これは著作権の効力として著作物へのアクセス権が認められないことによるものであった。ところが，TPP12協定（第18・68条）の結果，著作物へのアクセスをコントロールする手段である技術的利用制限手段が設けられている（著作2条1項21号，同113条3項）。
5) 権利管理情報とは，電磁的方法により著作物等に付された著作者名，利用許諾条件等の情報で，電子計算機により著作権等の管理に用いられている情報をいう（著作2条1項21号）。権利管理情報は，主としてインターネット上で，違法複製物の発見を容易にするので，これに虚偽情報を付加しあるいは改変等されると，違法複製物の発見が不可能になるため，新たに規制を加えたものである。

第3節　著作権法と条約

　著作権も工業所有権と同様，属地性の原則から，その効力は1国の中でのみ認められる。ところが，いまや通信・放送衛星あるいはインターネットに代表されるように，著作物は情報として，国境を越えて伝搬されることが普通となってしまった。また，既存のメディアでも，例えば，外国の音楽や文学がわが国で放送され，出版されるのは常態であり，その逆のことも多く行われている。このように，著作物の保護と利用は国境を越えた規模で考えなければならなくなっている。こうした観点からもベルヌ条約と万国著作権条約が特に重要である。

　これら2条約の他にも，1961年にローマで成立した「実演家，レコード製作者及び放送機関の保護に関する国際条約」，1971年にジュネーブで成立した「許諾を得ないレコードの複製からのレコード製作者の保護に関する条約」，1996年にジュネーブで成立した「WIPO著作権条約」，1997年にジュネーブで成立した

「WIPO 実演・レコード条約」さらに2012年に北京で成立した「視聴覚実演に関する WIPO 北京条約」などがあり，わが国もすでに批准している。

1 ベルヌ条約

本条約は，国際文芸家協会とその運動の仲介を行ったスイス政府の呼びかけの下に，1886年欧州各国を中心としてベルンで創設された制度である（日本は明治32（1899）年加盟）。著作権の発生に著作物の寄託・登録を必要としない無方式主義をとっていることが特徴である。当初，事務局は B.I.R.P.I.（Bureaux internationaux réunis pour la protection de la propriété intellectuelle）であったが，現在は WIPO の下で管理されている。ベルヌ条約の基本原則は，内国民待遇の原則（ベルヌ5条(1)）と無方式主義（同5条(2)）が重要である。前者は，同盟国が外国人の著作物を保護する場合，自国民に与えている保護と同様の保護及び条約で定められている保護を与えなければならないという原則であり（ただし，保護期間は，著作物の本国に定められる保護期間を超えることはない，同7条(8)），後者は著作者の権利の享有には登録，納入，著作権留保表示のようないかなる表示も方式も必要としないという原則である。条約上保護を義務づけられる著作物は，同盟国国民の著作物と同盟国で最初に発行された著作物である（同3条(1)）。

また，後述する WIPO 著作権条約，WIPO 実演・レコード条約，視聴覚的実演に関する WIPO 北京条約（**第7章第10節**参照）は，著作権保護の基本条約であるベルヌ条約の補完的役割を果たすものであり，ベルヌ条約が1971年に改正されて以来の著作権に関する国際的な法秩序の形成であり，著作権保護が新しい段階に入ったことを示すものでもある。

2 万国著作権条約

ベルヌ条約はいわゆる無方式主義を採用している。ところが，米国を中心として南北アメリカ諸国は，パン・アメリカン条約の下で，方式主義を採用していた。これらの国では，著作権の保護の条件として，登録，寄託，著作権表示等の方式が求められていた。そこで，方式主義を採用する国と無方式主義を採用する国の相互において，各々の著作物を保護するための架橋として1952年制定されたのが，万国著作権条約（Universal Copyright Convention, UCC）である。

この条約に加盟することによって，著作物の複製物に©の記号，発行年度及び著作権者の氏名を表示しさえすれば，無方式主義の国の著作物も方式主義の国において保護を受けることができることになった（UCC3条1）。日本は，昭和31（1956）年，この条約に加盟した。万国著作権条約に加盟している国は，2018年8月末時点で，100カ国であるが，ベルヌ条約と万国著作権条約の双方の保護を受ける著作物は，ベルヌ条約の保護だけを受けることになっているので，このうちベルヌ条約にも加盟する英国，フランス，ドイツ，米国等の加盟国を差し引くと，日本は，カンボジアとの間で万国著作権条約上，著作物を相互に保護しあっている。

第4節 保護対象

著作権の保護対象は著作物である。著作物であっても，憲法その他の法令，国又は地方公共団体の機関等が発する告示，訓令，通達その他これらに類するもの，裁判所の判決・決定等，そして先にあげたものの翻訳物及び編集物で国又は地方公共団体の機関等が作成するものは，保護対象とならない（著作13条）。これらの著作物は，その性質上，国民に広く開放して利用されるべきものだからである。

1 著作物

著作物とは，思想又は感情を創作的に表現したものであって，文芸，学術，美術又は音楽の範囲に属するものをいう（著作2条1項1号）。

著作物は，「思想又は感情」の表現であるから，単なる事実やデータの羅列に過ぎないもの（例えば，単純な人物名簿，レストランのメニュー，夏休み中の温・湿度のデータ）では不十分である。単なる事実的データといっても，例えば明治以降の日本の県庁所在地における毎日の温度及び湿度のデータを全て集めるということは大変な作業であるが，著作権法はそのような「額の汗」を保護する仕組みではない。また，船荷証券のフォーマットのように，他人の思想又は感情が展開されて初めて，思想又は感情が完結すると予定されているものも，著作物に必要とされる思想又は感情の表現とはいえない[注1]。

著作物は，「表現されたもの」でなければならない。すなわち，アイデアでは

なく，外部的に表現されあるいは口述，記述されることによって，媒体に固定される必要はないが，客観的存在となっていることを必要とする。特許はアイデア・思想を保護するが，著作権は表現形式を保護するといわれるゆえんである。このため，画風は著作権法では保護されないといわれるが^{注2)}，サザエさん事件（東京地判昭和51年5月26日無体集8巻1号219頁）では，キャラクター保護という観点から画風に著作権による保護を結果として認めているので注意が必要である。

著作物として認められるためには，「創作性」が必要である。創作性とは模倣であってはならないということである。名画の模写のように，その完成に多大の技術的・時間的労苦を必要とするものがあるが，このような労苦を著作権法によって保護することはできない。この創作性は，思想・感情それ自体に必要とされるのではなく，その表現形式に必要とされる。もっとも印刷用書体については，文字の有する情報伝達機能を発揮させる必要があることから，それが従来の印刷用書体に比して顕著な特徴を有するといった独創性を備えることが必要である，とされている（ゴナ書体事件，最判平成12年9月7日判時1730号123頁）。

なお，書籍の題号，キャッチフレーズ，スローガンについて，これらに奇抜性はあっても創作性はないという理由で保護されないといわれているが，著作権法は著作物とその題号をもともと分けて理解しており（著作20条1項），キャッチフレーズ及びスローガンと題号は別に整理すべきであろう。前二者に著作物性を認めること，ひいては相対的独占権を認めることによる解決ではなくて，競争法的な検討を通じて解決されるべきものであろう。

最後に，「文芸，学術，美術又は音楽の範囲に属すること」が必要である。著作物は知的・文化的な創作物でなければならない。例外的に，建築の著作物や図形の著作物のように，技術の範囲に属する創作物も保護の対象となる場合がある（著作10条1項）。なお，倫理性，道徳性は要件ではないので，その有無を問わず著作物たる保護を受ける。

注1） 船荷証券用紙事件，東京地判昭和40年8月31日下民集16巻8号1377頁「それはY（船会社）が後日依頼者との間に海上物品運送契約を締結するに際してそこに記載された事項のうち空白部分を埋め，契約当事者双方が署名又は記名押印することによって契約締結のしるしとする契約書の草案にすぎない。本件B/Lに表示されているものは，被告ないしその取引相手方の将来なすべき契約の意思表示にすぎないのであって，原告の思想は何ら表白されていないのである。……Xが本件B/Lの

契約条項の取捨選択に如何に研究努力を重ねたにせよ，その苦心努力は著作権保護の対象とはなり得ない」。
2）　加戸守行逐条講義24頁。

2　プログラムの著作物

　プログラムとは，電子計算機を機能させて1つの結果を得ることができるようにこれに対する指令を組み合わせたものとして表現したもの，とされている（著作2条1項10号の2）。このため，フローチャート図やマニュアルあるいは図面は，通常の言語著作物として保護されることになる。プログラムの著作物には，プログラム言語，規約及び解法（アルゴリズム）は含まれない（同10条3項）。
　言語とは，ベーシックやコボル，フォートランなどをさす。規約とは，特定のプログラムにおけるプログラム言語の用法についての特別の約束（著作10条3項2号）であり，通信規約や制御を行うプロトコールや機器相互間のインターフェイスをさす。また，解法とは課題に対する処理の論理手順をいい，例えば50円のなしと70円のリンゴを10,000円でできるだけバランスよく買うにはどうすればよいか，という場合の二次方程式の立て方の手順をいうが，プログラムではプログラムの構成，処理の流れということになろう[注1]。これらは万人に開放されるべき性質のものであるので，著作権法は当然の事理を定めたに過ぎない。
　プログラムを著作物として保護するとき，通常の著作物と異なるのは，プログラムにあっては表現形式が極めて限られるものもあり得るということである。表現形式が1つあるいは極めて少数しかないと，表現形式の保護を通じて，1人あるいは極めて少数の人にアイデアの長期間独占を認めることになるからである。したがって，このような場合，著作権保護を認めてはならないということになる（マージの理論）[注2]。
　もう1つの問題は，リバースエンジニアリング行為との関係である。著作権法は表現形式を保護しアイデアを保護していないので，プログラムのアイデアを抽出することは自由といわざるを得ない。プログラムも他の著作物や発明等と同様，他人の成果物の上に発展成立するものである。ところが，プログラムのリバース行為は通常市場に流通している商品で行われるから，機械語（オブジェクトコード）を人が読めるソースコードに置き換えなければならない。この過程で複製や

翻案行為がなされるが，これをどのように考えるかという問題である。

これらの複製又は翻案行為はプログラムの機能を享受するものではなく，機能検証・解析に止まり権利者の利益を通常害さないと評価できる限りにおいて，著作物に表現された思想又は感情の享受を目的としない利用に該当すると考えられる（著作30条の4）[注3]。

  注1) しかし，米国の判決（Whelan Associates v. Jaslow Dental Laboratory, Inc. 797 F. 2d 1222 [3rd Cir.1986]）では，プログラムの著作物に対する著作権保護は，プログラムの文字的要素（literal elements）を超えて，その構造（structure），手順（sequence）及び組織（organization）に及ぶとしている。
  2) マージの理論とは，ある表現がアイデアと融合している（merge）場合には，表現形式であっても著作権による保護を認めるべきでない，という米国の判例理論に基づく考え方をいう。
  3) 参照，文化審議会著作権分科会報告書，平成29年4月，43頁。

3 美術工芸品と応用美術
(1) 美術工芸品

美術の著作物とは美術工芸品を含む（著作2条2項）。応用美術は，純粋美術と対比される概念である。純粋美術は，絵画，彫刻のように思想・感情の表白であって実用性を持たないのに対し，応用美術は，実用品に美術を応用したもの，あるいは美術上の技法や感覚を応用したものとされており，美術工芸品も応用美術の範疇に属することは疑いない。

このため，著作権法の保護対象と応用美術の関係について，著作権法2条2項の趣旨が問題となる。一般的にいって，判例は，応用美術のうち美術工芸品のみが保護されるというものと[注1]，美術工芸品は例示であり，量産される他の応用美術を含む趣旨であるというもの[注2]に分かれている。

(2) 応用美術

応用美術と一口にいっても，必ずしもその意味概念が明確になっているわけではないことも，その保護のあり方をどうするかという問題を複雑にしているようである。

まず，絵画を屏風に仕立てるように，純粋美術としてできたものを実用品に転用する場合については，著作物としての保護によって処理できる。絵画・彫刻等の純粋美術の技法を一品製作たる陶器や織物に応用した上述の美術工芸品につい

ても，美術の著作物として保護される。問題となるのは，純粋美術の感覚や技法を大量生産品に応用する場合，とりわけ大量生産品の図案，ひな形又は染色等実用品の模様の場合である。

このような図案，ひな形又は模様であっても，これらが未だ産業上利用されていない段階であって，著作権法上，美術の著作物と評価できるものであれば，著作権保護を認めることに問題はなかろう。問題は，これらが産業上利用され，その複製がなされたときに，その行為をもとの図案，ひな形又は模様等の複製物として保護を行うほかない場合である。これに関連して，木目化粧紙事件において，東京高裁は「実用品の模様等として用いられることのみを目的として製作されたもの」は意匠法の保護対象となるが，このような応用美術であっても，美的創作性を有する純粋美術としての性質をもつと社会通念上認められるものについては，著作権法の保護対象となることを示唆している[注3]。このような目的の有無によって，意匠法による保護対象かどうかを分け，ひいては独占の対象か，自由に模倣できる対象であるのかを分けることは，競争の自由に及ぼす影響が少なくないのではないかと思われる。

家具のような量産される実用品については，本来，意匠法による保護が予定されている。これについても創作性が認められる限り著作権法による保護を認めることも考えられるが[注4]，家具のような実用品は実用的な機能を実現するデザインが採用されているので，デザインの選択の幅は制限されざるを得ない。したがって，他者のデザインの選択を制限しないような高度な創作性が認められる場合で，かつ権利制限規定により無用なトラブルの生じない場合に重複保護を認めるべきであろう[注5]。

注1） デザイン書体事件，東京地判昭和54年3月9日無体集11巻1号114頁。
2） 博多人形事件，長崎地佐世保支決昭和48年2月7日無体集5巻1号18頁。
3） 木目化粧紙〔控訴審〕事件，東京高判平成3年12月17日判時1418号120頁，本件評釈：判例評論408号222頁。
4） 幼児用イス事件，知財高判平成27年4月14日判時2267号91頁。
5） 島並良・上野達弘・横山久芳「著作権法入門〔第2版〕」〔横山久芳執筆〕45頁，奥邨弘司「応用美術」法学教室426号13頁では，家具の広告写真等による利用につき，著作権の行使に伴う問題が指摘されている。

4　著作権と商品化権

　漫画・映画に登場する人物・動物・ロボットあるいはプロ野球選手・芸能人の肖像等（これらをキャラクターという）をシャツ等量産される物品の図柄に用いることがある。これらのキャラクターあるいはキャラクターが有するパブリシティ価値は顧客吸引力をもっているので，この経済的価値を保護する必要が生ずるが，既存の知的財産法の枠組の中で保護することは限界がある。これらキャラクターを用いて商品の図柄等に使用する権利を商品化権とよぶ。

　商品化権についての法規制については，意匠の実施，商標としての使用あるいは不正競争との関連が問題となるけれども，著作権法上も複製権の問題となり得る。ある漫画の登場人物を利用する場合，原画と複製物との間に完全な同一性が認められなくても，一見して原画に表現された登場人物の容貌，姿態，性格等の本質的特徴が複製物に表現されていると認められれば，原画の複製となり得るとする判断もあり，この限度でキャラクターないしはパブリシティ価値の保護が図られる注1)。なお，著名人のパブリシティ価値の排他的保護は人格権に基づいて認められる注2)。

　　注1)　サザエさん事件，東京地判昭和51年5月26日無体集8巻1号219頁。
　　　2)　ピンクレディ事件，最判平成24年2月2日民集66巻2号89頁。

5　二次的著作物

　二次的著作物とは，他の著作物（原著作物）に依拠しつつ創作された派生的な著作物をいう（著作2条1項11号）。ある小説を点字訳に改めた成果物は，二次的著作物とはいえない。二次的な成果物に創作性が認められなければならないからである。二次的成果物が生ずる態様としては，翻訳，編曲，変形及び翻案等がある。変形とは，例えば二次元作品（絵画）に創作性を加えて三次元作品（彫刻）に置き換えることをいう（たいやきくん事件，東京地判昭和52年3月30日著研9号233頁）。翻案とは，原著作物の表現上の本質的同一性を維持しつつ，具体的表現に創作的に変更を加えることをいい，脚色したり小説を映画化する場合に問題となる（**本章第6節2⑽参照**）。

　以上の二次的著作物は原著作物とは別個の著作物と認められるが，二次的著作物が著作物として保護を受けることによって，原著作物の著作者の権利がこれに

より影響を受けることにはならない（著作11条）。したがって，二次的著作物の利用に関し，原著作物の著作者は二次的著作物の著作者が有するものと同一の種類の権利を専有し，原著作物の著作者の権利と二次的著作物の権利とが併存することになるのであるから，二次的著作物の著作者の権利は，原著作物の著作者との合意がなければ行使することができない（キャンディ・キャンディ事件，最判平成13年10月25日判時1767号115頁）。

この考え方からすると，原著作者の権利は，その著作物の表現形式上の本質的特徴を直接感得できる部分に限らず，二次的著作物の著作者の独自の創作性が発揮されている部分にも及ぶことになる。最高裁判決の見解の基礎には，この両者を区別することは現実には困難又は不可能なことが多いということがあろうが，言語の著作物にはなく，美術の著作物に認められる展示権のような支分権は，原著作者には認めないということが考えられる。

6 編集著作物

素材の選択・配列に創作性を有する編集物を編集著作物という（著作12条）。百科事典，年鑑，新聞，雑誌等がこれである。編集著作物の創作性は素材の選択又は配列に求められるから，すでに公有に帰した著作物によって構成されていてもよく，またそもそも保護対象たり得ない著作物（法令，判例）や著作物性の認められない事実，データによって構成されていてもよい。

編集著作物の作成者はその編集著作物の全体について著作権を有することになるが，素材に含まれる個々の著作物についての著作権を取得することにはむろんならない[注1]。したがって，編集著作物の一部を複製されても編集著作権を行使できず，個々の著作権の侵害の問題となる。もっとも，編集著作物全部の複製はもちろんであるが，一部であっても，素材の選択又は配列という創作的効果を伴う部分の複製であれば，編集著作権に抵触することになる。

注1）　編集著作物の素材について，色画用紙見本帳事件，東京地判平成12年3月23日判時1717号140頁。

7 データベースの著作物

データベース（論文，数値，図形その他の情報の集合物であって，それらの情報を

電子計算機を用いて検索することができるように体系的に構成したもの［著作2条1項10号の3］）であって，その情報の選択又は体系的な構成によって創作性を有するものをいう（同12条の2）注1)。従来は，編集著作物として保護されていたが，編集著作物の創作性とは若干異なった点に創作性が求められることから，昭和61(1986)年の法改正により別規定で保護されることになった。

もっとも，現行法による保護も，当該データベースの情報の選択又は体系的構成に創作性が認められねばならないので，一般的・汎用的な利用に供するためにあらゆるデータを単に収集・蓄積して作成されたデータベースには創作性が認められないことから，著作権保護が困難であると指摘されている注2)。米国でも議論のある，勤勉なる収集理論（industrious collection）の確立も1つの見識ではあるが注3)，事実の独占を排し，その経済的な活用を図るためにも，EUで提案されていた不正抽出防止権注4)（right to prevent unfair extraction :sui generis right）のような制度の導入を検討する必要があろう。

注1) 1985年9月，著作権審議会第7小委員会はデータベースの特性，すなわち単なる情報の集合体ではなくして，コンピュータによる検索の容易性に注目し，編集著作物と別の取扱いを提案した。

2) 由上浩一「データベースの法的保護」工業所有権研究113号32頁以下等。没創作性，汎用性の故に創作性を欠き，著作権法による保護を得られないデータベースについて，作成に要したコスト・労力に対する保護の必要性が指摘されている。

3) 電話帳事件（Leon v. Pacific Telephone & Telegraph Co.91 F.2d 484）。原告のアルファベット順電話番号に基づいて電話局，電話番号順の電話帳を作成。原告電話帳の配列の複製はないが，著作権侵害が肯定されている。「額の汗（Sweat of the brow)」理論の考え方によれば，事実の独占を容認するおそれがあり，そもそも努力に著作権保護を認めることはおかしい。事実という公有物に独占を認めるべきでなく，後発者も先行者の成果を利用できなければならない。

FEIST 電話帳事件（Feist Pub. v. Rural Telephone Service 111 S.Ct 1282［1991］）。勤勉な収集理論を明確に否定し，「先発者の編集著作物の選択・配列を侵害しない限り，競合商品を作るために，先行者の編集著作物から事実を取り出すことは自由」と判示した。

4) 不正抽出防止権はデータベースの著作物性の有無に関係なく認められ，「商業目的による，当該データベースからのその内容の全体又は実質的部分の，無許諾の抽出・再利用を防止する権利」である。これによってデータベースに要したコスト・労力は保護される。この権利の存続期間は公衆の利用に供された日から15年間である（OJ1996L77/20）。ただ，情報源が先行者以外にない場合，後発者は許諾を得られないと，その事実を利用したデータベースを作成できず，結果として事実情報の独占を容認することになる。このため，先発者による情報独占の防止システムのあり方が，問題になっている。

8 共同著作物

2人以上の者が共同して創作した著作物であって、その各人の寄与を分離して個別的に利用することができない著作物をいう（著作2条1項12号）。共同創作性と[注1]、各人の分担部分が切り離してそれぞれ利用できないほどに融合してしまっている点に特徴がある。各編に分けられている言語著作物や歌詞と曲からなる流行歌は共同著作物ではない。

共同著作物は、その性質上、著作者人格権の行使において扱いが異なる。すなわち、著作者全員の合意によらなければ行使できない（著作64条1項）。共同著作物の各著作者は、信義に反してこの合意の成立を妨げることはできない（同64条2項）。具体的には、共同著作物を公表するか否か、公表するとすればその方法をどうするか、共同著作物の上にいかなる著作者名を表示するか、あるいは共同著作物の改変につきどこまで応ずるか、などの問題についてである。

さらに、著作権は共同著作者の共有に属するので、各々の共有者は他の全共有者の同意を得なければ、その持分を譲渡したり、質権の目的とすることはできず、またこの共有著作権はその共有者全員の同意がなければ行使することができない（同65条）[注2]。権利の行使には、支分権の範囲にある利用許諾や出版権の設定がこれに当たることに異論はないが、自己複製等の利用行為も含まれると一般に解されている（参照、特許73条2項は同意なしに実施できることを明定している）[注3]。ただし、侵害に対する差止請求と損害賠償請求は、各共有者が単独でなし得る（著作117条2項）。

保護期間は、最終に死亡した著作者の死後70年を経過するまで存続する（同51条2項カッコ書）。

注1) 共同創作性の要件については、著作者各人に共同して著作物を作成しようとする意思が必要とする理解（牧野利秋「静かな焔事件判決評釈」ジュリスト・著作権判例百選〔第2版〕122頁）と、その意思が外形的に推断できれば足りるとする理解（斉藤博「著作権法〔第3版〕」112頁、半田正夫「著作権法概説〔第16版〕」59頁）に分かれる。

2) この同意につき、各共有者は正当な理由がない限り、これを拒むことができない（著作65条3項）。結果として、共有者間の信頼関係が失われたときは、共有についての分割請求が認められる。方法としては全面的価格賠償の方法が考えられる。

3) 半田正夫・紋谷暢男「著作権のノウハウ〔第6版〕」171頁等。

第5節 著作者

　著作者とは，著作物を創作する者をいう（著作2条1項2号）。著作物の名義人であるかどうかは問わない（ただし，著作者としての推定を受ける，同14条）。いわゆるゴーストライターも著作者である。著作者は思想・感情の創作的表現を行った者であるから，1人であるとは限らず，創作に関与した者は全て著作者となる。ただし，著作物の創作への関与が，アイデアとしての原案の提供や，必要な資金や資料の提供に止まり，表現形式への関与と認められないときは，ここでいう創作への関与とは認められない。

　創作行為は物理的行為であるから，著作者は自然人であるのが当然であるが，著作権法は一定の状況の下で法人や団体自体が著作者となることを認めている。これを職務著作（法人著作）という（著作15条）。職務著作が成立するためには，①法人等の発意に基づくこと，②その法人等の業務に従事する者[注1]が職務上作成するものであること，③その法人等の名義で公表するものであること，そして，④契約，勤務規則その他に別段の定めがないこと，である。なお，③については，プログラムの著作物では，必ず公表されるとは限らないので，この要件を不要としている（同15条2項）[注2]。職務著作が成立するときは，著作権のみならず，著作者人格権も法人等に帰属する（同17条1項）。

　映画の著作物では，多数の者による創作活動の結果，創作される実態があるので，職務著作に該当する場合を除き，制作，監督，演出，撮影，美術等を担当してその全体的形成に創作的に寄与した者が著作者となる（著作16条）。もっとも，著作者に認められる財産権としての著作権は，映画製作への参加約束がある場合には，監督等に帰属するのではなく，映画製作者に帰属する（同29条1項）。経済的投資を保護する趣旨である。

　　注1）「法人等の業務に従事する者」の範囲は，狭く限定的に解釈する見解（例えば，斉藤博「著作権法〔第3版〕」126頁）も有力であるが，判例は，法人と創作者との関係を実質的にみて，「法人等の指揮監督下において労働を提供するという実態にあり，法人等がその態様，指揮監督の有無，対価の額及び支払方法等に関する事情を総合的に考慮して判断すべき」ものと解している（オリンパス光学事件，最判平成15年4月22日判時1822号39頁）。

2）　新潟鉄工事件，東京地判昭和60年2月13日判時1146号23頁では，プログラムを退社従業員が持ち出したケースであるが，「仮に公表されるとすれば法人の名義で公表される性格のものも含まれる」と判示されていた。

第6節　著作者の権利

著作権法上，著作者は，著作（財産）権と著作者人格権を有する（著作17条1項）各種の補償金請求権はその外に認められた権利ということになる（図23参照）。著作者人格権と著作権をどのように位置づけるかについては，ドイツのように著作権の譲渡性を原則として認めず一元的に構成する考え方[注1]と，二元的に別個の権利として構成する考え方がある。わが国は，著作者の権利を，譲渡性のない著作者人格権と譲渡性のある財産権としての著作権とに分け，二元的に構成する考え方を採用している。

注1）　半田正夫「著作権法概説〔第16版〕」116頁以下に詳しい。

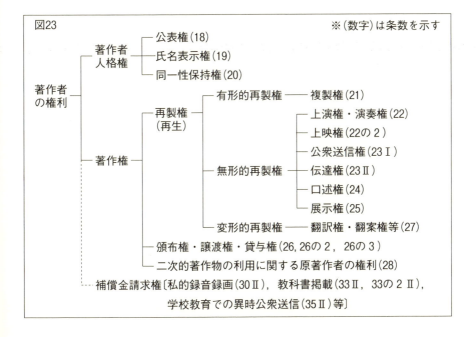

1 著作者人格権

著作者人格権は、その人格権としての性質上、一身専属性と不可譲渡性を有する（著作59条）。したがって、著作者が死亡（法人については解散）すると著作者人格権も消滅する。ただし、著作者の死亡後もその人格的利益が保護されるけれども、これは、著作者が生存しているとすればその著作者人格権の侵害となるべき行為をしてはならない（同60条）、と規定しているのであり、形式的には、著作者の死亡によって著作者人格権が消滅することと矛盾するものではない。なお、名誉又は声望を害する方法により著作物を利用する行為は、著作者人格権を侵害する行為とみなされる（同113条7項）。

(1) 公 表 権

著作者は未公表著作物の公表、すなわち、その時期と態様を決定する権利を有する（著作18条1項）。著作者が著作物の公表に同意したものと推定される場合も規定されている（公表権の制限［同18条2項1号～3号］）。1号、2号の場合には、公表への同意について著作者の意思の推定も合理性があるが、3号については問題があるといわれている。同号の趣旨は、映画の著作権が映画製作者に帰属するときは（同29条1項）、製作者の有する著作権の行使により公開できるようにしておかなければならないことに基づく。映画の著作物については、著作権が映画製作者に帰属し、さらに著作者の公表権も制限されるという結果は、映画著作物の流通性の確保にはなろうが、著作者には酷という観点から、公表権を著作者に留保し、公表権の濫用の問題で流通性の確保を図るべきではないか、ともいわれている[注1]。しかし、この規定は推定規定であるから、参加約束時に、著作者に公表権を留保することはできる。

通信回線によりデータベースやその他の著作物にアクセスする場合、いつの時点で公表されたといえるのか曖昧である。著作物に最初のアクセスがあり、送信された時に公表されたものとするのも、その立証に困難もあることから、著作物は全て権利者の許諾を得て送信可能化された場合に、公表されたものとみなされている（著作4条2項）。

また、情報公開法又は情報公開条例による開示との関係で、公表権の制限が新たに規定されている。1つは、著作者本人が、国の行政機関、独立行政法人等又は地方公共団体等に著作物を提供した場合で、開示決定の時まで別段の意思表示

をしていないときは，当該著作物の公表について同意したものとみなされる（著作18条3項1号～3号）。他の1つは，情報公開法又は情報公開条例に基づき，義務開示，裁量開示又は公務員等の職務の遂行に係る情報の開示が行われる場合，公表権の規定を適用しないものとされている（同18条4項1号～5号）。

(2) 氏名表示権

著作者は著作物の利用に際し，著作者名を表示するか，するとすればどのような名称とするかを決定することができる（著作19条1項）。著作物の利用者は，別段の意思表示のない限り，著作者がすでに公表しているように著作者名を表示すれば足る（同19条2項）。もっとも，著作物の利用の目的及び態様から，創作者としての著作者の利益を害するおそれがないと認められ，そのことが公正な慣行に反しない限り，著作者名の表示を省略できる（同19条3項）。

また，情報公開法又は情報公開条例に基づき，すでに著作者が表示しているところに従って著作者名を表示する場合や，部分開示により著作者名の表示を省略することとなる場合には，氏名表示権の規定は適用されない（著作19条4項）。

(3) 同一性保持権

著作物やその題号の変更，切除，その他の改変を意に反して受けない権利（著作20条1項）が同一性保持権である。裸体画に上書きする行為や映画のカット版の制作等，著作物及びその原作品に何らかの手を加える行為はこの権利処理が必要となってくる。パロディ作品を作成するために，雪山の風景写真に無断で巨大なタイヤの写真をはめこむ行為や（モンタージュ写真事件，最判昭和55年3月28日民集34巻3号244頁），コンピュータ・ゲームの主人公の能力値データを収めたメモリーカードを輸入・販売する行為（ときめきメモリアル事件，最判平成13年2月13日判タ1054号99頁）が，同一性保持権の侵害になる，という判決もある。

絵画等の原作品の廃棄は同一性保持の問題ではないと解されており，著名な建築家の設計した建造物の全部改築であっても，それは所有者の自由に属する[注2]。

同一性保持権の硬直的な取扱いは著作物の利用を損ない，文化の向上を阻害しないとも限らない。このため，著作物の性質並びにその利用の目的及び態様に照らしてやむを得ないと認められる場合に限って，同一性保持権に対する制限がおかれている。学校教育の目的上やむを得ない用字又は用語の変更その他の改変（著作20条2項1号），建築物の増・改築や修繕等での改変（同20条2項2号），プ

ログラムの著作物を利用するために必要な改変(同20条2項3号)及びその他,著作物の性質並びにその利用の目的及び態様に照らしやむを得ないと認められる改変(同20条2項4号)がその制限である。

このうち,プログラムの著作物を実行するために必要な改変については,その特質を考慮して,「特定の電子計算機においては実行し得ないプログラムの著作物を当該電子計算機において実行し得るようにするため,又はプログラムの著作物を電子計算機においてより効果的に実行し得るようにするために必要な改変」と規定し,デバグ,バージョンアップを容認することが明確にされている(著作20条2項3号)。

マルチメディアの普及が現実のものとなった現在,この権利の弾力的な解釈あるいはその不行使契約の第三者効の創設との関係も議論されている[注3]。

> 注1) 斉藤博「著作権法〔第3版〕」206頁,また同「著作権法概論」72頁は,公表権の無力化に等しいと述べる。
> 2) 加戸守行逐条講義178頁。
> 3) 著作権審議会マルチメディア小委員会ワーキング・グループ検討経過報告21頁。上野達弘「著作物の改変と著作者人格権をめぐる一考察(1),(2)」民商120巻4・5号748頁,6号925頁。井上由里子「著作物の改変と同一性保持権」ジュリスト1057号69頁。

2 著作権

著作者は,著作物を独占的に利用する排他的財産権を有する。著作物の利用といっても,利用者が読んだり,聴いたりする行為ではない。これらの著作物の実際の利用行為は,私的な領域でなされ,捕捉しにくいことから,複製や演奏等の段階をおさえる規整になっている。また,特許権のように絶対的な排他権ではなく,模倣者との相対的な排他権として構成されている。一般的には,著作者自ら実施するよりも,他人に利用させてその対価を収めるよう機能することから利用許諾権として現れる。著作権法は,各著作物の利用態様に応じて,その態様を具体的に限定列挙する方法を採用しているので,かつての貸レコード業の登場によって生じたような問題に柔軟に対応できない反面,権利の内容が明確になるという一面も合せ持つ。

著作権は以下に述べる具体的な支分権の束である。

(1) 複 製 権

　複製権とは著作物を有形的に再製する独占権をいう（著作21条）。複製の手段・方法には制限がなく，印刷，写真，複写，録音，録画その他の方法により有形的に再製すれば，複製に当たる（同2条1項15号）。したがって，上演・演奏・公衆送信のような無形の再生には，この有形的再製権である複製権は及ばない。これらは，以下の上演権・演奏権，公衆送信権の問題となる。

　複製があったというためには，2つの作品の間に実質的同一性があり，一方の作品を作成するために他方に依拠（アクセス）していることを必要とする。以上の意味において，著作物の全部を有形的に再製することはこの複製権の侵害になるが，一部については明確ではない。基本的な判断基準としては，著作物の本質的な部分を複製しているかどうか，という基準による他ない[注1]。もっとも，本質的部分が共通であっても，一方が他方に依存したものでない限り，それぞれ別個の著作物と認められ，それぞれについて著作者の権利が認められる。

① **演劇用著作物の特殊性**（著作2条1項15号イ）

　脚本その他これに類する演劇用著作物については，それがいったん上演又は放送されたものを録音し，録画することも複製としている。演劇用著作物を有形的に再製しないで，それに基づく無形的再製である上演なり放送を，録音なり録画する行為について，複製の行為とみなしたものである。

② **建築の著作物の複製の特殊性**（著作2条1項15号ロ）

　建築の設計図に従って建築物を築造することは設計図の複製にはならないはずであるが，築造には複製権が及ばないとすれば不都合であるから，建築図面に従って建築物を完成することも，建物の著作物の複製としている。

(2) 上演権・演奏権

　著作者が，その著作物を，公衆に直接見せあるいは聞かせることを目的として（公に）上演しあるいは演奏することについて，許諾を与えることのできる権利を公演権という（無形的再製権，著作22条）。公衆という文言は，著作権法の規定中に散見されるが，通常の用語に従い特定人のグループを公衆の概念から排除すると，親睦会やサークルでの演奏・上演にあっては著作権の侵害でないことになるおそれもある。そのため，著作権法上は，不特定多数の者だけでなく，特定多数の者を含む意味に理解している（同2条5項）。

演奏権の利用主体は誰かという問題がある。スナックやカラオケボックスにおいて，固定型あるいは通信型のカラオケ装置を用いて伴奏・音楽を再生して歌唱する者なのか，あるいはその場所・機器を提供する者なのか，という問題である。判例（クラブキャッツアイ事件，最判昭和63年3月15日民集42巻3号199頁；カラオケボックス事件，大阪地決平成9年12月12日判時1625号101頁）は，演奏に対する管理支配性と演奏からの経済的利益の帰属性の有無の観点から，後者を規範的な利用主体としている。

また，著作権法22条にいう"直接"は，公衆に視聴させる目的とセットで意味を有する。最終的に公衆に視聴させるために，レコード，ビデオテープに録音・録画することは，直接性を欠き，この公演権の問題にはならない。ただし，この録音・録画物を再生する場合は，公演権の問題となる（著作2条7項）。この点において，通常，演奏・上演とは生のものをいうのであるが，著作権法上はこれに限らないことになる。

公衆に直接聞かせる目的との関係で音楽教室での演奏が問題になっている。確かに生徒にはこの目的を欠くものといえようが，教室経営者を主体としてみれば，特定多数の生徒に直接聞かせる目的で演奏していることになろう。

ところで，旧著作権法上は，適法録音物を用いて著作物を興行し，放送することが自由とされ[注2]，その場合，出所を明示することになっていた。現行法の下では，このうち前者の行為は演奏の概念のなかに含まれ，また後者の行為も公衆送信権の概念のなかに含まれ，いずれも著作者の許諾が必要となっている。

(3) 上映権

上映権は，著作物を公に上映する権利である。従来は，映画の著作物にのみ上映権が認められていたが，大型ディスプレイ画面に代表される最近の映像技術やマルチメディアの登場により，映画だけに止まらず，写真や美術があるいはこれらに音楽や言語等のさまざまな著作物が融合的に利用される現実がある。また，WIPO著作権条約8条では，「有線又は無線の方法による公衆へのあらゆる伝達」から著作物を保護すべき義務が求められているので，わが国は「無線又は有線の方法でポイント・ツー・ポイント送信し，受信場所での公衆へディスプレイ」する行為についても規整する必要があった。このため，映画の著作物にとどまらず，対象を拡大して全ての著作物について上映権の保護が及ぶものとした

（著作22条の2）。

　これにより，公衆送信の対象となるものを除いて，著作物をスクリーンやディスプレイ画面上に映写し，これに伴い映画の著作物において固定されている音を再生することまで（著作2条1項17号）上映の対象となった。なお，研究発表等でパワーポイントなどを使って行うディスプレイは営利を目的としない上映として，著作権法38条1項による適用除外があると解される。かかる理解は，公の伝達権の制限（同38条3項）とも調和するものではないか。

(4)　**公衆送信権・送信可能化権・伝達権**

　著作者は，著作物が公衆送信されること及び公衆送信されるその著作物を受信装置を用いて公に伝達することについて許諾を与えることができる（著作23条）。公衆送信とは，有線無線の媒体を問わず，公衆への送信全体を意味する概念である（同2条1項7号の2）。公衆送信のうち，テレビ・ラジオ放送等公衆に同一内容を同時に受信させる目的で行う無線送信である放送と，ケーブルTVや有線音楽放送等，公衆に同一の内容を同時に受信させる目的で行う有線送信である有線放送に該当するものを除き，公衆からの求めに応じ自動的に行われる公衆への送信を自動公衆送信とした（同2条1項9号の4）。そして，サーバーへの入力（アップロード）等（同2条1項9号の5）が行われた時点で，現実には公衆への送信がなくても，送信可能化の状態におかれたものとして著作者の公衆送信権が働くこととなった（同23条1項）。これは，WIPO著作権条約8条で，著作物を公衆に利用可能な状態（making available to the public）にすることまで，著作者の排他的な権利が及ぶようになったことに基づく。

　なお，有線無線による同時送信のうち，同一構内における送信には著作者の公衆送信権が及ばない。その理由は，「電気通信設備で，その一の部分の設置の場所が他の部分の設置の場所と同一の構内にあるものによる送信」は，演奏権の問題として一般に処理されるからである。したがって，演奏権に関係しない著作物の利用行為は自由となってしまう。イントラネットあるいは構内LANの普及もあり，演奏権とは関係のないプログラム著作物の保護に欠けるおそれが顕著となったので，プログラムを同一構内で公衆に有線無線送信することは著作権の対象とされている（著作2条1項7号の2カッコ書参照）。

　公衆送信権がメディアを通じての著作物を送信する過程に関する権利であるの

に対し，伝達権は送信されてきた著作物情報のあふれ出たところに関する権利である。具体的には，スピーカーや大規模モニターなどの受信装置を使用してさらに公衆に伝達する権利である。もっとも，この権利には大きな制限がある。放送・有線放送される著作物（放送される著作物が自動公衆送信される場合の当該著作物を含む）は，非営利で無料の場合には，受信装置により自由に，公に伝達することができ，通常の家庭用受信装置を用いて伝達するときは，たとえ非営利でなくても，すなわち食堂で客に観覧させるような場合でも，伝達権は及ばない（著作38条3項）。

(5) 口 述 権

この権利は言語著作物に特有な権利である（著作24条）。著作物を口頭で伝達する権利のうち講談や落語等については上演権の問題であるから，講演・講義等で文芸著作物等を口述することなどがこの権利に含まれる。

朗読その他の方法により著作物を口頭で伝達することを口述という（著作2条1項17号）。口述には，生のみならず，録音され録画されたものを再生することを含むとともに，公衆送信に該当しないものを除き，電気通信設備を用いて伝達することまで含む（同2条7項）。

(6) 展 示 権

著作者は，その美術の著作物又は未だ発行されていない写真の著作物を，これらの原作品によって展示する権利を専有する（著作25条）。写真の著作物について未発行のものに限ったのは，オリジナルコピーとよばれる最初に製作された作品が多数存在することが考えられるので，相当程度の写真が未だ公衆の間に行き渡っていない作品についてだけ，オリジナルコピーの展示権を著作者に認めようとする趣旨だといわれている[注3]。

著作物についての著作権と有体物としての作品の所有権は別個の権利であるから，この2つの権利が異なった人に帰属することが考えられる。この場合において，法は，展示権を制限し所有権の優位を認め（著作45条1項），46条各号の場合を含め，美術作品を屋外の場所に恒常的に設置して展示する場合にだけ，著作者の許諾を要することにした。

ところで，美術作品は，画家の手を離れ転売されていくうちに，しばしば画家の得た対価に比して莫大な価値を示すことがある。このような転売価格に対し，

画家に配当を認めることが考えられる。これが追求権（droit de suite）とよばれる権利であり，ベルヌ条約ブラッセル会議で，条約14条の3に規定されている。これを受けて，フランス，ドイツ，イタリアなどが法制度化しているが，わが国では，美術作品の公売制度その他の事情から直ちに実施することは適当でないとして，見送られている。

(7) 頒 布 権

頒布権は，映画の著作物に特有な利用態様に関する権利である（著作26条）。

映画の著作物の著作権は，映画という著作物の全体的形成に創作的に寄与した者の全員に帰属する（著作16条）ことを原則とする。しかし，一定の条件の下で，著作権は，映画製作者に帰属することになっており（同29条1項），実際には，頒布権を行使できる者は映画製作者であるのを通例とする。

頒布権は映画の著作物に特有な権利であり，他の著作物では，譲渡権が規定されている。頒布権は，映画著作物のプリントの行先や期間を指定することができる権利である。ただし，用途までは限定できないと考えられており[注4]，劇場上映だけとする場合には，テレビ放送できない旨あるいは放送事業者に頒布してはならない旨の契約を別個にする必要がある。

映画の著作物にあっては，映画の著作物の著作者の他に，脚本・原作・音楽の著作物（例えば，オリジナル・サウンドトラック）の著作者の関与も認められる。このような者の権利を保護するため，これらの者に，映画の著作物において複製されているその著作物を公に上映し，または当該映画の著作物の複製物により頒布することについての排他的な権利が認められている（著作26条2項）。例えば，映画が上映される場合，オリジナル・サウンドトラックの作曲家の許諾も必要となってくる（同2条1項17号）。また，映画の原作となった小説の著作者の権利は，著作権法28条によって，二次的著作物の利用に関する原著作者の権利として働いてくることになる。したがって，映画を上映するには，少なくとも，映画製作者，原作者，オリジナル・サウンドトラック作曲家等の許諾を受けていなければならない。ただし，営利目的でないもので著作権法38条1項の適用のあるものについては，自由に上映できる。

ところで，テレビゲームも映画の著作物であるというのが判例の大勢であるが（例えば，パックマン事件，東京地判昭和59年9月28日無体集16巻3号676頁等，反対，

三国志〔控訴審〕事件，東京高判平成11年3月18日判時1684号112頁)，そうであるとすると，中古テレビゲームについても頒布権との関係が問題となる。次の譲渡権と異なり，頒布権の権利消尽を認める規定がないことから，中古テレビゲームソフトの販売は頒布権の侵害に当たるおそれがあるからである。裁判所の判断が対立していたが（消極，プレステ・ゲームソフト事件，東京地判平成11年5月27日判時1679号3頁。積極，セガ・ゲームソフト事件，大阪地判平成11年10月7日判時1699号48頁)，平成14年4月25日，最高裁は頒布権も消尽するという構成の下に，ゲームソフトの中古販売を適法と判断した[注5]。ただし，頒布には貸与が含まれるが，貸与に関する権利は消尽しない。

(8) 譲渡権

映画の著作物を除き，著作物をその原作品又は複製物の譲渡により公衆に提供する権利である（著作26条の2第1項)。譲渡権は，WIPO著作権条約6条で映画の著作物に限定しない一般的な譲渡権が定められていることを受けて，設けられた。これにより，複製行為は適法になされていても，その複製物を公衆に提供する行為はこの権利の侵害を構成する。複製権者が合意内容に反して複製物を市場に置くことを効果的にコントロールできることになる。

もっとも，複製物等の流通をコントロールする譲渡権が過度に流通を制限することがあってはならないので，いわゆるファースト・セール・ドクトリンの考え方を入れ，適法に市場に置かれた複製物等については権利が消尽することを認めている（著作26条の2第2項1号)。また，国際的な流通を考慮し，外国で適法に市場に置かれた複製物等はその複製物がわが国に輸入され，国内で公衆に譲渡されても，譲渡権は及ばないこととされている（同26条の2第2項5号)。つまり，国内消尽及び国際消尽する譲渡権として構成されているわけである。また，図書館における複製等の権利制限規定により認められる複製物について，譲渡権創設後も，自由に譲渡させるため，譲渡権が制限されている（同47条の7本文)。ただし，図書館等の複製に関し，目的による限定がある場合には，目的外の譲渡は原則に戻り，譲渡権の対象となる（同47条の7但書)。さらに，最初の譲渡が違法に行われた場合，譲渡権は消尽しないが，複製物等の譲渡を受けた者が譲渡権が消尽していないことを知らず，知らないことに過失がないときは，その者が行うその後の譲渡は譲渡権の侵害とはしないこととしている（同113条の2)。

(9) 貸 与 権

　映画の著作物を除く，その他の著作物の著作者は，その著作物を，その複製物の貸与により公衆に提供する権利（著作26条の3）を有する。この貸与権は貸レコード業の隆盛に対処するため設けられた支分権であるが，映画以外の全ての著作物に認められる（実演家，レコード製作者に対しては，最初に販売された日から1年未満の期間については貸与（許諾）権，それ以後については報酬請求権として構成されている〔同95条の3，97条の3〕）。

　映画を除く全ての著作物が本条の適用を受けるので，プログラムのレンタル業があれば本条の規制を受ける[注6]。書籍・雑誌についての貸与権は，わが国で長く定着してきた貸本業が著作権者の経済的利益を不当に害しているとまではいえないこと，そして許諾に関する権利集中処理機関の体制も整っていないことから，平成16年改正前著作権法附則4条の2で，当分の間，貸本業に貸与権は及ばないものとされていたが，近年大規模に展開する貸本業も登場したことから，経過措置を撤廃し，書籍・雑誌の貸与による公衆への提供について貸与権が及ぶものとされた。

(10) 翻訳・編曲・変形権及び翻案権

　著作者は，著作物を翻訳し，編曲し若しくは変形し，又は脚色し，映画化し，その他翻案して二次的著作物を創作する権利を有する（著作27条）。

　二次的著作物を創作する権利の内容をどのように理解するかということは，著作権法の基本的なスタンスを決定することにも通じ，極めて問題である。著作権法が保護する著作物は表現形式であって，思想・アイデアではないことは異論がないが（著作2条1項1号），この権利は思想・アイデアの保護をもたらしかねないことに留意する必要がある。純粋美術のような，鑑賞以外に格別の機能を持たない著作物では問題にならないが，プログラムの著作物のように機能を持つ著作物にあっては，別の表現形式であっても同様な機能を達成できるからである。

　二次的著作物を創作する権利のうち，翻案権とは，「既存の著作物に依拠し，かつ，その表現上の本質的な特徴の同一性を維持しつつ，具体的表現に修正，増減，変更等を加えて，新たに思想又は感情を創作的に表現することにより，これに接する者が既存の著作物の表現上の本質的特徴を直接感得することのできる別の著作物を創作する」[注7]権利をいうと理解されており，著作物にアクセスして

も，事実やアイデア等の著作物と認められない部分を取り出すのであれば，問題はない。別の表現形式であれば，それは別の著作物という他ない。また，既存の著作物への依拠があっても，表現それ自体でない部分や表現上の創作性が認められない部分への依拠に過ぎない場合には，複製にも翻案にも当たらないことになる。

　もう1つの問題として，要約（ダイジェスト）か抄録（アブストラクト）かの問題がある。要約はある程度の長さの著作物を短く短縮することをいうが，これは当然に原著作物の感得可能性があるので翻案に当たるといわれる。原著作物の感得可能性がなければ要約したことにならないからである。これに対して，新聞等の図書紹介あるいは図書目録に掲載するような著作物の紹介は抄録といわれ，この場合には翻案権の問題とはならない。結局，要約と抄録との違いは，要約は原作品にアクセスしなくても，原作品の表現する思想ないし感情を感得できるのに対し，抄録は原作品にアクセスしようという動機あるいは刺激剤となるものといわれている[注8]。

(11) 二次的著作物の利用に関する原著作者の権利

　例えば，ある小説を映画化する場合，映画の著作物が二次的著作物に当たるのであるが，この二次的著作物の利用に関して，映画の著作物の著作者のみならず，原著作物である小説の著作者も，同様な権利を有する。これが二次的著作物の利用に関する原著作者の権利である（著作28条）。この結果，二次的著作物の利用に関して原著作物と二次的著作物の著作者の，2つの権利が併存することになる。このため，二次的著作物の利用を希望する者は，この両者の許諾を受けなければならない。一般に，例えば小説を映画にすることを許諾し，翻案を認め，二次的著作物が創作されることに許諾する者は，二次的著作物の利用についても許諾していると考えるのが自然であるので，その利用について許諾を要するといっても，これを拒むことは通常許されない。もっとも，予防法学的には，翻案についての許諾の際にこうした利用についての許諾をあわせて受けておくことが望ましい。

　　注1）　半田正夫・紋谷暢男「著作権のノウハウ〔第6版〕」〔斉藤博執筆〕146～147頁。
　　　2）　いわゆるプラーゲ旋風，昭和15年の三浦環「マダムバタフライ事件」及び昭和8年のNHK・プラーゲ間の放送契約物別れ事件の影響であることはすでに述べた。
　　　3）　加戸守行逐条講義197頁。
　　　4）　加戸守行逐条講義199頁。

5）　中古ゲームソフト〔上告審〕事件，最判平成14年4月25日判時1785号3頁「公衆に提示することを目的としない家庭用テレビゲーム機に用いられる映画の複製物の譲渡については，市場における円滑な流通を確保するなど」の観点から，頒布権は「いったん適法に譲渡されたことにより，その目的を達成したものとして消尽し，もはや著作権の効力は，当該複製物を公衆に再譲渡する行為には及ばないものと解すべきである」。
6）　ソフマップ事件，東京地決昭和61年3月28日判タ597号95頁。
7）　江差追分事件，最判平成13年6月28日判時1754号144頁。
8）　加戸守行逐条講義214頁。

第7節　保護期間

　著作物の保護期間は，著作者の生存中及び著作者の死後70年を経過するまでの間である（著作51条注1））。映画の著作物は公表後70年を経過するまで保護される（同54条）。アニメ映画やゲームソフトが国際的にも高い評価を得ているところから，コンテンツ業界を戦略的に優遇する産業政策上の理由から他の著作物よりも一歩先んじて70年とされた（**本章第2節**）。無名又は変名の著作物については，著作者が当然には分からないから，公表された日の属する年の翌年から起算して70年間保護される（同52条，57条）。もっとも，変名の著作物における著作者の変名が誰のものか周知である場合や，実名の登録があった場合等，当該著作物の著作者が知られている場合は，原則どおり，著作者の死後70年が経過するまでの間存続する。著作権の始期は創作の時からである（同51条1項）。

　法人その他の団体が著作者の場合には，著作物の公表後70年経過するまでの間存続する（著作53条）。自然人のように死亡がないからやむを得ない。映画の著作物については，監督を初め多数の者が創作行為に関与し，著作者の範囲を絞り込むことが困難であるという理由で，著作物の公表後70年としている（同54条1項）。映画の著作物の保護期間が満了したときは，原著作物の著作権も，映画の著作物の利用に関する限り，消滅する（同54条2項）。

　外国の著作物であっても，わが国が条約上保護義務を負う著作物については，わが国の著作権法が認める保護期間を適用することを原則とする。しかし，わが国より短い保護期間を認めている国の著作物については，本国法で認める保護期間についてのみ保護する（著作58条）注2）。ベルヌ条約7条(8)が，保護期間につい

ては相互主義を採用することに基づく。

　保護期間の計算については，簡明を図るため，その基準となる創作ないし公表の日が属する年の翌年から起算する歴年主義が採用されている（著作57条）。その結果，創作者が死亡した日又は著作物が公表され若しくは創作された日の属する年の翌年の1月1日から起算され，70年目の年の12月31日の終了をもって消滅することとなる（民141条）[注3]。なお，著作者人格権は一身専属性の権利であるから，著作者の死後まで存続することはないが，死後においても，生存しているとすれば著作者人格権の侵害となるような行為は禁止される（同60条，116条）。

> 注1）　平成28年の第192回国会で，TPP12協定締結に伴う国内整備法（TPP12整備法）により著作権改正は成立し，存続期間は死後70年となっていたが，米国の離脱を受け，その施行は棚上げ状態にあった。その後，残る11ヶ国でTPP11協定を締結し，平成30年の第196回国会でTPP11協定に伴う関連法が成立し，改正著作権法はTPP加盟6ケ国目のオーストラリアが国内法の手続を完了した旨を通告した2018年10月31日から60日後の12月30日 TPP11協定の発効と共に施行された。
> 　 2）　保護期間の特例（相互主義の特例）として，戦時加算義務があり，昭和16（1941）年12月8日から，平和条約発効の昭和27（1952）年4月28日までの間，連合国の著作権の保護期間に，この期間を加算する一方的な義務を負う。
> 　 3）　参照，ローマの休日事件，東京地決平成18年7月11日判時1933号68頁；シェーン事件，最判平成19年12月18日判時1995号121頁。

第8節　著作権の制限

　著作権法は，著作者に著作者の権利を認め，その許諾なしに著作物を複製等することを禁止している。この著作者の権利にも無体物を客体とする他の知的財産権と同様，時間的・場所的な制限がある。著作者の権利のうち，著作権は，著作物の創作の時から，原則として，著作者の死後70年を経過するまでの間存続する（著作51条）。また，場所的には，著作権法の及ぶわが国の領域に限られる。しかし，国際的に著作権を保護するベルヌ条約等によって，わが国の領域を越えほとんど地球的な規模における保護が認められている。

　もっとも，著作権の効力に制限を加えることが，国際的にも認められている。「著作物の通常の利用を妨げないこと」，「権利者の正当な利益を不当に害しないこと」そして「特別の場合であること」の3つの条件を満たすことが必要である（いわゆる3ステップテスト，ベルヌ9条(2)，TRIPS 13条，WCT 10条）。これを受け

て，著作権法は，著作者の許諾を求めることが，「文化的所産の公正な利用」を阻害し「文化の発展」に著しく反する場合を考慮し，一定の場合に著作権の効力を制限し，著作者とこれを利用する者との間の利益調整を図っている。このような制限として，著作権法30条ないし49条にさまざまな制限が規定されているが，本文では便宜上次の9つのみを取り上げる[注1)]。著作権が制限される場合であっても，著作者人格権は制限されないことはもちろんである（著作50条）。

> 注1） 本文で取り上げる9つの権利制限の他には以下の場合に著作権が制限される。
> ・視覚障害者等のために著作物が点字その他の方法により複製や公衆送信される場合（著作37条）
> ・聴覚障害者等のための聴覚により認識される方式で提供されている著作物の音声を文字にするなどして複製や自動公衆送信される場合（著作37条の2）
> ・時事問題に関する論説を転載するなどして利用される場合（著作39条）
> ・公開して行われた政治上の演説又は陳述等及び裁判上の手続における公開の陳述を利用する場合（著作40条）
> ・著作物が報道の目的で正当な範囲で複製するなどの利用がされる場合（著作41条）
> ・裁判手続及び立法若しくは行政目的のための内部資料として必要な場合並びに特許審査手続等又は薬事審査手続等において複製して利用される場合（著作42条）
> ・情報公開関係法規により開示が必要となる場合（著作42条の2）
> ・公文書管理関係法規により歴史公文書等を複製等して利用する場合（著作42条の3）
> ・プログラムの著作物の複製物の所有者による複製の場合（著作47条の3）。
> 　　これらの規定の他に，関係規定により権利制限となる場合の利用において，さらに翻訳，翻案等により利用できることを明確にした規定（著作47条の6），複製権の制限により作成された複製物の譲渡の可否を定めた規定（同47条の7），権利制限規定で複製等ができる場合の著作物の出所の明示を求める規定（同48条）及び各権利制限規定に定める目的外の利用について複製を行ったものとみなす規定（同49条）がおかれている。

1　私的使用による制限

(1)　私的複製

個人的にあるいは家庭内等限られた範囲内で使用するために著作物を複製する行為は著作権を侵害しない（著作30条1項）。昭和45（1970）年当時，このような行為を認めても創作物の保護を損なうような多大な損害が発生するおそれはないと考えられ，またそのような行為の対価を徴収するマーケットも存在していなかった（「市場の失敗」といわれる），というのがこの規定が設けられた趣旨である。

しかし，その後の複製機器・媒体の発達・普及には目を見張るものがある。このため，私的使用を自由とする権利制限に例外が設けられた。まず，①公衆の使用に供することを目的として設置されている高速ダビング機器のような自動複製機器を使用しての複製は権利制限から除かれている（著作30条1項1号）。ただし，当分の間，文献複写機器については適用除外とされている（著作附則5条の2）。さらに，②技術的保護手段の回避[注1]を行うことで可能となった又はその結果に障害が生じないようになった複製を，その事実を知りながら複製する場合にも，たとえ私的複製の場合であっても許さないこととされた（同30条1項2号）。加えて，③著作権を侵害する自動公衆送信を受信して行うデジタル方式の録音・録画をその事実を知りながら行う場合についても，同様に私的複製の例外とされている（同3号）。

これら①〜③の権利制限の例外に該当しない場合には私的使用に該当することになるが，デジタル・オーディオ機器等家庭内にみられる音楽・映像ダビング装置・媒体であっても高品質なものが登場している。デジタル録音録画には，音質画質の点でアナログ録音録画と異なる面も存在する。この結果，家庭内複製であっても規模や質を考えると，創作者の利益を損なうおそれも懸念されるところから，デジタル方式の録音・録画機器・媒体を用いて録音又は録画を行う者は相当な額の補償金（私的録音録画補償金）を著作権者に支払わなければならないものとされている（著作30条2項）。

(2) **私的録音録画補償金制度**

上記の私的録音録画補償金制度は，その主要な部分は著作権法施行令1条及び1条の2において規定されている。そこでは，補償金の対象となる機器・媒体を平成4年当時の実態に合わせて個別限定的に規定されている。このため1例であるが，テレビ放送がデジタルに全面移行する過程で，アナログデジタル変換が必要でなくなり，アナログチューナーを搭載しないデジタル専用の録画機器が登場した際，この機器が政令で指定されている特定機器には該当しないという知財高裁判決が示され，最高裁も上告を受理しなかった[注2]。それなら政令を改正すればいいようであるが，政令指定の見直しが事実上困難なこともあり，制度は機能不全を起こしている。

(3) わが国の制度の特異性

　私的使用を理由とする権利制限を設けていない法制度[注3]もあるが，私的使用の権利制限を設けている国の制度と比較すると，わが国の規定上の特徴は権利制限の範囲を自己使用に限定しないで広く認めているため，権利者が有するコンテンツの販売機会が失われる結果となっている。また，プログラムの著作物を含め著作物の種類を問わず，2号及び3号の場合を除き私的使用を行う際の原本の如何を問わないものとなっている。こうした広い権利制限が認められている理由は，一般利用者を著作権侵害の責めから解放する一方で，権利者には補償金による対価還元を認めようとするものであるから，私的録音録画補償金制度が機能していない現状は30条の趣旨と乖離してしまっている。

　　注1)　技術的保護手段の回避とは，技術的保護手段に用いられている信号の除去又は改変を行うこと又は特定の変換を必要とするよう変換（コーディング）された著作物，実演，レコード若しくは放送に係る音や影像の復元（デコーディング）を行うことで，技術的保護手段によって防止されている行為を可能とし，又は技術的保護手段によって抑止されている行為の結果に障害を生じさせないことをいう。
　　　2)　東芝デジタル専用録画機器事件，知財高判平成23年12月22日判時2145号75頁。この判決の確定を受けて，私的録画補償金管理協会（SARVH）は現行法の下で補償金を受けることができなくなり，平成27（2015）年3月末をもって解散した。
　　　3)　わが国のように複製の規模との関係で，著作権を制限するのではなくして，行為の態様との関係で著作権の制限を捉える法制度もある。米国著作権法107条は，公正使用（フェアユース）として次のように定める。「……研究，調査等を目的とする著作権のある著作物の公正な使用は著作権侵害とならない。特定の場合に，著作物の使用が公正使用となるかどうかを判定する場合には，次の要素を考慮すべきものとする。①使用の目的及び性格，②著作権のある著作物の性質，③著作権のある著作物全体との関連における使用された部分の量及び実質性，④著作権のある著作物の潜在的市場又は価格に対する使用の影響」。

2　図書館等における複製

　公共的施設である図書館は多くの人々が容易に著作物にアクセスできるように構築された施設であるので，その目的を達成するために，当該施設が著作物を複製する必要性も生ずる。著作権者の利益を不当に害しない限度で，この必要性を考慮した規定が著作権法31条である。

　この規定により，複製を行える主体は，国立国会図書館及び著作権法施行令1条の3に定める学校や地方公共団体が設置する図書館施設（以下，この項では「図書館等」という）に限られる。また，複製が可能となる場合も次の3つの場合

に限られる（著作31条1項各号）。

① 図書館等の利用者の求めに応じその調査研究用に複製物を提供する場合
② 図書館資料の保存上必要な場合
③ 他の図書館等の求めに応じ絶版等により一般に入手困難な図書館資料（絶版等資料）の複製物を提供する場合

①の場合には，利用者の求めに応じた複製であることが前提であり，その場合も公表された著作物の一部分を限度とし[注1]，1人に1部提供する場合に限られる。ただ，発行後相当期間経過し，通常の流通経路を介して入手できないような定期刊行物に掲載された著作物（例えば，法律雑誌に収載された論文）にあっては，全部の複製が許されている。

②の場合には，著作物全体の複製ができるが，資料保存のためであるから，当該施設所有の資料を保存する必要性が認められねばならない。

③の複製の場合は，絶版等入手が困難となっている資料であって，他の図書館等の求めに応じる限度で許される。

①～③の場合の他，国立国会図書館にあっては，図書館資料の原本を公衆の利用に供することによる損傷等を避けるため，原本に代えて公衆の利用に供するための電磁的記録を必要と認められる限度において作成することが認められている（著作31条2項）。

さらに，国立国会図書館にあっては，著作権法31条2項で作成した絶版等資料の電磁的記録を全国の図書館等又はこれに類する外国の施設で政令で定めるものにおいて公衆に提示する場合，自動公衆送信を行うことができる。この場合，その図書館等の利用者の求めに応じて，その調査研究の用に供するために，同1項1号の条件に準じて複製物を提供することができる（著作31条3項）。国立国会図書館のある東京・京都と地方の距離による較差を解消するとともに，日本文化の発信にもつながるためである。

なお，公文書等の管理に関する法律の規定により，国立公文書館等の長又は地方公文書館等の長は，同法の定めるところにより歴史公文書を保存することを目的とする場合，当該歴史公文書に係る著作物を複製できるとともに，著作物を公衆に提供・提示することを目的とする場合にも，同法19条により利用させるために必要と認められる限度で，当該著作物を利用することができる（著作42条の3

第1項，2項)。

注1) 編集著作物である事典の1項目は著作物の一部分ではなく，全部である（多摩市立図書館事件，東京地判平成7年4月28日判時1531号129頁)。

3 教育目的による制限

公表著作物は，学校教育上の必要性が認められる場合，その限度で複製その他の利用が認められる。

① 教科用図書等に掲載することができる（著作33条)。この場合，教科用図書に掲載された著作物は，教科用図書代替教材に掲載するため利用することができるほか（同33条の2)，教科用拡大図書等の作成のために複製することができる（同33条の3)。これらいずれの場合も文化庁長官が定める算出方法により算出された額の補償金の支払が必要となる。

② 公表著作物は学校教育放送番組又は有線放送番組で放送若しくは有線放送し，又は自動公衆送信を行い，及び当該放送番組用又は有線放送番組用の教材に掲載することができる（著作34条)。この場合も補償金の支払が必要とされている。

③ 公表著作物は，学校その他の教育機関において教育を担任する者及びその授業を受ける者が，授業の過程における利用に供することを目的とする場合，必要と認められる限度で，複製し若しくは公衆送信を行い，又は公衆送信されるものを受信装置を用いて公に伝達することができる（著作35条1項)。従来のいわゆる同時授業公衆送信（授業が行われる場所以外の場所でリアルタイムに当該授業を受ける者に対して行う公衆送信）にとどまらず，スタジオ型同時授業公衆送信や異時授業公衆送信についても権利制限の対象とし，アクティブ・ラーニングや反転授業など近時の多様な授業形態に対応するものとなっているが，同時に著作物の利用の量も増大し，態様も多様化することを考慮し，これらの公衆送信を行う場合，教育機関設置者は相当な額の補償金（授業目的公衆送信補償金）を著作権者に支払うことが必要とされている（同35条2項)。この授業目的公衆送信補償金を受ける権利は文化庁長官が指定する指定管理団体のみが行使することができる（同104条の11)。この制度の施行は公布の日から起算して3年を超えない範囲において政令で定める日とされており，現在制度の枠組みが構築されている。もっとも，

同時授業公衆送信については，これまでの教育現場での運用への影響を考慮し，補償金の支払が免除されている。

④　公表著作物は，試験や検定の目的上必要と認められる範囲で，試験や検定の問題として複製し又は公衆送信することができる（著作36条1項）。非営利の教育機関は補償金の支払義務はないが，営利の目的でこの複製又は公衆送信をする者は通常の使用料に相当する額の補償金を著作権者に支払う必要がある（同2項）。

4　非営利の無形的再生

公表著作物は，営利を目的とせず，聴衆・観衆からいかなる名義であるかを問わず料金を徴収せず，そして無形的に再生を行う者に報酬が支払われない場合には，自由に，公に上演し，演奏し，上映し又は口述することができる（著作38条1項）。学校の運動会でのマーチの演奏，学芸会での演劇の上演等がこれに当たる。聴衆・観衆から料金を徴収しないといっても，企業等が商品の宣伝のために行う無形的な再生は，営利目的と認められ，この規定の下では許されない。

マンション，団地等での難視聴対策，美観維持のため，非営利でかつ視聴者等から料金を受けないで，放送される（放送「された」，ではない。換言すれば，同時再送信で）著作物を有線放送し，又は専ら当該放送に係る放送対象地域において受信されることを目的として，放送される著作物の自動公衆送信を行うことが許される（著作38条2項）。この自動公衆送信には，送信可能化のうち，公衆の用に供されている電気通信回線に接続している自動公衆送信に接続している自動公衆送信装置に情報を入力することによって行うものも含まれる。前者は，まさに難視聴解消等のための小規模有線放送事業者のための権利制限であるが，後者は，2011年7月に地上波アナログテレビジョン放送の終了，地上波デジタルテレビジョン放送開始のために，いわゆるIPマルチキャスト放送事業者に有線放送事業者と同様の責務を果たさせようとするものである[注1)]。

放送・有線放送を家庭用受信装置を用いてあるいは特別の装置を用いて公に行う伝達についても制限されている（著作38条3項）。前者については食堂でのテレビ上映が当たるが，拡大投影装置のような特殊な装置を使用して公に伝達行為をするときは，非営利でかつ聴衆・観衆から料金を徴収しない場合に限って許され

ることを意味する注2)。ここでの「放送される著作物」には，自動公衆送信される場合の当該著作物が含まれる。IPマルチキャスト放送であっても，出口は他の放送の場合と同じにされる必要があるからである。

　非営利での映画を除く著作物の複製物（例えば，レコード）の貸与についても，料金を徴収しないで行う場合，許される（著作38条4項）。映画の著作物の複製物については，公衆の利用に供する目的で，政令で定める非営利目的の視聴覚教育施設であって，料金を徴収しない場合に，相当額の補償金を支払うことを条件として，自由に貸与することが許されている（同38条5項）。公共機関がビデオソフトの貸出しをするような行為の需要を考慮するとともに，映画に関する著作物の権利者の利益を不当に害することのないように配慮した結果である。

　　注1）　IPマルチキャスト放送とは，著作権上は通信と評価される技術であり，この技術によりCATVなどの有線放送と同等の内容のサービスを受信者が受けられるものをいう。
　　　2）　**本章第11節1注1）**も参照。

5　引　用

　公表された著作物は，引用して利用することができる（著作32条）。言語著作物によくみられるように，ある種の著作物は他人の創作成果の上に，さらにこれを発展する形で生まれることに基づく。

　引用は，公正な慣行に合致し，かつ，報道・批評，研究その他の引用の目的に照らし正当と認められる範囲でなされなければならない。そして，引用の際は，著作物の出所をその複製又は利用の態様に応じ合理的と認められる方法及び程度により明示しなければならない（著作48条1項）。

　問題は，「公正な慣行」と「引用の目的上正当な範囲」である。「公正な慣行」とは，それぞれの分野で異なることになるが，たとえをあげれば美術史を論じるために他人の絵画を引用することは公正な慣行として認められるが，鑑賞本を作成するために他人の絵画を引用することはできない（藤田嗣治絵画複製事件，東京高判昭和60年10月17日判時1176号33頁参照），ということであり，引用の方法ないし態様から判断される。「引用の目的上正当な範囲」とは，量の問題ではない。まず，従としての引用でなければならず，したがって引用した著作物を取り去ってもなお独自の著作物といえるものが残っている程度の範囲において行われること

が必要であり（モンタージュ写真事件，最判昭和55年3月28日民集34巻3号244頁），その上で引用する著作物の性質，内容，さらには採録方法，引用の態様及び分量等から総合的に判断することになる（絶対音感事件，東京地判平成13年6月13日判時1757号138頁）。

なお，国又は地方公共団体が作成する白書等の広報資料については著作物性が認められているが（著作13条4号比較参照），このような資料は，説明の材料として新聞，雑誌その他の刊行物に転載できる（同32条2項）。もっとも，転載禁止の表示がなされているときは転載することはできないが（同32条2項但書），この場合にも引用することは許される。

6　美術の著作物等及び美術館等に関する権利制限の特則

この項では，美術の著作物又は写真の著作物の原作品並びにこれらの著作物を公に展示する者（原作品展示者）に関する著作権の権利制限を述べる。

①　美術の著作物若しくは写真の著作物の原作品の所有者又はその同意を得た者は，これらの著作物を公に展示することができる。著作権者の有する展示権が，所有権により制限されることになる（著作45条1項）。この権利制限規定は，美術の著作物の原作品が街路や公園等公衆が容易に見える場所に恒常的に[注1]設置する場合には適用がない（同45条2項）。このような屋外の場所等に著作物を設置するには，著作権者から展示についての許諾を受けることが必要となる。この屋外の場所に恒常的に設置されている美術の著作物は，専ら美術の著作物の複製物の販売を目的として複製したり，又はその複製物を販売したりする場合等を除き，いずれの方法によるかを問わず，利用することが許される（同46条）。

②　美術の著作物又は写真の著作物の原作品により，展示権を害することなく，これらの著作物を展示する原作品展示者は，観覧者のために展示著作物の解説又は紹介するために小冊子に当該展示著作物を掲載するだけでなく，展示著作物を複製してスマートフォンなどの端末を通じて展示著作物を上映したり，自動公衆送信したりすることもできる（著作47条1項，2項）。

原作品展示者及びこれに準ずる者として政令で定めるものは，展示著作物の所在に関する情報を公衆に提供するために，必要と認められる限度で，当該展示著作物をについて複製し，又は公衆送信を行うことができる（著作47条3項）。ここ

では原作品展示者以外に政令で定めるものがあげられており，いわゆる日本版ユーロピアーナ[注2)]も構築が可能になっている。

③ 美術の著作物や写真の著作物の原作品又は複製物の所有者等が，これらの原作品又は複製物を譲渡しあるいは貸与しようとする場合には，その申出の用に供するため，これらの著作物について複製又は公衆送信することができる（著作47条の2）。ネットオークション等で，どんな作品を販売等しようとしているのかの情報の提供を可能にするためである。

  注1) 路線バスの車体に書かれた美術の著作物は，「恒常的に設置」されたものといえるかどうかが争われた，バス車体絵画事件，東京地判平成13年7月25日判時1758号137頁では，社会通念上，ある程度長期にわたり継続して不特定多数の者の観覧に供する状態に置くことをいう，と判示されている。
   2) ユーロピアーノとは，欧州の2200余の図書館，博物館，アーカイブ，美術館等が収蔵品をデジタル化し，ネットワークによりこれらの施設をつないだワンストップ・ポータルサイトをいう。わが国も同様なサイト「ジャパンサーチ（仮称）」を立ち上げ，2020年本格運用を目指している。

7 権利者の利益を通常害しないと考えられる権利制限規定

デジタル・ネットワーク技術発展の影響を受けた著作権法の改正という意味では，WIPO著作権条約及びWIPO実演条約の採択に伴う法改正が想到されるが，このようなデジタル・ネットワーク環境の変化をイノベーションの促進を促す観点から行われた法改正としては，平成21年改正，平成24年改正そして平成30年改正をあげることができる。これら3つの法改正は，内容的にも共通し，検索エンジン関係の権利制限規定のように先の法改正を後の法改正で見直したり，あるいは著作物の表現形式を享受することを目的としない場合の権利制限規定のように先の法改正の趣旨を後の法改正で実現したりしているものもあり，それぞれ密接に関係するが，以下では平成30年法の下での整理に従い権利制限規定を説明する。

① 検討の過程における利用：たとえばあるキャラクターの著作物のライセンスを受ける前提で，権利者との交渉準備時に当該著作物の利用態様案を示すために行う利用について権利制限の対象としたものである（著作30条の3）。

② 著作物に表現された思想又は感情の享受を目的としない利用：この制限規定は，一般的権利制限規定の導入を模索した平成24年改正の際，いわゆるＣ類型として検討されていた制限規定ともいうことができるところ[注1)]，平成30年法改

正により全面的な見直しを伴って設けられた（著作30条の4）。著作物に表現された思想又は感情の享受を目的としない場合[注2]，必要と認められる限度で，当該著作物の利用を認める権利制限規定である。技術の開発又は実用化のための試験の用に供する場合（1号），情報解析の用に供する場合（2号）と電子計算機による情報処理の過程における利用その他の利用に供する場合（3号）が規定されているが，いずれも例示である。著作物の種類にも，著作物の利用態様にも限定がないが，著作物の種類及び用途並びに当該利用の態様に照らし著作権者の利益を不当に害することとなる場合はこの限りではない。

注1）　平成24年改正時，権利制限の一般規定による権利制限の対象と整理できるものとして，著作物の利用が質的又は量的に社会通念上軽微であると評価できる類型をA類型，適法な著作物の利用を達成しようとする過程において合理的に必要と認められる類型をB類型，そして「著作物の種類及び用途並びにその利用の目的及び態様に照らして，当該著作物の表現を知覚することを通じてこれを享受するための利用とは評価されない利用」をC類型とよんだ経緯がある。A類型が，現行著作権法30条の2として，B類型が同30条の3として成文化されたが，C類型については意図された形での成文化には至らなかった。

2）　「思想又は感情の享受を目的としない」というのは，著作物知覚の有無や，その利用の目的又は態様に照らして判断されなければならない。

8　電子計算機やネットワークにおいて必然的に生ずる著作物の付随的利用

電子計算機やネットワークでの情報の円滑な処理や，通信障害等のリスクを回避するために付随的に生ずる著作物の利用についての権利制限である（著作47条の4）。平成30年改正前は個別の規定において格別に規定されていたが，現行法ではまとめられている。1つは，キャッシュ関係であり，電子計算機で必然的に生ずるキャッシュでの複製や，インターネットでの送信障害防止のための複製等を行う場合（同条1項），もう1つには，携帯電話やスマートフォンの保守又は修理あるいは複製機器の交換のための一時的な複製を行う場合（同条2項）である。その他これらと同様に電子計算機の利用を行うことができる状態を維持し又は当該状態に回復することを目的とする場合には，必要と認められる限度で，著作物を利用することができる。著作物の利用態様は問わないが，当該著作物の種類及び用途並びに利用の態様に照らし著作権者の利益を不当に害することとなる場合はこの限りではない（同条1項柱書，但書）。

9　権利者に及ぶ不利益が軽微であることを理由とする権利制限規定

①　付随対象著作物の軽微利用：いわゆる写り込みにおける著作物の利用制限である（著作30条の2）。著作物を創作するにあたり，写真の撮影，録音又は録画をした際，他人の著作物の軽微な部分が写り込んだり，録音されたりすることが考えられるが，このような場合での複製又は翻案を権利制限の対象としたものである。de minimis の法理の著作権法での現れとも理解される（de minimis non curat lex：法は些事を顧みず）。

②　電子計算機による情報処理及びその結果の提供に付随する軽微利用：この権利制限は，「柔軟な権利制限規定」のコアとなる規定である（著作47条の5）。所在検索サービスや情報分析サービス，さらに CPS（サイバー・フィジカル・システム）で予想されるバックヤードでのデータマイニングとその解析（著作30条の4）の結果をリアルワールドで利用することを認め，イノベーションの創出につなげるための権利制限規定である。この場合，公衆への提供又は提示が行われた著作物（公衆提供提示著作物）に表現された思想又は感情の享受を伴うことから，権利者に対して損害をもたらすおそれが皆無ではないが，利用される著作物が軽微であることを条件として[注1]自由利用が認められている。

この権利制限規定では，著作物の利用がそこに表現された思想又は感情の享受を伴うものとなるから，ここでは利用態様が，情報検索サービス（著作47条の5第1項1号）と，情報分析サービス（1項2号）に付随する利用行為に限定されている。もっとも，今後，電子計算機による情報処理により，新たな知見又は情報を創出しそしてその結果を提供する行為であって，国民生活の利便性の向上に寄与するサービスが現れた場合には，政令により機動的に対応することも予定されている（1項3号）。

注1）　利用が軽微であるのかどうかは，公衆に提供又は提示されている著作物のうち，利用に供される部分の占める割合，その利用に供される部分の量，その利用に供される際の表示の精度その他の要素に照らし判断される（著作47条の5第1項カッコ書）。

第9節　著作権の消滅

1　消滅事由

　自然人たる著作権者死亡の場合において相続人が存在しないため，あるいは法人たる著作権者が解散した場合において，民法959条の定めるところにより著作権が国庫に帰属すべきこととなるときは，いずれも著作権は消滅する（著作62条1項，なお著作隣接権については同103条参照）。保護期間の満了の他に，相続人不存在の場合に，著作権が消滅するのは，著作物の利用を国家に独占させるよりも，公有として自由利用としたほうが，学術文化的な創作物として著作物の性質上公益に合致するからに他ならない。複製権や翻訳権等著作権の一部を譲渡した後，相続人不存在になった場合も，同様に考えるべきであるが[注1)]，公示方法がないのは，公益の観点から問題がある。

　映画の著作物の著作権が国庫に帰属することとなって消滅する場合，当該映画の著作物の利用に関する原著作物の著作権も，当該映画の著作物の著作権とともに消滅する（著作62条2項，54条2項）。

2　時　効

　保護期間の定めのある著作権は，時効によって消滅することはない。もっとも，著作権についても取得時効が成立すれば，原著作権者の権利は相対的に消滅することになる。

　無体財産である知的財産権においては，占有という概念は不必要であり，介在させるべきではないとして，取得時効の成立を否定する有力な学説がある[注2)]。しかし，民法は準占有の概念を認め，「自己のためにする意思をもって財産権の行使をする場合に」（民205条），占有の規定を準用するものとし，「所有権以外の財産権」であることに疑いはない著作権を「自己のためにする意思をもって平穏に，かつ，公然と」行使することにより，時効による取得を認めている（同163条）。産業財産権のように比較的短期の保護期間を定めている権利については格別，長期の保護期間を定めている著作権にあっては，取得時効の成立を肯定するなり（複製権の時効取得につき肯定するものとして，ポパイネクタイ事件，最判平成

9年7月17日民集51巻6号2714頁），権利失効（Verwirkung）の原則の適用を肯定するなりして，著作権に基づく請求を抑制していかなければならない事態が少なくないのではないか。

注1）　反対，半田正夫「著作権法概説〔第16版〕」210頁は，この複製権や翻訳権は譲渡人に復帰すると構成する。
　　2）　中山信弘「工業所有権法上〔特許法第2版増補版〕」21頁以下。有体物における支配は物の占有を実現することに他ならないが，無体物を客体とする知的財産権では，客体の物理的支配は不可能であることから，知的財産権については占有の概念を介入させる必要はないとするが，著者権者と並存的に，支分権の1つを独占的，排他的に行使する状態が継続されれば，それをもって無体物の占有支配と認めてよいのではないか。

第10節　出　　版

1　出版の形態

　出版とは，一般的に使用される意味では，著作者から著作物（原稿）を受け，相当数の複製物を印刷し公衆に頒布する行為と理解される。通常，相当数の複製物を印刷するためには印刷機その他の設備機器を必要とするから，複製・印刷は著作者と異なる第三者・出版者が行うことになる。したがって，出版者は，著作者と複製行為に関する権利処理をしておくことが必要となる。

　複製権の権利処理には次の4形態がある。①複製権を含む著作権の全体の譲渡を受ける著作権譲渡契約，②複製権譲渡契約，③複製を一定期間行うことについて許諾を受けておく出版権設定契約，④同様に複製を行うにつき当事者間で債権的に許諾する出版許諾契約である。③と④の契約の相違は，③の出版権設定契約が出版社に一定期間複製権の独占を認める著作権法79条以下に定めるライセンスであるのに対して，④の出版許諾契約は当事者間の債権的なライセンス契約であるのが異なる[注1]。したがって，④のライセンス契約では，債務不履行あるいは積極的債権侵害の問題は残るものの，出版者は二重にライセンスの設定を受けた者や著作権の譲受人に対抗することはできない。

　近時，スマートフォンやタブレットの登場により，電子書籍といわれる新しい媒体が登場し，電子出版市場が生まれている。このため，③の出版権制度も，文書又は図画として出版する場合だけでなく，記録媒体に記録された電磁的記録と

しての電子書籍に対応した出版権制度が設けられている。同時に，これによって，紙媒体の書籍をスキャンしてネットに無断で送信可能化する海賊行為に対しても出版権者が対応できるようになった[注2]。

注1）　書面による出版契約書（社団法人日本書籍出版協会作成の出版契約書のひな形がある）によらない契約は，④の出版許諾契約と解するのが一般的理解である（山本桂一「著作権法」227頁，三山祐三「著作権法詳説〔新版〕」239頁）。永続性反復性のない，一回的な利用を目的とする雑誌出版の場合も④の書籍出版契約が締結されたものと解されよう（半田正夫・紋谷暢男「著作権のノウハウ〔第6版〕」［半田正夫執筆］183頁）。

2）　もっとも海賊行為が外国に設置されたサーバで行われる場合，現実問題としてはこれに対応できないところから検討されている問題が，接続遮断（ブロッキング）の可否をめぐる議論である。

2　出版権設定契約
(1)　契約の成立

　出版権設定契約は，著作物の複製権又は公衆送信権を有する者（複製権等保有者）と出版又は公衆送信を引き受ける者との間で，著作物について出版権の設定を目的としてなされる契約である。出版権は，頒布の目的をもって，著作物を原作のまま印刷その他の機械的又は化学的方法により文書又は図画として独占的に複製する権利（原作のまま電磁的方式により記録媒体に記録された電磁的記録として複製する権利を含む）と，原作のまま電磁的方式により記録媒体に記録された当該著作物の複製物を用いて独占的に公衆送信を行う権利のいずれか1つの権利又は両方の権利をいう（著作80条1項）。いずれか1つの出版権とするか，両方を含む出版権とするかは設定契約によって定まる（同79条1項）[注1]。さらに，出版権を紙媒体に限って設定するか，あるいは先の電磁的記録に限って設定することも可能であるし，出版権の設定は著作物について行うから，雑誌中の1つのコミックについて設定することも可能である。原作のままとは，誤字脱字等を除き，著作物をそのまま再現複製等することをいう。

　出版権を設定するためには，設定の合意で足り，著作物の引渡しや登録は必要ない。設定契約の当事者は，複製権等保有者と，先に述べた紙媒体により出版や電磁的記録による出版を引き受ける者又はインターネット送信による出版を引き受ける者である。

(2) **契約の効力**

　出版権は，出版を引き受ける者に対し設定契約で定める範囲において，出版のために著作物を直接支配できる用益物権的権利であり，出版権者は文書又は図画としての複製，電磁的記録としての複製あるいはインターネットを通じての送信について独占的に著作物を利用することができる。出版権の存続期間は，当事者間の合意によって定めるが，特段の合意のないときは，最初の出版行為がされた日又は公衆送信行為があった日から3年で消滅する（著作83条2項）。複製権等保有者である著作者は，著作物の内容が自己の確信に適合しなくなったときは，その著作物の出版行為又は公衆送信行為を廃絶するため，出版権者に通知してその出版権を消滅させることができる（同84条3項）。この場合，廃絶により通常生ずる損害をあらかじめ賠償することが必要である。

　出版権の存続期間中は，複製権を有する者も同じ著作物を他から出版することはできない。しかし，著作者が死亡したとき及び最初の出版行為又は公衆送信行為がなされたときから3年が経過したときは[注2]，当該著作物を全集その他の編集物に収録する場合に限り，複製又は公衆送信を許諾することができる（著作80条2項）。

　出版権の設定があっても，出版権者は複製権等保有者の承諾を得れば，第三者に，その出版権の目的である著作物の複製又は公衆送信を許諾することができる（著作80条3項）。設定契約で豪華本の出版を合意している出版権者が文庫本の出版を他の出版者に再許諾したり，ネットワーク部門を有しない出版権者が第三者に公衆送信を再許諾したりすることを可能にするためである。

(3) **出版権者の義務**

　出版権の設定によって，出版者には強い権利が認められるので，それに応じた義務も課される。

　出版権者は，複製権者からその著作物を複製するために必要な原稿その他の原品若しくはこれに相当する物の引渡し又はその著作物に係る電磁的記録の提供を受けた日から6カ月以内に，当該著作物について出版行為を行う義務（著作81条1号イ）又は公衆送信行為を行う義務を負う（同81条2号イ）また，出版権者は著作物を慣行に従い継続して出版行為を行う義務（同81条1号ロ）又は公衆送信行為を行う義務を負う（同81条2号ロ）。いずれも，設定契約で別段の合意をする

ことを妨げないが，これらの義務が履行されないときは，複製権等保有者はそれぞれ対応する出版権を消滅させることができる（同84条1項，2項）。

著作権法80条1項1号の出版権者は，出版権の目的である著作物を改めて複製しようとするときは，その都度あらかじめ著作者にその旨を通知しなければならない（著作82条2項）。著作者が修正増減権（同82条1項）を行使できるようにするためである。

(4) **出版権の登録**

出版権の設定は当事者間の合意によって行う。出版許諾契約と区別するためにも，書面（出版契約書ひな型）により出版権の設定を明確にしておくことが望ましい。

出版権の設定を第三者に対抗するには，出版権登録原簿への登録が必要である（著作88条1項1号）。準物権的な権利として構成されている出版権について，不動産の物権変動における登記と同じ法律構成が採用されており，対抗力の問題も民法177条の下での議論と同じである。したがって，無断でインターネットに出版権が設定されている著作物を送信可能化する侵害者は，「登録をしなければならない第三者」にはならない。

登録は，登録権利者と登録義務者との共同申請によって行うのを原則とするが（著作施令16条），登録義務者の承諾書の添付のあるときは，登録権利者だけで単独申請が，可能である（同17条参照）[注3]。

注1）このような出版権の建て付けにより，紙媒体の出版を行っていたこれまでの出版社に限らず，amazon.com のような通販サイト業者もこの分野への参入が可能となった。

2）出版権のこの制限は著作権法83条1項との関係で矛盾するようであるが，設定契約で別段の定めをしている場合があり，その場合であっても全集その他の編集物に収録するときは制限される，という趣旨である。

3）登録は文化庁著作権課において行い，1件について3万円の登録免許税を納入し，出版物の題号，権利の表示並びに登録の原因及びその発生年月日，登録の目的等を記載した出版権登録申請書に出版契約書の写し，著作物の明細書及び資格証明書を添付する（著作施規8条1項様式第7）。

第11節　著作隣接権

1　著作隣接権の意義

　著作権制度による著作物の保護を前提としながら，著作権とは別個独立に著作物の内容を公衆に伝達する媒体としての実演，録音，放送及び有線放送に，著作物の創作に準じた一種の文化的創作価値を認め，これを保護するために，それを行った実演家，レコード製作者，放送事業者及び有線放送事業者に認められた，著作権に類似する排他的権利を著作隣接権（Neighbouring right, Angrenzendes Recht, Droit voisins）という。

　この著作隣接権も，著作権と同様，何らの手続・方式を必要とすることなく発生し，そして保護される。この2つの権利は，別個の権利であり，例えば著作者の権利行使によって，隣接権者の権利に影響が生ずるといったことはない（著作90条）。ただ，著作権は前述したように一定の場合制限され（**本章第8節**），他人が自由に利用できる場合があるが，このような場合には，隣接権もほぼ同様に制限を受ける（同102条）[注1]。

　実演家，レコード製作者，放送事業者及び有線放送事業者の4者は相互依存の密接な関係にあり，ともに文化の発展・向上に寄与しているが，複製・情報伝達技術の開発・普及及び発展に伴い，4者の保護を図る必要性は以前にもまして拡大した。その利益を保護する方法としては，著作権を付与することが考えられるが，これらの者は通常既存の著作物を利用する立場にある者であって，著作物の創作者ではない。そこで，著作権制度を前提としながら，これとは別個の隣接権が認められたのである（図24参照）。

　ちなみに，旧著作権法では，隣接権の思想はなかった。いわゆる，桃中軒雲右衛門事件[注2]でも，当初著作物の概念の中には演奏・歌唱等の実演が入っていないという背景があった。大正9（1920）年の著作権法改正によって，レコードの無断複製を禁止し，実演家を保護するため，「演奏・歌唱」が著作物に加えられたのはそのためである。また，レコード製作者の保護については，桃中軒雲右衛門事件を契機として，著作物をレコードに無断複製することを禁止する旧著作権法32条の3が新設され，この規定の趣旨は，その後昭和9（1934）年改正著作権

図24　隣接権の概要

	実演家	レコード製作者	放送事業者	有線放送事業者
氏名表示権	○90条の2			
同一性保持権	○90条の3			
録音録画権	○91条1項			
複製権		○96条	○98条	○100条の2
輸入差止権	○113条1-1	○113条1-1	○113条1-1	○113条1-1
頒布禁止権	○113条1-2	○113条1-2	○113条1-2	○113条1-2
譲渡禁止権	○95条の2-1	○97条の2-1		
商業用レコード貸与権	○95条の3-1	○97条の3-1		
期間経過後の報酬請求権	○95条の3-3	○97条の3-3		
私的録音録画補償金請求権	○102条1項（準用30-2）	○102条1項（準用30-2）		
放送，有線放送権	○92条1項			
再放送，有線放送権			○99条1項	
放送，再有線放送権				○100条の3
（有線）テレビ放送の伝達権			○100条	○100条の5
リピート放送等の報酬請求権	○94条2項			
放送の同時再送信の報酬請求権	○94条の2			
放送でのCD等の二次使用料請求権	○95条1項	○97条1項		
送信可能化権	○92条の2-1	○96条の2	○99条の2	○100条の4

法22条の7の規定で，「音ヲ機械的ニ複製スルノ用ニ供スル機器ニ他人ノ著作物ヲ適法ニ写調シタル者ハ著作者ト看做シ其ノ機器ニ付テノミ著作権ヲ有ス」という形で受け継がれ，保護がなされた。これに対し，放送事業者については著作権法上の保護は特に行われなかった。

　現行法は，1961年ローマで作成された「実演家，レコード製作者及び放送機関の保護に関する国際条約」の趣旨に従い，現行法の制定と同時に保護を図っている。平成元（1989）年，ローマ条約への加盟に伴い，隣接権の保護期間は従来の20年から30年に，また平成3年に50年に延長の後，平成30年，放送事業者及び有線放送事業者のそれを除き，70年に延長されている（著作101条）。

　なお，レコードについては，昭和53（1978）年，「許諾を得ないレコードの複製からのレコード製作者の保護に関する条約」（以下，レコード保護条約，ともい

う）に加盟しているので，従来から，条約締約国の国民であるレコード製作者のレコードの無断複製から守り，その作成・輸入・頒布をさせないよう条約上義務を負っていた。

昭和45（1970）年制定の現行著作権法の定める隣接権者の有する権利の内容は，以下に述べるように，全て財産的権利であり，著作者に認められる著作者人格権は平成14（2002）年法改正までは認められていなかった。しかし，WIPO実演・レコード条約（**第7章第10節5参照**）では，生の聴覚的実演及びレコードに固定された実演に関して，実演家に人格権が認められており（WPPT 5条），同条約を批准したわが国は，実演家に対し，氏名表示権と同一性保持権を認めた。

著作隣接権は，著作権と同様，その権利の享有にいかなる方式の履行も要しない（著作89条5項）。ただし，著作権に求められる創作性の要件はないので，各伝達行為が行われることで，著作隣接権は発生する。

注1）　著作隣接権の制限に関し，著作権規定に準じた規定となっているが，全てではない。著作権法34条の学校教育番組放送や，同38条3項の非営利目的での伝達の制限規定は準用していない。前者は契約によることが期待され，後者はたとえ非営利かつ無料であってもワールドカップ等の放送を拡大装置により伝達を認めることは適当でない，と考えられたことによる（加戸守行逐条講義671～672頁）。

2）　桃中軒雲右衛門事件（大判大正3年7月4日刑録20輯1360頁）とは，赤穂浪士赤垣源蔵らの事蹟について浪曲師桃中軒雲右衛門が吹き込んだ浪曲のレコード（日本で最初のレコードといわれている）を無断で複製・販売した者に対し，著作権侵害を理由に告訴し，かつ損害賠償請求した事件。裁判所は，浪花節の楽曲が瞬間的創作にとどまり，旋律が常に一定するものでないことを理由に，音楽の著作物とみられないこと，したがって著作権も成立し得ないことから，このような複製行為により「利を営むことの正義の観念に反するは論をまたざる所なりと雖も，……之に関する取締法の設けなき今日にあっては之を不問に付する外他に途なし」とした。

2　実演家の権利

実演家とは，俳優，舞踊家，演奏家，歌手その他実演を行う者及び実演を指揮し，又は演出する者をいう（著作2条1項4号）。実演とは，著作物を，演劇的に演じ，舞い，演奏し，歌い，口演し，朗詠し，又はその他の方法により演ずること（これらに類する行為で，著作物を演じないが芸能的な性質を有するものを含む）をいう（同2条1項3号）。

わが国でいう実演家は広い範囲の芸能家を含むものであるが，ローマ条約上は，

文学的又は美術的著作物を実演する者に限定している（ローマ3条(a)）。この結果，例えば，同じ舞台で一方は歌をうたい，他方は奇術を演じ，これが放送されるという場合，歌手は保護を受けるのに対し，奇術家は保護を受けないということになる。もっとも，ローマ条約では，これら以外の芸能家の保護を国内法で行うことは認めており（同9条），わが著作権法では，広く実演が芸能的であれば保護をするという構成をとっている（著作2条1項3号）。したがって，物真似やアクロバット，さらにはアイススケートショーのようなものも実演に当たるが，体操競技やプロレスのようなものは，シナリオが仮にあっても，実演には該当しない。

わが国が保護すべき実演としては，国内において行われる実演，レコードに固定された実演，放送において送信される実演，有線放送によって送信される実演の4つがあった。その後，ローマ条約加盟による改正により，他の締約国において行われる実演，同条約によりわが国が保護の義務を負うレコードに固定された実演，および同条約によりわが国が保護の義務を負う放送において送信される実演，さらにWTO設立条約，WIPO実演・レコード条約及び視聴覚的実演に関するWIPO北京条約との関係でわが国が保護義務を負う実演等（平成30（2018）年7月時未発効）にまで，保護が拡大されることとなっている（著作7条）。

(1) 実演家の人格権

WIPO実演・レコード条約の批准に伴い，実演家に人格権が認められた。具体的には，実演家がその実演を公衆に提供・提示する際に氏名・芸名等を表示し又は表示しないことを求めることのできる氏名表示権（著作90条の2）と，自己の名誉又は声望を害するような変更，切除その他の改変からの保護を求めることのできる同一性保持権（同90条の3）がこれである。同一性保持権は，デジタル技術の進歩に伴い，実演中の実演家の容姿等を容易に変更することが可能となったが，こうした改変行為から同一性を確保するための権利である。実演家人格権も一身専属的な権利であり（同101条の2），実演家の死亡によって消滅するのであるが，死後においてもこの保護を図る必要のあることは著作者の場合と変わらない。このため，実演家の死後における人格的利益の保護が図られている（同101条の3）。

著作者に認められる氏名表示権及び同一性保持権と比較すると，いくつかの点で異なっている。著作者の氏名表示権では，保護主体の利益を害するおそれのな

いときで公正な慣行に反しない限り，氏名表示の省略ができるのに対し，実演家では，「実演家の利益を害するおそれがないとき」又は「公正な慣行に反しないとき」に，氏名表示の省略ができることとされている。また，同一性保持権では，著作者の場合，無断で意に反する改変から保護されるのに対し，実演家の場合には，無断で名誉声望を害する改変からの保護とされている。

(2) 録音・録画権

実演家は，音を物に固定し又はその固定物を増製すること，あるいは影像を連続して物に固定し又はその固定物を増製することについて，許諾権を有する（著作91条1項，2条1項13号，14号）。つまり，実演を直接媒体に固定する場合のみならず，固定された媒体をさらに増製すること（例えば，CDに固定された歌曲をドラマのテーマ曲としてDVDに録ること）についてコントロールできる。

ただし，実演が実演家の許諾のもとに映画の著作物に録音・録画された実演である場合，その実演は映画の著作物の一部を構成しているので，すでに許諾を受けている映画の著作者が映画の著作物を複製するときは，この実演家の権利は働かない（著作91条2項）。映画を映画として複製する場合は，実演家の許諾を必要としないということである注1)。実演家としては，録音・録画された実演のその後の利用についてもコントロールしたいのであれば，映画の著作物として録音・録画を許諾する際のワン・チャンスを利用して，これを行うほかない（ワン・チャンス主義といわれている）。もっとも，この映画の著作物からサウンド・トラック盤CDを作成する行為には，実演家の許諾が必要となる（同91条2項）。

(3) 放送権・有線放送権

実演家は，その実演を放送し，また有線放送することについても排他的権利を有する（著作92条）。実演つまり生実演（生公演による公衆への伝達）については，当該実演家の行為を必要とするので，これについては自らコントロールはできるが（したがって，隣接権によらなくともよいが），これを放送・有線放送する場合は，実演家のコントロールを外れるので，権利として保護する必要がある。

実演家の権利と，放送事業者の権利（著作99条1項）とが，この結果抵触する関係になるので，その調整のため以下の措置が設けられている。

① 実演の放送を受けてさらに有線放送する場合（著作92条2項1号）：放送される実演とは，「放送された」実演ではない。有線による同時再送信は，実演家

が放送事業者から相当な額の報酬を受けることになる（同94条の2）。これに対し，時差再送信については実演家の放送権又は有線放送権に属する。

② 実演家の許諾を受けて作成されている固定物を用いて放送し又は有線放送する場合（著作92条2項2号イ，ロ）：実演家の許諾を受けて作成されたものではない固定物を用いた放送，有線放送には実演家の権利が及ぶ。なお，ロを設けた理由は，映画の著作物の増製については，91条2項で実演家の権利が及ばないものとなっているが，この映画の増製プリントから作成されたビデオカセットで放送されるということがあれば，この行為は，イによって自由に行い得るとはいえないことにある。

(4) **送信可能化権**

インタラクティブ送信の発達・普及に対応して，実演家にも新しく送信可能化権が認められた（著作92条の2）。著作者に対しては，公衆送信権の中に送信可能化権を含めるという対応がなされたが，実演家に対しては送信行為についての権利を与えていない。これは WIPO 実演・レコード条約が送信行為に関する権利を認めず，公衆に利用可能な状態にする排他的権利のみを認めていることに基づく（WPPT 10条）。

(5) **放送のための固定**

放送事業者の放送についての有効かつ円滑な実行のため，実演を放送のために固定することが許される（著作93条1項）。同様な規定は著作権法44条にもみられるが，同条は著作権の制限であり，それ故，著作物の一時固定を認める規定であったのに対し，この規定は実演の固定についての制限である。もっとも，著作権法44条は同102条1項で準用されているので，放送事業者は実演をこれによって一時固定できる。その意味で，制度として，放送事業者は2通りの方法で実演を固定できることになる。この両者の差異は，44条では一時固定でなければならないのに，本条の場合は，こうした制限はなく，かつ自己の放送のためという制限もないので，他の放送事業者のためにも実演を固定できる，という点にある。

(6) **固定物等による放送**

実演家は，放送事業者に放送の許諾を与えたときは，放送についてのコントロールを失う。円滑な放送を確保する趣旨であるが，実演家の経済的利益を確保するために報酬請求権が認められている（著作94条）。

実演家が失うのは，単に最初の放送だけでなく，再放送（人気番組のリピート放送），民間放送局のネットワークによる媒体物に基づく放送（キー局からテープの提供を受けたネット局による放送），許諾を受けた放送事業者が他の放送事業者にその放送番組を供給して行う放送（マイクロウェーブ等で送信された放送番組をネット局が行う放送），までも含む。これらの場合，原放送事業者は，実演家に相当額の報酬を支払わなければならない（著作94条2項）。

(7) 放送される実演の有線放送

有線放送事業者が放送される実演を有線放送した場合（非営利で視聴者から料金を受けない場合は除かれる），実演家は相当な額の報酬の支払を受ける（著作94条の2）。平成18年改正前著作権法の下では，有線放送による放送の同時再送信の場合，実演家の権利は働かないこととなっていた。これは，かつての有線放送事業者が規模が小さく，地域を中心にした事業であったことなどを受けてのものであった。しかし，その後，事態も変わり，また，IPマルチキャスト放送事業者を有線放送事業者と著作権法上同じ取扱いとする制度改正に際し，見直されたものである。

(8) 商業用レコードの二次使用

商業用レコードが，放送や有線放送に使用される場合，これにより実演家にとっては実演の機会がそれだけ減少することを意味する。したがって，放送等にレコードが使用される場合，その都度許諾を受けることも考えられないではないが，それでは放送事業者の業務を阻害することが予想される。そこで，著作権法は放送のためにレコードを利用できるとすることの代わりに，実演家に報酬請求権を与えることで均衡を図っている（著作95条）。ここでいう放送又は有線放送には，非営利で，無料でなされる，放送を受信して同時に有線放送を行った場合は除かれ，二次使用料の支払義務は生じない（同条1項カッコ書）。

ただ，この場合，個々の実演家に報酬請求権を認めず，実際上の便宜を考えて報酬請求権の行使は指定団体制度による包括的処理によるものとされ，個々の実演家は権利行使できない構成になっている（著作95条5項）。指定団体については，一定の要件（同95条6項参照）を備えた団体に，文化庁長官が指定する。現在，文化庁長官によって指定された団体として，日本芸能実演家団体協議会があり，毎年放送事業者等と協議し，二次使用料が決定されている（**本章第13節**参照）。

著作権法上，この二次使用料の支払義務を負うのは，商業用レコードを用いた放送又は有線放送を行った場合であって，放送事業者・有線放送事業者が支払義務を負う。同じく音楽がその営業に今や不可欠ともいえるカラオケ・ボックスやスナックなどは，著作権者には演奏権の対価の支払義務を負うものの，実演家にはこの使用料の支払義務を負わない。著作権法制定当時には，社会的影響を考えて除外されたようであるが，現在スナックのカラオケについては著作権の行使がされているのであるから，実演家保護にとって欠けるところとなっている。

　ところで，平成元（1989）年，ローマ条約への加盟が実現したが，同条約の加盟国の中には，この制度すなわち二次使用料請求権を認めない国もある。このような場合，著作権法7条で保護すべき実演であっても，これを適用せず，さらに保護期間についても相互主義をとることにしている（著作95条2項，3項）。

(9) 譲渡権

　実演家は，その実演をその録音物又は録画物の譲渡により公衆に提供する権利，譲渡権を専有する（著作95条の2）。WIPO実演・レコード条約8条への国内法の対応を図るためである。著作権者に認められる譲渡権の場合と同様，録音・録画物の流通を過度に制限することのないように，ファースト・セール・ドクトリンの考え方に基づいて，適法に市場に置かれた録音・録画物については権利が消尽するものとしている（同95条の2第3項1号，5号）。録音・録画された実演のその後の利用については，ワン・チャンス主義が妥当しているので，譲渡権に関しても，制限が加えられている（同95条の2第2項）。

(10) 貸与権

　実演家は，実演が録音されている商業用レコードの貸与という態様で公衆に提供されることにつき，排他的権利を有する（著作95条の3）。貸レコード業の登場は，著作権者のみならず，実演家の経済的利益にも多大な影響を与えた結果である。ただし，実演家の貸与権は，著作者の貸与権といくつかの点において異なっている。

　まず，著作者の貸与権は貸レコードに限らず，複製物全般に及んでいる。他方，実演家の場合，商業用レコードのみであって，他に貸ビデオも考えられるが，実演家はこれについて貸与権を主張することはできない構成になっている。

　さらに，実演家の場合，商業用レコード発売後1年間は貸与権（許諾権），そ

れ以後は二次使用料（報酬）請求権に分かれる注2)。貸与権といっても，結局は許諾を与える代わりに，報酬を受けることに帰着する。ただ，報酬請求権とすると，報酬の支払を受けられない場合でも，使用を差し止めることは不可能であるが，許諾権とするとこの場合の救済が可能ということになる。

注1） 加戸守行逐条講義566頁。
　2） この権利についても，日本芸能実演家団体協議会を通じて請求され，(7) 商業用レコードの二次使用の場合と同様，団体を通じて報酬が分配されることになっている（著作95条の3第4項〜6項）。

3　レコード製作者の権利

レコード製作者とは，レコード（蓄音機用音盤，録音テープその他の物に音を固定したもの）に固定されている音を最初に固定した者をいう（著作2条1項6号）。

著作権法によって保護されるレコードの範囲は，以下のとおりである（著作8条）。

①レコード製作者が日本国民であるレコード
②最初に日本国内で固定されたレコード
③ローマ条約締約国民がレコード製作者であるレコード
④ローマ条約締約国内で最初に固定されたレコード
⑤WPPT締約国民がレコード製作者であるレコード
⑥WPPT締約国内で最初に固定されたレコード
⑦WTO締約国民がレコード製作者であるレコード
⑧WTO締約国内で最初に固定されたレコード
⑨レコード保護条約締約国民がレコード製作者であるレコード
⑩レコード保護条約締約国内で最初に固定されたレコード

(1)　複　製　権

レコード製作者はレコードの複製について排他的権利を有する（著作96条）。レコード全部の複製はもちろん，一部であってもレコードの本質的部分と認められる複製にはこの権利が及ぶ。先に述べたように，レコードとは音盤に限らずテープも含むので，リプレスだけが保護されるのではなく，他の媒体に複製される場合も含まれる。

(2) 送信可能化権

レコード製作者も送信可能化権が認められている（著作96条の2）。理由については，実演家のところで述べたことと同じである。

(3) 二次使用料請求権

レコード製作者に認められた，実演家に認められている二次使用料請求権と同性質の権利である（著作97条）。放送事業者・有線放送事業者が商業用レコードによって放送又は有線放送（営利を目的とせず，かつ，視聴者から料金を受けずに当該放送を受信して行う同時の有線放送を行った場合を除く）を行う場合，レコード製作者に二次使用料が支払われなければならない。この権利は，個々のレコード製作者ではなく，日本レコード協会だけが行使できる（**本章第13節**参照）。このため，実演が録音されている1枚の商業用レコードを放送に使用する場合，実演家とレコード製作者の二次使用料請求権が重畳的に発生することになる。

レコード製作者の二次使用料請求権についても，実演家の場合と同様，相互主義をとることにしている（著作97条2項）。

(4) 譲渡権

レコード製作者は，そのレコードをその複製物の譲渡により公衆に提供する権利，譲渡権を専有する（著作97条の2）。WIPO実演・レコード条約8条への国内法の対応を図るためである。著作権者に認められる譲渡権の場合と同様，レコードの流通を過度に制限することのないように，ファースト・セール・ドクトリンの考え方に基づいて，適法に市場に置かれたレコードについては権利が消尽するものとされている（同97条の2第2項1号，5号）。

(5) 貸与権

貸レコード業の登場はレコード製作者にも多大の影響を与えるところとなったので，商業用レコードの貸与につき，レコード製作者にも貸与権（著作97条の3）が認められている。許諾権としての貸与権（同97条の3第1項）の他，商業用レコードが国内で最初に販売されてから1年経過すると，報酬請求権（同97条の3第2項）に変わることも実演家について述べたところと同じである。報酬についても，日本レコード協会を通じて行使され，分配される。

4 放送・有線放送事業者の権利

　平成9（1997）年著作権法改正により，公衆に対する有線無線を問わず公衆によって直接受信されることを目的とする送信を公衆送信とし，さらに公衆からの求めに応じて自動的になされる送信を自動公衆送信としたことはすでに述べた（**本章第6節2(4)参照**）。これによって，有線送信のうち，受信者の受信装置まで有線放送される全チャンネルのコンテンツが届いているものを有線放送とし，受信者の求めにより全チャンネルのうちのいずれかを最寄のサーバー等に取りにいく態様のものは自動公衆送信とされている。IPマルチキャスト方式は，受信者の求めに応じIP局内装置から選局されたコンテンツが受信者に配信されるので，自動公衆送信に属する。2011年の地上デジタル放送全面移行を円滑に実現するため，このIPマルチキャスト方式の送信を，有線放送と同じ取扱いとする著作権法改正が平成18（2006）年行われた。これと共に，放送される実演に関し有線放送事業者に認められている著作権法上の取扱いが見直されている（著作94条の2の新設）。かつての有線放送事業者の規模は，一般に小さく，また放送の地域内再送信が主要な業務であったところから，著作権法上格別な取扱いがされていたが，その後の有線放送事業者の規模や業務の変化が認められたためである。

　著作権法により保護される放送としては，日本国民である放送事業者の放送，国内にある放送設備から行われる放送であったが，ローマ条約への加盟により，他の締約国の国民である放送事業者の放送並びに他の締約国にある放送設備から行われる放送，さらにWTO設立条約によりわが国が保護義務を負う放送にまで保護が拡大されている（著作9条）。

　なお，著作権法により保護される有線放送の範囲については，ローマ条約の加盟によって影響を受けない。すなわち，日本国民である有線放送事業者の有線放送と，国内にある有線放送設備から行われる有線放送（著作9条の2）である。

(1) 複 製 権

　放送・有線放送事業者は，その放送や有線放送を受信して，放送や有線放送に係る音又は映像を録音・録画し又は写真その他の方法で複製する権利を専有する（著作98条，100条の2）。したがって，放送・有線放送について，録音・録画しあるいは写真に撮ろうとする者は，事業者の許諾を必要とする。このため，実演の録音・録画物を用いて放送されているものを受信して録音・録画しようとする場

合には、実演家・レコード製作者・放送（有線放送）事業者の三者の権利の処理が必要になる。

放送事業者の複製権に関し、最高裁の興味深い判断がある。公衆に対する「放送番組の複製物を取得させるサービスにおいて、サービスを提供する事業者がその管理、支配下において、テレビアンテナで受信した放送の複製の機能を有する機器に入力していて、当該複製機器に録画の指示がされると放送番組の複製が自動的に行われる場合」、サービス提供者がその複製の主体である、と判示されている。放送番組の複製の実現において、サービス提供者は、「枢要な行為」を行っており、その行為がなければ放送番組の複製をすることはおよそ不可能である[注1]、というのがその理由である。

(2) 再放送権・再有線放送権

放送事業者等は、その放送を再放送し、あるいは再有線放送することを許諾し、または禁止する権利を持つ（著作99条、100条の3）。放送を受信して行う有線放送が有線放送事業者のコントロールから除かれている（同9条の2第1号カッコ書）のは、創作に準じた要素が認められないことにあるとされるが[注2]、疑問もある。この権利は、海賊放送局が出現した時に意味を持つ。

放送事業者は、放送を受信して有線放送を行うことが法令上義務づけられているときは、その有線放送権が制限される（著作99条2項）。昭和48年施行の有線テレビジョン放送法13条1項は「難視聴区域における有線テレビジョン放送事業者はその区域内での全テレビジョン放送を受信して同時に再送信しなければならない」として、難視聴区域内同時再送信義務を定めている。したがって、CATV事業者等が難視聴区域内においてテレビ放送の同時再送信を行う場合、放送事業者の有線放送権は制限されることになる。ただし、制限されるのは放送事業者の権利であって、著作権については制限されないので、このような状況においてもCATV事業者等は著作権処理をしておかなければならない。

(3) 送信可能化権

ブロードバンド時代の到来といわれるように、近年、インターネットの送信速度が飛躍的に高まったことに伴い、放送コンテンツを動画としてインターネットで再送信することが考えられるようになった。放送コンテンツを一度サーバーの記録媒体に複製して行う再送信は複製権で対応可能であるが、放送されたものを

そのままインターネットに接続して行う再送信には対応できなかった。このため、平成14年著作権法改正により、放送事業者と有線放送事業者に送信可能化権を認めることとした（著作99条の2，100条の4）。

(4) テレビジョン放送の伝達権

放送事業者等は、そのテレビ放送及びこれを受信して行う有線放送を受信して、影像を拡大する特別な装置を用いてその放送を公に伝達する権利（著作100条，100条の5）を専有する。本来テレビ放送が予定する利用の範囲・程度を越えて、拡大投影装置を用いてスクリーンに写し、一種の映画のようにして公衆に見せることをコントロールする権利である。

> 注1）ロクラクⅡ事件，最判平成23年1月20日判時2103号128頁。また、ほぼ同時期に示された、まねきTV事件，最判平成23年1月18日判時2103号124頁では、放送番組の同時再送信サービスの適法性が争われたが、自動公衆送信行為の主体につき、装置が受信者からの求めに応じ情報を自動的に送信することができる状態を作り出す行為を行う者、と解するのが相当とした。
> 2）加戸守行逐条講義118頁。

第12節　保護期間

著作隣接権の保護期間の始期と終期は次のとおりである（著作101条1項，2項）。

① 実演に関しては、始期はその実演を行った時、終期はその実演が行われた日の属する年の翌年から起算して70年を経過した時である。
② レコードに関しては、始期はその音を最初に固定した時、終期はその発行が行われた日の属する年の翌年から起算して70年を経過した時である。
③ 放送に関しては、始期はその放送を行った時、終期はその放送が行われた日の属する年の翌年から起算して50年を経過した時である。
④ 有線放送に関しては、始期はその有線放送を行った時、終期は有線放送が行われた日の属する年の翌年から起算して50年を経過した時である[注1]。

保護期間の計算については歴年主義が、著作権同様、採用されている。すなわち、実演等が行われた日の属する年の翌年1月1日から起算して70年目又は50年目の年の12月31日の終了をもって、著作隣接権の存続期間は満了する（著作101

条2項)。なお，音が最初に固定された日の属する年の翌年から起算して70年を経過する時までの間にレコードが発行されなかったときは，レコードの保護期間はその音が最初に固定された日の属する年の翌年から起算して70年をもって満了とされる(同101条2項2号)。

隣接権の保護対象は，レコード保護条約への加盟時にも，ローマ条約への加盟時にも，いずれも遡及的に保護されていなかったが，TRIPS協定の批准に伴う平成6 (1994) 年法改正，及びその後の平成8 (1996) 年法改正では，遡及効が認められていたことを受けて，現行法施行時前の実演及びレコードも50年前まで遡って保護することとされている(著作附則15条2項)。

注1) 平成28年のTPP12協定締結に伴う著作権法改正により，実演家とレコード製作者の権利は50年から70年に延長されたが(著作101条2項1号，2号)，放送機関の権利については据え置かれている。これはTPP12協定が求めていないためであるが(TPP12第18・63条)，実演家については「レコードに固定された実演」についてのみ保護期間の延長が求められていたものの，視聴覚的実演についても保護期間が延長されており，放送機関としては不満が残ろう。

第13節　利用許諾

1　許諾による利用

著作権者及び隣接権者は，著作物並びに実演，レコード，放送及び有線放送の利用を許諾することができる(著作63条，103条)。許諾を受けた者は，その許諾に係る利用方法及び条件の範囲内でその著作物等の利用が可能となるが(同63条2項)，ここでいう「利用方法及び条件の範囲」にあれば著作権の侵害には当たらず，許諾していない「利用方法及び条件の範囲」にあれば著作権の侵害に当たることになる。著作権侵害に当たれば，差止請求及び損害賠償の対象となりかつ刑事罰の対象ともなり得るが，「利用方法及び条件の範囲」に属さずかつ許諾もされていない場合には，契約違反となって債務不履行の問題として処理されるだけに，「利用方法及び条件の範囲」にどのようなものが入るのかが重要になる。許諾料の不払は著作物の「利用方法及び条件の範囲」に属しないことについては異論がない[注1]。著作物の送信可能化の回数違反や，送信可能化に用いる自動公衆送信装置(サーバー)が合意したものと違っても，「利用方法及び条件の範囲」

から除き，著作権侵害とはみないこととされている（同63条5項）。

2 裁定による利用

著作物等の利用に付き著作権者又は隣接権者との間で合意が得られない場合であっても，次の場合には文化庁長官の裁定を受けることで，利用が可能となる。現行著作権法においては，①権利者不明の場合（著作67条，103条），②公表著作物の放送について許諾が得られない場合（同68条），及び③最初に国内で販売されかつ販売された日から3年以上を経過した商業用レコードに録音されている音楽著作物を他の商業用レコードに録音しようとする場合（同69条）が定められている。

著作権も著作隣接権も存続期間が長期に渡るだけに権利者不明の著作物（孤児著作物といわれる）の増加に伴う問題には深刻なものがあり，裁定制度に期待するところは大きい。ただ，この裁定制度を利用するには，権利者を捜索する相当な努力が必要であり，かつてこの相当な努力は重い手続を強いられ著作物の価値以上のコストを要することも少なくなかった。

そうした反省もあり，①の権利者不明の場合の裁定制度については，近時運用上の見直しが行われている。まず，権利者不明の場合だけでなく，実演家が不明の場合にも制度が広げられている（著作103条）。テレビ番組等のコンテンツの二次利用を促進するためには，著作権者不明の場合よりも圧倒的に関係者が多い実演家にも拡張した意味は大きい[注2]。また，文化庁長官の裁定手続中においても，著作物の利用ができるように，補償金の額に相当する額をあらかじめ供託することで，裁定前利用も可能になっている（同67条の2）。さらに，国や地方公共団体等については，事前の担保金の供託が免除される（同67条2項，67条の2第2項）。いずれの場合にあっても，権利者と連絡をすることができるようになったときは，権利者は著作物の利用に係る補償金を受け取れる。

注1）「利用方法及び条件の範囲」に入るものとして，複製の許諾にもかかわらず映画化した場合が，そして入らないものとして，他に数量制限違反があげられている（中山信弘「著作権法〔第2版〕」426頁）。
　2）実演家不明の場合の裁定制度は，これまでローマ条約（**第7章第10節4**）15条2項の規定との整合性が問われていた。特に，但書の規定との関係が残っている。

第14節　集中的権利処理機関

　著作物を利用する場合，著作者からその利用の態様に応じた許諾を受けなければならない。著作者を探索して，その全ての権利者から許諾を受けることは，簡単ではない。権利者の立場からしても，自己の著作物のあらゆる利用に応じ適切に管理することは困難でもある。さまざまな状況で大量に利用される音楽著作物や，デジタル形式で作成されているため複製改変が容易であるマルチメディア著作物にあっては，権利者が利用者と個別に権利処理をすることはとりわけ煩雑に過ぎる。ここに，著作物の円滑な利用と保護を図るため，著作権の集中処理機関が求められることになる。

　わが国では，著作権の仲介業務を行うためには，昭和14（1939）年の「著作権ニ関スル仲介業務ニ関スル法律」により，文化庁長官の許可を受けることが必要とされていた。現在，同法は廃止され，著作権等管理事業法が制定され，登録制・届出制に基礎を置く競争促進的な権利処理システムへと移行している。音楽関係では，一般社団法人日本音楽著作権協会の他に，株式会社NexToneなどが著作権等管理事業者登録を受けているが，言語，美術，実演，映画，写真等をインターネットで直接配信する各種ネットビジネスへの参入が喧伝される折から，登録団体は今後増加するものと認められる（平成30（2018）年4月現在，27団体）。

　著作権の存続期間が長期化する傾向の中で，深刻な問題となってきているのは孤児著作物問題である。著作物の権利者の生死を含めその所在が不明な著作物の利用に伴うサーチコストの問題でもある。現行法は，裁定制度を用意し，しかも近時制度の利用をし易くするよう見直しが行われているが，文化庁長官の裁定を求めることには変わりない点で重すぎるきらいはぬぐえない。このため，権利管理団体に委託契約を受けていない著作物の利用の許諾を認める「拡大集中許諾制度」[注1] 導入に向けた検討も進められている。

> 注1）　この制度は，権利者団体と著作物の利用者間の団体的契約の拘束の効果が権利者団体の構成員でない権利保有者にも及ぶ法的モデルであり，1960年前半以降デンマークを始めノルディック諸国において権利のクリアランスのために用いられてきた制度である。

第15節　権利侵害

　著作権者の許諾を受けることなく著作物を利用する行為は，著作権法が定める権利制限規定により許容されるものでない限り，著作権の侵害を構成する。著作者人格権，実演家人格権及び著作隣接権についても，同様に無許諾で，公表等あるいは実演等を行うことが権利侵害を構成する。出版権については，出版権者以外の者が出版行為あるいは公衆送信行為を行えば，出版権の侵害を構成する。

　さらに，以下にあげる行為は，著作者人格権，著作権，出版権，実演家人格権又は著作隣接権を侵害する行為とみなされる（著作113条）。下記⑥については，著作者人格権を侵害する行為とみなすものである。また，技術的保護手段の回避行為について，権利侵害とみなして，差止請求権を認めなかったのは，侵害される主体，その著作物が特定できないためである[注1]。

①　国内において頒布する目的をもって，輸入の時において国内で作成したとしたならば，著作者人格権，著作権，出版権，実演家人格権又は著作隣接権の侵害となるべき行為によって作成された物を輸入する行為（著作113条1項1号）：海賊版著作物の輸入行為を権利侵害とみなし，侵害物品が国内に入ってこないように水際で阻止することを可能にする趣旨である。輸入時における海賊版著作物であることの認識の如何を問わない。

②　著作者人格権，著作権，出版権，実演家人格権又は著作隣接権を侵害する行為によって作成された物（①の輸入に係る物を含む）を情を知って，頒布し，頒布の目的をもって所持し，若しくは頒布する旨の申出をし，又は業として輸出し，若しくは業としての輸出の目的をもって所持する行為（著作113条1項2号）：侵害物品であることを認識しながら，頒布のために所持する行為は，著作者人格権，著作権，出版権，実演家人格権又は著作隣接権の侵害行為が終了した後の段階の行為であるので，侵害とはいえないが，これを放置することは侵害物品が拡散し，権利者の利益が損なわれ，権利の実効性を確保することができなくなることを防ぐ趣旨である。輸出行為への規制については，国内における侵害行為を抑止し，水際において侵害物品を取り締る趣旨である。また，輸出行為の予備行為として，輸出を目的とする所持についても規制の対象に加えられている。

③　プログラムの違法複製物を業務上電子計算機において使用する行為（著作113条2項）：この行為は，複製物を使用する権限を取得した時に違法に作成された物であることを知っていた場合にのみ，著作権の侵害とみなされる。複製権を侵害して作成された違法なダビングビデオを見ても，そのこと自体は違法ではないが，プログラムは使用することに経済的な価値が認められるから，プログラムの違法複製物のゲームセンター経営者等による業務上の使用を侵害とみなすことにしたものである。

④　権利管理情報として虚偽の情報を故意に付加し，除去し又は改変する行為及びこれらの行為が行われた著作物若しくは実演等の複製物を情を知って，頒布し，若しくは頒布の目的をもって輸入し若しくは所持し，又は当該著作物等を情を知って公衆送信し，若しくは送信可能化する行為（著作113条4項）：権利管理情報への虚偽情報の付加等の行為を権利管理情報に係る著作者人格権，著作権，実演家人格権又は著作隣接権の侵害とみなし，著作権者等が民事的救済を受けることができるようにするためである。

⑤　国内において頒布することを目的とする商業用レコード（国内頒布目的商業用レコード）と同一の商業用レコードであって，専ら国外において頒布することを目的とする商業用レコード（国外頒布目的商業用レコード）の国内に還流させる行為：国外頒布目的商業用レコードであることを知りながら，当該レコードを国内において頒布する目的で輸入する行為，当該レコードを国内において頒布する行為又は頒布の目的で所持する行為は，当該レコードが国内で頒布されることにより，当該著作権者又は著作隣接権者の得ることが見込まれる利益が不当に害されることになる場合に限り，それらの著作権又は著作隣接権を侵害する行為とみなされる（著作113条6項）。ただし，国内において最初に発行された日から起算して7年を超えない範囲で政令で定める期間を経過した国内頒布目的商業用レコードと同一の国外頒布目的商業用レコードを輸入する行為，頒布する行為又は頒布の目的をもって所持する行為は侵害行為とみなされない。海賊版レコードと異なり，真正レコードに対する水際規制措置であるため，社会的な関心を集めたこともあり，擬制侵害構成要件が絞り込まれている。

⑥　著作者の名誉又は声望を害する方法によってその著作物を利用する行為（著作113条7項）：著作物の創作者の社会から受ける客観的な評価に影響をきたす

と認められる[注2]ような著作者の創作意図を外れた利用を防ぐ趣旨である。

⑦　技術的利用制限手段（**本章第2節注4**）参照）の回避行為（著作113条3項）：研究技術開発の目的上正当な範囲内で行われる場合その他著作権者等の利益を不当に害しない場合を適用除外としているが，技術的保護手段では回避行為自体は権利侵害行為として扱われないのと比較すると，問題が残る。

注1）　文化庁長官官房著作権課内著作権法令研究会・通商産業省知的財産政策室「著作権法不正競争防止法改正解説」99頁。なお，技術的制限手段に整理される「マジコン」のケースであるが，この機器の輸入・販売行為について差止請求及び損害賠償が認められている（マジコンⅡ事件，知財高判平成26年6月12日最高裁HP）。

2）　駒込大観音事件，知財高判平成22年3月25日判時2086号114頁参照。

1　民事上の救済

先に述べたような著作者人格権，著作権，出版権，実演家人格権又は著作隣接権が侵害され又は侵害されたものとみなされる場合には，著作者，著作権者，出版権者，実演家又は著作隣接権者は，その権利を侵害する者又は侵害するおそれある者に対し，侵害の停止又は予防を請求することができる（著作112条1項）。同時に，侵害組成物等の廃棄その他の侵害の停止又は予防に必要な措置を請求することもできる（同112条2項）。また，これらの権利を，故意又は過失により侵害した者に対しては，損害賠償を請求することができる（民709条，710条）。知的財産の侵害一般に認められるように，著作権等の侵害においても，損害額の立証が困難であることから逸失利益に関する損害賠償額の特則を含め損害額の推定規定（著作114条1～3項）の他，限定的ながら法定損害賠償制度[注1]（同114条4項）と，損害を計算するために必要な書類の提出制度（同114条の3）が認められている。さらに，特許権侵害に関して述べたところに準じ，侵害行為を立証するための文書提出命令やインカメラ手続等（同114条の3），計算鑑定人制度（同114条の4），具体的態様の明示義務の特則（同114条の2）さらには秘密保持命令の制度（同114条の6）が設けられている。

著作権等が侵害された場合においては，他に不当利得返還請求（民703条）と名誉回復に必要な措置（著作115条）を求めることができる。不当利得返還請求は，損害賠償請求権について時効が成立している場合に実益がある[注2]。名誉回復等の措置については，著作者が死亡している場合，その遺族が求めることができる。

なお，インターネットによる著作物の流通をめぐり，著作権を侵害されたことが明らかな場合，著作権の侵害に係る発信者情報（氏名，住所その他の侵害著作物の発信者の特定に資する情報）の開示について正当な利益を有するときは，著作権者はその情報の開示を請求することができる（プロバイダ責任法4条1項）ものとされている。

> 注1）損害額の立証に関し，わが国でも法定損害賠償制度が，限定的ながら導入された。著作権等管理事業者により管理されている著作権又は著作隣接権が侵害された場合で，被侵害権利に係る著作物等の使用料の額が複数あるときは，最も高い額をもって損害額とすることができる（著作114条4項，TPP12第18・73条6(a)を参照）。
> 2）損害賠償請求権が時効によって消滅しているのに，不当利得返還請求ができるのは，時効制度を設けた趣旨を没却させるとの疑問もあろうが，故意・過失がない場合でも，不当利得は返還させるべきであろう（豊崎光衛「工業所有権法〔新版〕」241頁）。

2 刑 事 罰

著作権，出版権又は著作隣接権を侵害した者（著作権法30条1項で許されない私的使用のための複製を行った者や同113条3項及び5項の規定で著作権等を侵害したとみなされる行為を行った者等を除く）は，10年以下の懲役若しくは1,000万円以下の罰金に処せられあるいはこれらを併科される（著作119条1項）。営利を目的として，自動複製機器を著作権等の侵害となる複製に使用させた者や著作権法113条1項及び2項の規定により著作権等を侵害する行為とみなされる行為を行った者は，5年以下の懲役若しくは500万円以下の罰金に処せられ，あるいはこれらを併科される（同119条2項）。私的使用目的でも，録音され又は録画された著作物又は実演等の有償著作物等で，有償で公衆に提供・提示されているものを，その著作権又は著作隣接権を侵害してアップロードされていることを知りながらデジタル方式で録音又は録画する行為は，2年以下の懲役又は200万円以下の罰金に処せられ，あるいはこれらを併科される（同119条3項）。これらの刑事罰は，著作権法123条2項1号及び2号の行為を除き[注1]，いずれも親告罪であるから，告訴がなければ，公訴を提起することができない（同123条1項）。

技術的保護手段若しくは技術的利用制限手段の回避を行うことをその機能とする装置又はプログラムの複製物を譲渡等した者（著作120条の2第1号），業として公衆からの求めに応じて技術的制限手段又はプログラムの複製物の回避を行っ

た者（同2号），営利を目的として著作権法113条4項又は同条6項の規定により著作権，著作者人格権若しくは著作隣接権を侵害する行為とみなされる行為を行った者（著作120条の2第3号，4号）は，3年以下の懲役若しくは300万円以下の罰金に処せられあるいはこれらを併科される（同120条の2）。

特許法等に同じく，秘密保持命令違反の罪（同122条の2）がある他，著作者の死後における人格的利益侵害罪（同120条），著作者名称の詐称罪（同121条），商業用レコードの無断複製頒布等の罪（同121条の2）及び出所不明示罪（同122条）等，著作権法に特有な犯罪が定められている。

また，法人の代表者等が，法人等の業務に関し，著作権法119条1項若しくは2項3号若しくは4号又は122条の2第1項所定の違反行為等をしたときは，その行為者を罰するほか，その法人等に対しても3億円以下の罰金等が科される（著作124条）。

注1）　TPP協定18・77条を受け，著作権侵害行為の一部が非親告罪とされた（著作123条2項）。有償著作物等（同123条3項）につき，原作のまま複製された複製物を公衆に譲渡又は公衆送信する行為という悪性の高い行為に限定することで，二次創作活動を萎縮させないよう配慮された結果である。

知的財産法をめぐる国際的状況

第7章 国際的知的財産法

第1節　工業所有権の保護に関する1883年のパリ条約

1　沿　革

　1873年，オーストリア，ウィーン万国博覧会への出品問題をめぐり，発明保護に欠けるところがあるとして米国は出品に難色を示した。出品するには，同国で早晩特許保護を受ける必要があるが，当時のオーストリア特許法では，強制実施との関係で特許の日から1年以内に同国内で生産しなければならないとの規定があったからである。

　1878年，ウィーン万国博覧会開催中，工業所有権国際会議が開催され，博覧会出品保護，内外人平等の原則等に関する国際協定の必要性が議論された。この議論を契機として条約草案作成のための常設委員会が設置され，条約草案が作成されたが，現実論からの懸念もあり，J. Bozérian と M. Jagerschmidt らによって，1879年，現行条約の原型である工業所有権の保護に関する国際同盟草案が練り直された。1883年3月6日から3月20日までの期間，条約採択のための外交会議がパリで開催され，パリ条約（Paris Convention for the Protection of Industrial Property）が誕生した。条約の発効は1884年7月7日であった[注1]。1899（明治32）年7月15日，わが国も不平等条約撤廃に関連して本条約に加盟した。2018年7月13日時点で，本条約加盟国は177カ国を数える。

　本条約は，1967年のストックホルム第9回改正会議まで，数度の改正がなされたが，以下で述べるように，その後は技術移転をめぐる南北問題で，改正会議はデッドロックに乗り上げたままになっている。外交会議開催のための諮問会合を設置し，局面打開のための努力はなされているようであるが，見通しは立っていない。

注1) パリ条約の成立の経緯の詳細は，木棚照一「パリ条約の成立とその後の発展」法律時報55巻7号49頁以下，に詳しい。

2 同盟の形成

パリ条約では，締約国による同盟が形成される。同盟の形成によって，工業所有権保護という目的を達成するに必要な機関を有する国際法上の法人が設立される。その内部機関として，総会（パリ条約13条），執行委員会（同14条）及び国際事務局（同15条）が設置されている。

総会は同盟の最高意思決定機関であり，全ての政策決定と監督権を有するほか，予算の採択と決算の承認等（パリ条約13条(2)a）を行う。定足数は構成国の2分の1であり，各国ごとに1つの投票権が与えられ，その3分の2の多数によって決せられる（同13条(4)）。

執行委員会は，総会によって地域的な衡平を考慮して構成国の中から選出された国とWIPO本部を置くスイスとから構成される。執行委員会を構成する国は総会構成国の4分の1とされ，任期はおよそ2年である。執行委員会は総会に提出される予算案その他の事業計画の提案等を行うが，総会によって，特定の任務を遂行するため専門委員会が設置され，現実の同盟の多くの活動は専門委員会及びその作業部会（パリ条約13条(2)(a)(viii)）によっている。

同盟の国際事務局は知的所有権国際事務局であり，WIPOの国際事務局でもある。

3 主要実体規定の内容

(1) 保護対象

本条約の保護対象は，工業所有権，すなわち特許，実用新案，意匠，商標，サービス・マーク，商号，原産地表示又は原産地名称及び不正競争の防止の全般にわたる。工業所有権の語は最も広義に解され，工業及び商業のみならず，農業及び採取産業の分野並びに製造した又は天然の全ての産品についても用いられる（パリ条約1条）。

なお，輸入特許（Patents of importation，パリ条約1条(4)）とは，導入特許又は確認特許ともいわれ，外国で特許されている技術を当該国に導入した者に与えら

れる特許である。かつてのフランスやベルギー，さらには途上国でこのような技術の導入者に与えられる特許がみられた。この特許の条約上の特質は，本国特許に従属し，特許独立の原則の適用外におかれることにある[注1]。

(2) 内国民待遇の原則

同盟国の国民は内国民に課される条件及び手続に従う限り，内国民と同一の保護を受け，かつ，自己の権利の侵害に対し内国民と同一の法律上の救済を与えられる（パリ条約2条(1)）。本条約の保護は相互主義によらないことが明確にされている。本条約の保護を受けることができるのは，同盟国の国民と準同盟国国民（同3条）である。

(3) 優　先　権

同盟に加盟する一国にした最初の出願に基づき，それと同じ内容の出願を同盟の他の国にする場合，一定期間内に優先権を主張すれば，先後願の関係及び新規性の判断をする時点が第一国出願の日時とされる制度をいう（パリ条約4条A）。優先期間中に行われた行為によって第二国出願は不利な取扱いを受けず，優先期間中に行われた行為により第三者に先使用権のようないかなる権利又は使用の権能も生じさせないことで，出願人に時間的猶予が与えられ，新規性を喪失する心配もなく，複数の国にまたがる発明保護を達成することができるのである（同4条B）。

最初の出願は同盟国に対してなされたものでなければならないが，同盟国であれば，外国出願に基づいて自国への出願に優先権を主張することもできる。

パリ条約に基づいて優先権を主張するには次の要件を満たす必要がある。

① 出願人の同一性が認められること（パリ条約4条A(1)）：第二国の出願人は第一国の出願人又はその承継人でなければならない。第一国の出願人は同盟国の国民（同2条）又は準同盟国の国民（同3条）でなければならないことはもちろんである。

② 出願日を確定するに十分な，最初の第一国出願が正規になされたこと（パリ条約4条A(2), (3)）：優先権の基礎となる出願は最初の第一国出願に限られる。優先権の連鎖を防ぐ趣旨である（ただし，例外として同4条C(4)）。

③ 優先期間（特許・実用新案：12カ月，意匠・商標：6カ月）内に第二国に出願されること：この優先期間は最初の第一国出願の日から始まる（パリ条約4条

C(2))。

④ 優先権主張を申し立て，所定の手続をとること（パリ条約4条D）：所定の手続としては，わが国では経済産業省令で定める期間内に優先権書類を提出すること及び最初の出願番号を記載した書面を提出すること等（特許43条）が定められている。

⑤ 発明の対象の同一性（パリ条約4条H）：優先権は第一国出願に係る対象について発生するので，第二国出願の対象と第一国出願の対象とは同一でなければならない。これは，意匠・商標については問題ないが，特許では判断が困難なので，実質的同一性があれば足りる。優先権主張に係る発明が最初の出願の特許請求の範囲に記載されていなくても，出願書類の全体で開示されていれば足りる，という趣旨である。また，第一国出願後に改良発明や追加発明を完成させた場合，優先権を主張して第二国出願の中にこれらの改良発明や追加発明を含ませることもできる（同4条F）とする緩和規定もおかれている。

(4) 権利独立の原則

特許権，商標権等の知的財産権は，輸入特許のような例外を除き[注2]，各国ごとに独立し，他国の知的財産権の存続・消滅から独立している。もし，各国の知的財産権が相互に従属的な関係にあれば，権利を比較的潰し易い国で消滅させることで知的財産権紛争を有利に導くことができ，それは不都合である。しかし，途上国は先進国企業の有する特許権が本国で消滅しても，途上国に残っていることを奇貨とし途上国から不当な利益を収奪する可能性があるとして，この原則の存続に対し異論を主張したことがあった。また，実際問題として，発明者が複数の国で権利取得した後，最後の国で発明を実施することが最も望ましいことを認識し，他の国の特許権は権利維持コストから不要と考える場合もあり得ようが，これを行えば，権利者にとって最も必要性のない権利の消滅が最も必要性の高い権利の消滅をもたらすことを意味する。これはおかしいのではないか，というのが権利独立の原則がおかれている趣旨である[注3]。

(5) 特許等の不実施とその制裁

この問題を定めるパリ条約5条[注4]は，戦後の世界の知的所有権のあり方をめぐり，南北間で議論された規定である。特許は技術思想の独占を認める制度であるから，その実施とはどういう行為をさすか，当該国への輸入行為も実施とみる

かについて，先進国と途上国で最も利害が対立し，この規定の改正をめぐり長い不毛な議論が重ねられた。

特許発明の保護の目的は，発明の利用の促進とこれを通じて産業の発展に寄与することにある。しかし，発明の利用とりわけ実施は，取引のグローバル化によって，生産コストが最も低い地において特化したいというのが，特許権者したがって先進国の立場であった。しかし，パリ条約に加盟し，特許制度を充実させても，そこで保護される技術は先進国に独占され，自国民が保有することがほとんどない途上国からすれば，特許制度を設けることで，自国が先進国の利益の収奪の場とされているとの感が強かった。このため，途上国は，輸入を実施とみないこと，途上国のための特別措置を設定させること，排他的非自発的実施権[注5]の設定ができることなど，パリ条約を改正するよう求めるとともに，国内法に自国の利益を確保する独自の規定を設けた（技術移転と南北問題）[注6]。

これに対し，先進国は米国を中心に反対したが，先進国間と同様，途上国間も必ずしも一枚岩のように認識が一致しているわけではなく，次第に膠着状況に陥ることとなった。

(6) パリ条約の改正

パリ条約は，同盟の制度を完全なものにするような改善を加えるため，改正に付される（パリ条約18条）。

パリ条約の改正は，1967年第8回ストックホルム改正会議までは，実体規定（パリ条約1条から12条までの規定）であろうと，管理規定（同13条から17条までの規定）であろうと，確立した慣行により，会議に参加した同盟国の全会一致によってのみ可能であった。このため，同盟の充実という観点から部分的には綻びも生じてきたので，管理規定の改正には総会の投票数の4分の3（一部の例外についてのみ5分の4）によって改正を認めることにした（同17条(2)）。しかし，実体規定の改正すなわち途上国の要求する技術移転を促進する規定措置の実現には，依然として全会一致主義がとられている。戦後，パリ条約の改正によって半導体保護や特許制度のハーモナイゼーションがなされず，パリ条約の特別取極（同19条）の形で本条約の外でなされるのは，こうした経緯を背景としている。

注1）　後藤晴男「パリ条約講話〔第10版〕」79頁，201頁。
　2）　1900年ブラッセル改正会議まで，いくつかの法制度では，輸入特許（外国の特許

発明を内国に導入した者に付与された特許）は外国特許の最も短い期間に従属し（ブラジル，フランスなど），あるいは最も長い期間に従属する（ベルギー，イタリアなど）規制が加えられていた。また，フランスでは，外国の特許権が消滅した時点で，輸入特許も消滅することとされていた。
3) ラダス「国際工業所有権法Ⅱ」47頁。
 1) 特許独立の原則（パリ条約4条の2）
   (1) 同盟国の国民が各同盟国において出願した特許は，他の国（同盟国であるかどうかを問わない）において同一の発明について取得した特許から独立したものとする。
   (2) ①の規定は，絶対的な意味に，特に，優先期間中に出願された特許が，無効又は消滅の理由についても，また，通常の存続期間についても，独立のものであるという意味に解釈しなければならない。
 2) 商標権の独立の原則（パリ条約6条）
   (1) 商標の登録出願及び登録の条件は，各同盟国において国内法令で定める。
   (2) もっとも，同盟国の国民がいずれかの同盟国において登録出願をした商標については本国において登録出願，登録又は存続期間の更新がされていないことを理由として登録が拒絶され又は無効とされることはない。
   (3) いずれかの同盟国において正規に登録された商標は，他の同盟国（本国を含む。）において登録された商標から独立したものとする。
4) パリ条約5条A (1) 特許は，特許権者がその特許を取得した国にいずれかの同盟国で製造されたその特許に係る物を輸入する場合にも，効力を失わない。
   (2) 各同盟国は，特許に基づく排他的権利の行使から生ずることがある弊害，例えば，実施がされないことを防止するため，実施権の強制的設定について規定する立法措置をとることができる（日本特許83条参照）。
   (3) (2)に規定する弊害を防止するために実施権の強制的設定では十分でない場合に限り，特許権の効力を失わせることについて規定することができる。特許権の消滅又は特許の取消しのための手続は，実施権の最初の強制的設定の日から2年の期間が満了する前には，することができない。
   (4) 実施権の強制的設定は，実施がされず又は実施が十分でないことを理由としては，特許出願の日から4年の期間又は特許が与えられた日から3年の期間のうちいずれか遅く満了するものが満了する前には，請求することができないものとし，また，特許権者がその不作為につきそれが正当であることを明らかにした場合には，拒絶される。強制的に設定された実施権は，排他的なものであってはならないものとし，また，企業又は営業の構成部分のうち当該実施権の行使に係るものとともに移転する場合を除くほか，当該実施権に基づく実施権の許諾の形式によっても，移転することができない。
5) 不実施の制裁として，特許権者の意思に関係なく付与される排他的ライセンスである。排他的であるため特許権者の当該国での実施が不可能になる。
6) 例えば，WIPO設立条約に加盟し，パリ条約には加盟していなかった2004年改正前インド特許法には次のような特徴がみられた。まず，不特許発明として食品，医薬品及び化学物質があげられていること（インド特許5条），存続期間については特許付与日から14年を原則とするが，食品及び医薬品に関する方法の特許につい

ては完全明細書提出日から7年又は特許付与日から5年のいずれか早く満了する日までとされていること（同53条1項），及び実施義務を明定し（同83条）不実施制裁として強制実施許諾制度（同84条）の他取消制度が置かれている。さらに，ライセンス・オブ・ライトという制度が置かれている。不実施を理由とする強制実施許諾を求める場合，不実施を理由づける事実の立証，インドの例でいえば公衆の合理的な需要が充足されていないこと又は特許発明が相当な価格で公衆において入手可能でないことの立証が必要であるが，その立証には時間及び費用もかかる。このライセンス・オブ・ライトでは，これらの手続なしに，実施を希望する者にライセンスが与えられるというものである（拙稿「知的財産権をめぐる先進国と途上国」国際問題392号27頁）。

第2節 特許協力条約

1 特許協力条約の沿革

特許協力条約（Patent Cooperation Treaty：PCT）の誕生のきっかけは，米国の提案に基づき，1966年9月，パリ条約同盟執行委員会が知的所有権保護合同国際事務局に対して行った勧告にある。この勧告の背景には，先進諸国の特許付与官庁が特許審査の過大な負担を強いられており，しかもその負担が重複しているという状況があった。すなわち，同じ発明が複数の国に出願される場合，ある国における出願手続のかなりの部分が他の国においても重複してなされ，結果として，全体の審査事務量を増大させている。そこで，特許付与官庁の審査負担量を軽減させる方策が模索され，これによって世界的規模で発明の保護を経済的かつ迅速に実現するシステムが検討された。この検討の過程で，審査能力を持たない国に対して，これを有する国が審査協力を行う，発展途上国のための組織的な情報提供及び技術情報援助も盛り込まれた。

過大な審査を負担する6カ国（日・米・西独［当時］・英・仏・ソ連［当時］）及びIIB（ハーグ国際特許事務局）の協議によって国際特許出願制度の創設を内容とする最終草案が完成し，1970年6月19日，ワシントンで本条約は署名された（発効は1978年）。さらに，1978年10月1日には日本についても発効した。本条約の締約国は，2018年4月13日時点で，152カ国である。

締約国の数が示すように，PCTは利用者のニーズにも添う条約といえるものであるが，PCTの定める内容は複雑なものとなっており，非効率性を改善し，より単純明解なシステムとするため，そして特許法条約との整合性を図るため，

中長期的な検討により，PCT の制度改革（2001年に始まった PCT リフォーム，そして2008年に始動した PCT 改革）が行われ，その後も PCT 規則の改訂が断続的に行われている。

2　条約の趣旨

　PCT 本来の目的は，特許審査手続に関する国際協力にある。これを通じて，審査官庁と出願人双方のために審査コストの軽減が可能となり，技術の発展による審査対象の拡大と複雑化による審査関係文献の飛躍的増大に，各国ごとに対応しなくてもよくなるのである。

　出願人のために行われる国際調査及び国際予備審査の結果は，出願人のみならず各国の審査官庁も利用できるので，審査負担の軽減も可能になる。また，技術情報を国際的に共有することができれば，途上国に対する技術援助の組織的な協力ができ，途上国にとっても有益である。発展途上国のための情報提供業務や，特許制度拡充のための組織的援助が行われることで，地球規模での技術成果保護制度の構築が可能となるからである。

3　組　　織

　国際出願，その調査及び審査協力等のため国際特許協力同盟が形成される。この同盟の運営のため，パリ条約に準じ，最高の意思決定機関としての総会（PCT 53条），執行委員会（同54条）及び国際事務局（同55条，現在 WIPO 事務局があたっている）がおかれている。必要に応じ，各種委員会及びその作業部会がおかれる（同53条(2)(a)(viii)）ほか，国際出願の業務の改善や国際調査や国際予備審査の統一的作業方法を確保するなどの技術的問題を解決するための作業を行う技術協力委員会が設置されている（同56条）。このほか，PCT に特有な機関として，後述する国際調査機関と国際予備審査機関とがある。

　国際調査機関（PCT 16条）とは，本条約に基づいてなされる出願について，関係する先行技術を発見するために行われる国際調査を行う機関であり，総会によって選定される。国際調査のレベルを保つために，2018年現在では日本特許庁，欧州特許庁，米国特許商標庁等の先進国の特許庁や BRICS の特許庁計22の機関がこれに選出されている。

国際予備審査機関（PCT 32条）は国際予備審査（同33条）を行う機関であり，総会によって選定される。国際予備審査では，後述のように新規性，進歩性及び産業上利用可能性について審査がなされるが（**本節4(7)参照**），審査レベルの維持を考慮し，日本特許庁，欧州特許庁等，国際調査機関と同様2018年では22の機関が選出されている注1)。

> 注1) PCT YEARLY REVIEW 2018, 76, 80. WIPO 国際事務局とトルコ特許商標庁の間で，2018年1月1日，ISA／IPEA 合意が発効し，トルコは22番目の国際調査機関及び国際予備審査機関になった。

4　主要実体規定の内容
(1) 国際出願

　国際出願とは，特許協力条約に従ってなされる出願であって，締約国における発明の保護のための出願をいう（PCT 2条(vii)）。発明者が外国においても保護を受けようとすれば，1）直接当該国へ出願をするか，2）いわゆるパリルート，すなわちパリ条約の優先権を主張して行う出願しかなかったが，PCT によって第3のルート注1)が誕生した（同1条2項）。つまり，1つの方式で，1つの言語で作成した，1つの出願を1カ所にすることにより，同一の出願日（国際出願日：優先日）にそれぞれの国の権利付与官庁に格別に出願したのと同じ効果（日本人が日本特許庁に対し日本語で作成した国際出願を行うと，この出願は全ての加盟国にそれぞれの言語でそれぞれ特許出願をした効果）が生じることになる。

　PCT の拘束力を利用して，各国で重複している方式的手続を1つに束ねることで，国際出願は，全ての加盟国に対する国内出願の束として理解される。国際出願では全ての加盟国を指定してしたものとみなされる（みなし全指定，PCT 規則第4.9(a)）。なお，国際出願はある国の国内出願を基礎として優先権主張を伴って行うこともできるが（PCT 8条(1)），その優先権の基礎出願が出願された国にとっては，いわゆる「自己指定」の国際出願となる。この場合，その国の国内法でその自己指定について国内優先権の適用を認める結果，優先権主張の基礎となる先の出願の権利を消滅させる制度を有する国もある注2)。このような PCT と国内法の不適合を生ずる国は，国内法が PCT と適合するまでの間，みなし全指定の下で，その国の指定を限定的に除外できることが認められている注3)。ま

た，優先権主張には国内手続として特許法43条の手続が必要であるが，これを国際出願についても出願人に求めるのは不適当であり（特許184条の３第２項），PCT規則に特則がおかれている（PCT規則第４．１．(b)，第17.１）。

(2) 受理官庁

国際出願は，所定の受理官庁（各国特許庁，国際事務局，欧州特許庁等）に対して行われる（PCT 10条）。受理官庁は国際出願についての方式審査を行う（同14条）。方式に瑕疵があるときは，補充命令が出される（同14条(1)(b)）。

(3) 出願書類

必要な出願書類は，願書（PCT４条），明細書（同５条），請求の範囲（同６条），必要な図面（同７条），要約（PCT規則第８．１）である。

全ての加盟国の指定が原則となっているので，願書には，発明の保護を求めない指定国をチェックする。願書及びその他の書面は，受理官庁の請求により，２通又は３通提出する（PCT規則第11.１）。願書には，使用可能言語（受理管庁が日本特許庁であるときは，日本語と英語）でPCT４条(1)所定の各事項を記載する。明細書には，当該技術分野に属する専門家が実施可能な程度に明確かつ十分に発明を開示し，請求の範囲には，保護を求める発明を明確かつ簡潔に記載するとともに，その範囲は明細書により十分な裏付けがされていなければならない（PCT５条，６条）。

出願人は所定の手数料を納付しなければならない。手数料は，送付手数料（受理官庁が決定。PCT規則第14），国際出願手数料（同規則第15，第96）及び調査手数料（同規則第16）に分かれる。

(4) 国際出願受理の効果

受理官庁において国際出願が受理されると，願書に記載された指定国において現実に出願されたのと同様の効果が発生する（図25参照）。特許協力条約による出願のメリットであり，国際出願日が各指定国における現実の出願日として扱われる（PCT 11条）。もっとも，出願人は後日指定国に対し翻訳文を提出しなければならないが，それは優先日から30（日本では，翻訳文提出特例期間を加えると最長32）カ月後であるから，パリ条約の場合よりも18カ月の猶予がある（同22条）。

(5) 国際調査

国際出願は全て国際調査の対象となる（PCT 15条(1)）。国際調査機関（日・米・

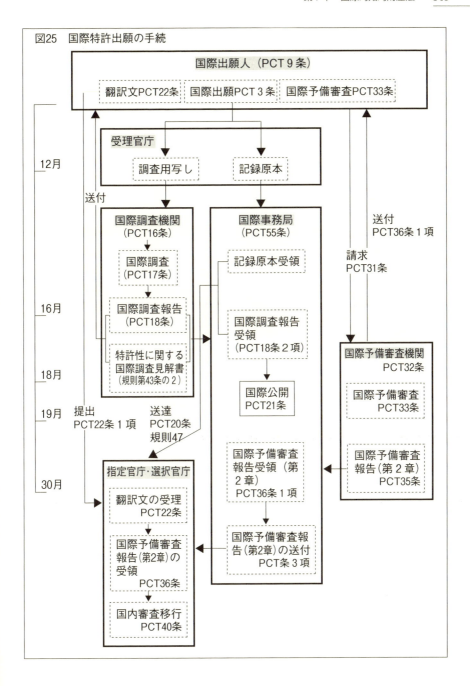

独・露・欧州各特許庁等）が，各国特許庁を代表して先行技術を調査する。これによって，各国特許庁の重複審査の負担が軽減される。国際調査は，国際出願の請求の範囲内に記載された発明について最小限資料（minimum documentation, PCT規則第34）に基づき行われる先行関連技術調査である（PCT 15条(4)）。国際調査機関は，その国際出願の発明の属する特許分類（IPC）とこの分類において関連性を有する文献を列挙する形で，国際調査報告（同18条(1)）[注4]と国際調査見解書（PCT規則第43の2）を作成する[注5]。

出願人は，国際調査報告により引用された先行文献を評価し，自己の出願する発明の特許要件の判断ができる。必要があれば，国際調査見解書を参酌して所定の期間内に，いわゆる19条補正をするか（PCT 19条），あるいは抗弁するか，あるいはそのまま手続を進めるか，を出願人が判断できる。国際調査報告と国際調査見解書は，国際事務局にも送付され，さらに国際事務局から指定官庁にも送付される。出願人が国際予備審査を請求しないときは，「特許性に関する国際予備報告（第1章）」として指定国に送付される。

(6) **国際公開**

国際出願の優先日から18カ月後速やかに，国際事務局は，国際出願全文と国際調査報告とを公開する（PCT 21条，PCT規則第48）。国際公開は国内出願の出願公開制度と同様の趣旨によるものであり，新規技術の早期公開を目的とするものである。基本的には全ての国際出願について国際公開が行われるが，米国はPCT 64条(3)の留保を行っているので，米国を指定国とする国際出願には国際公開は行われない。国際公開の効果は，審査を経ていない国内出願の強制的な国内公開について当該指定国の国内法令が定める効果と同一の効果を生ずる（PCT 29条(1)）。わが国では，仮保護の権利として補償金請求権が認められている（特許184条の10）。また，公開された国際出題は，国際公開日に先行技術となる（PCT規則第34．1(b)）。

(7) **国際予備審査**

出願人が国際予備審査請求したとき，自動的に全ての指定国が選択され，国際予備審査機関により国際予備審査が行われる[注6]。特定の国を自動的な選択から除外することはできず，選択を後から取り下げることができる。全ての国際出願に国際調査見解書が作成されることから，国際予備審査の請求の必要性は乏しく

なったが，国際予備審査の請求は，原則として，国際調査報告及び国際調査見解書の送付日から3カ月又は優先日から22カ月のうち，いずれか遅い日までに請求しなければならない（PCT規則第54の2．1．(a)）。この請求をするとき，国際予備審査機関に予備審査手数料（同第58）を，国際事務局に取扱手数料（同第57）を支払う。国際予備審査報告の作成前に，出願人は，請求の範囲，明細書及び図面について補正（34条補正とよばれる）の機会が与えられる（PCT 34条(2)(b)）。国際予備審査が請求されると，国際調査見解書は国際予備審査段階における第1回見解書とみなされ（PCT規則第66．1の2(a)），出願人が補正又は抗弁をした場合であっても，国際予備審査機関は，補正された請求の範囲について改めて見解を作成することなしに国際予備審査報告を作成することができる（同第69．1）。

国際予備審査では，国内段階に入る前に，請求の範囲に記載されている発明が新規性を有するもの，進歩性を有するもの及び産業上の利用可能性を有するものと認められるかどうかの問題について，国際予備審査機関の見解が示された国際予備審査報告「特許性に関する国際予備審査報告（第2章）」を，出願人は得ることができる（PCT 33条(1)）。国際予備審査報告は選択国の審査を拘束するものではないが，十分な審査資料も審査能力も持たない途上国は，この結果を利用できる。報告では，請求の範囲がPCT 33条の特許要件に適合しているかどうかをYes，Noで記述し，その記述の判断を結論づける文献が列挙されることになる（PCT 35条(2)，同規則第70．6）。

(8) 国内段階手続

国際出願は，まず受理官庁から国際事務局にその記録原本が送付され，国際事務局から各指定官庁に通知される。各指定国はこれによって出願のあったことを知ることになる。しかし，指定国又は選択国の国内官庁による国内段階手続の開始は，出願人が国内段階に移行する手続をすることを必要とする。出願人が所定の期間である，優先日から30カ月以内に所定の手続をとらないと，国際出願は当該指定国又は選択国においてその効果を失い，当該国の国内出願は取下げと同一の効果をもたらす（PCT 24条(1)(iii)，39条(2)）。以下においては，日本への国内手続の移行を想定しながら，国内段階移行の手続を述べる。

国内段階に移行するためには，①国内手数料の支払（特許195条2項別表：特許法184条の5第1項の規定により手続をすべき者は所定の手数料を納付しなければなら

ない）と，当該出願がその国の公用語でなされていないときは，②その公用語での翻訳文が提出されなければならない（PCT 22条）。この手続は，優先日から30カ月以内に行われなければならないが，出願人が止むを得ない事情によりこの期間を徒過した場合，つまり期間が遵守されなかったことが故意でないと認められるなどの事情が認められる場合には，出願人の請求により，当該国はその国際出願の出願人の権利を回復させることができる（PCT 規則第49.6(a)）[注7]。なお，翻訳文の提出の期間は，翻訳文提出特例期間の措置が認められるときは，最長32カ月となる（特許184条の4第1項但書）。

問題は，原語による国際出願の内容と翻訳文の内容（特に，クレームに関して）が一致しない場合の取扱いである。

原語による国際出願の範囲よりも翻訳文に基づく当該国際出願によって与えられた特許の範囲が狭い場合（原文＞翻訳文の場合）。特許請求の範囲について補正ができるが（PCT 19条1項，34条(2)），翻訳文をすでに出している出願人も，優先日から30カ月内であれば，審査請求をしていない限り，誤訳について再度新翻訳文の提出ができる（特許184条の4第6項）。審査請求がなされると，すでに審査が先の翻訳文をベースにして開始されている可能性があるので，翻訳文の提出は考慮されなくなる（PCT 規則第66.4の2）。

原語による国際出願の範囲よりも翻訳文に基づく当該国際出願によって与えられた特許の範囲が大きい場合（原文＜翻訳文の場合）。原文に記載されていない新規事項が翻訳文に追加されているときは拒絶事由及び無効事由となる（PCT 46条，特許184条の18⇒同49条6号，123条1項1号，5号）。外国語出願が認められることになったので，そこにおける取扱いと平仄をそろえている。

注1） PCTルートの利用は着実に伸びており，2014年度でWIPO 国際事務局は213,568件の国際出願を受理している（1980年度は282件，1996年度で47,291件であった）。わが国の出願は42,380件を数え，全体の19.8％にあたる（米国は57,239件）。なお，2017年度では243,500件に達し，前年度比4.5％の増となっており，日本は米国，中国に続き47,425件を数える（PCT YEARLY REVIEW 2018, 22）。

2） 日本特許法によれば，国際出願がわが国の特許出願を基礎として優先権主張される場合，その優先権主張は国内優先権の適用があるため，国内優先権主張の基礎となる先の出願は，その出願日から15カ月経過すると，みなし取り下げとなる（特許184条の15，41条，42条）。したがって，「みなし全指定」の下で，日本を指定しないためには，出願と同時に日本の指定を取り下げることが必要となる。

3） 国際出願の願書において，指定国のチェックボックスが設けられているのは，

「全指定に含まれない指定国」として，2014年12月1日現在，ドイツ，韓国及び日本のみである。
4） 列挙された文献には意見は付されないが，記号が付されることがあり，発明の新規性又は進歩性がその文献によって明白に否定されるときはXが，当該文献と他の文献の組合せにより進歩性が否定されるときはYが，一般的な技術水準を示すときはAが，発明の基礎にある理論又は原則はTが，付される（PCT実施細則505）。
5） 国際調査見解書には，請求の範囲に記載されている発明が新規性，進歩性及び産業上の利用可能性を有するかどうか等についての国際調査機関の見解が示される（規則43の2，1）。
6） ここでは，2004年1月1日以降に出願された国際出願について，国際予備審査請求がされた場合についての説明をしている。
7） 平成23年改正特許法により，翻訳文を提出できなかったことについて正当な理由があるときは，その理由がなくなった日から2月以内で書面提出期間の経過後1年以内について翻訳文の提出の特例を認め，救済が図られた（特許184条の4第4項，5項）。

第3節　特許法条約

　平成12年（2000）年6月1日，特許法条約（Patent Law Treaty：PLT）が採択された（2018年2月15日時点で締約国は40カ国。日本は2016年6月に加盟した）。1985年以来，特許制度の調和を目的とした条約案が，WIPOで検討されてきたが，特許対象等南北対立6条項の問題や米国の先発明主義問題もあり，採択に至らなかった経緯がある。しかし，特許制度の調和さらには統一の実現は利用者を含め，あらゆる関係者にとって有益であることは疑いなく，それまでの議論の成果と制度調和の方向性を維持するために，先願主義等，実体的な領域以外の，手続的な領域での調和を実現することを目的として議論が継続され，条約採択につながったものである。

　特許法条約は，各国ごとに異なる国内手続を統一し，簡素化することによって，特許出願人の負担を軽減することを目的とする条約であるが，以下に主要点をあげておく。

　出願日の認定要件として，出願であるという表示があり，出願人の同一性が確認され，明細書であると外見上確認される部分があれば（クレームはなくても良い），関係官庁が受理した日が出願日とされる（PLT 5条(1)）。手続を簡素化し，より容易なものとする趣旨で，出願手続については，PCTで規定されたもの以

上の要件を課すことはできないし（同6条(1)）,優先権主張あるいは翻訳文の提出に関して,合理的な疑義がない限り,証拠等を求められることはない（同6条6項）。指定期間等の手続期間に間に合わなかった場合,救済を設けることを認めるなど（同11条）,利用者の利益,殊に中小企業の知的財産活動の活発化に寄与する内容になっている。

　本条約の成立を受け,実体的側面での特許制度調和に向けて実体特許法条約（SPLT）の検討が, WIPO の特許法常設委員会（SCP）で再開された。しかし,先進国と途上国の間で,特許出願における遺伝資源の出所開示問題（CBD 15条参照）等の対立もあり,実体的制度調和の検討は停滞している。

第4節　商標に関する国際条約

1　パリ条約における主要な商標規制

　パリ条約は,内国民待遇の原則,優先権制度の他に,いくつかの商標関連規定をおいている。すなわち,登録商標の不使用に対する制裁（パリ条約5条(C)）,商標権独立の原則（同6条）,周知商標の保護（同6条の2）,テルケル条項（同6条の5）注1）,サービスマークの保護（同6条の6）等である。

　このうち,テルケル条項とは,取引のグローバリゼーションとともに,商標が商品に付されて流通する状況が増大することから,輸出国である本国で「正規に登録された商標」がそのまま（telle quelle）他の輸入国でも保護される必要性があることに基づく。パリ条約が定める内国民待遇の原則により,各国内法令の認める保護の例外として,本条による保護が及ぶ。この規定は,商標を構成する記号についての規制であり,商標を構成する記号として数字,文字,言語等に制限を課している国では効果的である。商標の概念についての定めではないので,立体商標を認めるかどうか,音響商標を認めるかどうかについては内国法が優先するといわれている注2）。

　本国登録商標は,この規定により,他国でもそのまま登録されるが,第三者の既得権を侵害する場合,自他商品識別性のない場合及び普通名詞・品質表示等に該当する場合さらには公序良俗に反する場合に限り（パリ条約6条の5）,例外的に登録を拒絶することが許される。

パリ条約19条は，パリ条約の規定に反しない限り，工業所有権の保護に関する特別取極（special agreements）を締結できる旨を定めている。特許協力条約もこの特別取極の1つであることはいうまでもない。工業所有権に関する事項であっても，パリ条約の規定にないものや，パリ条約の保護レベルを上回るレベルの保護を全ての締約国の承認は得られないものの，特定国間では得られる場合に締結される。

商標に関する特別取極には，虚偽・誤認的原産地表示を付する物品の水際規制（差押え）を内容とする，1891年の虚偽の又は誤認を生じさせる原産地表示の防止に関するマドリッド協定，1891年の標章の国際登録に関するマドリッド協定（マド協定），1957年の標章の登録のための商品及びサービスの国際分類に関するニース協定，1958年の原産地名称の保護及びその国際登録に関するリスボン協定，1973年の商標登録条約（TRT）及び1989年の標章の国際登録に関するマドリッド協定についての議定書（マドプロ）などがある。

注1）　本国において正規に登録された商標を「そのまま（telle quelle, in its original form）」その登録を認め，保護する。（Toute marque de fabrique ou de commerce régulièrement enregistrée dans le pays d'origine sera admise au dépôt et protégée telle quelle dans les autres pays de l'Union, sous les réserves indiquées au présent article.）
　2）　後藤晴男「パリ条約講話〔第10版〕」313頁。

2　標章の国際登録に関するマドリッド協定

1891年4月14日，マドリッドで標章の国際登録に関する協定（Madrid Agreement concerning International Registration of Marks）が締結された。このマドリッド商標協定はパリ条約加盟国に開放されているが，2018年7月13日時点で，加盟国は欧州を中心として55カ国である。本協定成立後100年を経ても加盟国が増えない理由は，本協定の以下に述べる特徴が，主として審査主義を採用する国にとって重い負担となることにあった。

マドリッド商標協定の基本思想はパリ条約6条の5が定めるテルケル原則を具体化することにあるが，その特徴として次のものをあげることができる。

①　マドリッド商標協定による出願をするためには，本国における登録が必要とされており，いったん登録された後でも，5年内は本国登録商標の消滅によっ

て国際登録も消滅する（本国登録への従属性）。

② 国際登録出願は，フランス語で作成された願書により出願人本国の官庁を通じて行う（マド協定3条，同規則7条）。

③ 締約国の国民[注1)]は，上の②により国際事務局に出願することで，本国に登録した商標の保護を他の全ての加盟国において確保できる。国際事務局による登録日から，各関係国で直接出願されたのと同様の効果が認められている（マド協定4条(1)）。ただし，加盟国は国際事務局からの通告日より12カ月以内に，自国内では保護ができない旨の通告をすることができ（同5条(2)），この通告をしない限り，国際事務局による登録は自動的に国内登録としての効果（国内効）を生じることになる。国際登録[注2)]の効力は20年とされ（同6条(1)），さらに20年ごとの更新が可能である（同7条(1)）。

本協定加盟国は通告日から1年以内に国内審査ができることが必要であり，商標審査要処理期間が1年を超える国にとっては，これをいかにして克服するかということが問題となっている。また，商標権の本国登録への従属性によって，本国登録が固有の事情（不使用等）で取り消された場合，国際登録も自動的に消滅してしまう[注3)]。この性質は，商標権者以外の者が当該国に存在する登録商標権を消滅させたい場合，都合のよい性質ということができるが（セントラル・アタック），商標権者にとってはそうともいえない。

　　注1) 日本法人であっても，締約国のいずれかに営業所を有していれば，本制度による国際登録出願は可能である（マド協定2条）。
　　　2) 国際登録の日は，本国における国際登録出願の日から2カ月内に，国際事務局が国際登録出願を受理した場合，本国内官庁が当該出願を受理した日をさすが，そうでないときは，国際事務局が現実に受理した日をいう（マド協定3条(4)）。
　　　3) 1957年ニース改定協定で5年の時間的制限が設けられ，5年後は完全に独立性を取得することとなった。

3　標章の国際登録に関するマドリッド協定についての議定書

1891年4月の標章の国際登録に関するマドリッド協定は，無審査主義国を中心に構成されているため，審査主義国は加盟することが困難であった。そこで，審査主義国にも配慮したシステムを採用し，これによってマドリッド商標協定を修正・補完するプロトコルが，1989年6月27日，採択された。これが，標章の国際登録に関するマドリッド協定についての議定書である（2018年9月25日時点で，締

約国102カ国)注1)2)。

　本議定書は，マドリッド商標協定と密接な関係を有するが，独立した多国間条約である。マドリッド商標協定と異なり，審査主義国の加入を促進するための措置を盛り込むとともに，欧州共同体商標制度とのリンケージが図られている。

　本議定書に基づく国際登録は，フランス語又は英語により作成された願書を，本国官庁を通じて国際事務局に提出して行われる（マドプロ2条(2)，3条(1)，同規則第6，第9）。国際登録は，本国における出願又は登録を基礎とすることができる（マドプロ2条(1)）。マドリッド協定と比較して，本国出願を基礎とすることができる点で利用者に有利であるが，ハーグ協定で認められている国際事務局への直接出願のルートまでは認められていない。国際登録の日は，本国官庁により出願が受理された日から2カ月内に国際事務局が当該出願を受理した場合，本国官庁が出願を受理した日をいうが，そうでないときは現実に受理された日となる（同3条(4)）。国際登録がなされると，国際登録日から関係締約国に直接商標登録出願がなされ登録されたのと同じ効果が生じる（同4条(1)(a)）。この点は，マドリッド協定と同じであるが，同協定では国際登録日から1年以内に，関係締約国は当該国における保護を拒絶する旨の通告ができることになっているところ，本議定書では，この期間を18カ月まで延長することが許されている（同5条(2)(b)）。審査主義を採用する日本及び米国等に配慮した措置である。

　国際登録の存続期間は国際登録日から10年であり，以後10年ごとに更新できる（マドプロ6条(1)）。本議定書に基づく国際登録も本国における出願又は登録に従属する。ただし，国際登録日から5年を経過したときは本国における保護から独立する（同6条(2)）。この点において，マドリッド協定に見られるセントラル・アタックの特徴は本議定書においても見られるが，本議定書では各関係締約国において国内出願に変換するルートが設けられている（同9条の5）。

注1）　わが国も本議定書に加入し，その実施を確保するため，1999年5月，改正商標法（商標68条の2～68条の39）を成立させた。これによれば，国際登録出願をしようとする者は外国語で作成した願書及び必要な書面を特許庁長官に提出し（同68条の2第2項），特許庁長官は，その願書の記載事項が基礎出願又は基礎登録と一致する場合には，その旨及び国際登録出願の日を願書に記載し（同68条の3第2項），必要な書面等とともに，国際事務局に送付しかつ願書の写しを出願人に送付する（同68条の3第1項，3項）。国際登録出願において，わが国が領域指定されているときは，その領域指定は議定書3条(4)に規定する国際登録の日にされた商標登録出

願とみなされる（同68条の9第1項）。

　登録が確定した場合には，国際登録日（出願日）から登録と同一の保護が与えられなければならないので（マドプロ4条），出願から設定登録までの間，警告を条件に，出願人に金銭的請求権を与えている（商標13条の2）。あわせて，早期かつ容易に権利関係の存在を知らしめる必要があるので，出願公開の制度も導入している（同12条の2）。

2） 2003年11月2日，米国が本議定書に加盟した。これによって，欧州，中国，韓国及び米国にまたがる国際出願が可能となった。

4　欧州共同体商標制度

共同体商標とは，1993年12月20日「共同体商標に関する規則」[注1]に定める条件に従い，この規定によって登録された商品又はサービスに関する商標をいう。共同体商標は単一性を有し，共同体全域を通じて平等の効力を有するものとされる。登録，移転，取消，無効又は放棄は，共同体全域において効力を持つ。

共同体商標はEUのみならず，広く自然人又は法人に，公法に基づいて設立された公共事業体を含め，開放されているので（EU商標5条），これらの者は単一の出願によって，EU28カ国に対し同時かつ自動的に出願できることになり，登録されると全域において第三者の使用を阻止する権利が発生する。したがって，EU構成国で商標登録出願を行う場合には，各国に直接出願する場合のほか，パリ条約の優先権を主張して行う場合とこの共同体商標登録出願による場合の，3ルートがあることになる。

なお，欧州共同体は単一の市場を形成しているので，商品や役務の自由な流通が損なわれないよう，各構成国の商標制度のうち，重要な商標の登録要件や，登録商標の効力とその制限等の他49の事項については国内商標制度のハーモナイズを指令している（商標に関する加盟国の法律を接近させるための2015年12月16日の欧州議会及び理事会指令：(EU) 2015/2436）。

注1）　現行の共同体商標規則は，2017年6月14日改定の規則（(EU) 2017/1001）である。

5　商標法条約

(1)　経過と意義

1994年10月10日～10月28日，外交会議において商標行政手続の簡素化と商標制度の国際的調和を目的として，商標法条約（Trademark Law Treaty : TLT）が採

択された。本条約は，1989年11月，第一回専門家会合が開催されて以来の5年越しの交渉の成果であり，実体規定16条，管理規定9条の25カ条から構成される。本条約の特徴として，パリ条約19条の特別取極としてではなく，WIPO構成国に開放されている点が指摘される。条約の発効時期は1996年8月1日（2018年7月13日時点で，加盟国54カ国），わが国は1997年1月1日に事務局に批准書を提出し，同年4月1日より発効した。

　本条約は各国の商標制度の手続面における調和や簡素化等により，利用者に自国あるいは他国に対する商標出願，登録手続が容易となることを目的として成立した条約であるが，近年の電子出願の普及等技術の進歩に対応するためそして手続面での更なる簡易化を図るため，この条約とは独立に，2006年3月27日，商標法に関するシンガポール条約が採択されている（2018年7月13日時点で，加盟国46カ国。日本も2016年6月加盟した）。このシンガポール条約では，視認可能な商標に限らず，新しいタイプの商標の制度整備も視野に入れられている。

(2) 条約の主要な内容

① 一出願多区分制度（TLT 3条(5)，6条）：1つの出願で1つの商標につき複数区分の商品・役務を指定できる制度である。わが国の商標法では，出願は商品及び役務の区分内の商品又は役務を指定して商標ごとに行われる「一商標一区分制」が従来採用されており（改正前商標6条1項），変更が必要になった（商標6条2項）。また，出願の拒絶や無効審決では多区分にまたがる審査・審理がなされるので，利用者に対し補正や出願及び登録の分割等が必要になった（商標10条1項，24条）。

② 多件1通方式（TLT 4条(3)(b)，10条(1)(e)，11条(1)(h)，12条(1)(e)(2)）：出願及び登録手続を含めた複数の事件に係る同一内容の申請を，1通の書面で行い得る方式である。わが国の出願手続では1件1通方式がこれまで採用されており（改正前商標施規6条），登録手続では登録の原因と目的が同一の事件の場合に限り，同一の申請書で複数の事件を併合して申請することが認められていた（改正前商標登令8条）。

③ 願書，各種申請書の記載事項及び各種証明書提出の簡素化：わが国の商標実務では，氏名の変更，住所の変更等各種出願手続及び登録申請手続に際し，その内容が真正であることを証明できる書類の提出を義務づけていた。これに対し，

本条約では「合理的な疑義のある場合に限り」(例えば，TLT 3 条(7)，(8)等)，その事実を証明する書類を求めることができることになっている。また，願書，各種申請書の記載事項の簡素化として，提出日，法人代表者の記載が求められないとともに，出願人の業務記載も禁止されている（同 3 条(7)(ii)，旧商標施規 1 条 1 項様式 1 ）。

わが国では，商標の使用義務の強化という観点から，出願に係る商標は出願人の業務に係る商品・役務につき使用するものであることが登録要件となっている（商標 3 条 1 項柱書）。また，出願人が業務を行っていないときは「事業計画書」の提出が義務づけられていた。

④　更新時の使用実績審査の廃止：本条約では，更新申請に係る商標についての実体審査は禁止される（TLT 13条(6)）。わが国では，不使用商標を整理するため，更新登録時に商標の使用実績が問われていたので（改正前商標21条 1 項，19条 2 項），それができなくなることへの対応が必要となる。不使用取消審判制度の見直し（商標50条），登録料の分納制（同41条の 2 ）等がその対応として検討された。

⑤　その他：視認可能な商標に限定される（TLT 2 条(1)）。さらに，立体商標の導入（商標 2 条 1 項），商標権移転時の日刊紙への公告義務の禁止，モデル国際様式の採用等が本条約の特徴となっている。また，わが国はすでに実施しているが，サービス・マーク登録が義務づけられている。

第 5 節　意匠の国際寄託に関するハーグ協定

1　ハーグ協定の概要

ハーグ協定（The Hague Agreement of Nov. 6, 1925, concerning the International Deposit of Industrial Designs）は，パリ条約19条の特別取極として採択された。本協定には，1934年ロンドンアクト（現在は凍結）と1960年ハーグアクトがあったが，平成11（1999）年 7 月，外交会議において「意匠の国際登録に関するハーグ協定ジュネーブアクト」が成立し，2003年12月23日に発効した。以下の説明は，ジュネーブアクトに従っている。

本協定の目的は，WIPO 国際事務局に対する 1 つの寄託（Deposit：出願）によ

って加盟各国で意匠保護を享受させることにある。2018年7月13日時点で，加盟国は69カ国（このうち，ジュネーブアクトに加盟する国は55カ国）である。実体要件審査を行わない欧州大陸諸国を中心にハーグ協定が成立しているため，実体要件審査を行う制度との間の溝をどう埋めるかがかつてのハーグ協定の抱える課題であったが，ジュネーブアクトでは加盟国における国際登録の効果を拒絶できる期間が実体審査国には12月とされたことなどにより，日本や米国も本協定2015年5月に加盟した。

2　ハーグ協定の内容

(1)　国際出願

　締約当事国である国家若しくは政府間機関の加盟国の国民，又は締約当事国の領域内に住所，居所又は真正かつ有効な工業上若しくは商業上の営業施設を有する者は，WIPO国際事務局に直接，又は国内官庁を介して出願することができる。国内官庁を介して行う間接出願が認められている理由は，外国に出願するには国防上のチェックを必要とする米国法に配慮したためである。このため，締約当事国は国内官庁を介して出願することができない旨を選択することができるようになっている（ハーグ4条(1)(b)）。この点は特許協力条約の考え方と異なる。

　国際出願は一出願複数意匠主義を採用する（同5条(4)，ハーグ7規則(3)(v)）。ただし，国際意匠分類に関するロカルノ分類の同一区分に属していることが必要である（ハーグ7規則(7)）。このためわが国のように，1意匠1出願の原則を採用している場合を考慮して，事務局長への事前通告（ハーグ13条(1)）を条件として，国際出願としての出願日（同9条）を維持しながら，加盟国での保護を拒絶することが認められている。

　国際出願は，所定の言語（英語，スペイン語又はフランス語）で行われ，本アクトによる国際登録であることの請求，出願人を特定するデータ，国際出願の目的物，意匠を構成する物品の表示，指定国の表示，手数料及びその他所定の事項を含むものであることが必要である（ハーグ5条(1)）。その他所定の事項としては，指定国が実体審査を行っている場合に，その国内法で出願日認定のために特定事項を出願に含むことを要求しかつその旨を事前に事務局長に通告している事項がある。

(2) 国際出願の効果

　国際登録日は，手続上の不備がある場合を除き，原則として国際出願日である（ハーグ9条，10条）。国際登録によって指定国の全てにおいて正規にされた出願と少なくとも同一効果が認められる（同14条）。この点が，特許協力条約と同様，ハーグ協定でも最大の特徴である。

(3) 国際登録

　方式上適正な国際出願がなされると，国際事務局は国際出願の対象である意匠を国際登録簿に登録し，名義人に証明書を送付する（ハーグ15規則）。国際登録の効果は，国際登録日における各指定国の法令に基づき意匠の保護の付与を求める出願と同一の出願効が認められることと，当該指定国の法令に基づく意匠の保護の付与と同一の登録効が認められることである（ハーグ14条(1)，(2)）。ただし，この登録効はマドプロと異なり，国際登録日から発生しないので（ハーグ14条(2)とマドプロ4条1項(a)後段を比較参照），国際公表の効果としては実施料相当額の補償金請求権としている（意匠60条の12第1項）。

　国際登録は国際事務局によって全てが公開され，その写しが指定国官庁に送付される（ハーグ10条(3)）。国際出願及び国際登録の内容は公開まで秘密が保たれるが，その期間が短い場合は，ファッション製品のようにライフサイクルの短い物品について保護に欠けることも想定される。このため，公報掲載延期制度が設けられている（同11条(2)）。

　国際登録は，国際登録から5年間存続し，その後通算15年間まで更新できる。ただし，当該指定国の国内法が15年以上の保護期間を認めている場合にはその期間が満了するまで更新が認められる（ハーグ17条）。

(4) 指定国官庁による保護の拒絶通告

　国際出願の対象である意匠の保護を拒絶する権限が，締約国に留保されている（ハーグ12条）。すなわち，実体要件審査を行っている加盟国は，当該加盟国内での保護を拒絶する通告を行うか，権利を発生させる通告を行うまでは保護を与えることが確定しない。この通告期間は，国際事務局が加盟国の官庁に国際登録の公開から6カ月であるが（ハーグ18規則(1)(a)），加盟国は，事務局長に対する通告により，この期間を12カ月に置き換えることができる（同18規則(1)(b)）。わが国の意匠審査実務はこの期間に十分対応できるものとなっていることはすでに述べた

(第3章第1節2）。

　なお，意匠の国際分類を定めるロカルノ協定に，わが国も加盟し，平成26（2014）年9月，発効している。

第6節　植物の新品種の保護に関する国際条約

1　成立の経緯

　国際育種者植物品種保護協会等の働きかけにより，フランス政府主催の下，1961年，植物の新品種の保護に関する国際同盟を形成し，植物品種育成者の権利保護を加盟国に義務づける条約を UPOV 条約（Union International Pour la protection des Obtentions Végétales，2018年2月時点で75カ国と地域が条約を批准）という。本条約の特徴は，加盟国の国内法である植物品種保護の模範法を示した点にあり，わが国の昭和53（1978）年の種苗法は本条約に沿う形で定められていた。

　同条約では保護の対象とされる植物が限定され，植物品種育種者に認められる権利の範囲も極めて狭いものであったことなどから，条約の改正が検討され，平成3（1991）年，植物新品種の保護の拡大・強化等を目的として新条約が採択された。わが国も新 UPOV 条約を批准するため，平成10（1998）年5月，種苗法の全面改正を行った。

2　本条約の主要な内容

　新条約の下でも，保護要件には変わりはない。すなわち，区別性，均一性，安定性，新規性及び品種固有の名称をつけていることが必要である。

　新条約の改正点をあげる。当初，本条約においては，加盟国は同一の種類の植物に関しては1つの法律により保護すべきことが明記され（改正前 UPOV 2条(1)），いわゆる二重保護は禁止されていた。ところが，その後のバイオ技術の発達に伴い，特許保護と品種保護法の境界問題が流動的になり，品種育成者は特許保護を求めるようになったこともあり，改正条約は，この問題の取扱いを加盟国に委ねることとし，二重保護禁止条項をおいていない。この結果，植物新品種保護を特許法により行うことに条約上の障碍はなくなった。保護期間も登録から20年以上，

樹木及びぶどうについては25年以上と改められた（UPOV 19条）。

　新条約では，保護を行わなければならない植物の範囲が全ての植物の属及び種に広げられている（UPOV 3条）。また，品種育成者の権利は種苗の増殖権に及び（同14条(1)），さらに当該種苗からの収穫物や加工品もその権利の範囲に含まれることが明確にされている（同14条(2)）。その一方で，権利用尽の原則が導入され（同16条），農家の自家採種について国内法で品種育成者の権利を制限できることとされている（同15条(2)，(3)）。加えて，新条約では，仮保護の制度も導入されている（同13条）。品種育成者の権利は登録から発生するが，登録まで通常2年程度は要するので，その間に出願品種の販売が開始された場合の保護が従来なかったことへの対応である。

第7節　発展途上国への技術移転問題

1　技術移転と特許制度

　1964年，国連事務総長報告書「発展途上国に対する技術移転における特許の役割」が作成された。本報告書は，1961年第16回国連総会において，ブラジル及びコロンビアにより「発展途上国への技術移転における特許の役割」に関する決議案が提出されたことを契機とする。特許制度によって発展途上国の技術利用は多大な制限を受けているから，発展途上国の経済発展のために，特許権の制限の方向で調整される必要があるのではないか，という提案である。

　しかし，先の事務総長報告書は，発展途上国への技術移転と特許制度の間にはほとんど関係がないという文脈の中で，途上国が必要とする技術は特許保護の対象となる先端技術ではないし，さらに技術導入を促進するには，ノウ・ハウや経営経験の充足がその前提として必要であると結論づけていた[注1]。

　1974年，UNDESA（経済社会理事会）・UNCTAD（国連貿易開発会議）・WIPOによる「発展途上国への技術移転における特許制度の役割」と題する報告書が作成された。先の報告書と異なり，ここでは「国際特許制度のプラクティスとそのプラクティスが発展途上国に及ぼす特別なインパクトとは密接な関係があり，この関係において特許制度の将来の改正は検討されなければならない」[注2]と明記された。同年，これを受けてパリ条約改正政府専門家暫定部会・政府間準備会合

が開催され，WIPO調整委員会でのインド提案により，パリ条約が発展途上国の利益になっているかどうかについて検討し，利益となる方向で非相互主義的な特恵規定[注3)]をパリ条約に設定するため，必要な措置の検討が俎上に上ることとなった（図26参照）。

この時期を境に，技術移転促進のために知的財産制度を設けても，権利者の輸入独占を確保する手段として制度が利用され，途上国における発明の奨励・産業の発展の手段として制度が機能していないという途上国の苛立ちと，権利者は比較生産コストの有利な国において生産を特化したいという国際分業及び資源の有効活用に根拠をおく先進国の立場との乖離が深刻化していくことになる。

翌1975年，政府専門家暫定部会が開催され，「発展途上国が，パリ条約の改正に関し表明した点に留意し，非相互主義的特恵措置，技術援助等いくつかの解決策の概略と論点の解析を含む検討」がなされることとなった。1976年，第1回政府間準備会合が開催され，そこでの主たる論点としては，次のようなものがあり，いずれも途上国の観点から説明する。

まず，特許独立の原則（パリ条約4条の2）の改正問題がある。これは，先進国で拒絶又は無効になった技術が，途上国では特許独立の原則により成立し存続するのはおかしいということにある。途上国で権利が存続するのは審査能力に欠けるところがあるからだから，他国で消滅した特許権は途上国でも連動させて消滅させるべきである，というものである。

ついで，内国民待遇（パリ条約2条(1)）の例外を途上国国民に認めるべきかという問題がある。途上国国民に非相互主義的特恵待遇を与える。とりわけ，特許年金，パリ条約上の優先期間及び特許の存続期間について，途上国国民を優遇するというものである。

さらに，強制実施許諾制度（パリ条約5条A）の改正問題が当然に議論の対象となった。実施行為の一態様として輸入行為を今後とも認めるのか，不実施の制裁としての排他的非自発的実施許諾権制度[注4)]を先進国が容認するかということである。

パリ条約改正会議は計4回開催されたが，もともと妥協点を探り難いテーマでもあり，結局，よくいえば先進国の結束の堅さを確認することに意義を見いだすほかない終末を迎えたといえる。

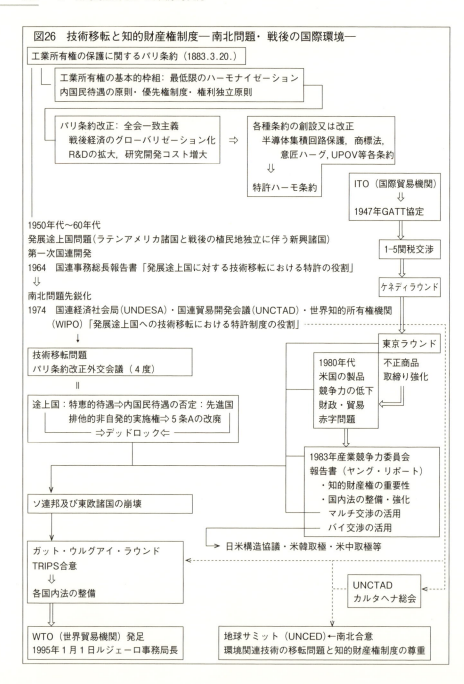

図26 技術移転と知的財産権制度―南北問題・戦後の国際環境―

注1）　林鉱三「パリ条約改正」学会年報1号48頁。
　2）　UNCTADが1974年に作成した報告書「技術移転に関する国際的行動規範の可能性及び実現性」では，当時有効な350万件の特許のうち，わずか6％が途上国によって付与されており，そのうち6分の5を外国人が所有し，残りの6分の1すなわち世界全体のその1％を途上国国民が保有するに過ぎないとしていた。
　3）　ベルヌ条約では発展途上国のための特別規定が1971年のパリ改正条約で附属議定書の形で採用されている。途上国には翻訳権・複製権について非排他的，譲渡不能な強制許諾制度を採用することなどが許されている（ベルヌ議定2条，3条）。
　4）　不実施の制裁として，特許権者の承諾なしに付与される強制実施許諾制度。この場合，排他的であるということは，特許権者自身も実施できなくなることを意味する。

2　米国の新通商政策

　1960年代以降の米国経済の長期低落傾向をうけ，技術優位に立つ米国製品がなぜ輸出競争力低下を招いているか[注1]，その原因の解明が求められた。1983年6月，レーガン大統領は，大統領産業競争力委員会（委員長：パッカード社ヤング会長）を設置し，このような状況を打開する政策提言を求めた。1985年1月，同委員会報告書「Global Competition, The New Reality」が取りまとめられ，次のような内容の33項目の勧告を行った。
　「知的財産権の保護に関して新しい包括的な政策を米国政府が確立することを急がねばならない。米国政府に対しては政府の国際的な貿易と投資に関する交渉の主要議題に，知的財産権の保護を組み入れるように促し，途上国に対しては政府の技術経済協力計画に知的財産権の保護を推進する一般特恵関税等を強く組み入れるよう求めていくべきである。また，OECDやGATTなど，より広い存立基盤をもつ経済機関に働きかけて知的財産権に関するルールの確立を図る必要がある」[注2]，というのがその骨子である。同時に，IBM等民間企業11社によるIPC（知的財産権委員会）が設立され，官民一体となった通商戦略が胎動することとなった。
　1985年9月，レーガン新通商政策（Trade Policy Action Plan）が発表され，以下のような制裁措置[注3]や手段を梃子として相手国市場をこじ開ける，いわば米国の考える公正な市場競争の確立のための交渉が開始された[注4]。

注1）　米国の貿易赤字は，1980年36億ドル，1981年397億ドルそして1987年には1,710億ドルにも達していた。また，製造業製品輸出の対自由世界に対するシェアは，1965

年18.8%だったものが，1984年には13.4%と減少し，日本や他の途上国のシェアは各々，1965年8.1%，6.6%，そして1984年には15.4%，14.5%と増加していた。
2） 江口雄次郎「ガットの強化と知的所有権保護との調整」特許管理1986年11号1319頁。
3） 通商法310条積極活用による貿易相手国の不公正慣行への攻撃，知的財産権保護のためのバイ・マルチ交渉の推進及び関税法337条改正による知的財産権侵害に対する有効な対抗措置の確立等の措置である。
4） レーガン政権下での知的財産権強化の政策については無論であるが，カーター政権下でも産業技術革新に関する国内政策レヴュー（Domestic Policy Review of Industrial Innovation, 1978-79年）が実行され，連邦巡回控訴裁判所（CAFC）の設立や，政府保有技術の民間移転促進を目的とするバイドール法（1980年）の成立にみられるように，知的財産権強化の施策がとられていることにも留意しておく必要がある。

3　1988年包括通商・競争力法

(1)　通商法301条

　1974年通商法301条では，米国の通商に不当な制限あるいは差別を与えている諸外国の不公正な貿易慣行があるとの利害関係人の提訴を受けて，米国通商代表部（USTR：以下，通商代表部という）の裁量的判断で調査手続が開始され，なんらかの通商規定に矛盾するか，通商協定に基づく米国の権益を否定する又は不当，不合理若しくは差別的でありかつ米国の通商に負担をかけ，ないしは制限する外国政府又はその機関の行為，政策又は慣行が認められる，というクロ判定があるとその排除を目的として，大統領は輸入制限，関税引上げ，米国市場への参入規制のような適切で実施可能な対抗措置をとらなければならない[注1]。この措置は無差別にも，当該国の製品又はサービスごとにも行うことができる。この基本的構造は1984年の通商関税法等で若干の変更はあるものの，現在もその基調は変更されていない。2018年，トランプ大統領が中国に対して行った制裁措置はこれによる。

(2)　スーパー301条

　通商法301条の制裁コンセプトの強化を目的とする，1988年包括通商・競争力法（Omunibus Trade and Competitiveness Act of 1988）1301条〜1302条によって追加された，1974年通商法310条を一般にスーパー301条とよんでいる。この規定は，米国からみて「不公正な」貿易国と業種を特定し，制裁を前提に，市場の開放を

迫る法的仕組みである。

スーパー301条は，通商代表部が，貿易障壁年次報告書（National Trade Estimate）を大統領及び議会に提出した後30日以内（94，95年は6カ月内）に，優先的に取り上げるべき貿易障壁，歪曲的貿易慣行，優先交渉国及びこの優先交渉国の歪曲的貿易障壁が存在しなかった場合に増加したであろう米国製品・役務の輸出増加額を特定し，その後21日以内に調査を開始するよう通商代表部に義務づけ，米国からみて「不公正」な貿易国と業種を特定し，制裁を前提に市場開放交渉を迫る枠組みである。通商代表部は，この調査と並行して当該事項に関して優先国と交渉を3年内に行うが，交渉不成立の場合，301条に基づいて制裁措置がとられる。従来の301条の手続と異なり，通商代表部にイニシアティブを与え，大統領の裁量権限を制限している点で，より一方的な制裁性を強めていることがわかる注2)。すなわち，通商代表部は，外国が通商協定に違反している場合と，外国が米国の権益を害する不当な行為を実施している場合，米国の損害に見合う対抗措置をとらなければならないことになっている。

この規定は，当初2年の時限立法であったので，1990年から失効していたが，日米包括経済交渉終盤で対日圧力を高めるため，クリントン政権が一時復活させたものの，2001年以降再び失効している。

(3) スペシャル301条

1988年包括通商・競争力法1303条によって，改正された1974年通商法182条をスペシャル301条とよんでいる。分野が知的財産権に限定され，手続的に通常よりも短期の期限で進められることが特徴である。米国産業が外国市場で直面する知的財産権の侵害問題の急増に対し，より包括的でかつ効果的な対処方法を確立すべし，という要請に応えたものである。

具体的には，知的財産の十分かつ効果的な保護を否定する国又は知的財産に依拠した米国国民の公正かつ公平な市場アクセスを否定する国を，通商代表部が優先交渉国として特定し，その後30日以内に通商法301条の調査が開始される。通常の301条手続では原則12カ月（ないし18カ月）の調査手続を，原則6カ月とすることにより迅速な手続を規定すること注3)，また貿易障壁年次報告書の提出後60日以内に，貿易代表部の調査が開始されることが具体的な特徴である注4)。

(4) 改正関税法337条

　1988年包括通商・競争力法1342条によって，1930年関税法337条が改正され，米国への輸入，販売における不公正な競争行為・方法の取締りが強化された。

　不公正な競争行為・方法により，効率的かつ経済的に運営されている米国産業が破壊され若しくは実質的な被害を被る場合，米国国際貿易委員会（ITC：関税法337条の執行機関）は，調査手続を開始し，原則として12～15カ月以内に最終決定を行う。委員会の最終決定がクロ決定である場合には，適切な救済内容を検討し，侵害物品を国内に通関させることを排除する排除命令や，排除命令に代えあるいはこれとともに，不公正な競争行為・方法を停止する停止命令を決定する。この調査は知的財産権侵害物品に限定されるものではないが，従来，ITCが調査開始したケースの圧倒的多数は，知的財産権侵害物品であるという関係がみられる。

　主要な改正点としては，次のものがある。

　米国産業の被害立証要件が，知的財産権侵害事例について削除された（不正競争事案ではこれまでどおり提訴人が立証）。米国企業の効率的かつ経済的に運営されているということの立証責任が，同様に削除された。提訴人資格から非効率的かつ非経済的な企業も排除されないという意味で，外国企業に対する提訴が容易になった。調査手続開始後は，当事者間の和解等により申立てが取り下げられない限り，決定が示される。決定確定後60日以内に，当事者は，連邦巡回区控訴裁判所に上訴することができる。

　さらに，ITCの最終決定を待っていたのでは十分な救済が得られない場合，暫定処分を申し立てることができるが，暫定的な救済命令及び停止命令は，従来の210日から，申立てから最終決定まで90日（より複雑な事案では150日）という極めて短期間に出されることになった。これにより，外国企業には十分な反論のための時間がなく，提訴した米国企業のペースで手続が推移するおそれがより大きくなった。このほかにも，罰則の強化や侵害物品の没収制度の新設がみられる[注5]。ITCの排除命令等によって輸出業者が被る損害については，日本やEUの主張により，担保供託金によって塡補させる仕組みが，ガットTRIPS協定によって実現している。

　　注1）　1986年の日米半導体取極に伴う電動工具，カラーTV受像器に対する100％関税

引上げの例や，1985年の皮革靴輸入割当制の事例で，この規定の適用が問題となった。
2) この例としては，1989年の人工衛星，スパコン及び木材製品の基準認証制度が，1990年の半導体，自動車部品，アモルファス合金が，それぞれ優先交渉慣行としてリストアップされたことが知られる。いずれも，その後の日本側の対応によって301条の制裁には至っていない。
3) 知的財産権の保護対象が短ライフサイクルのものも多いということに対応する。
4) この例としては，1992年優先交渉国として台湾，インド及びタイが指定され，ブラジルなど9カ国が優先監視リストに，日本他22カ国が監視リストの対象となった例がある。
5) 1989年，ガット紛争処理委員会（パネル）は，関税法337条がガット違反であるという裁定を下している。根拠は内国民待遇の原則に反するということにあるが，具体的には，外国製品が米国で重複した法的手続にさらされ，複数の裁定機関に対する防御を強いられ，輸入品に対する調査期間が不当に短いということにある。この裁定は米国の反対でガットで採択されていない。

第8節　GATTからWTOへ

1　ガットの趣旨

　ガット（The General Agreement on Tariffs and Trade：関税と貿易に関する一般協定）は，無差別原則と内国民待遇原則に基づいて，関税以外の貿易制限措置を原則として撤廃し，関税についても漸進的に引き下げ，撤廃することで，自由貿易の拡大を実現する目的をもった国際約束であった。このような目的を達成するための措置として，無差別原則に基づき関税等について一般的最恵国条項を適用し，関税その他の課徴金以外のいかなる禁止（例えば，数量制限によること）又は制限も新設してはならなかった（ガット11条，12条）[注1]。

　例外としては，この協定に反しない法令（知的財産権関係法令を含む）の遵守を確保するために必要な措置をとることは許され，例えば知的財産権を保護するために輸入制限を行うことは許容されていた（ガット20条d）。もっとも，「正当と認められない差別待遇の手段」であったり，「国際貿易の偽装された制限」であってはならない。

　ガットはIMFとともに戦後の国際経済体制を支える支柱として，1947年以降の8回のラウンドで，関税率の引下げや非関税障壁の撤廃を行ってきたが，経済のソフト化や貿易のグローバル化を背景として，サービスや知的財産権問題にま

で交渉範囲が拡大していった。もっとも，先に見たように，ガットでも知的財産権を侵害する物品（不正商品）について輸入規制をすることは当然可能であり，この限りにおいて知的財産権問題をガットで取り扱うことができるという意味でのガッタビリティは承認されていたが，知的財産権が国際競争力と密接に関係することが認識されてから，知的財産権問題がガットの主要問題となっていったのである。

注1）　第二次世界大戦の原因の1つが戦前のブロック経済化と関税戦争にあったという反省から，ガットの前身である国際貿易機関憲章が調印されたという経緯による。

2　ガットと知的財産権問題

(1)　不正商品問題を中心とした動向

ガットと知的財産権問題が密接に結びついてくる最初の動きは，1978年7月，米国が東京ラウンドに不正商品問題の取締りの強化を提案してきたことに始まる。この提案がラウンド末期になされたこともあり，検討期間不足を理由に各国の合意は得られなかったが，米国はECと共同歩調で東京ラウンドでの合意形成を求めた[注1)]。

しかし，ラテンアメリカ諸国を中心に途上国は知的財産権問題はWIPOで協議すべきであるとする立場をとり，不正商品問題をガットで検討することは，新たな非関税障壁（NTB）問題となるとの懸念を強く表明した。

1982年11月，米国，ECさらにカナダ，日本4極による「不正商品協定案」が合意され，ガット閣僚会議宣言でも知的財産権問題が盛り込まれた。しかし，途上国の反発は依然強く，米国はこれに配慮し，1983年2月，ガット及びWIPOの事務局長協議を要請し，共同作業の合意を取り付けた。しかし，当時，WIPOはパリ条約改正作業中であり，改正項目の確定を優先せざるを得ない状況にあった。このため，途上国の態度に変化はみられなかったが，一方先進国もこの問題を放置できない状況にあり，1984年3月のフランスの欧州理事会報告を契機に，1986年，EC委員会は「不正商品に関するEC規則」（Directive 3842/86）を採択し，不正商品の域内流入についての規制と物の域内での自由流通の確保を図った。

1986年5月，開催された東京サミットでは，「ガットの機能を強化し，世界貿易における新たな前進と国際的な経済環境に対してガット適応させること。新ラ

ウンドでは知的財産権に関する諸問題につき検討が行われなければならない」との経済宣言が採択され，ガット新ラウンドでの先進国のこの問題に対するスタンスが確認された。

1986年1月から7月にかけて断続的に開催された新ラウンド準備委員会で，「不正商品問題を含む知的財産権の貿易関連側面（Trade Related Aspects of Intellectual Property Rights, Including Trade in Counterfeit Goods: TRIPS 協定）」を新ラウンドでの交渉項目にすること，そしてその後の閣僚宣言案への盛込みに四極は合意した。むろん，これに対してはラテンアメリカ諸国やインドといった強行派途上国は強く反対した。さらに，EC から日本をターゲットにした利益の均衡（BOB）問題も浮上したこともあり，混乱のままで閣僚宣言まで問題は先送りされた[注2]。

(2) 知的財産権問題一般への拡大

1986年9月，南米ウルグアイのプンタ・デル・エステでウルグアイ・ラウンド閣僚宣言が採択され，新ラウンドはウルグアイ・ラウンドと命名された。ここで，貿易交渉委員会（TNC）が設置され，その下にモノに関する交渉グループ（GNG）とサービスに関する交渉グループ（GNS）をおき，モノの交渉のみをガットの枠内で行い（ガット閣僚総会で決定），サービスに関する交渉の開始は，閣僚が決定する形で決着をみ，ガット閣僚宣言が採択された[注3]。

翌1987年早々には，ウルグアイ・ラウンドの実質交渉が開始され，同年3月には，第1回 TRIPS 交渉が始まっている。

(3) マンデート論争

途上国は，知的財産権問題をその影響力が相対的に強い WIPO で，したがってパリ条約改正問題として扱うべきであることを当初強く主張していた。知的財産権の保護のないことと制裁とはどのようにして計測するか。タイで知的財産権が侵害されている場合に，それに相当する数量と金額の木材に関税を課すことは可能か。また，それが可能であるとしても逆も可能かなど，確かに困難な問題であり，途上国の主張に合理性が認められた。途上国も，理屈一辺倒ではなく妥協案として，取り上げるにしても，不正商品問題に限定するよう主張していた。当初，EC も特定商品のブランドを保護させれば足ることから，不正商品問題の取締りに限定して知的財産権問題を理解する姿勢も示していた。

しかし，米国は，1985年1月の委員会報告書（Global Competition, The New Reality）以降の国内圧力もあり，一貫してガットでの取扱いを主張した。また，1988年包括通商・競争力法に基づく制裁をちらつかせ2国間交渉を極めて効果的に行い，個別に強硬派の国を切り崩していったといわれている。

その間に，ソ連崩壊，社会主義政権の瓦解というドラスティックな国際環境の変化が起り，途上国の足場は揺らぎ，次第に途上国は先進国と共通の土俵でルールづくりを行い，その過程で自国の利益を最大限に確保する方向へ変わる姿勢を示した。それは UNCTAD での技術移転問題に対するスタンスの変化として確認される。

注1) 米国と EC 間では，不正商品協定案がとりまとめられ，これが1982年の日，米，EC 及びカナダ四極による「不正商品輸入抑制措置に関する協定案」となった。この協定案は，不正商品の水際規制に関する通関当局の手続上の義務，内国の権利者への取締要請権の付与，不正商品への制裁等を内容としていた。

2) ウルグアイ・ラウンド交渉の背景及び経緯等については，溝口道郎・松尾正洋「ウルグアイ・ラウンド」が，TRIPS 協定については，尾島明「逐条解説 TRIPS 協定」が，詳しい。

3) 1986年9月のガット TRIPS 閣僚宣言
国際貿易に対する歪曲及び障害を除去するためそして知的財産権の効果的かつ適切な保護の促進の必要性を考慮し……．(In order to reduce the distortions and impediments to international trade and taking into account the need to promote effective and adequate protection of intellectual property rights,……)．

3 TRIPS 協定

(1) 協定の成立

1991年12月20日，ダンケル事務局長は，最後まで合意の得られなかった分野については交渉グループ議長の裁定・調停の形をとり，過去の交渉経緯のとりまとめとしての最終合意案（Dunkel Paper）を，他のウルグアイ・ラウンド合意案と一括して受諾する方式の下に（WTO 設立協定2条2参照），提出した。わが国のコメ問題と包括的関税化についてはその後若干の儀式はみられたものの，少なくとも知的財産権問題についてはこれにより実質的に決着した。最終的な決着は，1994年4月，マラケシュ閣僚会議でのマラケシュ協定の成立によってであり，これによりウルグアイ・ラウンド交渉は幕を下ろした。これまでの貿易自由化の成果及びウルグアイ・ラウンドの全成果を包摂した，統合された一層堅固で永続的

な多角的貿易システムに底流する基本原則を保持しつつ，自由貿易を促進する国際機関である世界貿易機関（WTO）が発足し，1995年1月，同時にTRIPS協定注1）も発効することとなった。

TRIPS協定発効の日から，先進国は1年，途上国及び旧共産圏諸国は5年（2000年1月まで），低開発途上国は11年（2006年1月まで）内に内国法を整備する猶予期間が認められた。なお，途上国で物質特許制度を導入していない国には，さらに5年間（2005年1月まで），同制度の導入に猶予期間が与えられた。

(2) **基本的な特徴**

TRIPS協定の基本的特徴を述べておこう。既存条約との関係（TRIPS2条）については，パリ条約の内容をミニマム・スタンダードとしたので，パリ条約未加盟国も自動的にパリ条約遵守義務が発生することとなった。いわゆる，パリプラス・アプローチである。また，ベルヌ条約の内容も保護水準とした注2）ので，韓国のように同条約に当時加盟していなかった国にも遵守義務が発生した。内国民待遇の原則（同3条）と最恵国待遇の原則（同4条）がとられ，前者によってパリ条約で保護されていない営業秘密の保護についての原則が明確にされ，後者によって米中協議，米韓協議のように一国に利益を与える場合には，他国にも利益を均てんしなければならないことが明確にされた。問題が先送りされたのは，権利の消尽問題である。国際的権利消尽をめぐる米国，EC及び途上国間の対立により，TRIPS協定3条及び4条に反しない限り，紛争処理手続は消尽に関する国際紛争を扱わない（同6条）とする注3）ことで最終的に決着し，国際的権利消尽問題はTRIPS協定の埒外に置かれることとなった。

TRIPS協定の特徴として強調されるべき点は，知的財産権の侵害行為に対する効果的な措置（エンフォースメント）を国内法において確保する義務が加盟国に課されている点である（TRIPS41条〜61条）。この手続は，公正かつ公平なもので，不必要に複雑又は費用を要するものであってはならず，また不合理な期間を設定しあるいは不当な遅延を伴うものであってはならない。不正商品及び著作権侵害物品の水際規制に関しては，通関停止措置を申し立てる権利の設定やこの権利の濫用防止措置としての供託金の提供等，従来にない制度が新設された（同52条，53条）注4）。

紛争処理手続として，ガット紛争処理手続を強化した制度が採用されている。

ガットでは，コンセンサス方式が採用されており，パネル設置やパネル勧告の採択に際し，被提訴国を含む加盟国一致主義を採用していたか，米国の拒否等の先例を踏まえ，TRIPS協定ではネガティブ・コンセンサス方式が採用され（TRIPS 64条1項，WTO設立協定附属書2），加盟国が全員一致して反対していない限り，パネル設置，パネル勧告の採択及びパネル勧告不履行の場合の対抗措置の発動が，自動的に決定されることになった。

(3) **著作権，商標，地理的表示，意匠及び営業秘密の保護**

著作権に関しては，コンピュータ・プログラム及び素材の選択又は配列によって知的創作物を形成するデータその他の素材の編集物の保護が規定された（TRIPS 10条）。コンピュータ・プログラムと映画の著作物の公衆への商業的貸与について，貸与権が認められ（同11条），この保護はレコードの商業的貸与についても準用されている（同14条4）。これらの保護は公表から少なくとも50年であるが，レコード製作者の権利については，日本の著作権法97条の3の定める，許諾権期間1年，報酬請求権期間49年も許容されている（同14条4）。

商標については，サービス・マークが保護されることを明記し，単語（人名を含む），文字，数字，図形及び色の組合せ並びにこれらの標識の組合せを保護対象としている（TRIPS 15条1）。また，使用主義を採用する国との間の調整規定として，使用を登録要件とすることができるが，商標の実際の使用を登録出願の要件とすることはできない（同15条3）。商標の周知性については，判断主体を，国民全体ではなく，関連する公衆の有する当該商標についての知識を考慮することとし，商品の販売の事実を問うことなく，商標の普及の結果として獲得された当該加盟国の知識によっても判断できることとされている（同16条2）[注5]。

TRIPS協定で新たに保護が規定されたものとして，地理的表示（geographical indications）がある。地理的表示とは，「ある商品に関し，その確立した品質，社会的評価その他の特性が当該商品の地理的原産地に主として帰せられる場合において，当該商品が加盟国の領域又はその領域内の地域若しくは地方を原産地とするものであることを特定する表示」をいう（TRIPS 22条）。地理的表示に関し，公衆に誤認を惹起するような使用や不正競争行為を構成するような使用は許されないが，ぶどう酒と蒸留酒については，このような誤認等を要件とすることなく，特別な保護が認められている（同23条）。

意匠については，意匠保護のコピーライト・アプローチを容認し，「新規性又は独創性」を保護要件とする。保護期間は少なくとも10年である。なお，テキスタイルデザインだけは特則が設けられており，出願・登録費用，審査期間及び公告に関して配慮が求められている（TRIPS 25条2）。

　開示されていない情報の保護とは，営業秘密の保護と，医薬品の製造承認申請データなどの政府又は政府機関に提出されるデータの保護をさす（TRIPS 39条）。わが国は，不正競争防止法改正で対応したことは既述のとおりである。

(4) 特許及び集積回路配置の保護

　技術の独占的利用を認める特許制度の具体的内容をどうするかについては，当然ながら，先進国と途上国が最も対立した。公序良俗（TRIPS 27条2）以外の理由としては，バイオテクノロジーについてどのような例外を認めるかが問題となった。結果として，①人又は動物の治療のための診断方法，治療方法及び外科的方法，②微生物以外の動植物並びに非生物学的方法及び微生物学的方法以外の動植物の生産のための本質的に生物学的な方法について，加盟国は特許の対象から除外できることが認められた（同27条）。もっとも，保護対象の範囲については，TRIPS協定発効の日から4年後にレヴューされることになっていた（同27条3(b)）[注6]。また，実施行為が販売の申出にまで拡大されるとともに（同28条），存続期間が出願日から20年より短くてはならないものとされた（同33条）[注7]。

　1980年代のパリ条約改定をめぐる議論において，深刻な南北問題となったのが，強制実施権制度であることはすでに述べた。TRIPS協定では，特許権者の許諾を得ていない使用として，強制実施権の設定だけでなく，政府使用も含めて，広く規定されている（TRIPS 31条）。途上国において，強制実施権の付与が濫用的になされているとの懸念から，先進国は，強制実施権を付与できる理由（grounds）を限定すること（グラウンド・アプローチ）を求めたが，最終的には途上国の主張した，条件を列挙するコンディション・アプローチが採用された。強制実施権を付与するにあたっては，個々の案件ごとの必要性を考慮し，合理的条件による事前の交渉が必要とされる。ただし，国家緊急の事態その他の極度の緊急事態を理由とする場合については，先の手続が免除される。特許保護されているエイズ治療薬等の必須医薬品を途上国が強制実施権を付与して製造する問題をめぐり論議されてきた。また，強制実施権の付与は，主として使用を許諾する加

盟国の国内市場への供給を目的とする場合に限られているので，必須医薬品の生産能力を持たない途上国のために例外を設ける必要性が生じた。特に，HIV 等の感染症に適切に対応するため TRIPS 協定31条(f)の例外として，強制実施許諾に基づき生産した医薬品を途上国に輸出できる旨の追加規定（同31条の2）が設けられたのはこのためである。

半導体集積回路配置の保護については，1989年の「集積回路についての知的所有権に関する条約（IPIC 条約）」の規定内容を TRIPS 協定に盛り込むかどうかが問題となった。IPIC 条約には，半導体主要生産国である日本と米国が反対したことからも分かるように，保護水準が低いという批判があったが，それでは多くの途上国が半導体を生産することを前提に TRIPS 協定の議論を行うかということにも，また疑問があった。最終的には，IPIC 条約規定のうち，強制実施権を定める6条(3)の規定を除き，IPIC 条約の規定を引用する形で合意が成立した（TRIPS 35条）。権利侵害半導体の組込み製品の輸入・販売等の行為は違法としたほか（同36条），保護期間は10年以上に高められ（同38条1），IPIC 条約の改正を TRIPS 協定で実質的に行うものとなっている。

注1） TRIPS 協定については，尾島明「逐条解説 TRIPS 協定」1999年，が最も詳細である。
 2） 正確には，ベルヌ条約中，氏名表示権及び同一性保持権に関する著作者人格権に関する6条の2の規定の適用は，米国の国内事情に基づき排除されている（TRIPS 9条1）。
 3） TRIPS 協定6条は，国際消尽を認める加盟国がある場合に，特許の輸入権（TRIPS 28条1(a)）を理由に紛争解決手続による解決を求めることができないことを意味する（詳細は，尾島明「前掲書」50頁）。
 4） わが国では，関税定率法21条の改正と，同21条の2（輸入禁制品に係る申立て手続）及び21条の3（申立てに係る担保供託金）の改正が当時なされた（**第2章第10節2(1)参照**）。同法は，権利者に情報提供の機会を与えているのみであったが，TRIPS 協定は，商標権及び著作権侵害物品に関して，申立権を認めたので，関税定率法においても，商標権又は著作権侵害物品が輸入されるおそれがあると疑うに足りる正当な理由を有する権利者は，権限ある官庁に対し，適切な証拠と権限ある官庁が侵害を識別できる詳細な記述を提出して，侵害物品の差押えを申し立てることができるよう改正された。
 5） 周知性をより明確化するために，平成11（1999）年9月，WIPO 商標等常設委員会の「周知商標の保護規則に関する共同勧告」が，パリ同盟総会及び WIPO 一般総会において採択されている。
 6） TRIPS 協定27条3(b)但書のレヴュー留保は，米国特に米国医薬品製造業者の要請を背景として盛り込まれた経緯があるが，同業界のその後の収益状況を反映して，

逆に途上国が見直しを求めているというのが現状である（高倉成男「知的財産法制と国際政策」164頁参照）。
　7）　わが国の出願公告から15年，あるいは米国の登録から17年という保護期間は，出願から20年に法改正された。

第9節　技術移転問題の現状—環境と技術

1　国連貿易開発会議
(1)　南北対立の経緯

　戦後の開発途上国の貿易状況の悪化を解決するために，途上国の結束の必要性から，1962年，カイロでこの趣旨の国際経済会議の設立とその開催を要求する宣言がなされた。この宣言に基づいて，国連で南北問題を討議するため設けられた機関が国連貿易開発会議（UNCTAD）である。

　1964年3月23日〜6月16日まで，ジュネーブで第1回総会が開催された。理事選出をめぐりグループ化が促進した。アジア・アフリカ諸国（通常，Aグループとよばれる。以下同じ），OECD加盟国を中心とした先進諸国（Bグループ），ラテンアメリカ諸国（Cグループ）及びソ連東欧諸国（Dグループ）へとである。この内，A及びCグループは，1964年第1回総会終了後77カ国共同宣言をとりまとめたことから，「グループ77」とよばれることになった。

　初代事務局長はアルゼンチンのラウル・プレビュッシュである。彼は，途上国の第一次産品の交易条件は長期的には世界貿易の中で不利になる傾向にあるとして，生産性向上による第一次産品の国際的値崩れからの保護，非相互的特恵的関税の設定あるいは途上国の工業化のための先進国の資金協力等を盛り込んだ報告書「開発のための新しい貿易政策を求めて」をとりまとめた。

　1972年第3回総会で，技術移転に関連して「技術移転に関する商業上及び法制上の局面を含む，先進市場国から開発途上国への特許技術及び非特許技術の移転を規制する新しい国際法制のための基礎的研究をすること」が決議された。これを受けて，翌年「技術移転に関するコード・オブ・コンダクト（TOTコード）」策定のための決議が採択されている。1974年，UNCTAD理事会決議により，技術移転委員会（TTC）の他に，政府専門家グループとして，コード起草グループと特許制度検討グループが設置された。1975年，コード策定に関してグループ77

案と先進国案が提出されたが,両者間には相当な隔たりがあった。特に対立点であった制限的商慣行はその象徴でもある。

1977年12月,国連総会決議がUNCTAD所管の「技術移転の国際的コード・オブ・コンダクト国連会議」招集を決定し,1978年以降,この会議は数回のセッション開催を経たが,「1980年以降は,交渉の進展は目立って遅れ,1986年の本会議の第6会期は未解決条項についての合意は何も達成できなかった。それ以後は,この事業を仕上げるための種々の選択の道を考慮するべく協議が重ねられてきた」[注1)]。

1985年案の概要は次のとおり。技術移転とは,製品の生産,方法の応用若しくはサービスの提供のための体系的知識の移転(transfer of systematic knowledge)であり,商品の単なる売買やリースは含まない。また,技術移転取引とは,あらゆる形態の工業所有権の譲渡,売買,及びライセンス調査,企画,指導等のノウ・ハウ及び技術知識の供与など広範に及ぶ。発展途上国への特別取扱いとして,先進国政府は発展途上国に対し,技術情報へのアクセス,発展途上国の技術評価・応用に際しての協力と援助,発展途上国の科学技術資源の発展への協力,技術獲得のための機構設置への協力,発展途上国の人材トレーニングを行う。

1990年,UNCTAD事務局長報告書では,「技術革新は北から南への技術移転を減らし,南北の技術格差をさらに拡大している。先進国企業は,R&Dを強化し,生産機構を再編し,企業買収・合併を通じて,先進国側の取引交渉力は益々強化され,途上国にとって衡平・妥当な技術移転は困難になっている」との認識が表明されている。

1992年2月,UNCTAD第8回総会がコロンビア,カルタヘナ(Cartagena de Indias)で開催された。この総会で,TOTコード交渉の棚上げが先進国によって意図されていたが,「全ての懸案事項につき合意に達する必要な見解の一致が見られる旨,各国政府が示した場合」,作業を再開・継続することとされており,先進国の思惑どおりに進んだ模様である。したがって,この分野の交渉は当面中断する見込みである。

本会議開催時期のタイミングから,すなわち環境と開発に関する国連会議(UNCED)が4カ月後に開催される時期であったことから,貿易・環境分野関連問題への踏み込んだ議論は少なく抑制基調で推移したといわれる。

また，国際環境の変化を踏まえ，南北問題についての議論はイデオロギー的対立から現実的視点へ一層移行した。途上国の軟化とグループシステムの弱体化は，旧ソ連・東欧グループ（いわゆるDグループ）の実質的解体とグループ77の多極化によるところが大きい。

　持続可能な開発を支持し，UNCEDのフォローアップを表明した。また，「開発及び技術目的を含む公共政策のための目的の基礎とすることの認識」を伴うものではあるが，「知的財産権保護の国際的に承認された保護水準の確立及び実行が技術の国際的フローを促進」することを承認するとともに，「知的財産権の適切かつ効果的な保護が，技術移転のための市場インセンテイブを創設することになるという理由で重要である」ことを，途上国が確認した意義は大きい[注2]。

　　注1）　UNCTADにおける1990年でのTOTコード策定の動向については，北川善太郎『技術革新と知的財産法制』96頁以下に詳しい。
　　　2）　本会議は，開発及び技術目的を含む公共政策のための目的を基礎とすることを認識しつつ，知的財産権に関する国際的に承認された保護基準の確立と充実が（the establishment and implementation of internationally agreed standards of protection for intellectual property rights），全ての加盟国とりわけ発展途上国に対する技術協力と技術の国際的フローを容易にする（should facilitate international flows of technology）ものであることを承認する。
　　　　　本会議は，環境に健全な技術の確立，発展，好ましいアクセス及びとりわけ発展途上国に対する，緩和されたかつ特恵的条件を含む，移転の効果的なあり方が検討されるべきこと（transfer of environmentally-sound technologies, in particular to developing countries, including on concessional and preferential terms, should be examined）を求める。このことは現在の環境に健全な技術に関する情報の適切な普及並びにこの技術の改良と，発展途上国に対する追加的な金融スキームないし機構の確立（elaboration of additional, financial schemes and mechanisms）の可能性の検討を含む（Cartagena Commitment, para. 174）。

2　環境と開発に関する国連会議
(1)　問題状況

　1992年6月3日から14日まで，ブラジルのリオ・デ・ジャネイロで世界182カ国が参加し，102名の元首・首相が出席して，環境と開発に関する国連会議（UNCED）が開催された。本会議は，地球温暖化，オゾン層保護及び生物多様性保全その他の地球環境問題をいかにして改善するかを討議する場であった。本会議の準備会合を通じて予想された対立点は，先進国から開発途上国への技術移転

問題, 資金協力問題さらに二酸化炭素その他の温室効果を伴うガス排出抑制問題であった。

なかでも, 本システムの下で必要となる資金をどのようにしてどの国が負担するかという問題は, 新規資金でという途上国と既存の機構とりわけ GEF (地球環境ファシリティ: 世界銀行, 国連環境計画及び国連開発計画の三者の共同管理で発足した資金機構) を活用すべきであるとする先進国との間で対立していた。

本会議で採択された文書は, 環境と開発に関する27基本原則を定めた「環境と開発に関するリオ・デ・ジャネイロ宣言」, 環境と開発に関する各分野の行動計画である「アジェンダ21」及び「森林に関する基本原則声明」などであり, 本会議の成果でもある。また,「気候変動枠組み条約」と「生物多様性条約」の署名も開始された[注1]。

(2) 対 立 点
① 資金問題

アジェンダ21及びその他の環境と開発に関する国連会議の成果を実施するための資金は, 新規で追加的な資金の調達可能性を最大限にし, 全ての利用可能な資金源及びメカニズムを最も効果的に活用するという形で調達される。これらには, 国際開発協会 (IDA), 地域開発銀行, 地球環境ファシリティ (GEF) とされ, 先進国の主張が通った形になっている。

② 技術移転問題

環境上適正な技術の移転, 協力及び能力開発に関して, アジェンダ21は, 国際情報ネットワークの開発, 技術へのアクセス及び移転, 環境上適正技術の開発及び管理のための能力向上さらには協力体制及びパートナーシップなど, 7分野の行動計画を定めている。先進国と途上国間で技術移転の促進と知的財産権制度の尊重が合意されている点は, 先の UNCTAD 第8回総会の成果につながるものである[注2]。

③ 強制実施権問題

環境上健全な技術の移転を促進するための, 各国政府及び関係国際機関が策定すべき諸施策の1つとして, 知的財産権の濫用を阻止するため, 強制実施許諾制度を含む正当かつ適切な補償を伴う知的財産権の取得の制度があげられている[注3]。いわば, 環境を人質に取られてのこととはいえ, 前述(1)の基金による,

非商業的条件での途上国への技術移転のために,商業的条件での特許の買上げ及びライセンスの設定を意味するものである。環境という領域に限定されるものの,技術の大半を私企業が所有するという現状を踏まえ,従来にない技術移転の手法として注目される。

注1) 赤尾信敏「国連環境開発会議の成果と日本」世界経済評論1992年8月号8頁以下に詳しい。
 2) アジェンダ21,para.34.14は次のように定める。「以下の目的を提案する。b) 知的財産権の必要性と発展途上国の特別な必要性を考慮し,相互に合意する場合には,緩和されたかつ特恵的な条件を含む,好意的な条件で (on favourable terms, including on concessional and preferential terms, as mutually agreed, taking into account the need to protect intellectual property rights as well as the special needs of developing countries),特に発展途上国に対する,環境に健全な技術及びこれに関するノウハウへのアクセスと移転を適切に促進し,容易にしそして財政上の援助をすること」。
 3) アジェンダ21,para 34.18 (e) ⅲは次のように定める。「政府及び国際機関は……特に次の場合を含む,環境に健全な技術の発展途上国に対するアクセスと移転を促進し,効果的なあり方を検討する。e) 各国により支持された関係する国際条約によって承認された特別な諸状況と一致しかつその下で,強制実施権の取得に関する原則を含む知的財産権の濫用を阻止する措置を考慮し,衡平かつ適切な対価の条件で:ⅲ) 知的財産権の必要性を考慮しつつ,持続的な発展のための開発協力の一部として,非商業的条件で発展途上国に対する環境健全技術の移転のため,商業的条件により特許及び実施権を買い上げること〔(ⅲ) Purchase of patents and licences on commercial terms for their transfer to developing countries on non-commercial terms as part of development cooperation for sustainable development, taking into account the need to protect intellectual property rights〕」。

3 生物多様性条約

地球上の現在までに確認されている生物種は約160万種であるが,実際には1,000万種を超えるといわれている。しかし,多くの生物種が絶滅の危機にさらされていることも事実であり,その速度は恐竜時代は約1,000年に1種,1600年から1900年の間は約4年に1種,20世紀前半は毎年約1種,20世紀の最後の四半世紀には毎年約4万種が絶滅するとも予測されていた[注1]。人間を含む生態系の保全にとっても,生物多様性の保護は重要であるが,21世紀最大の産業といわれるバイオ技術産業にとっても,資源としての側面を有する遺伝子を保全する意味で重要である。そこで,1988年より,国際連合環境計画 (UNEP) を中心に検討が進められてきていたが,1992年の地球サミットで生物多様性条約 (Convention on Biological Diversity: CBD) として採択された。

① 目的：この条約は，その関連規定に従い，遺伝資源及び関連のある技術についての全ての権利を考慮した上で，当該遺伝資源の適当な利用及び当該関連のある技術の適当な移転，適当な資金供与等により，生物多様性を保全し，その構成要素を持続可能であるように利用し及び遺伝資源の利用から生ずる利益を公正かつ衡平に配分することを目的とする（CBD 1条）。

② 遺伝資源の利用と技術移転：天然資源を有する国の主権的権利が認められ（CBD 15条1），遺伝資源の利用を認める権限は当該遺伝資源を有する原産国の政府に帰属するものとされ，その国の国内法令に従うこととなるので，環境上適正利用のための条件の設定が求められるものの，利用国の自由なアクセスは相当制限される。加えて，民間企業がその多くを有するバイオ技術を含む条約16条1に定める技術を，相互に合意される場合には緩和されたかつ特恵的条件を含め，公正かつ最も有利な条件で（under fair and most favourable terms, including on concessional and preferential terms where mutually agreed），必要あるときは先の追加的な金融スキームの資金に基づいて，途上国に利用・移転させることが求められ，かつバイオ技術の研究活動及びその活動から生じた成果及び利益の配分に関与できるような措置（同19条2，3）を講ずることが求められてもいる[注2]。これらの措置については，合意する条件に従うなど一定の歯止めもあるが，先進国企業にとって，遺伝資源を押さえられての交渉となるだけに，レア資源については困難な状況の発生も予想される[注3]。

注1） 堂本暁子「生物多様性」2頁。
　2） 生物多様性条約（略）。
　　　3条（原則）　諸国は，国際連合憲章及び国際法の諸原則に基づき，自国の資源をその環境政策に従って開発する主権的権利を有し，また，自国の管理又は管理の下における活動が他国の環境又はいずれの国の管轄にも属さない区域の環境を害さないことを確保する責任を有する。
　　　15条（遺伝資源の取得の機会）　1　各国は，自国の天然資源に対して主権的権利を有するものと認められ，遺伝資源の取得の機会につき定める権限は，当該遺伝資源が存する国の政府に属し，その国の国内法令に従う。（以下略）
　　　16条（技術の取得の機会及び移転）　1　締約国は，技術にはバイオテクノロジーを含むこと並びに締約国間の技術の取得の機会の提供及び移転がこの条約の目的を達成するため不可欠の要素であることを認識し，生物の多様性の保全及び持続可能な利用に関連のある技術又は環境に著しい損害を与えることなく遺伝資源を利用

する技術について，他の締約国に対する取得の機会の提供及び移転をこの条の規定に従って行い又はより円滑なものにすることを約束する。
2　開発途上国に対する1の技術の取得の機会の提供及び移転については，公正で最も有利な条件（相互に合意する場合には，緩和されたかつ特恵的条件を含む）の下に，必要な場合には第20条及び第21条の規定に基づいて設ける資金供与の制度に従って，これらを行い又はより円滑なものにする。特許権その他の知的所有権によって保護される技術の取得の機会の提供及び移転については，当該知的所有権の十分かつ有効な保護を承認し及びそのような保護と両立する条件で行う。この2の規定は，3から5までの規定と両立するように適用する。（以下略）
　　17条（情報の交換）　1　締約国は，開発途上国の特別のニーズを考慮して，生物の多様性の保全及び持続可能な利用に関連する公に入手可能な全ての情報源からの情報の交換を円滑にする。（以下略）
　　19条（バイオテクノロジーの取扱い及び利益の配分）
1　締約国は，バイオテクノロジーの研究のために遺伝資源を提供する締約国（特に開発途上国）の当該研究の活動への効果的な参加（実行可能な場合には当該遺伝資源を提供する締約国における参加）を促進するため，適宜，立法上，行政上又は政策上の措置をとる。
2　締約国は他の締約国（特に開発途上国）が提供する遺伝資源を基礎とするバイオテクノロジーから生ずる成果及び利益について，当該他の締約国が公正かつ衡平な条件で優先的に取得する機会を与えられることを促進し及び推進するため，あらゆる実行可能な措置をとる。その取得の機会は，相互に合意する条件で与えられる。
3　締約国は，バイオテクノロジーにより改変された生物であって，生物の多様性の保全及び持続可能な利用に悪影響を及ぼす可能性のあるものについて，その安全な移送，取扱い及び利用の分野における適当な手続（特に事前の情報に基づく合意についての規定を含むもの）を定める議定書の必要性及び態様について検討する。
（以下略）
3）　生物多様性条約は，2018年2月時点で，わが国を含め世界196の国又は地域（EUを含む）によって批准されているが，バイオ産業が最も発達していると考えられる米国は，1993年6月，クリントン政権になって署名はしたものの，今なお批准していない。このことは，本条約の持つ性格の一端を示している。

4　WTO 発足後の新たな問題

　途上国にとっての TRIPS 協定の履行期限を間近に迎えた，1999年12月，シアトルで開催された第3回世界貿易機関閣僚総会では，新ラウンドの交渉範囲等，今後の方向性を打ち出すことができないまま終了した。このため，TRIPS 協定のバランスを変更する交渉を TRIPS 理事会がなし得るかどうか危ぶまれる状況になったが，TRIPS 協定中でレヴューすることが予定されている3つの条項（Built in Agenda）については，理事会においてすでに論議が開始している。
　1つは特許保護対象の問題である。TRIPS 協定（27条3(b)）は，「微生物以外

の動植物」を特許の対象から除外できる，と規定している。この規定はWTO協定の効力発生の日から4年後にレビューすることを定めているが，今のところ実質的な進展はない。ただ，この議論の経過の中で，途上国は生物多様性条約15条を根拠とする遺伝資源にとどまらず，フォークロアや伝統的知識の商業的利用に対する利益配分を同条約8条(j)に基づいて主張し，新たな知的財産問題[注1]が生じている。

　2つめは，地理的表示に関してである。すなわち，ワインの地理的表示の通報及び登録に関する多数国間制度の設立（TRIPS 23条4）と地理的表示関係規定の実施のための検討（同24条2）がなされている。後者の実施のための検討作業においては，ワインやスピリッツ以外にビールやコーヒーなど他の産品にも拡大する提案が一部に出ている[注2]。

　3つめは，紛争解決条項（TRIPS 64条2，3）の期間延長を含めた見直し問題である[注3]。マンデート論争に関して述べたように，知的財産権問題がガットのウルグアイ・ラウンドで取り扱われることは，協定違反行為に対し，GATT 23条2の貿易制裁措置の発動があることを意味し，この点に途上国は警戒した経緯がある。最終的には，先進国が途上国を押さえ込んだ結果がTRIPS協定64条1の規定ということになるが，いわゆるノン・バイオレーション（GATT 23条1に規定されている措置であり，TRIPS協定違反ではないが，実質的には他の加盟国の利益を無効にしてしまう，例えば国内補助金のような措置）についてはTRIPS協定の適用は先送りされていた（同64条2）。この先送りされた5年の猶予期間中に，この問題についての勧告をTRIPS理事会のコンセンサス方式で決定することになっていたものであるが，各国がその主張や提案を述べる段階にきた。

　これら以外の問題としては，TRIPS協定31条と必須医薬品問題，電子商取引に関連してインターネットでの知的財産権侵害行為に対する国際裁判管轄と準拠法問題，さらにドメイン名と商標等との抵触問題が国連やWTO一般理事会等で検討された。また，WIPOにおける商標等常設委員会では「インターネット上の商標及びその他の識別標識の権利保護に関する共同勧告」の検討が精力的に進められたし，さらに「国際裁判管轄及び外国判決の効果に関するハーグ条約草案」[注4]でもインターネット上の知的財産問題が主たる論点の1つとなっており，知的財産権問題がリアルの世界にとどまらず，サイバー・スペースでも重要にな

ってきたことが窺える。

  注1） 遺伝資源，フォークロア及び伝統的知識を先住民の集団的永久権の対象とする経緯については，高倉成男「環境と知的財産の対立と調和」特技懇2000年7月（212号）42頁，大澤麻衣子「伝統的知識の保護と知的財産に関する一考察」知的財産研究所平成13年度工業所有権研究推進事業報告書等に詳しい。
   2） 高倉成男「地理的表示の国際的保護」知財研フォーラム40号20頁以下。
   3） 特許庁「次期WTO交渉に向けた知的財産権問題の検討―工業所有権国際戦略委員会報告書」平成12年3月参照。
   4） 道垣内正人「民事及び商事に関する裁判管轄権及び外国判決に関する条約草案」ジュリスト1172号82頁参照。

第10節 著作権に関する国際条約

1 文学的及び美術的著作物の保護に関するベルヌ条約

(1) 著作権法の法源と属地性

 フランス革命期以降の所有権思想の発展と1793年の著作権法の制定により，人の精神的創作活動の成果としての著作物の保護思想が高まるとともに，印刷技術の向上によって，精神的創作物が商品化することとなった。しかしながら，ある国の著作物の保護は，その国の国境の外に及ぶものではないから（著作権の属地性），国際的規模での著作物の保護が求められることになった。当初は，例えば外国文芸著作物等の保護のために，関係国間に相互主義に基づく二国間条約を締結する手法が採用されたが，第三国国民との間では全く機能しないし，各国法のハーモナイゼーションはなかったから，制度の違いを越えて保護を受けることはかなり困難でもあった。

 このため，文芸執筆者を中心に組織された国際文芸家協会は，文芸創作物の国際的保護のため積極的に運動した。これにスイス政府も後援し，この経緯の中で生まれたのがベルヌ条約（Berne Convention for the Protection of Literary and Artistic Works）である。ベルヌ条約は，保護すべき著作物，権利内容及び保護期間について，ミニマム・スタンダードを定めるものであり，1886年10月9日スイス，ベルンにおいて制定された。2018年7月13日時点で，加盟国は176ヵ国であり，WIPOが事務局である。日本は明治32（1899）年に加盟し，1971年のパリ改正条約を批准している。

本条約は，1883年の工業所有権の保護に関するパリ条約と異なり，附属書の形式ではあるが，南北問題に関して途上国保護のため，翻訳権及び複製権に関し特別規定をおいている。

(2) **本条約の原則と特徴**

① **保護対象**

「文学的及び美術的著作物」を保護対象とするが，これらの著作物には表現方法又は形式の如何を問わず，書籍，小冊子その他の文書，講演，演説，説教その他これらと同性質の著作物，演劇用又は楽劇用の著作物，舞踊及び無言劇の著作物，楽曲，映画の著作物，素描，絵画，建築，彫刻，版画及び石版画の著作物，写真の著作物，応用美術の著作物，図解及び地図並びに地理学，地形学，建築学その他の科学に関する図面，略図及び模型のような文芸，学術及び美術の範囲に属する全ての製作物を含む（ベルヌ2条(1)）。また，素材の選択又は配列によって知的創作物を形成する編集物も知的創作物として保護対象となる（同2条(5)）。

これらの著作物が，同盟国の国民によって創作されるか，あるいは同盟国で最初に発行された場合，条約上保護される（ベルヌ3条）。

② **内国民待遇の原則**

同盟国は，外国人の著作物を保護する場合に，その著作物が発行されているか否かを問わず，その著作物の本国以外の同盟国において，その国の法令が自国民に現在与えており又は将来与えることがある権利及び本条約が特に与える権利と同じ保護を与えなければならない（ベルヌ5条(1)）。本条約が認める権利のみならず，同盟国が国内法で独自に認める権利についても同じ保護が与えられる。これを内国民待遇の原則という。相互主義のように，自国民が相手国において権利に関し保護される限度としない点で意味を持つ。ただし，保護期間については，著作物の本国において定められる保護期間を超えない限度で，保護が要求される同盟国の法令の定めるところによる（同7条(8)）。

③ **無方式主義**

著作権の取得には，登録，作品の納入，著作権の表示等いかなる方式も必要としない無方式主義が採用されている（ベルヌ5条(2)）。同盟国は外国著作物を保護するに際し自国において何らの制限も課すことができないし，たとえ本国において著作権の成立に関し何らかの方式を必要としているために著作権が成立してい

ないとしても，存在する著作物を他の同盟国で保護することになんらの影響もないことを意味する。

④　遡　及　効

条約発効前に創作された著作物であっても，発効時にその本国において保護期間の満了により公有となったものを除き，全ての著作物に条約の保護は及ぶ（ベルヌ18条）。

⑤　追　及　権

美術，文芸，作曲の原作品の譲渡後に行使される，原作品譲渡の利益に預かることのできる著作者の権利を追及権という（ベルヌ14条の3第1，2）。この権利は，内国法が定めており，かつその定めている範囲内にのみ認められる。日本は，西欧文化の輸入国であるという関係から，この権利を承認していない。

2　WIPO 著作権条約

1997年12月，世界知的所有権機関（WIPO）は，ベルヌ条約で定める文学的及び美術的著作物に関する著作者の権利の保護を，できる限り効果的かつ統一的な方法で発展させるために，WIPO 著作権条約を採択した。本条約は，ベルヌ条約20条に規定する特別取極であり，ベルヌ条約に基づいて締約国が相互に負っている既存の義務を減免するものではない（WCT 1 条(1), (2)）。本条約は，平成14（2002）年3月6日，発効した（2018年7月13日時点で，96加盟国。日本は2000年6月批准した）。

本条約により保護される著作物の範囲は，表現されたものに及び，思想，手続，運用方法又は数学的概念自体には及ばない（WCT 2 条）。TRIPS 協定9条2と同趣旨である。コンピュータ・プログラムについては，ベルヌ条約2条の言語著作物としてすでに保護されている（are protected），と規定されている。データベースの著作物については，素材の選択又は配列について創作性の認められるものに限り保護されるが，「コンピュータで読取り可能なもの」という限定はされていない（同5条）。

著作権としては，文学的及び美術的著作物について譲渡権（WCT 6 条），コンピュータ・プログラム，映画の著作物及びレコードに固定された著作物についての商業的貸与権（同7条），公衆への伝達権（同8条）等が規定されている。著作

権の国際消尽に関し意味を有する輸入権については見送られているので，国際消尽する譲渡権として構成されている[注1]。公衆への伝達権は，公衆が個別に選択した場所及び時において著作物にアクセスできるように，当該著作物を公衆に利用可能な状態にすることをも内容とするが，わが国はすでに送信可能化権（著作23条1項，2条1項9号の5）を創設して，本条約の義務を満たす改正をいち早く実現している。RAMやサーバーでの一時的複製等，議論のあった複製権については，見送られた。

注1）WIPO著作6条(2)「この条約のいかなる規定も，著作物の原作品又はその複製物について，著作者の許諾を得て最初に販売又はその他の所有権の移転が行われた後に前項の権利（譲渡権）が消尽する条件を締約国が定める自由に，影響を与えるものではない」。

3　万国著作権条約

万国著作権条約（Universal Copyright Convention：UCC）は，1952年9月6日，ジュネーブで成立した著作権保護に関する多数国間条約である。本条約が制定された理由は，ベルヌ条約が無方式主義を採用しているので，方式主義を採用する1976年までの米国や中南米諸国はベルヌ条約に加盟できなかった。だからといって，これらの国々とベルヌ条約加盟国との間で二国間条約を締結して処理するにしても煩雑に過ぎる。そこで，ベルヌ条約加盟国とこれら方式主義国間の架橋を図るための条約が必要となり，これを実現する条約が万国著作権条約である。

事務局はUNESCOであり，2018年7月13日時点で，加盟国は100カ国である（1971年のパリ改正条約の加盟国は65カ国）。日本は1956年に加盟した。本条約の原則と特徴は次のとおり。

①　保護対象

文書，音楽の著作物，演劇用の著作物，映画の著作物，絵画，版画及び彫刻を含む文学的，学術的及び美術的著作物であって，締約国の国民の創作した著作物及び締約国で最初に発行された著作物が保護される（UCC1条，2条）。

②　内国民待遇の原則

締約国国民の発行・未発行の著作物及び締約国で最初に発行された著作物に関し，締約国は，自国民に与えている保護と同等の保護及び条約で定めている保護を与えられなければならない（UCC2条）。ベルヌ条約と同様，相互主義をとら

ず内国民待遇の原則を採用している。

③　ⓒ表示

方式主義を採用する国においても，著作物の全ての複製物に適当な方法で適当な場所にⓒの記号，発行年，著者名を表示すれば，無方式主義を採用する国の国民の著作物であっても，自動的に保護を受けることができる（UCC 3条1）[注1]。ⓒ表示によって確保されるのは著作権保護の条件であって，それを行使する訴訟手続上の要件まで免除するものではない。著作権侵害訴訟を提起する要件が求められているときは，その条件を履行しなければならない（同3条3）。

④　ベルヌ条約との関係

本条約は，ベルヌ条約との架橋を図るために設けられた条約であるから，本条約は，ベルヌ条約の規定及び同条約によって創設された同盟国の地位に，なんら影響を及ぼすものではない（UCC 17条）。本条約の内容は，例えば保護期間をみても，ベルヌ条約（著作者の生存中及びその死後50年［ベルヌ7条(1)］）と，万国著作権条約（著作者の生存中及びその死後25年［UCC 4条2］）とで差違があるが，いずれの条約にも加盟する国の場合には，ベルヌ条約が優先適用される。本条約の保護レベルが低いことを利用してベルヌ条約を脱退して，本条約の締約国になる国に対しては原則として制裁が科される（同17条2，附属宣言）。

> 注1）　UCC 3条1「締約国は，自国の法令に基づき著作権の保護の条件として納入，登録，表示，公証人による証明，手数料の支払又は自国における製造若しくは発行等の方式に従うことを要求する場合には，この条約に基づいて保護を受ける著作物であって自国外で最初に発行されかつその著作者が自国民でないものにつき，著作者その他の著作権者の許諾を得て発行された当該著作物の全ての複製物がその最初の発行の時から著作権者の名及び最初の発行の年とともにⓒの記号を表示している限り，その要求が満たされたものと認める」。（以下略）

4　実演家，レコード製作者及び放送機関の保護に関する国際条約

著作物の伝達手段，複製機器及び複製媒体物の発達・登場による諸問題が今世紀初頭以降議論されるに至った。浪曲家桃中軒雲右衛門のレコード複製問題に示されるように，レコードの複製行為から製作者を保護する問題や，実演家の労働機会の減少から実演家を保護する問題，さらには固定媒体でない地上波放送という新たな著作物利用行為を行う放送者の保護の問題がこれである。これら三者を著作物の枠内で保護する立法例もみられるが，演奏歌唱やレコードを著作物とみ

なすことには無理があった。

1961年，UNESCO，ILO＆ベルヌ同盟の三者がローマでとりまとめた条約が，「実演家，レコード製作者及び放送機関の保護に関する国際条約」である。ローマで開催された外交会議で本条約が作成されたことから，「ローマ条約」ともいわれる。

2018年7月13日時点で，加盟国は93カ国を数え，日本は1989年に加盟している。

内国民待遇の原則（ローマ2条，4条以下）を採用するとともに，自国民である実演家，レコード製作者及び自国に主たる事務所を置く放送事業者に対し，自国において行われる実演及びその固定，又は放送される実演，レコードの最初の発行，自国にある送信機による放送に関し国内法令によって与えられる待遇を，ミニマム・スタンダードとしている。

権利の属地主義と内国民待遇の原則に基づき，次の保護が与えられる。

実演家に対しては，無許諾での実演の放送，録音・録画の禁止（ローマ7条）及び商業用レコードの二次使用料請求権（同12条）が認められる。レコードの二次使用料請求権とは，公にされたレコードが放送又は公衆への伝達に直接使用される場合，実演家，レコード製作者又はその双方は使用者に報酬を請求できる権利である。

レコード製作者には，レコード複製に対する承認権（ローマ10条）と商業用レコードの二次使用料請求権（同12条）が付与されている。

放送事業者には，放送の再放送権及び録音・録画権が付与されている（ローマ13条）。

レコード製作者，実演家又はその双方の権利を保護するための条件として，一定の方式を必要とする国との関係については，レコード又はその容器に，最初の発行年とともに，Ⓟの記号が明らかに表示されているときは，保護に必要な方式が満たされたものとして（ローマ11条），架橋が図られている。

5　WIPO実演・レコード条約

1997年12月，WIPO著作権条約と並んで，世界知的所有権機関（WIPO）が実演家及びレコード製作者の権利の保護を，できる限り効果的かつ統一的な方法で発展させ，保持するため採択した条約である[注1]。1961年のローマ条約に基づい

て締約国が負っている義務を，この条約は免ずるものでないが，ローマ条約と比較すると，成果物の定義や権利の規定内容が異なっている。

　レコードについては，実演の音やその他の音だけではなく音の表現物[注2]（コンピュータの音データ）の固定物も含み，レコード製作者の定義は最初の固定についてイニシアティブをとりかつ責任を負う者とされている（WPPT 2条）。公衆への伝達権については，著作権条約と比較すると，狭いものになっており放送以外の媒体で音の表現物を公衆に送信することをいい，インタラクティブ送信は含まれない。インタラクティブ送信の前段階としての「アップロード行為」についてのみ，公衆に利用可能な状態にする権利が実演家とレコード製作者に承認された（同10条，14条）。

　さらに権利内容についていえば，実演家の人格権が承認されており，やむを得ない場合を除き，実演家であることを主張する権利と，改変によって自己の声望を害するおそれあるものに対する異議申立権が明確にされた（WPPT 5条）。WIPO著作権条約と異なり，「あらゆる方法及び形式による直接的又は間接的複製」ついて複製権が規定されているが，一時的蓄積は盛り込まれていない（同7条，11条）[注3]。頒布権及び商業的貸与権は実演家及びレコード製作者に認められ，WIPO著作権条約と同様，国際消尽を認める頒布権と，TRIP協定と同じ内容の貸与権の構成になっている。また，レコード製作者の保護期間について，発行された年の終りから50年とする発行時基準を採用している。

　　注1）　WIPO著作権条約がベルヌ条約の特別取極であるのに対し，本条約はローマ条約の特別取極ではなく，2018年7月13日時点で，96カ国が批准し，本条約は，2002年5月20日，発効した。わが国も，同年7月9日，加入書を寄託し，同年10月9日，同条約はわが国についても発効した。
　　　2）　本条約では，実演はレコードに固定されたもののみを対象とされたため，視聴覚実演に関する実演家の権利の保護は，6の条約に先送りされた。
　　　3）　WIPO事務局長案では，複製とは，「複製物を作成する手段又は複製物が作成される媒体にかかわらず，全体又は部分の複製物を作成することをいい，レコード又はレコードに固定された実演の電子的形式による蓄積を含む。その蓄積の期間を問わない」，とされていた。

6　視聴覚実演に関するWIPO北京条約

　1996年成立したWPPTは，実演家に譲渡権や貸与権といった経済的権利を新たに認めた他，実演家人格権も認めた条約であったが，これらはいずれも「音の

実演」に限られており，「視聴覚的実演」は認められていなかった。このため，WIPOでは視聴覚実演の保護のための外交会議で検討が進められ，「権利の移転」条項の1点を除き関係国の合意は得られていた。しかしハリウッドを抱える米国と欧州との間で対立が解消せず，長年妥協点が見いだせなかったが，近年米国の国内事情の変化もあり，ついに2012年6月，視聴覚実演に関するWIPO北京条約は成立し，わが国はすでに加入書を寄託している（2018年7月13日時点では未発効）。

　本条約は，視聴覚実演に関する実演家の権利保護を目的とする条約である。「実演家」とは，俳優，歌手，演奏家，舞踊家その他の文学的若しくは美術的著作物又は民間伝承の表現を上演し，歌唱し，口演し，朗詠し，演奏し，演出し，又はその他の方法によって実演する者をいう（北京条約2条(a)）。また，「視聴覚的固定物」とは，音又は音の表現物を伴うか若しくは伴わない動く影像の収録物で，装置を用いることによりこれらが知覚され，複製され，又は伝達され得るもの，とされている。最後まで問題となった，権利の移転規定では，実演家が自らの実演を視聴覚的固定物に固定することに同意した場合には，その排他的許諾権は当該視聴覚的固定物の製作者が有し若しくは行使し又は当該製作者に移転するものと，締約国は定めることができる（同12条(1)），と任意規定となっており，わが国の著作権法91条2項等の規定への影響はないものとなっている。

7　許諾を得ないレコードの複製からのレコード製作者の保護に関する条約

　本条約は，1971年，UNESCO及びWIPOにより，ジュネーブで開かれた国際会議によりレコード海賊行為に対する禁圧を目的として取りまとめられた条約である。2018年7月13日時点で，79カ国の加盟国を数え，日本は1978年に加盟し，同年わが国についても発効している。

　本条約が締結された理由は，ローマ条約によってもレコード製作者の保護は盛り込まれてはいるものの，実演家及び放送事業者の保護も盛り込まれており，加盟国も少なく，レコードの海賊版への対抗措置としては実効性が少ないきらいもあったので，海賊版レコードに対する応急措置を設ける必要性があったためである。

　本条約は，レコードの無断での複製物の作成，輸入，頒布から，他の締約国の

国民であるレコード製作者を保護することを目的とする。具体的な保護の方法及び保護の期間は，各締約国の内国法に定めるところによる。締約国の内国法が保護の方式を求めている場合，その国で保護を受けるためには，レコード又はその容器に，最初の発行年とともに，Ⓟの記号が明らかに表示されているときは，保護に必要な方式が満たされたものとされる（レコード保護5条）。

8　衛星により送信される番組伝送信号の伝達に関する条約

衛星により送信される番組伝送信号の伝達に関する条約とは，通信衛星によって，放送送信機関から他の放送受信機関に放送番組伝送信号が中継送信される際に，その信号の盗用を阻止するための条約である。本条約が作成された背景は，国際電気通信条約は技術的手段を規制し，通信の保護・利用については規定されていないことと，ローマ条約3条(f)が「放送」を定義して，公衆によって受信されることを目的とする無線による音の送信又は影像及び音の送信をいう，と規定しているので，衛星への発信の段階から放送に該当する可能性もないではないことにあった。加えて，放送事業者，欧州放送連盟は隣接権処理に伴う経済的負担増をおそれたこともあり，ローマ条約以外の国際的制度の確立が求められ，UNESCOとWIPOの共同作業により，本条約が創設された[注1]。

本条約は，海賊放送局による不法傍受そしてその海賊放送を禁止することを目的とし，締約国は衛星に向けて発信された信号，又は衛星を経由する信号の送り先でない伝達機関が番組伝送信号を自国において又は自国から伝達することを阻止するため，適切な措置を講じなければならない。本条約は，直接衛星放送には適用がない（衛星送信3条）。1974年5月に成立したが（2018年7月13日時点で，加盟国38カ国），わが国はまだ加盟していない。放送前の番組信号保護の問題は，放送事業者の権利保護の観点からも重要なものとなっており，加盟に向けた検討が必要となっている。

注1）　半田正夫・紋谷暢男「著作権のノウハウ〔新装第4版〕」〔千野直邦執筆〕305頁以下。

事項索引

〔あ行〕

異時授業公衆通信……………………299
意匠………………………121, 122, 123
意匠権の存続期間満了後の
　通常実施権……………………222
意匠法の沿革……………………121
意匠法の課題……………………122
１発明１出願主義………………172
一般条項規定………………………9
移転による出所の混同に伴う
　商標登録の取消………………115
インカメラ…………………………32
引用………………………………301
営業誹謗行為………………………29
営業秘密……………………………18
衛星により送信される番組伝送信号の
　伝達に関する条約……………391
役務…………………………………59
演劇用著作物……………………285
演奏権……………………………285
延長登録無効審判………………249
欧州共同体商標制度…………353, 354
応用美術…………………………274
公に………………………………285

〔か行〕

外観類似……………………………64
外国公務員等に対する
　不正利益供与等の禁止…………39
外国語特許出願…………………164
外国・政府間国際機関の紋章等の
　　使用制限………………………39
改正関税法337条…………………366
改善多項制………………………173
ガット……………………………367
画像デザイン……………………126
仮専用実施権……………………213
仮通常実施権……………………213
管轄………………………………230
環境と開発に関する国連会議……377
願書………………………………161
間接侵害…………………………227
観念類似……………………………64
慣用商標……………………………70
関連意匠…………………………140
　――の効力……………………142
稀釈化（Dilution）………………12
技術移転と特許制度……………360
技術移転と南北問題……………339
技術的機能…………………………17
技術的思想………………………150
技術的制限手段……………………24
　――の試験又は研究……………44
技術的保護手段…………268, 296, 330
技術的利用制限手段………269, 330
　――の回避……………………329
機能的理由による制限……………98
基本権説…………………………145
旧来表示の善意使用………………41
教育目的による制限……………299
狭義の混同…………………………12
共同著作物………………………279
業として…………………………203

虚偽広告……………………………28
拒絶査定……………………………199
拒絶査定不服審判…………………242
許諾を得ないレコードの複製からの
　レコード製作者の保護に関する
　条約………………………………390
金銭的請求権…………………87, 354
均等論………………………………207
勤勉なる収集理論…………………278
グレースピリオド…………………189
刑事訴訟手続の特例…………………48
刑事罰…………………………44, 330
建築の著作物………………………285
限定提供データ………………………23
限定発明……………………………191
権利管理情報………………………328
権利侵害……………………………327
権利独立の原則……………………338
権利の属地性………………………177
公益的理由による制限………………98
広義の混同……………………………12
工業上利用可能性…………………131
工業所有権の権利行使行為の
　適用除外……………………………48
公共の利益のための裁定実施権…226
広告機能………………………………56
公衆送信権…………………………287
公衆提供提示著作物………………305
口述権………………………………288
公序良俗………………………………73
更新登録申請制度……………………93
更新登録料……………………………94
高度性………………………………153
公表権………………………………282
国外頒布目的商業用レコード……328
国際公開……………………………346
国際出願……………………………343

――の効果………………………182
国際出願受理の効果………………344
国際出願手数料……………………344
国際調査………………………182, 344
国際調査機関…………………342, 344
国際調査見解書………………182, 346
国際調査報告………………………346
国際登録……………………………352
国際登録出願………………………136
国際特許出願………………………180
国際予備審査…………………182, 346
国際予備審査機関……………342, 346
国内段階手続………………………347
国内優先権制度……………………178
国連貿易開発会議…………………375
誇大広告………………………………28
固定物等による放送………………316
混同……………………………………11
混同防止表示付加請求………103, 107
混同防止表示付加請求権……………44
コンピュータ・プログラム………147

〔さ行〕

サービスマーク………………………59
再審で回復した特許権に対する善意の
　実施者の実施権…………………223
再審により回復した商標権の効力に
　対する制限………………………104
裁定利用……………………………324
サイバースクワッティング行為……27
裁判の公開停止………………………34
再放送権・再有線放送権…………322
差止請求権……………………35, 233
産業上利用可能性…………………187
産業政策説…………………………145
試験・研究のためにする実施……216
事件のキャッチボール……………244

時効……………………………………38
自己氏名の善意使用……………………41
事後的悪意者……………………………22
自然法則………………………………146
自他商品識別力…………………………69
実演家の人格権………………………314
実演家，レコード製作者及び放送機関
　の保護に関する国際条約……312, 387
実施行為………………………………203
実施行為独立の原則…………………204
実用新案技術評価書…………………259
実用新案権……………………………258
　——の行使と権利者の注意義務…260
　——の効力…………………………258
　——の侵害…………………………258
実用新案登録に基づく特許出願……165
実用新案法の沿革……………………255
私的使用による制限…………………295
私的録画補償金管理協会
　〔SARVH〕…………………………297
私的録音録画補償金制度……………296
シフト補正……………………………197
氏名表示………………………………315
氏名表示権……………………………283
周知商標…………………………………74
周知性……………………………………9
集中的権利処理機関…………………326
出願経過禁反言の原則………………206
出願公開制度（商標）……………87, 354
出願公開制度（特許）………………184
出願書類………………………………344
出願の効果……………………………166
出願の単一性…………………………172
出願の取下げと放棄…………………171
出願の分割……………………………174
出願の変更……………………………175
出願日の認定（特許）………………163

出所表示機能……………………………55
出版……………………………………307
出版権者の義務………………………309
出版権設定契約………………………308
出版権の登録…………………………310
ジュネーブアクト……………………357
受理官庁………………………………344
上映権…………………………………286
商業用レコードの二次使用…………317
消極的登録要件………………………191
称呼類似…………………………………64
消尽……………………………………290
消尽（用尽）の原則……………………91
譲渡権……………………………290, 318, 320
商標………………………………………61
　——の意義…………………………54
　——の沿革…………………………53
　——の経済的機能…………………55
　——の使用…………………………64
　——の使用意思……………………68
　——の消極的登録要件……………72
　——の使用態様……………………65
　——の積極的登録要件……………69
　——の同一性………………………62
　——の登録要件……………………67
　——の類似性………………………63
　——の類似判定基準………………64
商標権……………………………………56
　——と意匠権の抵触関係…………101
　——の回復…………………………95
　——の禁止権………………………85
　——の質入れ………………………108
　——の分割…………………………106
商標権者の監督義務…………………116
商標権者の義務………………………108
商標権の効力……………………………86
　——の一般的制限…………………88

——の制限	98
商標権の譲渡	106
——の制限	106
商標登録出願	78
商標登録表示義務	108
商標法3条2項	71
商標法条約	354
商品	57
——が通常有する形態	17
——の同一性	58
——の類似性	58
商品・営業主体混同行為	9
商品化権	276
商品形態の隷属的模倣行為	15
商品等が当然に備える特徴	77
商品等表示	11
商品等表示としての使用	15
植物新品種の保護	150
植物の新品種の保護に関する国際条約	359
職務著作	280
職務発明	155
——の効果	157
——の成立要件	156
侵害警告	226
侵害物品の水際規制	89
新規事項	196
新規性	187
新規性喪失の例外	188
審決取消訴訟	251
——の審理範囲	253
審決予告の制度	246
親告罪	330
審査主義	183
審査請求制度	184
審査前置主義	242
真正商品の並行輸入	88
新通商政策	363
審判	237
審判手続	239
審美性	127
進歩性	190
信用回復措置請求権	38
数学的理論・解法	147
スーパー301条	364
スペシャル301条	365
3ステップテスト	294
生物多様性条約	379
積極的登録要件	186
先願主義	136, 167
先願範囲の拡大	169
1988年包括通商・競争力法	364
先使用権	101, 218
——の効力	103, 219
——の承継	103
——の成立要件	219
——の要件	102
選択発明	191
セントラル・アタック	352
専売条令	143
専売特許条例	144
先発明主義	167
専用権	87
専用実施権	210
専用使用権	96
早期審査制度	186
創作困難性	133
創作性	153
送信可能化権	287, 316, 320, 322
相当の利益	158
訴訟の公開停止	34
損害額推定	37
損害賠償請求権	36, 234

〔た行〕

貸与権……………………291, 318, 320
代理人等の商標無断使用行為…………30
多項制……………………………172
ただ乗り（Free Ride）……………12
WIPO 実演・レコード条約………388
WIPO 著作権条約………………385
単項制……………………………172
団体商標…………………………79
団体商標の登録要件………………80
地域団体商標……………………81
中用権……………………103, 221
調剤行為…………………………217
著作権……………………………284
　　──の取得時効………………306
　　──の消滅……………………306
　　──の制限……………………294
著作権等管理事業法………………326
著作権ニ関スル仲介業務ニ
　関スル法律……………………326
著作権法の沿革…………………265
著作権法の目的…………………265
著作者……………………………280
　　──の権利……………………281
著作者人格権……………………282
著作物……………………………271
　　──の軽微利用………………305
　　──の付随的利用……………304
著作隣接権………………………311
著名商品等表示の無断使用行為……14
著名性……………………………14
地理的表示………………………83
追及権……………………………385
通常実施権………………………211
通常使用権………………………97
通商法301条……………………364

訂正審判…………………………243
訂正の範囲………………………245
データベースの著作物……………277
適用除外…………………………40
テルケル条項……………………350
テレビジョン放送の伝達権………323
展示権……………………………288
伝達権……………………………287
伝統的知識………………………382
同一性保持権………………283, 314
同一・類似性……………………11
当業者……………………………190
当事者……………………………35
同時授業公衆送信………………299
同日出願…………………………168
当然対抗制度……………………212
動的意匠…………………………124
登録意匠に類似する意匠…………128
登録商標の濫用的使用……………113
登録要件…………………80, 84, 141
登録料納付義務…………………109
得意先に対する権利侵害警告……29
独占的通常実施権………………211
独占的通常使用権………………97
特別顕著性………………………69
図書館等における複製……………297
特許異議…………………………200
特許期間延長制度………………214
特許協力条約……………………341
特許権……………………………202
　　──の移転登録前の実施による
　　　通常実施権………………221
　　──の回復による制限………222
　　──の効力の一般的制限……215
　　──の効力の制限……………214
　　──の質入れ…………………214
　　──の譲渡……………………210

――の積極的効力……………………202
――の存続期間延長制度…………215
――の利用…………………………210
特許権移転請求権……………………176
特許権等の存続期間満了後の
　商標を使用する権利………………105
特許査定………………………………199
特許出願………………………………160
特許請求の範囲………………………161
　――の補正………………………196
特許制度の沿革……………………143,144
特許制度の基礎………………………145
特許等の不実施………………………338
特許の登録要件………………………186
特許発明の技術的範囲………………205
特許法条約……………………………349
特許法の保護対象……………………146
特許無効審判…………………………246
特許無効の抗弁………………………239
ドメイン名……………………………26

〔な行〕

内国民待遇の原則…………………337,384
二次使用料請求権…………………319,320
二次的著作物…………………………276
　――の利用に関する原著作者の
　権利…………………………………292
二重特許禁止…………………………167
日本音楽著作権協会（JASRAC）…326
日本芸能実演家団体協議会…………317
日本レコード協会……………………320

〔は行〕

パーカー事件判決……………………89
ハーグ協定……………………………356
発明のカテゴリー……………………153
発明の単一性…………………………173

発明品の所持，修理及び改造………204
パリ条約………………………………335
万国著作権条約……………………270,386
犯罪収益の没収………………………47
判定……………………………………209
頒布権…………………………………289
PCTリフォーム……………………342
Ⓟの記号………………………………388
BBS事件………………………………92
BBS〔上告審〕事件…………………93
非営利の無形的再生…………………300
美術工芸品……………………………274
美術の著作物……………………274,302,303
非親告罪………………………………331
非伝統的商標…………………………62
秘密保持命令……………………33,45,233
標章……………………………………352
標章の国際登録に関するマドリッド
　協定…………………………………351
標章の国際登録に関するマドリッド
　協定についての議定書……………352
標章の使用……………………………64
品質保証機能…………………………55
ファースト・セール・ドクトリン…290
フェアユース…………………………297
フォークロア…………………………382
複製……………………………………285
複製権………………………285,319,321
不実施による裁定実施権……………224
不使用取消審判………………………110
不正競争行為の種類…………………9
不正競争防止法の目的………………8
不正競争防止法の歴史………………7
不正使用行為………………………22,43
不正商品問題…………………………368
不正商品問題を含む知的財産権の貿易
　関連側面（TRIPS協定）…………369

不正抽出防止権··················278
不正の目的·······················77
普通名称·························69
物品·····························124
　　──の部分と部品·············125
不適法な補正の効果··············198
不当顧客誘引行為················27
不当利得返還請求権··············237
プラーゲ旋風····················266
ブラックボックス問題············137
文書提出命令····················232
紛争の蒸し返し··················248
米国関税法337条·················366
米国国際貿易委員会··············366
米国通商代表部··················364
ベルヌ条約·················270,383
編集著作物······················277
弁理士··························163
防護標章·························84
　　──の登録要件···············84
放送····························315
　　──される実演の有線放送···317
　　──のための固定············316
放送権··························315
放送・有線放送事業者の権利····321
法定損害賠償···············235,329
冒認出願························176
保護期間···················293,323
補償金請求権（出願公開）·······185
補正····························192
　　──の可能な時期と範囲·····193
翻案権··························291
翻訳権··························291

〔ま行〕

マージの理論····················273
マンデート論争··················369

みなし全指定···············182,343
民事上の救済····················329
無効審決の効果··················248
無審査主義·················183,257
無方式主義······················384
明細書··························161
明細書と図面の補正··············195
メリヤス編機事件················253
文字とアイコン··················126
模倣······························15

〔や行〕

優先期間························337
優先権··························337
優先権主張書面の補正············198
優先権主張の申立て··············177
優先権主張を伴う特許出願·······177
優先権証明書等··················178
優先審査制度····················185
有線放送権······················315
輸入特許························336
用途発明························149
要約書··························163
　　──の補正···················197
予告登録························240

〔ら行〕

立体商標·························62
リバースエンジニアリング行為···273
利用····························149
両罰規定·························47
臨床試験························216
類似性··························128
類否の判断基準··················128
隷属的模倣·······················15
レコード························319
レコード製作者··················319

——の権利……………………319
ローマ条約………………………312,388
録音・録画権……………………315

〔わ行〕

ワン・チャンス主義……………315

判例索引

大審院

大判大正3年7月4日刑録20輯1360頁（桃中軒雲右衛門事件）……… **266, 313**

大判大正15年6月28日審決公報大審院判決集号外3-187（征露丸事件）…… **74**

大判昭和10年4月16日新聞3841号17頁（スズメ印事件）……………… **114**

最高裁判所

最判昭和36年6月27日民集15巻6号1730頁（橘正宗事件）……………… **59**

最判昭和36年8月31日民集15巻7号2040頁（出願人名義変更届事件）……… **252**

最判昭和43年2月27日民集22巻2号399頁（氷山事件）………………… **64**

最判昭和43年4月18日民集22巻4号936頁（中島造機判定請求事件）…… **206**

最判昭和43年11月15日民集22巻12号2559頁（三国一事件）…………… **59**

最判昭和44年1月28日民集23巻1号54頁（エネルギー発生装置事件）……… **160**

最判昭和44年10月17日民集24巻10号1777頁（地球儀型ラジオ意匠事件）…… **220**

最判昭和49年3月19日民集28巻2号308頁（可撓性伸縮ホース〔上告審〕事件）………………………… **129, 134**

最判昭和49年4月25日審決取消訴訟判決集昭和49年433頁（保土谷化学事件）……………………………… **64**

最判昭和50年2月28日裁判集民事114号287頁（帽子事件）……………… **130**

最大判昭和51年3月10日民集30巻2号79頁（メリヤス編機事件）……… **244, 253**

最判昭和55年1月18日判時956号50頁（シールド工法用セグメント事件）… **243**

最判昭和55年3月28日民集34巻3号244頁（モンタージュ写真事件）…… **283, 302**

最判昭和55年7月4日民集34巻4号570頁（西ドイツ実用新案明細書コピー事件）…………………………… **188**

最判昭和56年2月24日集民132号175頁（急救心事件）………………… **115**

最判昭和58年10月7日民集37巻8号1082頁（マン・パワー事件）……… **11**

最判昭和59年4月24日民集38巻6号653頁（トレラー駆動装置事件）……… **246**

最判昭和60年2月15日判例工業所有権法2881の316（ブラウン事件）……… **117**

最判昭和61年1月23日判時1186号131頁（ジョージア判決）…………… **71**

最判昭和61年4月22日判時1207号114頁（ユーハイム事件）…………… **113**

最判昭和61年7月17日民集40巻5号961頁（マイクロフィルム〔上告審〕事件）………………………… **188**

最判昭和61年10月3日民集40巻6号1068頁（ウオーキングビーム事件）…… **220**

最判昭和63年3月15日民集42巻3号199頁（クラブキャッツアイ事件）…… **286**

最判昭和63年7月19日民集42巻6号489頁（アースベルト事件）……… **10**

最判平成3年3月8日民集45巻3号123頁（リパーゼ事件）…………… **187, 206**

最判平成4年9月22日判時1437号139頁
（木林森事件）……………………… 64
最判平成5年12月16日判時1480号146頁
（アメックス事件）………………… 10
最判平成7年3月7日判時1527号145頁
（磁気治療器事件）………………… 243
最判平成9年3月11日民集51巻3号1055
頁（小僧寿し事件）………………… 64
最判平成9年7月1日判時1612号6頁
（BBS〔上告審〕事件）…………… 93
最判平成9年7月17日民集51巻6号2714
頁（ポパイネクタイ事件）………… 306
最判平成10年2月24日判時1630号32頁
（無限摺動用ボールスプライン軸受事
件）…………………………… 208, 239
最判平成10年9月10日判時1655号160頁
（スナック・シャネル事件）……… 12
最判平成11年3月9日民集53巻3号303
頁（大径角形鋼管事件）…………… 244
最判平成11年4月16日判時1675号37頁
（京都メシル酸カモスタット上告事件）
……………………………………… 216
最判平成12年4月11日判時1710号68頁
（キルビー特許〔上告審〕事件）… 246
最判平成12年7月11日判時1721号141頁
（レールデュタン事件）…………… 76
最判平成12年9月7日判時1730号123頁
（ゴナ書体事件）…………………… 272
最判平成13年2月13日判タ1054号99頁
（ときめきメモリアル事件）……… 283
最判平成13年6月12日判時1753号119頁
（生ゴミ処理装置事件）……… 155, 176
最判平成13年6月28日判時1754号144頁
（江差追分事件）…………………… 293
最判平成13年10月25日判時1767号115頁
（キャンディ・キャンディ事件）… 277
最判平成14年2月28日集民205号825頁
（水沢うどん事件）…………… 243, 252
最判平成14年4月25日判時1785号3頁
（中古ゲームソフト〔上告審〕事件）
……………………………………… 293
最判平成15年2月27日判時1817号33頁
（フレッド・ペリー事件）……… 56, 90
最判平成15年4月22日判時1822号39頁
（オリンパス光学〔上告審〕事件）
……………………………… 160, 280
最判平成17年7月22日判時1908号164頁
（国際自由学園事件）……………… 74
最判平成18年10月17日判時1951号35頁
（日立製作所光ディスク〔上告審〕事
件）………………………………… 160
最判平成19年12月18日判時1995号121頁
（シェーン事件）…………………… 294
最判平成20年7月10日民集62巻7号1905
頁（発光ダイオードモジュール事件）
……………………………………… 250
最判平成20年9月8日判タ1280号114頁
（つつみのおひなっこや事件）…… 64
最判平成21年1月27日判時2035号127頁
（液晶テレビ輸入差止仮処分命令事件）
……………………………………… 34
最判平成23年1月18日判時2103号124頁
（まねきTV事件）………………… 323
最判平成23年1月20日判時2103号128頁
（ロクラクⅡ事件）………………… 322
最判平成23年4月28日判時2115号32頁
（パシーフカプセル事件）………… 215
最判平成24年2月2日民集66巻2号89頁
（ピンクレディ事件）……………… 276
最判平成27年6月5日最高裁HP（プラ
バスタチンナトリウム事件）……… 166
最判平成29年3月24日民集71巻3号359
頁（マキサカルシトール事件）…… 209

高等裁判所

東京高判昭和27年4月4日行裁集3巻3号563頁 ………………………… 146
東京高判昭和28年11月14日行裁集4巻11号2716頁 ……………………… 146
東京高判昭和30年6月28日高民集8巻5号371頁（天の川事件）……… 49
東京高判昭和31年12月25日行裁集7巻12号3157頁 ……………………… 146
東京高決昭和41年9月5日判時464号34頁（ワウケシャ事件）…… 18,49
東京高判昭和45年1月22日判タ246号323頁（サンヨー防護標章事件）……… 85
東京高判昭和45年1月29日無体集2巻1号16頁（可撓性伸縮ホース〔控訴審〕事件）………………………………… 129
東京高判昭和45年2月25日無体集2巻1号44頁（塩ビ樹脂配合安定剤製造法事件）………………………………… 247
東京高判昭和47年4月26日取消集昭和47年239頁（事務用感圧粘着テープ事件）………………………………… 190
東京高判昭和48年5月31日無体集5巻1号184頁（帽子事件）……………… 134
東京高判昭和53年7月26日無体集10巻2号369頁（ターンテーブル事件）…… 125
東京高判昭和54年4月23日無体集11巻1号281頁（グラインダー事件）……… 131
大阪高決昭和54年8月29日判タ396号138頁（都山流尺八事件）…………… 35
大阪高決昭和56年6月26日無体集13巻1号503頁（花柳流事件）…………… 41
東京高判昭和56年11月5日無体集13巻2号793頁（月の友事件）…………… 15
東京高判昭和56年12月22日無体集13巻2号969頁（テクノス事件）………… 92

東京高判昭和58年3月24日無体集15巻1号236頁（臭素事件）……………… 166
東京高判昭和58年6月16日無体集15巻2号501頁（DCCコーヒー事件）…… 74
東京高判昭和58年11月15日無体集15巻3号720頁（会計用伝票〔控訴審〕事件）………………………………… 13
大阪高判昭和60年9月26日判時1182号141頁（ポパイ事件）……………… 101
東京高判昭和60年10月17日判時1176号33頁（藤田嗣治絵画複製事件）…… 301
東京高判昭和60年10月23日無体集17巻3号506頁（マイクロフィルム〔控訴審〕事件）………………………………… 188
東京高判平成3年2月28日知財集23巻1号163頁（ポーラ事件）…………… 113
東京高判平成3年8月29日知財集23巻2号618頁（ニブリング金型機構事件）………………………………… 237
東京高判平成3年12月17日判時1418号120頁（木目化粧紙〔控訴審〕事件）………………………… 18,50,275
東京高判平成5年11月30日知財集25巻3号60頁（LOUIS VUITTON事件）………………………………… 113
東京高決平成5年12月24日判時1505号136頁（モリサワタイプフェイス事件）……………………… 18,50,58,59
東京高判平成7年3月1日知財集27巻1号171頁（スナック・シャネル事件）………………………………… 15
東京高判平成7年3月23日判時1524号3頁（BBS〔控訴審〕事件）……… 88,92
東京高判平成8年1月18日判時1562号116頁（京の柿茶〔控訴審〕事件）… 28
東京高判平成8年1月30日判時1563号134頁（Scotch防護標章事件）……… 85

東京高判平成8年2月28日知財集28巻1号251頁（端子盤事件）…………… 134
東京高判平成8年7月18日判時1580号131頁（トラピスチヌの丘事件）…… 115
東京高判平成8年12月12日判時1596号102頁（タニノ・クリスチ事件）…… 113
東京高決平成9年5月20日判時1601号143頁（トラニラスト製剤事件）…… 233
東京高判平成9年8月7日判時1618号10頁（桃の新品種黄桃の育種増殖法事件）………………………………… 152
東京高判平成10年2月26日判時1644号153頁（ドラゴンソード〔控訴審〕事件）…………………………………17
東京高判平成10年7月16日 LEX/DB（緊急車運行制御システム事件）…… 191
東京高判平成11年3月18日判時1684号112頁（三国志〔控訴審〕事件）…… 290
東京高判平成11年11月29日判時1710号141頁（母衣旗事件）…………………74
東京高判平成11年12月22日判時1710号147頁（ドゥーセラム事件）……………74
東京高判平成12年5月17日判決速報302号9480（実用新案技術評価事件）…260
東京高判平成12年8月29日判時1737号124頁（シャディ事件）………………60
東京高判平成13年1月31日判時1744号120頁（エスプリ事件）………………60
東京高判平成13年5月22日判時1753号23頁（オリンパス光学〔控訴審〕事件）……………………………… 160
東京高判平成13年5月23日判時1756号128頁（コーティング装置事件）…… 196
東京高判平成14年4月11日判時1828号99頁（断層写真データ処理方法事件）…………………………………… 187
東京高判平成14年8月29日判時1807号133頁（さんご砂事件）………………30
大阪高判平成15年5月27日 LEX-DB（育苗ポット分離治具事件）……… 211
東京高判平成16年1月29日判時1848号25頁（日立製作所光ディスク〔控訴審〕事件）…………………………………… 160
知財高判平成17年4月25日最高裁 HP（耐火構造体事件）………………… 196
知財高判平成17年9月30日判時1904号47頁（一太郎〔控訴審〕事件）……… 229
知財高判平成17年11月11日判時1911号48頁（パラメータ特許事件）………… 161
知財高大判平成18年1月31日判時1922号30頁（キヤノンインクカートリッジ〔控訴審〕事件）…………………… 204
知財高判平成18年3月27日判時1979号98頁（中空糸膜濾過装置事件）……… 191
名古屋高金沢支判平成19年10月24日判時1992号117頁（氷見うどん〔控訴審〕事件）……………………………………38
知財高判平成22年3月25日判時2086号114頁（駒込大観音事件）………… 328
知財高判平成22年11月15日判時2115号109頁（喜多方ラーメン事件）………81
知財高判平成23年12月22日判時2145号75頁（東芝デジタル専用録画機器事件）………………………………… 297
知財高判平成26年6月12日最高裁 HP（マジコンⅡ事件）………………… 328
知財高判平成27年4月14日判時2267号91頁（幼児用イス事件）…………… 275
知財高判平成28年9月14日 LEX/DB（LE MANS 事件）……………………… 113
知財高判平成30年6月19日 LEX/DB（携帯端末サービスシステム事件）… 209

地方裁判所

東京地判昭和28年10月20日下民集4巻10号1503頁（プレイガイド事件）……41

東京地判昭和30年12月24日下民集6巻12号2690頁（クロラムフェニコール事件）……97

大阪地判昭和32年8月31日下民集8巻8号1628頁（三国鉄工事件）……48

東京地判昭和33年9月19日不正競業判例集269頁（トイレットクレンザー事件）……41

東京地判昭和36年6月30日下民集12巻6号1508頁（ライナービヤー事件）……35

東京地判昭和37年6月30日下民集13巻6号1354頁（ミスター三愛事件）……42

東京地判昭和37年11月28日不正競業判例集511頁（京橋中央病院事件）……35

名古屋地判昭和40年8月6日判時423号45頁（つゆの素事件）……40

東京地判昭和40年8月31日判タ185号209頁（作業服ポケット事件）……97

東京地判昭和40年8月31日下民集16巻8号1377頁（船荷証券用紙事件）……272

東京地判昭和41年8月30日下民集17巻7・8号729頁（ヤシカ事件）……13, 49

東京地判昭和41年11月22日判時476号45頁（組立式押入タンス事件）……13

神戸地姫路支判昭和43年2月8日判タ219号130頁（ヤンマーラーメン事件）……13, 49

大阪地判昭和44年4月2日無体集4巻1号354頁（ファスナー事件）……208

大阪地判昭和44年6月9日無体集1巻160頁（ボウリング用ピン立装置事件）……91

大阪地判昭和45年2月27日無体集2巻71頁（パーカー事件）……92

奈良地判昭和45年10月23日判時624号78頁（フォセコ・ジャパン競業避止特約事件）……22

福岡地飯塚支判昭和46年9月17日無体集3巻2号317頁（巨峰パッケージ事件）……65

大阪地判昭和46年12月22日無体集3巻2号414頁（学習机事件）……130, 139

大阪地判昭和47年1月31日無体集4巻1号9頁（チューブマット事件）……229

長崎地佐世保支決昭和48年2月7日無体集5巻1号18頁（博多人形事件）……275

東京地判昭和48年9月17日無体集5巻2号280頁（スプレーガン事件）……131

大阪地判昭和49年9月10日無体集6巻2号217頁（チャコピー事件）……30, 36

東京地判昭和51年5月26日無体集8巻1号219頁（サザエさん事件）……272, 276

東京地判昭和51年7月21日判タ352号313頁（ナリジクス酸事件）……206

東京地判昭和52年3月30日著研9号233頁（たいやきくん事件）……276

東京地判昭和52年12月23日無体集9巻2号769頁（会計用伝票事件）……13

大阪地判昭和54年2月28日無体集11巻1号92頁（植毛器事件）……237

大阪地判昭和54年3月9日無体集11巻1号114頁（デザイン書体事件）……275

大阪地判昭和54年6月29日特許ニュース5230号1頁，5231号1頁（階段滑り止め事件）……36

東京地判昭和55年3月10日無体集12巻1号47頁（タイポス書体事件）……18, 59

東京地判昭和55年7月11日判時977号92頁（テレビまんが一休さん事件）……65

大阪地判昭和55年7月15日無体集12巻2

号321頁（プロフットボールシンボルマーク事件）…………………36,38
東京地判昭和56年2月25日無体集13巻1号139頁（交換レンズ事件）……229,230
名古屋地判昭和58年1月31日無体集15巻1号15頁（十五屋事件）……………67
大阪地判昭和58年4月27日判タ499号181頁（加圧式ニーダー事件）……………29
大阪地判昭和58年10月14日判タ514号272頁（ちらし広告事件）………………28
東京地判昭和59年9月28日無体集16巻3号676頁（パックマン事件）…………289
東京地判昭和59年12月7日無体集16巻3号760頁（ラコステ事件）……………92
東京地判昭和60年2月13日判時1146号23頁（新潟鉄工事件）…………………281
東京地決昭和61年3月28日判タ597号95頁（ソフマップ事件）…………………293
東京地判昭和62年3月25日判時1246号128頁（除草剤事件）…………………216
東京地判昭和62年4月27日判時1229号138頁（天一事件）………………………59
大阪地判昭和62年8月26日無体集19巻2号268頁（BOSS事件）………………59
新潟地判昭和63年5月31日判タ683号185頁（個人タクシー表示灯事件）……28
大阪地判昭和63年7月28日無体集20巻2号360頁（スリックカー事件）………41
東京地判昭和63年9月16日判時1292号142頁（POS事件）……………………65
静岡地判昭和63年9月30日第一法規CD-ROM（社会経済法編）（マリンゴールド事件）……………………………49
大阪地判平成元年4月24日無体集21巻1号279頁（製砂機ハンマー事件）……205
東京地判平成2年7月20日判時1371号131頁（木目化粧紙事件）………………50

東京地判平成3年9月24日判時1429号80頁（電解分解用銅フォイル事件）……34
東京地判平成4年9月30日無体集24巻3号777頁（東日本ハウス事件）………160
名古屋地判平成4年12月21日判タ814号219頁（立体駐車場フロア構造事件）…………………………………160
東京地判平成6年2月24日判時1522号139頁（マグアンプK事件）……………56
東京地判平成6年7月22日判時1501号70頁（BBS〔第一審〕事件）…………91
東京地判平成6年9月21日判時1512号169頁（折りたたみコンテナ事件）……13
東京地判平成6年11月30日判時1521号139頁（京の柿茶事件）……………28,35
東京地判平成7年4月28日判時1531号129頁（多摩市立図書館事件）………299
大阪地判平成8年4月16日判タ920号232頁（かつら顧客名簿事件）…………19
大阪地判平成8年9月26日判時1604号129頁（外国国旗シールヘアピン事件）……………………………………35
東京地判平成8年10月18日判時1585号106頁（コンクリート補強金具事件）…………………………………237
大阪地判平成8年11月28日知財集28巻4号720頁（ドレンホース事件）………18
東京地判平成8年12月25日知財集28巻4号821頁（ドラゴンソード事件）……17
東京地判平成9年3月7日判時1613号134頁（ピアス孔用保護具事件）………18
東京地判平成9年7月18日判時1616号34頁（塩酸プロカテロール事件）……216
大阪地決平成9年12月12日判時1625号101頁（カラオケボックス事件）……286
東京地判平成10年2月25日判タ973号238頁（たまごっち事件）………………11

東京地判平成10年3月13日判時1639号
115頁（高知東急事件）……………**12**
東京地判平成10年10月12日判時1653号54
頁（タガメット錠剤事件）………**236**
東京地判平成11年1月28日判時1677号
127頁（ゴルフバッグ事件）………**35**
東京地判平成11年4月16日判時1690号
145頁（オリンパス光学事件）……**160**
東京地判平成11年4月28日判タ1006号
252頁（ウイルスバスター事件）……**60**
東京地判平成11年5月27日判時1679号3
頁（プレステ・ゲームソフト事件）
………………………………………**290**
東京地判平成11年6月29日判時1693号
139頁（三宅一生プリーツ婦人服事件）
……………………………………**11, 51**
大阪地判平成11年10月7日判時1699号48
頁（セガ・ゲームソフト事件）……**290**
東京地判平成11年10月21日判時1701号
152頁（ヴィラージュ事件）………**57**
東京地判平成12年3月23日判時1717号
140頁（色画用紙見本帳事件）……**277**
富山地判平成12年12月6日判時1734号3
頁（JACCSドメイン名事件）
…………………………………**15, 27, 51**
大阪地判平成12年12月21日特許ニュース
10550号1頁（ポリオレフィン用透明
剤事件）……………………………**230**
東京地判平成13年1月22日判タ1053号
261頁（タカラ本みりん事件）………**99**
東京地判平成13年3月30日判タ1059号
195頁（連続壁体造成工法事件）…**206**
東京地判平成13年4月24日判時1755号43
頁（J-PHONEドメイン名事件）
………………………………………**15, 27**
東京地判平成13年6月13日判時1757号
138頁（絶対音感事件）……………**302**

東京地判平成13年7月17日特許ニュース
10691号1頁，同10692号2頁
（記録紙事件）……………………**236**
東京地判平成13年8月31日判時1760号
138頁（エルメス事件）……………**51**
東京地判平成13年10月31日判時1776号
101頁（メープルシロップ事件）…**237**
東京地判平成13年12月26日最高裁HP
（水素化脱硫分解方法事件）……**160**
東京地判平成14年9月19日判時1802号30
頁（青色発光ダイオード〔中間判決〕
事件）………………………………**160**
東京地判平成14年11月29日判時1807号33
頁（日立製作所光ディスク事件）
………………………………………**160**
東京地判平成16年1月30日判時1852号36
頁（青色発光ダイオード事件）……**160**
東京地判平成16年2月24日判時1853号38
頁（味の素事件）…………………**160**
大阪地判平成16年4月20日最高裁HP
（キャリアジャパン事件）…………**60**
東京地判平成16年6月23日判時1872号
109頁（ブラザー事件）……………**65**
大阪地判平成16年9月13日判時1899号
142頁（ヌーブラ事件）……………**35**
東京地判平成16年12月8日判時1889号
110頁（キヤノンインクカートリッジ
事件）………………………………**204**
東京地決平成18年7月11日判時1933号68
頁（ローマの休日事件）…………**294**
名古屋地判平成20年3月13日判時2030号
107頁（アルミダイカスト事件）…**19, 52**
東京地判平成21年2月27日最高裁HP
（マジコン事件）……………………**26**
東京地判平成26年10月30日LEX/DB
（野村證券職務発明事件）………**160**

〈著者紹介〉

土肥　一史（どひ　かずふみ）

1946年，福岡生まれ
1970年，福岡大学法学部卒業
1985年，福岡大学法学部教授
1999年，一橋大学大学院国際企業戦略研究科教授
2010年，日本大学知的財産専門職大学院教授を経て
2017年，吉備国際大学大学院知的財産学研究科特任教授・弁護士
2018年，公益社団法人日本複製権センター理事長

他に，『商標法の研究』（中央経済社，2016年），『演習ノート知的財産法〔第3版〕』（法学書院，2010年），
翻訳書として，ゲルハルト・シュリッカー著『ケーブル放送と著作権法』（信山社出版，1995年）がある。

知的財産法入門〈第16版〉

1998年4月25日	第1版第1刷発行	
1998年12月21日	第2版第1刷発行	
1999年4月30日	第2版第2刷発行	
2000年3月10日	第3版第1刷発行	
2000年7月18日	第3版第3刷発行	
2001年3月1日	第4版第1刷発行	
2002年2月15日	第5版第1刷発行	
2002年9月17日	第5版第3刷発行	
2003年4月10日	第6版第1刷発行	
2003年11月10日	第6版第2刷発行	
2004年3月10日	第7版第1刷発行	
2004年9月24日	第7版第4刷発行	
2005年1月20日	第8版第1刷発行	
2006年4月5日	第9版第1刷発行	
2006年4月20日	第9版第2刷発行	
2007年3月20日	第10版第1刷発行	
2008年2月5日	第10版第4刷発行	
2009年3月10日	第11版第1刷発行	
2010年3月20日	第12版第1刷発行	
2011年2月25日	第12版第4刷発行	
2012年3月25日	第13版第1刷発行	
2012年4月20日	第13版第2刷発行	
2013年3月25日	第14版第1刷発行	
2013年5月25日	第14版第2刷発行	
2014年4月10日	第14版第4刷発行	
2015年10月5日	第15版第1刷発行	
2017年8月25日	第15版第4刷発行	
2019年3月1日	第16版第1刷発行	
2020年3月1日	第16版第2刷発行	

著　者	土　肥　一　史
発行者	山　本　　　継
発行所	㈱中央経済社
発売元	㈱中央経済グループパブリッシング

〒101-0051　東京都千代田区神田神保町1-31-2
電話　03（3293）3371（編集代表）
　　　03（3293）3381（営業代表）
http://www.chuokeizai.co.jp/
印刷／文唱堂印刷㈱
製本／誠製本㈱

© KAZUFUMI DOHI, 2019
Printed in Japan

＊頁の「欠落」や「順序違い」などがありましたらお取り替えいたしますので発売元までご送付ください。（送料小社負担）

ISBN978-4-502-29331-3 C3032

JCOPY〈出版者著作権管理機構委託出版物〉本書を無断で複写複製（コピー）することは，著作権法上の例外を除き，禁じられています。本書をコピーされる場合は事前に出版者著作権管理機構（JCOPY）の許諾を受けてください。
JCOPY〈http://www.jcopy.or.jp　eメール：info@jcopy.or.jp〉